核心素养背景下 高中化学教学实践与策略

HEXIN SUYANG BEIJING XIA
GAOZHONG HUAXUE JIAOXUE SHIJIAN YU CELUE

肖宏伟◎编著

图书在版编目（CIP）数据

核心素养背景下高中化学教学实践与策略／肖宏伟编著. —广州：华南理工大学出版社，2022.12
ISBN 978－7－5623－7328－5

Ⅰ. ①核… Ⅱ. ①肖… Ⅲ. ①中学化学课－教学研究－高中 Ⅳ. ①G633.82

中国版本图书馆 CIP 数据核字（2022）第 257660 号

核心素养背景下高中化学教学实践与策略
肖宏伟　编著

出 版 人：	柯　宁
出版发行：	华南理工大学出版社
	（广州五山华南理工大学 17 号楼，邮编 510640）
	http：// hg. cb. scut. edu. cn　E-mail：scutc13@ scut. edu. cn
	营销部电话：020－87113487　87111048（传真）
责任编辑：	王　磊
责任校对：	王洪霞
印 刷 者：	广州市人杰彩印厂
开　　本：	787mm×960mm　1/16　印张：17.75　字数：358 千
版　　次：	2022 年 12 月第 1 版　印次：2022 年 12 月第 1 次印刷
定　　价：	68.00 元

版权所有　盗版必究　　印装差错　负责调换

前　言

《普通高中化学课程标准（2017年版）》是教育部在新的历史时期全面贯彻党的教育方针，落实立德树人根本任务，弘扬中华优秀传统文化，践行社会主义核心价值观，推进基础教育化学课程建设与改革，促进学生全面发展而构建起来的学生核心素养体系。2020年出版的《普通高中化学课程标准（2017年版2020年修订）》中明确提出：化学学科核心素养是学生必备的科学素养，是学生终身学习和发展的重要基础；普通高中化学课程应培养学生的化学核心素养。《普通高中化学课程标准（2017年版）》的发布，标志着以化学学科核心素养为导向的新时代中国基础化学教育改革的大幕正式开启。2020年课程标准修订的主要变化体现在教学方式的变革，强调在化学知识的学习过程中培养学生的核心素养。

学科核心素养是学科育人价值的集中体现，是学生通过学科学习而逐步形成正确的价值观、必备品格和关键能力。正确价值观是指学生应当具备良好的政治素质、道德品质和科学思想方法，对学科素养、必备品格和关键能力具有引领作用。正确价值观要求学生坚定理想信念、厚植爱国情怀、提升品德修养、培养奋斗精神、健全人格、锤炼意志、培育劳动精神、践行社会主义核心价值观。必备品格是一个全面发展的、完整的人所必须具备的一般科学素养、人文素养、社会素养和公民素养等，是德、智、体、美、劳全面均衡发展的基础。必备品格包括积极探索、勇于创新的科学精神，实事求是、敢于质疑的科学态度，国家富强、民族复兴的家国情怀和节约资源、绿色环保的社会责任。关键能力是指在面对与学科相关的生活实践或学习探索情境中的问题时，有效地认识问题、分析问题、解决问题所必须具备的综合能力。关键能力包括认知能力、合作能力、创新能力和职业能力等。就化学学科而言，关键能力包括化学信息提取能力、化学学科学习能力、化学实验探究能力、化学语言表达能力以及化学思维、观念运用能力等。

化学学科核心素养体系具有人文性、先进性、创新性、实践探究性等特点。普通高中化学课程以全面发展学生化学学科核心素养为主旨。没有核心素养渗透的化学课堂是毫无灵魂的。以化学学科核心素养培养为目标的教学，要深入理解高中化学的核心内容，对高中化学课程标准进行科学的剖析，找到高中化学教学目标与学生核心素养之间的有机联系，把"宏微结合""分类表征""变化守恒""模型认知""实验探究""绿色应用"等化学学科核心素养渗透到学生学习过程中。在教学设计上，首先要注重创设真实的化学情境，引导学生在化学情境中发现问题、真实体验，激发学生科学探究的欲望。鼓励学生自主查阅文献、提出猜想、设计实验方案，探究化学情境中的真实问题。学生通过自主学习、探究合作、交流评价等活动，获得解决问题的方案，形成和发展"科学探究与创新意识""科学态度与社会责任"的化学核心素养。其次，要重视培养学生的化学认识视角，启发和引导学生找到解决化学问题的思考方向，帮助他们在陌生情境下找到自主解决复杂化学问题的突破口。例如，在"常见的无机物性质及其应用"主题教学中，重视培养学生从"物质类别"和"元素价态"两个认识视角去学习元素化合物知识，形成"价-类"二维的元素观，学会运用"价-类"二维的元素观预测陌生物质的化学性质和物质间的相互转化；在"常见的有机物性质及其应用"主题教学中，重视培养学生从"结构决定性质、性质决定用途"的化学认识视角对常见有机物进行分类学习；在"基本概念和基本理论"主题教学中，重视培养学生从"宏观—微观—符号"三个层面上来认识事物及其规律，构建三重表征思维和模型，形成和发展学生"宏观辨识与微观探析""证据推理与模型认知""变化观念与平衡思想"的化学核心素养。再次，要重视学生的化学探究和实践活动。化学课堂教学要"以化学实验为主，开展多种探究活动，让学生亲身经历科研过程，培养对化学学习的兴趣，增强对科学的探索意识；推动学习方法的改变，培养学生的创造性和动手能力"。在化学课堂教学中，要加强实验探究教学，提高学生的创造性思维能力，积极创设探究情境，运用多媒体手段和信息技术，营造多元化的化学教学环境，引导学生自主设计、合作探究和创新思维，提高学生的实验设计和实践能力，培养学生的团队精神和创新意识。最后，要建立"教—学—评"一体化的多元评价体系，实现评价主体、评价目标、评价标准、评价方式的多元化。要将评价贯穿于课堂的每一个环节，根据学生在不同情境下的学习行为及表现，通过提问点评、合作交流等方式，及时反馈学习的有效性和学业质量达成情况，通过学生思维水平、学习行动力、分析解决问题的能力等方面的发展来评价学生的素养发展。

为探索化学学科核心素养导向的课堂教学，笔者作为广州市化学学科带头人，申报了2017年度广州市教育科学规划重点课题"高中学生发展化学核心素养课堂教学策略、模式研究"，组织颜璜、程龙兵、周琪等一批化学学科骨干教师成立了课题组。笔者作为课题组主持人，策划组织、示范引领课题研究，从化学学科核心素养的内涵要素出发，围绕化学学科核心素养的内涵及其培养策略开展研究，经过三年的课堂教学实践探索，形成了较为系统的素养导向的化学课堂教学行为研究。本课题组的研究成果涵盖高中三个年级的理论课、实验课、实践课和复习课，在如何在课堂教学中有效渗透化学学科核心素养、如何从以"知识为本""能力为本"转变到以"素养为本"的教学理念和教学行为、如何优化化学课堂教学策略等方面进行了积极和有益的探索，研究成果获得课题评审专家组的高度赞誉。其间，笔者发表论文十余篇。本书是在课题研究成果的基础上，按照研究成果主要体现的化学学科核心素养进行归类，从理论内涵和表征框架、进阶分析和培养路径、课堂实例和发展模型等方面分别展示了"宏观辨识与微观探析""变化观念与平衡思想""证据推理与模型认知""科学探究与创新意识""科学态度与社会责任"5个化学学科核心素养的部分课堂教学实践与研究成果，并进一步丰富和完善了课例类型。

本书是课题组集体智慧的结晶。通过实践探索，本书初步建构了素养取向的化学教学策略和模式。全书共分为六章，第一章为理论梳理和构建，较为系统地阐述了核心素养的时代背景及内涵、化学学科核心素养的内涵、基于化学核心素养教学的基本要素等；第二章～第六章分别对"宏观辨识与微观探析""变化观念与平衡思想""证据推理与模型认知""科学探究与创新意识""科学态度与社会责任"五个化学学科核心素养的理论内涵和表征框架、发展对应素养的进阶分析和培养路径、落实对应素养的课堂实例和发展模型等进行了详细的描述和解读。每章中设计了 2~3 节典型课例，梳理和展现了促进化学学科核心素养发展的教学模式，初步搭建了核心素养导向的化学课堂教学设计的一般框架。

在本书的策划和撰写中，笔者设计了全书的基本框架和章节体例，并独立撰写了第二章、第五章、第六章；颜璜老师参与撰写了第一章；周琪老师参与撰写了第三章；程龙兵老师参与撰写了第四章。在此感谢他们的辛苦付出。

本书是课题组阶段性的研究成果，有些结论和观点尚需进一步的完善和发展，有些案例和策略尚需进一步的检验和丰富。受笔者水平所限，书中难免有错误或不妥之处，恳请同行专家和读者提出宝贵意见。

肖宏伟

2022 年 12 月于广州

目 录

第一章　化学学科核心素养基本理论 … 1
第一节　核心素养的时代背景及内涵 … 1
一、核心素养概念的时代背景 … 1
二、核心素养的内涵 … 3
第二节　化学学科核心素养的内涵 … 4
一、化学学科核心素养的基本内容 … 4
二、化学学科核心素养各维度之间的关系 … 6
第三节　基于化学学科核心素养教学的基本要素 … 7
一、以大概念为抓手 … 7
二、创设真实情境 … 15
三、坚持问题导向 … 18
四、指向学生高阶思维培养 … 23
五、坚持教—学—评一体化 … 31

第二章　基于宏观辨识与微观探析的理论研究和教学实践 … 42
第一节　宏观辨识与微观探析的理论内涵和表征框架 … 42
一、宏观辨识与微观探析的理论内涵和素养导向 … 42
二、宏观辨识与微观探析的表征框架和水平划分 … 43
第二节　宏观辨识与微观探析的进阶分析和培养路径 … 44
一、宏观辨识与微观探析的进阶分析 … 44
二、宏观辨识与微观探析的培养路径 … 45
第三节　宏观辨识与微观探析的课堂实例和发展模型 … 47
一、宏观辨识与微观探析的课堂实例1：《氧化还原反应及其应用》 … 47

二、宏观辨识与微观探析的课堂实例2：《铁及其化合物的性质》 …… 60
三、宏观辨识与微观探析的课堂实例3：《盐类的水解》 ………… 76

第三章 基于变化观念与平衡思想的理论研究和教学实践 …… 92
第一节 变化观念与平衡思想的理论内涵和表征框架 …… 92
一、变化观念与平衡思想的理论内涵和素养导向 ……………… 92
二、变化观念与平衡思想的表征框架和水平划分 ……………… 93
第二节 变化观念与平衡思想的进阶分析和培养路径 …… 94
一、变化观念与平衡思想的进阶分析 …………………………… 95
二、变化观念与平衡思想的培养路径 …………………………… 96
第三节 变化观念与平衡思想的课堂实例和发展模型 …… 97
一、变化观念与平衡思想的课堂实例1：《电离平衡》 ………… 97
二、变化观念与平衡思想的课堂实例2：《水的电离平衡》 …… 106
三、变化观念与平衡思想的课堂实例3：《沉淀溶解平衡》 …… 111
四、指向变化观念与平衡思想的高三复习策略 ………………… 120
五、变化观念与平衡思想的课堂实例5：《分离提纯——萃取》 …… 128

第四章 基于证据推理与模型认知的理论研究和教学实践 …… 134
第一节 证据推理与模型认知的理论内涵和表征框架 …… 134
一、证据推理与模型认知的理论内涵和素养导向 ……………… 134
二、证据推理与模型认知的表征框架和水平划分 ……………… 135
第二节 证据推理与模型认知的进阶分析和培养路径 …… 138
一、证据推理与模型认知的进阶分析 …………………………… 138
二、证据推理与模型认知的培养路径 …………………………… 138
第三节 证据推理与模型认知的课堂实例和发展模型 …… 140
一、证据推理与模型认知的课堂实例1：《沉淀溶解平衡》 …… 140
二、证据推理与模型认知的课堂实例2：《沉淀溶解平衡图像》 …… 151
三、证据推理与模型认知的课堂实例3：电化学 ………………… 161

第五章 基于科学探究与创新意识的理论研究和教学实践 …… 177
第一节 科学探究与创新意识的理论内涵和表征框架 …… 177
一、科学探究与创新意识的理论内涵和素养导向 ……………… 177
二、科学探究与创新意识的表征框架和水平划分 ……………… 179

第二节　科学探究与创新意识的进阶分析和培养路径 …………… 180
　　　　一、科学探究与创新意识的进阶分析 …………………………… 180
　　　　二、科学探究与创新意识的培养路径 …………………………… 181
　　第三节　科学探究与创新意识的课堂实例和发展模型 …………… 183
　　　　一、科学探究与创新意识的课堂实例1：《原电池及其应用》 … 183
　　　　二、科学探究与创新意识的课堂实例2：《二氧化硫的性质》 … 205

第六章　基于科学态度与社会责任的理论研究和教学实践 … 227
　　第一节　科学态度与社会责任的理论内涵和表征框架 …………… 227
　　　　一、科学态度与社会责任的理论内涵和素养导向 ……………… 227
　　　　二、科学态度与社会责任的表征框架和水平划分 ……………… 229
　　第二节　科学态度与社会责任的进阶分析和培养路径 …………… 230
　　　　一、科学态度与社会责任的进阶分析 …………………………… 230
　　　　二、科学态度与社会责任的培养路径 …………………………… 232
　　第三节　科学态度与社会责任的课堂实例和发展模型 …………… 234
　　　　一、科学态度与社会责任的课堂实例1：《纯碱的性质与制备》 … 234
　　　　二、科学态度与社会责任的课堂实例2：《金属的腐蚀与防护》 … 252

参考文献 ……………………………………………………………………… 271

第一章
化学学科核心素养基本理论

第一节 核心素养的时代背景及内涵

一、核心素养概念的时代背景

当今世界所有著名的核心素养研究框架，无论源自国际组织还是特定国家，均指向21世纪信息时代公民生活、职业世界和个人自我实现的新特点和新需求。因此，核心素养又称"21世纪素养"（21st century competences）或"21世纪技能"（21st century skills）。[①] 如果"20世纪素养"对应的是工业时代，那么"21世纪素养"对应的则是信息时代。信息时代下的教育具有哪些特点呢？哈佛大学教授费尔南多·M. 赖默斯及其主导的"全球教育创新倡议"团队认为培养"21世纪技能"的教育可划分为五个领域：一是内省领域能力培养，包括理解并尊重多元文化、具有公民意识和职业规划、开展终身学习；二是人际关系领域技能培养，包括沟通交流能力、团队合作能力、同理心和领导力；三是认知技能培养，包括批判、分析、推理论证、问题解决、适应性学习和创造性；四是态度和价值观培育；五是积极、有活力的教学，以推进素质和技能培养。[②]

由此可见，信息时代下首先需要培养具有专家思维、能够胜任复杂交往工作的人。所谓"专家思维"（expert thinking），亦可称为"专家决策制定"（expert decision making），是指在特定情境中，当所有解决问题的标准化方法均告失败时发现新方法以解决困难问题的能力。这是一种认知性能力或素养。所谓"复杂交往"

---

① 张华. 论核心素养的内涵 [J]. 全球教育展望，2016（4）：10-24.
② 赵章靖. 21世纪技能引领下的教育改革与创新：哈佛大学"全球教育创新倡议"探索述评 [J]. 北京教育学院学报，2022（6）：81-92.

(complex communication),是指在复杂的、不可预测的社会情境中,通过提供各种解释和示例,帮助他人掌握复杂概念、促进复杂对话延续和发展的能力。这显然是一种非认知性能力或素养。①

对下一代孩子来说,未来大概率有很多工作会被人工智能取代。麦肯锡在《中国的技能转型:推动全球规模最大的劳动者队伍成为终身学习者》中描述,到2030年,中国平均每位劳动者,每年约有87天的工时可被自动化取代,并需重新部署。如果让我们的孩子成为机器人,去跟未来的机器人比赛,这无疑是一场必输的战役。只有让我们的孩子成为具有"专家思维"的人,才有可能解决机器人无法解决的"复杂问题",才有可能在未来获取一席之地。

其次,需要培养具有"全球胜任力"的人。"国际组织所需人才要求全面发展,适应国际跨文化交流并具备全球视野。因此,我们要培养具有全球胜任力的大国人才,这样才能在国际上讲好中国故事。"2022年全国两会上,全国政协委员、同济大学副校长顾祥林呼吁,在基础教育和高等教育阶段加强国际理解教育,培养一批具备全球胜任力的优秀国际人才。随着经济全球化的飞速发展,跨国界、跨文化合作交流日益频繁,各国联系依存逐渐加深。与此同时,人类在环境、能源与安全等方面面临着诸多问题及挑战,需要全球协作共同应对。这都要求我们培养一批具有全球胜任力、能够立足中国实践与世界对话、参与国际合作与治理的优秀人才。培养青少年的全球视野和世界公民意识,是教育的大势所趋,也是教育者义不容辞的使命。全球胜任力是涵盖多种维度的综合能力,包括认识了解自我与世界的洞察力、跨文化管理能力与全球领导力,以及跨文化沟通、说服和谈判的能力等。全球胜任力的培养或教育,首先应该突出学生实践能力的培养。具体而言,就是围绕国际问题或全球议题,通过动脑、动嘴、动笔、动手、动脚等训练,提升学生解决实际问题的能力。其次,全球胜任力是融合各种涉外能力的综合能力。最后,中国特色全球胜任力是吸收古今中外智慧、驾驭百年未有之大变局、实现中华民族伟大复兴和构建人类命运共同体的能力。作为全球范围内教育研究与实践领域的一项重要议题,培养学生全球胜任力成为统率各国教育改革的上位概念,引领并拉动教学目标、课程体系、教育评价、教师角色的转变。为此,我们应秉持人类命运共同体理念,以兼顾国家利益和全球利益为主要原则,变革人才培养模式,开展中小学全球胜任力教育。②

再次,需要培养具有终生学习能力、能够适应未来世界的人。技术的迅速发

---

① 张华. 论核心素养的内涵 [J]. 全球教育展望, 2016 (4): 10 – 24.
② 刘洁. 培养青少年的全球胜任力, 基础教育何为? [C]. 教育家, 2022 (4): 12 – 16.

展、环境的脆弱性、收入分配的不平等、全球化的深入开展给教育系统带来了新的机遇和挑战。当政策制定者和教育工作者开始担忧当前的教育系统能否充分应对本世纪所面临的挑战时,全球素养教育应运而生。对全球素养教育的关注源于人们逐渐认识到,教育的作用不仅在于帮助学生做好学业上的准备,还要帮助他们为未来工作和生活做好准备。随着工作的日益自动化、科学技术的飞速进步,以及经济全球化的深入开展,学生们需要为灵活性的工作及全球化和数字化的公民生活做好准备。可迁移的能力和终身学习的意愿,将有助于学生更好地应对新的社会现实,并成功地驾驭和塑造自己的未来。①

二、核心素养的内涵

素养是人在特定情境下综合运用知识、技能和态度解决问题的高级能力与人性能力。核心素养亦称"21世纪素养",是人适应信息时代和知识社会的需要、解决复杂问题和适应不可预测情景的高级能力与人性能力。

"高级能力"是人面对复杂问题时做出明智而富有创造性的判断、决策和行动的能力。知识记忆能力、技能熟练操作等但凡机器能替代的能力均不在"高级能力"之列。"人性能力"即建立在人性、情感、道德与责任基础上的能力。素养作为能力,是道德的、负责任的。有素养的人,不仅是有创造性的人,还是对其行为负责任的人。

核心素养具有时代性、综合性、跨领域性与复杂性。核心素养的"时代性"意指它是应信息时代需要而诞生的"新能力"。根据欧盟的说法,它是"新基本技能"。核心素养的"综合性"意指它是知识与技能、过程与方法、情感态度与价值观"三维目标"化为一体的整体表现。核心素养的"跨领域性"既指其跨越学科边界,又指其应用于不同情境的可迁移性,还指其连接学科知识与生活世界(真实情境)的"可连接性"。核心素养的"复杂性"既指其立足复杂情境、满足复杂需要的特性,又指其为复杂的、高级的心智能力,即"心智的复杂性"。以林崇德教授为首的专家团队经过长期研究得出的结论是,学生发展核心素养是指学生应具备的、能够适应终身发展和社会发展需要的必备品格和关键能力。这种关键能力与以读、写、算为代表的传统基本技能是什么关系?这是理解核心素养内涵、构建信息时代教育的又一问题。首先,"基本技能"与"基本知识"不是凝固不变、普遍有效的,而是随时代变迁不断发展、变化的。传统读、写、算等技能和学科知识大多

---

① 莫玉婉. 为学生未来做准备:加拿大全球素养教育的理念与实践——以安大略省为例[J]. 现代教育管理,2022(3):118-129.

诞生于18世纪以后，且与工业时代相适应。当人类迈入信息时代以后，数字素养、批判性思维、创造性、交往、协作等核心素养或"21世纪技能"日益成为"基本技能"。一些新兴的学科知识如信息科技也正逐渐成为"基本知识"。

其次，核心素养与传统"双基"是一种包含、融合和超越的关系，而非简单叠加。核心素养并不排斥传统"双基"。从世界著名核心素养框架来看，传统"双基"并未受到排斥。如美国"21世纪学习框架"专门列出了"核心学科"；OECD（经济合作与发展组织）框架和欧盟框架均关注阅读、数学、科学等学科素养。这里需要改变的不是将常规认知技能（如基本算术运算）的学习从课程中剔除，恰恰相反，根本变化是不再把简单技能的熟练视作为工作和生活准备的终结目标，而是将这些常规技能用作掌握未来职场所珍视的复杂心智操作的基底。即是说核心素养包含并超越了传统"双基"，将之视为构成要素。

再次，"双基"的学习方式需根据核心素养的要求而发生根本改变。核心素养本质上是解决复杂问题的能力。这只能通过让学生置身真实问题情境，亲历复杂的问题解决过程来培养。这其中有没有"双基"的掌握与熟练？当然有。但这是学生在解决问题的过程中间接获得的。这再一次验证了杜威在100年前说过的名言：知识的学习是探究活动的"副产品"。当"双基"的学习成为间接过程和解决复杂问题的"副产品"的时候，"双基"的熟练与核心素养的发展就成正比关系；当"双基"的学习脱离探究与实践而直接进行（通过直接教学而"内化""双基"）的时候，"双基"的熟练就与核心素养的发展成反比关系。素养本位的课程改革并不反对知识技能的熟练，而是反对这种"熟练"以泯灭学生的个性和创造性等核心素养为代价。

核心素养作为一种高级能力和人性能力，其本质是"道德创造性"。而崇尚"道德创造性"是儒家智慧传统的根本特征。因此，核心素养这一观念有可能沟通中国文化传统与信息时代，为我国构建信息时代的课程体系创造美好愿景。

第二节　化学学科核心素养的内涵

一、化学学科核心素养的基本内容

学科核心素养是学科育人价值的集中体现，是学生通过学科学习而逐步形成的正确价值观、必备品格和关键能力。"关键能力"属于智力因素，"必备品格"主要属于非智力因素，"正确价值观"属于价值取向。三者的关系如图1-1所示。

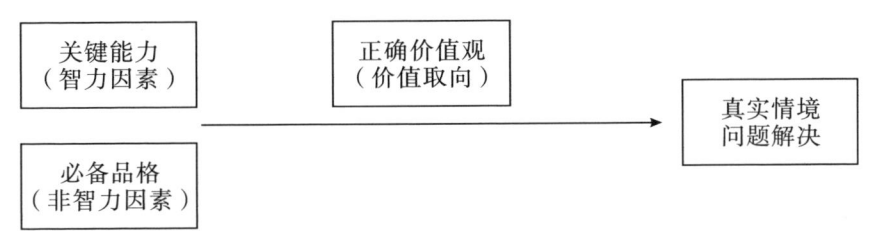

图 1-1　学科核心素养内涵

化学学科核心素养是学生在面对真实复杂的问题情境时表现出来的关键能力和必备品格。当学生在探究与创新实践活动过程中遇到问题时，需要调用原有模型进行假设推理，寻找证据，并基于证据推理发现或建立新的模型。高中化学学科核心素养是高中学生发展核心素养的重要组成部分，是学生综合素质的具体体现，反映了社会主义核心价值观下化学学科育人的基本要求，全面展现了化学课程学习对学生未来发展的重要价值。

从《普通高中化学课程标准（2017年版2020年修订）》（以下简称"新课标"）来看，化学学科核心素养包括"宏观辨识与微观探析""变化观念与平衡思想""证据推理与模型认知""科学探究与创新意识""科学态度与社会责任"5个方面。

1. 素养1：宏观辨识与微观探析

能从不同层次认识物质的多样性，并对物质进行分类；能从元素和原子、分子水平认识物质的组成、结构、性质和变化，形成"结构决定性质"的观念。能从宏观和微观相结合的视角分析与解决实际问题。

2. 素养2：变化观念与平衡思想

能认识物质是运动和变化的，知道化学变化需要一定的条件，并遵循一定规律；认识化学变化的本质特征是有新物质生成，并伴有能量转化；认识化学变化有一定限度、速率，是可以调控的。能多角度、动态地分析化学变化，运用化学反应原理解决简单的实际问题。

3. 素养3：证据推理与模型认知

具有证据意识，能基于证据对物质组成、结构及其变化提出可能的假设，通过分析推理加以证实或证伪；建立观点、结论和证据之间的逻辑关系。知道可以通过分析、推理等方法认识研究对象的本质特征、构成要素及其相互关系，建立认知模型，并能运用模型解释化学现象，揭示现象的本质和规律。

4. 素养4：科学探究与创新意识

认识科学探究是进行科学解释和发现、创造和应用的科学实践活动；能发现和提出有探究价值的问题；能从问题和假设出发，依据探究目的，设计探究方案，运用化学实验、调查等方法进行实验探究；勤于实践，善于合作，敢于质疑，勇于创新。

5. 素养5：科学态度与社会责任

具有安全意识和严谨求实的科学态度，具有探索未知、崇尚真理的意识；深刻认识化学对创造更多物质财富和精神财富、满足人民日益增长的美好生活需要的重大贡献；具有节约资源、保护环境的可持续发展意识，从自身做起，形成简约适度、绿色低碳的生活方式；能对与化学有关的社会热点问题做出正确的价值判断，能参与有关化学问题的社会实践活动。

二、化学学科核心素养各维度之间的关系

化学学科核心素养的5个方面立足高中学生的化学学习过程，各有侧重，相辅相成。首先，证据推理与模型认知是科学探究与创新的思维核心，也是科学探究与创新的方法。这一核心素养的提出对于探究教学实践来说具有重要意义，将促使探究教学从只关注实验活动表面发展到更注重提高思维水平，实现科学思维与科学实践的融合。同时，科学探究与创新意识是培养学生的证据推理与模型认知素养的驱动力及最佳平台和途径。其次，宏观辨识与微观探析是化学学科核心素养的学科特征，具体表现在为证据推理提供角度、路径、前提和判据，而分析和解决化学问题时需要调用和建构模型，这都基于并发展宏观辨识与微观探析素养。证据推理与模型认知素养的提出，促使我们认识到学习化学知识和建构学科观念的功能价值。换言之，如果学生接受了知识，甚至建立了观念，但不能转化为推理角度、思路和判据，不能自觉主动地应用所建立的模型进行分析解释、推论预测、设计调控，不能主动迁移、建构和发展模型，不能创新应用和发现新知识，就不能说是宏观辨识与微观探析这一化学学科核心素养表现出了高水平。再次，科学态度与社会责任既是化学学科核心素养的价值取向和立场，也是科学探究与创新意识的驱动和需求（即出发点和落脚点）。一方面，高水平的社会责任需要建立在科学态度的基础上。对社会性科学议题要坚持科学态度，而这需要基于科学探究过程，特别是基于证据推理的科学思维。另一方面，高水平的科学态度和科学精神不但体现在严谨求实，还体现在遵循既有科学规律，创造性地解决问题，更深入地探索事物本质，建构新的宏微结合和变化平衡的理论和技术模型，实现创新实践，从而在更高水平上遵循既有科学规律的同时，创造性地解决问题，更深入地探索事物本质，建构新的宏微结合和变化平衡的理论和技术模型，实现创新实践，从而在更高水平上体现社会责任，为社会发展做出更伟大的贡献。此外，各维度核心素养之间构成互为基础和水

平进阶关系。例如，宏微结合的高水平应该是变化平衡，变化平衡的核心和基础应该是宏微结合；证据推理的高水平是建构模型，模型认知需要基于证据推理论证；科学探究的高水平是创新，科学创新则肯定需要以实验探究为基础；高水平的社会责任需要基于科学态度和精神，仅仅拥有严谨求实、好奇兴趣等纯粹的科学态度而不关注社会、环境的可持续发展也是低水平的科学态度。总而言之，"科学探究与创新意识"是化学学科核心素养的实践基础，"证据推理与模型认知"是化学学科核心素养的思维核心，"宏观辨识与微观探析"是化学学科核心素养的学科特征，"科学态度与社会责任"是化学学科核心素养的价值立场。上述化学学科核心素养将化学知识与技能的学习、化学思想观念的建构、科学探究与问题解决能力的发展、创新意识和社会责任感的形成等多方面的要求融为一体，体现了化学课程在帮助学生形成未来发展需要的正确价值观、必备品格和关键能力中所发挥的重要作用。

第三节　基于化学学科核心素养教学的基本要素

一、以大概念为抓手

怀特海在《教育的目的》一书中提到，"教育只有一个主题，那就是五彩缤纷的生活"。他说，如果教育无用，又如何称其为教育呢？今天，教育的生活价值显得尤为迫切。如果学生在学校中所学的不具备生活价值，无法迁移到现实世界中，那么这种教育就是低效甚至无效的。那么，什么是有生活价值的？"不要教教材，而要用教材教"这句我们耳熟能详的话，实际上很多人不太理解。"教教材"是指只教书上的专家结论，而"用教材教"是指通过专家结论来建立学生的专家思维，就是我们俗称的"像科学家一样思考"。专家思维更具生活价值，而没有专家思维支撑的专家结论，其生活价值微乎其微。如果只是教了专家结论，那么从学校教育通往现实世界、从现在通往未来的这座桥梁是断裂的，专家结论基本只能在学校内部流转。如果构建了专家思维，那么就在学校教育和现实世界、现在和未来之间搭建了一座牢固的桥梁，使专家思维得以从学校教育迁移到现实世界。

大概念是反映专家思维方式的概念、观念或论题，具有生活价值。换言之，大概念标志着专家思维的形成，而以往我们所教的小概念常常只反映了专家结论，两者的关系就像冰山模型所描述的那样，既有外在表现，又存在内在特质。专家之所以能娴熟自然地运用作为专家结论的小概念或方法，就是因为他们已经建立了反映专家思维的大概念。

如何提取大概念，我想这是所有老师最为关注的问题。刘徽在《大概念教学：素养导向的单元整体设计》一书中分别从"自上而下"和"自下而上"两个角度提出了大概念的 8 条提取路径：从课程标准中提取大概念；从教材分析中提取大概念；从专家思维中提取大概念；通过派生概念提取大概念；从生活价值的角度提取大概念；将知能目标向上提炼为大概念；从学习难点分析中提取大概念；从评价标准中提取大概念。

从化学学科的角度来看，以课程标准和专家思维为例，从课程标准中提取的化学大概念见表 1-1。

表 1-1　课程标准中的化学大概念

课程设置		化学大概念内容
必修课程		化学科学与实验探究；常见的无机物及其应用；物质结构基础与化学反应规律；简单的有机化合物及其应用；化学与社会发展
选择性必修课程	化学反应原理	化学反应与能量；化学反应的方向、限度和速率；水溶液中的离子反应与平衡
	物质结构与性质	原子结构与元素的性质；微粒间的相互作用与物质的性质；研究物质结构的方法与价值
	有机化学基础	有机化合物的组成与结构；烃及其衍生物的性质与应用；生物大分子及合成高分子

从化学家视角也就是专家思维中提取的化学大概念见表 1-2。

表 1-2　化学家视角下的化学大概念

化学家或其主导设计的化学课程	化学大概念内容
吉列斯比	原子、分子和离子是物质基本组成成分；化学键是由静电吸引形成的；分子和晶体中的原子以特定的几何形式排列；能量和熵；动力学理论；化学反应
阿特金斯	物质是由原子构成的；物质是由 100 多种元素组成的；电子对形成了化学键；分子之间相互作用；原子的轨道结构导致了其周期性；结构对功能至关重要；能量与其储存模式无关；反应速率可以由速率定律进行总结；化学反应可以分为多种类型
克莉根斯	物质；能量；变化

续上表

化学家或其主导设计的化学课程	化学大概念内容
AP 化学（2014）	物质由元素组成，由原子排列构成；化学键或分子间作用力可以形成、断裂，与初始条件和外界干预有关；物质的变化包括原子的重排和电子的转移；微粒结构和相互作用决定物质的物理性质和化学性质；热力学定量描述了能量的基本作用，能解释和预测物质变化的方向；化学反应速率由分子如何碰撞决定
CLUE 课程	原子通过静电力相互作用形成化学键；原子/分子结构决定其性质；能量伴随反应而变化；化学体系具有变化性和稳定性

大概念教学是以单元为单位实施的。通过建筑单元的隐喻来理解课程单元的关键依然在于"目的性"，就像建筑单元是为了住人一样，课程单元的核心是为了学生素养的发展。因此，在课程单元中我们看到的也不是像水泥、钢筋等原材料一样零碎的知识、技能，而是通过大概念统合起来的素养（表1-3）。

表1-3 建筑单元和课程单元的类比

维度	建筑单元	课程单元
目的性	满足住户需求	满足学生素养发展的需求
整体性	是建筑，而不是建筑材料	是课程，而不是孤立的内容
独立性	以楼梯或电梯来组织水泥、钢筋、门、窗等建筑材料，成为一个相对独立或完整的建筑	以大问题、大任务等来组织目标、情境、知识点、活动、评价等要素，成为一个相对独立或完整的学习单位
进阶性	由楼梯或电梯来组织并实现进阶	由大问题、大任务、大概（观）念、大项目等来组织并实现进阶
组合性	一幢单元式住宅需要有两个以上的单元	一个学期的课程需要有两个以上的单元

单元的选择有多种思路。一是按照教科书章节的主要内容来组织。这种方法操作容易，也比较符合学科学习的逻辑和教材编写的逻辑。二是按照学科核心素养发展的进阶来组织，打通年级甚至学段学习内容，同时考虑具体学习内容，将跨教材单元、章节的相关内容整合成单元主题。这种方法对教师的要求较高。三是按专题性任务组织，通过专题紧密关联本学科核心内容，又广泛连接学生的日常生活、社

会生活、政治生活和科技前沿等。这种方法比较适合学科内的项目式学习。四是设计真实情境下的跨学科学习任务，以发展学生综合运用各学科知识、技能和方法解决实际问题的能力。这种方法比较适合基于学科又超越学科的综合实践类学习。大概念可以有大有小，但每个单元必须有内容主题，以及相对完整的育人价值和学习目标，单元的学习主题和目标要服务于学科课程目标。

下面以《硫及其化合物》单元教学为例，讨论无机化合物主题的教学如何应用"价–类"二维视角进行单元设计，认识物质的存在、性质与转化。

【教学案例】《硫及其化合物》

【单元学习主题】从"价–类"二维角度，认识不同含硫元素物质间的转化关系。

【单元学习目标】

①能从元素价态和物质类别两个维度（"价–类"二维视角）认识硫元素在自然界中的存在和转化，能通过资料阅读提取出硫单质、二氧化硫、亚硫酸、硫酸等重要含硫物质的信息，能基于"价–类"二维视角预测其性质，巩固基于元素认识物质的基本观念。

②能在预测性质的基础上选取试剂，实现不同价态硫元素的转化，预测产物，解释现象，提升实验探究和推理能力。

③能通过阅读"红酒中的SO_2"和"食品中的二氧化硫"等相关资料，从化学视角认识硫和二氧化硫的存在和用途，并辩证看待二氧化硫的使用。

【教学实施过程】

第一课时

环节一：画出硫元素的"价–类"二维图

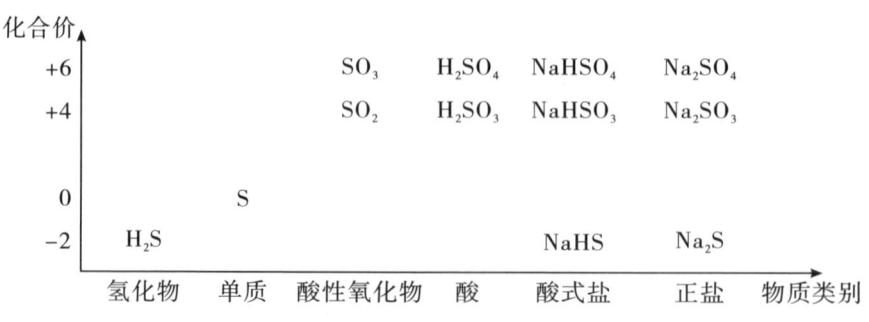

图1–2　硫元素的"价–类"二维图

环节二：认识硫的存在和酸雨的成因

【情境导入】据历史记载，早在公元前 1000 年，希腊人就开始通过燃烧硫磺来除去室内跳蚤。西汉刘安的《淮南子》、东汉的《神农本草》等书籍中，就有关于硫磺的记载，如书中记有"能化金银铜铁奇物"（磺）之说。1986 年许会林在编著的《中国火药火器史话》中写道："大约在西汉年间湖南省区域就发现了丰富的硫磺矿，以后在山西、河南等省也陆续发现。"这些历史记载足以说明我国在汉朝就已发现硫磺了。同时，我国西汉和东汉时期对硫的特性已有了初步认识。808 年《太上圣祖金丹秘诀》一书中就有描述以硫、硝等为主要成分的黑火药。李时珍的《本草纲目》中也详细记录了用硫铁矿烧取硫磺的方法。

教师：同学们，通过阅读这段科学史话，你能知道硫有哪些性质和用途？自然界中存在游离态的硫吗？

学生：硫能燃烧，还能与一些金属单质反应。西汉时期发现了丰富的硫磺矿，说明自然界中存在硫单质。

教师：那请大家说一说，从氧化还原的角度来看，硫为什么具有这些化学性质呢？

学生：从硫元素的价态来看硫有 -2 价、$+4$ 价和 $+6$ 价，所有硫单质在发生化学变化时化合价既可升高，又可降低，既能燃烧并具有还原性，又能与金属反应并具有氧化性。

教师：回答得很好。大家看，希腊人早在公元前 1000 年就开始通过燃烧硫磺来除去室内跳蚤，燃烧硫磺为什么能除跳蚤呢？

学生：因为硫燃烧会生成 SO_2，SO_2 具有毒性，可以除去跳蚤。

教师：很好，空气中有适量的 SO_2 可以杀菌消毒，那如果空气中的 SO_2 含量过多又会有什么影响呢？

学生：会引起酸雨。

教师：初中时学过煤燃烧产生 SO_2，会引起酸雨，那请大家来猜想一下酸雨是怎么形成的？

学生 1：可能是 SO_2 与水反应生成 H_2SO_3 而引起酸雨。

教师：你怎么知道 SO_2 可以与水反应呢？

学生 1：我是从 CO_2 的性质类比知道的，SO_2 和 CO_2 都属于酸性氧化物，所以我认为 SO_2 与 CO_2 具有相似的性质，能与水反应。

教师：认识的角度很正确，还有同学有其他意见吗？

学生 2：我认为可能是 SO_2 与空气中的氧气反应，生成 SO_3，然后 SO_3 与水反应生成 H_2SO_4 而引起酸雨。

教师：你为什么会认为 SO_2 能与氧气反应呢？

学生2：从价态来看的，SO_2 中的 S 为 +4 价，应该还可以再升高至 +6 价，而空气中的氧气有氧化性。

教师：很好，那 SO_3 为什么又能与水反应呢？

学生2：同样也是类比 CO_2，SO_3 为酸性氧化物，可以与水反应。

教师：很好，很多酸性氧化物可以与水反应生成相应的酸。

教师：二氧化硫如何转化为硫酸？看老师写出的亚硫酸，你有什么想法？

学生3：亚硫酸中的 S 也为 +4 价，具有还原性，应该也能与氧气反应生成硫酸。

教师：同学们思考得都很正确，酸雨的主要成分其实是硫酸。这两种路径都可以形成酸雨，但通常 SO_2 与氧气反应速率比较慢，需要催化剂才能加快反应速率。如果空气中的雾霾比较严重，SO_2 就会被雾霾中的金属催化为 SO_3，再与水反应形成硫酸。那同学们再思考一下，有什么办法可以防止酸雨呢？

学生4：我认为可以用一些碱性物质吸收燃煤工厂所排放的 SO_2。

教师：你为什么认为可以用碱性物质吸收 SO_2 呢？

学生4：因为 SO_2 是酸性氧化物，可以与碱性氧化物或碱反应。

教师：回答得很正确，我们一起阅读防止酸雨的资料，并写出相关的化学反应方程式。

第二课时

环节一：模拟含硫物质的转化

红酒中的 SO_2

随着食品营养与安全越来越受关注，越来越多人开始阅读食品标签。喜欢喝葡萄酒的人发现，欧美的葡萄酒几乎都标注"含二氧化硫"。为什么这个常常与酸雨、空气污染物相关联的"有毒有害的化学物质"竟然堂而皇之地出现在"典雅"的葡萄酒中呢？

原来葡萄酒的保存需要"保鲜剂""防腐剂"，从技术角度来说，可以通过不同的方式来实现。但是，在葡萄酒工艺的发展过程中，人们发现：原来二氧化硫可以单枪匹马地搞定所有任务！

将二氧化硫用于葡萄酒中至少有几百年的历史，生产工艺发展到今天，人们也没有找到更好的替代方案。所以，不管人们对于二氧化硫有多大的疑虑，葡萄酒行业还是广泛使用着它。

教师：同学们，葡萄酒中含有白藜芦醇，我们用 SO_2 做保鲜剂主要是为了防止白藜芦醇被氧化,那为什么 SO_2 可以用作抗氧化剂呢?

学生:可能因为 SO_2 具有较强的还原性。

教师:很好。你们的实验桌面上没有 SO_2,但是有 SO_2 的水溶液,还有 $FeCl_3$ 溶液、酸性高锰酸钾溶液、氯水,请大家设计实验验证猜想。在大家开始实验之前,想问大家能用 SO_2 的水溶液代替 SO_2 验证 SO_2 的性质吗?

学生:应该可以,SO_2 的水溶液中有 SO_2,而且 H_2SO_3 中的 S 也是 +4 价。

教师:很正确,SO_2 与水是可逆反应,从氧化还原反应的角度分析,由同种元素组成的价态相同的物质,其化学性质具有相似性。大家开始选择试剂并验证吧,等会儿请同学们来汇报结果。

【学生分组实验,汇报实验方案】

学生1:我们组选用了酸性高锰酸钾来验证,因为酸性高锰酸钾具有强氧化性,在 SO_2 的水溶液中加入酸性高锰酸钾,溶液褪色。这说明 SO_2 具有还原性。

学生2:我们选择了氯水,看到了溶液褪色。

学生3:我们选择了氯化铁溶液,看到了溶液褪色。

教师:同学们,氯水和氯化铁溶液褪色有没有可能是稀释的结果呢?

(教师演示在氯水中加水,也看到了颜色褪去的现象)

教师:由于氯水和氯化铁溶液的颜色都比较浅,大家只根据褪色的现象来判断发生了反应很难有说服力,还有没有更好的办法验证确实发生了化学反应呢?

学生:可用硫氰化钾来验证 Fe^{3+} 是否存在。

教师:很好,那氯水和二氧化硫的反应该如何判断呢?

学生:通过加入氯化钡产生白色沉淀,可以证明 SO_2 发生了反应,因为 SO_2 中的 S 升高为 +6 价,应该有 SO_4^{2-} 生成,而亚硫酸不能与氯化钡反应生成沉淀。

教师:回答得很好,通过刚刚的实验我们可以看到 SO_2 的还原性很强,能与大多数的氧化剂反应,那如果实验室有一瓶亚硫酸钠溶液,你们认为在保存时应注意什么问题?

学生:应注意密封保存,防止与氧气接触。

教师:那如果实验室有一瓶久置的亚硫酸钠溶液,你们认为用什么试剂可以验证是否变质了呢?

学生:用稀盐酸和氯化钡溶液。

教师:看来大家对于二氧化硫的还原性已经有了一定的认识,那大家思考一下,SO_2 有氧化性吗?

学生:应该是有的,从"价-类"二维图可知,SO_2 中的 S 可以降低为 0 价。

(教师演示 H_2S 与 SO_2 反应的实验)

教师：通过这个实验，除了可以用碱性物质吸收燃煤工厂的 SO_2 以外，还有其他办法吸收 SO_2 吗？

学生：可利用还原性物质，如用 H_2S 吸收 SO_2 气体。

环节二：认识 SO_2 的特性

食品中的二氧化硫

食品中添加适量二氧化硫可以起到漂白、防腐和抗氧化等作用。例如，在葡萄酒酿制过程中，葡萄汁中某些细菌的繁殖会影响发酵，添加适量二氧化硫可以起到杀菌作用。二氧化硫又是一种抗氧化剂，能防止葡萄酒中一些成分被氧化，起到保质作用，并有助于保持葡萄酒的天然果香味。

尽管二氧化硫在蜜饯、干果、食糖、果酒等食品的加工中起着重要作用，但如果使用不当就有可能造成食品中二氧化硫的残留量超标，从而对人体健康造成不利影响。为保证消费者健康，我国在食品添加剂使用标准中规定了二氧化硫在食品中的使用范围和最大使用量，如二氧化硫用于葡萄酒的最大使用量为 $0.25g/L$。

教师：大家阅读资料展示"食品中的二氧化硫"可知，二氧化硫还有着漂白的作用，二氧化硫能漂白什么物质呢？桌面上有两种指示剂，一种是石蕊，另一种是品红，大家试试看能够漂白这两种指示剂吗？

学生：在二氧化硫的水溶液中加入石蕊后，水溶液变红，而在二氧化硫的水溶液中加入品红后，水溶液褪色。

教师：二氧化硫的漂白作用是由于它能与某些有色物质生成不稳定的无色物质。为什么说是不稳定呢？大家试试加热漂白后的品红溶液，注意看有什么变化。

学生：加热后又复原了。

教师：是的，这些无色物质容易分解而使有色物质恢复原来的颜色，如一些草帽、白纸放久了会变黄就是这个原理。

【教师总结】 通过这两节课的学习，我们认识了含硫物质的性质和转化，并且做了很多实验来证明可以发生转化。我们已经能比较熟练地使用"价–类"二维视角来分析、解决实际问题了。其实我们的身体里面也有含硫元素，比如谷胱甘肽是几乎存在于身体每一个细胞中的含硫寡肽，它是由谷氨酸、半胱氨酸和甘氨酸缩合而成。还原型谷胱甘肽 GSH 因为含有巯基（—SH），所以具有超强的清除体内自由基的能力，从而保护体内细胞不被氧化损伤，延缓衰老和抗疲劳，甚至有抗癌功效。机体新陈代谢产生过多的自由基，会损伤生物膜，侵袭生命大分子，加快机体衰老，并诱发肿瘤或动脉粥样硬化。含硫分子在人体内提供还原氛围，它的主要生理作用就是作为体内一种重要的抗氧化剂，阻止过多自由基对身体的损害。

含硫化合物与许多食物也有着紧密的联系。含硫化合物天然存在于蔬菜水果等食物中，如大蒜、洋葱等葱属科蔬菜以及榴莲等水果。虽然这些含硫化合物使食物产生令人不太愉快的气味，但它们对杆菌、真菌、病毒等有独特的抑制和杀灭作用，对大肠杆菌、痢疾杆菌等肠道细菌的作用尤为突出。同时由于硫的还原性质，这些化合物都具有一定的抗氧化效果。因此，食用含有这类化合物的食物对人体健康具有一定帮助。大家要辩证地看待事物，任何事物都是有两面性的，我们要正确认识和使用含硫物质，不要谈硫色变，也不要用硫过度。

无机元素化合物主题的内容多、跨度大，单元教学设计具有一定的挑战性。教师可以在整体规划的基础上，将其具体拆分成概念原理类内容和元素化合物内容两大部分，各自组成小单元来具体规划。两部分内容需要相互照应。教师在设计概念原理类内容的教学时，需要考虑如何引导学生对元素化合物的后续学习，而在设计元素化合物类内容的教学时，需要考虑如何应用前面所学来支持学生主动预测、验证物质性质和转化规律。"价－类"二维视角是一个大的思维框架，在构建具体的认知模型时，还需关注具体的认识角度和推理过程。例如，在建立物质类别角度时，不仅要强调分类标准和依据，还要关注学生是否出现有分类角度却不能正确分类的情况。再如，建立元素与物质分类的关系后，还要进一步构建物质分类与物质性质的关系。利用类别中常见代表物的性质，去推测一类物质的同性。对于氧化还原反应，需要建立氧化还原反应得失电子、氧化剂和还原剂、氧化性和还原性等概念间的关系，以及典型氧化剂、还原剂及其特征等，并完善对物质氧化或还原性质的预测和检验思路。这些具体的知识关联、认识角度和认识思路保证了"价－类"二维视角能够形成并发挥作用。

二、创设真实情境

为真实而学，在真实中学，这就是真实性学习的内涵。富兰（Fullan）和兰洪希（Langworthy）将深度学习的目标定位于"使学生获得成为一个具有创造力的、与人关联的、参与合作的终生问题解决者的能力和倾向"。不难发现，深度学习和真实性学习作为教育理念，内涵是相通的，核心都在于"真实性"，即希望通过教育培养学生解决现实问题的素养。所以，也很容易理解为什么当前无论是考试还是教学都强调真实性问题情境。

刘徽在《大概念教学：素养导向的单元整体设计》一书中提到了创设真实性问题情境的6个步骤：确定问题情境的目标；寻找问题情境的原型，其中寻找路径又包含预定创设和原型改编,从日常生活、新闻报道、政策报告、研究成果、历史文献、影视文学6个渠道寻找;明确问题情境的类型;设计问题情境的框架,该框架包含情境、人物和任务;精修问题情境的呈现;组织问题呈现的情境族。

对于以素养发展为本的化学教学而言,教学情境应贯穿教学的始终。情境的素材内容反映化学学科的实际应用领域,素材形式还具有激发学生学习兴趣的重要作用。化学学习情境就其功能来划分,主要分为两种:一种是建构性化学学习情境,其主要功能是帮助学生建构化学学科的核心概念和大概念;另一种是迁移性化学学习情境,其主要功能是帮助学生学以致用,运用所建构的化学核心概念和大概念解决实际问题。"激趣""激思"和"激疑"是化学学习情境的最基本功能。因此,无论是建构性化学学习情境的创设,还是迁移性化学学习情境的创设,都应注重激发学生的学习兴趣,引发学生的认知冲突,使学生提出各种化学问题。化学知识的社会性特征,决定了化学知识的学习不能简化为单纯的对化学概念的记忆和理解,不能纯化为对抽象的化学概念和理论的推理和应用。事实上,任何化学概念的建构都是有情境的。任何化学知识都具有社会价值,其价值的体现也是有情境的。因此,对于核心素养取向的化学教学来说,设计真实的化学知识的建构和迁移情境尤为重要。首先,建构性化学学习情境的创设,应注重发挥化学史实的作用,将大概念的建构与大概念本身的发展演变过程有机结合起来,使学生从学科本原上把握大概念发展中所蕴含的学科思想观念。例如,在"水溶液中离子的产生"的教学中,教师可以分别提供法拉第的电离理论(认为电解质水溶液在通电情况下产生离子)和阿伦尼乌斯的电离学说(认为电解质在水溶液中自发产生离子),使学生产生认知冲突,提出"电解质水溶液中离子的产生到底需不需要通电""电解质在水溶液中真的能自发产生离子吗"等学科本原性问题,形成实验探究的欲望和冲动,从而设计实验来解决这些问题。其次,迁移性化学学习情境的创设,应注重发挥真实的STSE(科学、技术、社会、环境)问题的作用,将大概念的迁移和应用与科学、技术、社会和环境问题的解决过程有机结合起来,使学生从学科价值上把握化学科学的社会功能和责任。例如,在"氧化还原反应"的教学中,教师可以提供有关汽车尾气及其危害的素材,使学生产生运用化学方法解决这一问题的欲望,提出"如何根据氧化还原原理对汽车尾气进行绿色化处理"的问题。什么是绿色化处理?汽车尾气的最主要成分有哪些?如何将有毒有害物质转化为无毒无害物质?如何转化?转化需要哪些条件?……这些具体的问题解决任务,能促使学生查阅文献、设计方案、实验探究等。正是在这样的问题解决过程中,学生的化学学科核心素养得到了提升和发展。

2020版的新课标也为我们提供了丰富的情境素材(表1-4)。

表 1-4　新课标中各个主题中的情境素材

主题	情境素材
化学科学与实验探究	有关化学发现的故事：电离理论的建立、元素周期律的发展、原电池的发现、氯气的发现、人工合成尿素、工业合成氨、青蒿素的提取等 有关理论、模型不断发展的史实：苯分子结构、原子结构模型、氧化还原反应理论等 化学研究技术及应用：波谱、色谱、X 射线衍射、飞秒化学、原子示踪技术等；汽车尾气中氮氧化物等污染物的测定、食物中亚硝酸盐等含量的测定等 改革开放以来我国化学科学研究的重要成果，化学科学与技术在建设创新型国家方面做出贡献的事例
常见的无机物及其应用	金属及其化合物的性质与应用：补铁剂；实验室中硫酸亚铁的保存与使用；印刷电路板的制作；打印机（或复印机）使用的墨粉中铁的氧化物（利用磁性性质）；菠菜中铁元素的检验；钠着火的扑救；钠用作强除水剂 非金属及其化合物的性质与应用：火山喷发中含硫物质的转化；"雷雨发庄稼"；氮的循环与氮的固定；工业合成氨、工业制硫酸（或硝酸）；氮肥的生产与合理使用；食品中适量添加二氧化硫的作用（去色、杀菌、抗氧化）；含氯消毒剂及其合理使用；氯气、氨气等泄漏的处理；酸雨的成因与防治；汽车尾气的处理 氧化还原反应和离子反应：电离理论建立的化学史料；氧化还原理论建立的史料；日常生活中的氧化还原反应
物质结构基础与化学反应规律	原子结构与元素周期律：元素周期律（表）的发现史料，用铝与氢氧化钠的反应疏通下水管道，稀土资源、核能的开发与利用 化学键：化学键存在的证据，如水的三态变化与水分解过程中能量变化的比较；利用化学键讨论化学反应能量变化的本质，如氢气与氯气、甲烷燃烧等反应中能量的变化 反应的限度和快慢：化学反应存在限度的证据，如高炉炼铁、合成氨、氯化铁与碘化钾的反应、氯气与水的反应等；汽车安全气囊的膨胀、食物腐败等生活中与化学反应速率有关的现象；催化剂在调控化学反应速率中的作用，如燃料电池、工业制硝酸（或硫酸）、合成氨、汽车尾气处理等反应中催化剂的作用 化学反应与能量转化：能源的合理利用，如天然气、燃油、煤、氢气等燃料的选择与使用，生物质能的获取（如制取沼气、焚烧垃圾等）与使用；化学反应热效应在生产、生活中的应用，如热敷袋与冷敷袋等；电池的历史沿革和发展，如伏打电池的发现、干电池的改进、燃料电池的应用

续上表

主题	情境素材
简单的有机化合物及其应用	原油的分馏、裂化及裂解产品和用途，常见燃油标号的含义；乙烯工业，用于水果催熟的乙烯制剂 我国酿酒技术与酒文化，工业酒精的制备，不同饮用酒中酒精的浓度，乙醇汽油，固体酒精，酒后驾车的检验，酒精在人体内的转化，乙醇钠在药物合成中的应用；我国酿造技术与食醋文化 食物中的糖类、油脂、蛋白质在人体内的转化，常见体检指标中的有机化合物；有机合成高分子材料的性能和用途，塑料的分类和合理使用，水立方的外立面膜结构材料——ETFE 膜（乙烯 – 四氟乙烯共聚物）、塑胶跑道的材料、手机贴膜等
化学与社会发展	与化学有关的职业及其与化学科学领域的关系 中外历史上的化学成就：合成氨、人工合成尿素、人工合成结晶牛胰岛素、提取青蒿素，以及中国近 30 年化学科学与技术及其应用的重要成果 化学与材料开发：陶瓷、水泥、玻璃、光导纤维和单晶硅等无机非金属材料；功能高分子材料在医疗、航空航天等领域的应用；保水材料在沙漠治理中的应用；碳材料和纳水材料及其应用 资源开发与能源利用：硫铁矿、煤等资源与能源的开发利用；从沙子到单晶硅；海水淡化；太阳能分解水制氢气（如使用二氧化钛催化剂）；燃料电池；化学在光伏产业中的应用；"循环经济"与"工业生态"的实施案例 环境问题与处理：雾霾的主要成分与来源，汽车尾气与雾霾的关系；大气中 VOC（挥发性有机化合物）的成分与来源；煤和石油的脱硝脱硫，烟囱排放中污染物的吸收；采矿和金属提炼的环境代价；水体富营养化、COD（化学需氧量）或 BOD（生化需氧量）的测定；垃圾及废弃物的分类、回收处理与循环利用；可降解塑料（如聚乳酸）

除了课标中可借鉴的真实情境以外，化学情境的创设还可以通过日常生活、新闻素材、化学史和最新的化学研究成果等方面来寻找素材。学生在学知识时不能只知道知识的本身，更应该了解知识的来源，为什么要学这个知识，这个知识能解决什么问题，这才是学习知识的意义。只有基于真实情境的教学，才是有意义的教学，才是能培养学生问题解决能力的教学，才是以激发学生学习兴趣和创造力的素养为本的教学。

三、坚持问题导向

人生活在由问题构成的世界中，问题具有不确定性、模糊性和连续性。这种不确定性使人们有陷入恐惧、疑惑和痛苦的危险。人们为了逃避危险，一方面通过与环境达成和解来避免失败；另一方面通过控制和利用自然而获得力量，实施行动改变世界。行动的过程就是不断解决问题的过程，所以"问题"是"素养本位学习"的本质意蕴。这里的"问题"存在于学校、生活与工作等不同情境中，学校情境中的问题体现在正规的学科学习之中，生活情境问题因不符合某种规范、实践形式或思维模式而偶然地、非正规地却又普遍地出现，工作情境中的问题常伴随专业探究、技术组织、身份认同等实践而呈现。这些问题并非彼此独立，而是可以通过知识的迁移实现融合，消除学校与生活、学校与社会的隔离状态。

问题导向式教学具有以下特征。第一，是以问题为核心来组织的。问题是贯穿教学的主线，以问题为驱动力刺激学生学习，以解决问题为载体引导学生学习，通过解决问题让学生获得知识与技能、发展能力、提高综合素质。教学的开展是以与学生相关的问题来引起学生的探究兴趣。在教学的最初，师生首先提出问题，然后讨论明确问题，并将问题分解成子问题。学生以小组为单位选择感兴趣的子问题进行研究。在这个过程中，问题始终是推动学习和研究的动力。通过解决问题，学生学习隐含在问题后的知识与技能，发展能力。所以问题成为习得知识技能的载体，整个教学过程的展开是以问题为核心的。在这里需要强调的是：问题导向式教学中的问题是结构不良的，问题情境是复杂的、杂乱的，需要学生使用高级思维活动，而不是照搬书本上的知识。第二，是基于真实情境的问题。问题导向式教学是让学生在真实或拟真实的问题情境中开展学习，解决真实性的问题，使教学与生活相沟通。学生进入问题情境并被赋予某种角色来解决实际问题，肩负着担任问题情境中某种角色的任务、职责。学生通过解决真实情境中的问题，习得知识与技能，发展能力，因此问题导向式教学是基于情境的，情境具有真实性。第三，具有开放性、实践性、生成性。问题导向式教学通过设置问题情境，让学生经历搜集整理资料、分析问题、解决问题等过程。学生在解决问题的过程中可能遇到各种各样预想不到的困难，也可能生成新的问题。有些问题是有教学价值的，可为今后的教学活动提供教育契机。问题导向式教学注重学生的学习经历、实践操作的过程，这就使问题导向式教学具有实践性和生成性特征。此外，问题导向式教学不局限于课堂和教室中，而是深入到生活场景中，使学生在各种各样的生活场景进行探索、发现、学习。教学场地由固定教室搬到生活场景中，实现了学校和社会的联系，因此教学具有开放性的特点。第四，具有合作性、综合性、多元性。在学习过程中，学生需要调查分析、搜集资料、协调与小组成员的关系，还要在实地调查中学习与他人进行沟通交流的技巧。学生不只是学到了问题背后隐含的学科知识和技能，还学到了学科外的知识技能，所以问题导向式教学不一定是跨学科的，但是是综合的，具有综合性、多元性的特点。第五，学生是主动的问题解决者。在学习的过程中，学生通过积极学习、主动调查来解决问题，教师只是辅助者，不代替学生解决问题，因此学生才是问题解决者、主动学习者。学生的学习是自我导向的，并不是他人安排的。第六，教师是咨询者、辅助者、引导者、促进者。问题导向式教学中的教师更多地表现为促进，而不是教导；更多地表现为指导，而不是直接教学。在问题导向式教学中，教师不直接教学生解决问题，而是通过示范、质疑及鼓励来指导和促进学生的学习。教师的职责不在于完成自己的学习任务，而在于怎样促进学生开展学习活动。

下面以《氯气的性质研究》为例，阐述在化学教学中问题导向式教学的设计思路。

【教学案例】《氯气的性质研究》

1. 创设真实情境，精心设计有价值的问题，激发学生的研究兴趣

展示三个真实情境。①2011年江苏南通氯碱厂氯气泄露新闻的视频。②氯气泡出雪白"黑心棉"新闻。在外打工的乾县农民郑天（化名）春节回到家乡，意外发现家乡存在一些加工"黑心棉"的窝点。什么是黑心棉呢？黑心棉不是真正的棉花，而是将废旧和丢弃的布头粉碎成短布头，然后将这些布头放入加了氯气和工业碱（氢氧化钠）的"水池"中浸泡。据悉，浸泡的时间与温度有关系，夏天一般3个小时，而冬天约需一天一夜，水中的布头就变得雪白。将漂白的布头加工成絮状，充当成棉花。③江西南昌发生一起儿童游泳时集体氯气中毒事件。馆内一工作人员操作失误，在泳池内还有人的情况下，将净化水质用的氯气管道打开消毒，当即导致管道附近的多名小选手出现呕吐、头晕、四肢无力等氯气中毒症状。11名症状较重的儿童被立刻送往医院抢救。

针对第①个生活情境设计两个研究问题：①是否应该转移受灾人员，该如何转移？②消防员向空气中喷洒的物质是什么？通过这两个探究问题引导学生分析氯气的物理性质。

针对第②和第③个生活情境设计三个研究问题：①是氯气具有漂白作用还是氯水具有漂白作用？②为什么氯水能漂白有色物质，起漂白作用的成分是什么？③黑心棉商家在水池中加入工业碱的目的是什么？

这三个探究问题涉及的知识点有：氯气能否与水反应；氯气与水反应的产物；氯水的成分；氯气与碱的反应。

2. 学生提出猜想，教师指导，学生小组合作自主实验探究

（1）氯气的物理性质。

第一章　化学学科核心素养基本理论

表1-5　实验探究——氯气的物理性质

实验步骤	实验现象	分析和结论
观察一瓶集满氯气的集气瓶，闻气味（注意操作方法）	瓶中气体为黄绿色	氯气为黄绿色、有刺激性气味的气体
向集气瓶中加入蒸馏水，充分振荡	黄绿色变浅，形成黄绿色溶液	氯气可溶于水

小组讨论：派学生代表动手研究，共同归纳出氯气的物理性质，从而解决受灾群众应该向高处转移、消防员向空气中喷洒的物质为水这两个问题。

（2）氯气与水的反应。

这一知识的难点主要是要解决"氯气与水能否发生化学反应，产物是什么""氯水中有哪些成分""起漂白作用的成分是什么"这三个问题。学生通过对第②和第③个生活情境的了解，能够得出氯气通入到水中有杀菌消毒和漂白的作用。教师问学生到底是氯气能够漂白有色物质还是氯水能够漂白有色物质时，学生答案不统一。通过这一认知冲突，教师引导学生设计实验验证假设。

表1-6　实验探究——氯气与水的反应

实验步骤	现象及结论
将干燥的红色纸条分别置于干燥氯气和氯水中	干燥氯气中的红色纸条不褪色，氯水中的红色纸条褪色。氯水有漂白性

通过这一实验，得出了干燥氯气不能漂白有色物质，而氯水可以的结论。这说明氯气溶于水时发生了化学变化。为了解决"起漂白作用的成分是什么"这一问题，教师引导学生对氯水中的成分进行探究。请学生提出假设，并根据以下试剂设计实验验证假设。

可用试剂：氯水、镁条、石蕊溶液、pH试纸、$AgNO_3$溶液、无水硫酸铜、碳酸钠粉末、盐酸、红色纸条。

表1-7　实验探究——氯水的成分

可能存在的粒子	检验试剂	现象	解释和结论
Cl_2	—	溶液为黄绿色	—
H_2O	无水硫酸铜	硫酸铜变蓝	—

续上表

可能存在的粒子	检验试剂	现象	解释和结论
H^+	pH试纸、镁条、碳酸氢钠粉末、石蕊试液	pH试纸颜色褪去；加入镁条后表面有气泡产生；加入碳酸氢钠粉末后有气泡产生；加入石蕊后先变红后褪色	溶液中有H^+
Cl^-	$AgNO_3$	有沉淀生成	溶液中有Cl^-
HClO	—	—	—
ClO^-	—	—	—
OH^-（极少）	—	—	—

学生能够通过观察氯水的颜色和闻氯水的气味得知可能存在Cl_2和H_2O，并能从氧化还原的角度分析出由于氯气具有强化性，氯气得电子变为Cl^-，从而得出有HCl生成，学生也能够通过所给试剂设计出相应的实验而验证假设。

HClO的生成是学生的认知难点。实验现象说明氯气与水反应除了有盐酸生成，还有一种具有漂白性的物质生成。教师引导学生继续从氧化还原的角度去分析，化合价能够升高的只有氯元素和氧元素，O_2不具有漂白性，那么化合价升高的只有氯元素，类比过氧化钠与水的反应，氯气中的氯元素位于中间价态，在与水反应时同样既作氧化剂又作还原剂，从而引出HClO的生成。从介绍HClO的弱酸性而得出氯水中有HClO和ClO^-的存在。通过这一个过程，氯水的成分以及起漂白作用的成分这两个问题得到了解决。

（3）氯气与碱的反应。

氯气与碱的反应是本节内容的另一个难点。对黑心棉商家在水池中加入工业碱的原因，学生提出猜想：①从氯水中的成分可知，氯水中的盐酸和次氯酸应该能与氢氧化钠反应，ClO^-浓度增加，漂白性增强；②氯水中的次氯酸具有不稳定性，将次氯酸变为次氯酸盐可增强漂白物质的稳定性，有利于长时间漂白。通过猜想，学生设计了氯水与氢氧化钠的实验。

表1-8　实验探究——氯气与碱的反应

实验步骤	实验现象	结论
取2 mL氯水于试管中，逐滴滴入氢氧化钠至刚好褪色，再滴入几滴紫色石蕊试液	黄绿色褪去，加入石蕊后只变蓝不褪色	氯水能与氢氧化钠反应，产物不能漂白有色物质
取2 mL氯水于试管中，加入同等量的蒸馏水，再滴入几滴紫色石蕊试液	黄绿色变浅，接近无色，加入石蕊后先变红后褪色	

通过实验现象可得出，氯水能与氢氧化钠反应。教师可引导学生从氯水中的成分去分析反应产物：

$$\left.\begin{array}{l} Cl_2 + H_2O =\!=\!= HCl + HClO \\ HCl + NaOH =\!=\!= NaCl + H_2O \\ HClO + NaOH =\!=\!= NaClO + H_2O \end{array}\right\} \Rightarrow Cl_2 + 2NaOH =\!=\!= NaCl + NaClO + H_2O$$

该反应产物和氢氧化钠本身并不能增强氯水的漂白性，第①个猜想不符合实验事实。从第②个猜想考虑，有可能是将不稳定的次氯酸转化为稳定的次氯酸盐。教师引导学生阅读课本中漂白液和漂白粉的制备，从而解决氯气与碱溶液反应这一难点，并对漂白液和漂白粉的漂白原理做铺垫，也进一步解决氯水中起漂白作用的为 HClO 而非 ClO⁻ 这一易错知识点。

问题导向式教学有利于培养学生的自主学习能力，可将学生从被动记忆中解放出来，使学生在处理问题时通过自己的努力去尝试与发现，在一系列的提出问题、思考问题、猜想原因、动手探究的过程中提高学生的学习兴趣、动手能力、合作学习能力，更有利于学生学科素养的提升。

四、指向学生高阶思维培养

高阶思维是指在信息获得、加工和监控中，思维超越了一般层次所表现出来的综合运用能力。高阶思维是创造力的核心。高阶思维的最重要部分是思维的高位监控和评价能力。斯滕伯格提出了智力和思维的三元理论。智力三元理论认为：智力是分析的、创造的、实用的信息加工过程三者的平衡。在这三种思维方式的背后，只有一套思维技巧，那就是高阶思维过程。斯滕伯格将人类思维划分为三个基本层面：分析性思维、创造性思维和实践性思维。分析性思维技能包括分析、批判、判断、评价、比较和评估。创造性思维技能包括创造、发现、发明、想象、猜想和提出假设。实践性思维技能包括应用、使用、利用和实践。这是一系列而不是单一的思维技能，它们代表了智力操作的不同方面。从本质上说，科学探究是创造性地解决问题的过程，创造性地解决问题需要丰富的高阶思维活动。

如何培养高阶思维呢？美国哈佛大学心理学教授帕金斯认为，日常思维就像我们的行走能力一样，是每个人与生俱来的。但是良好的思维能力就像百米赛跑一样，是一种技术，需要技巧上的训练。通过恰当的教学条件支持，学习者的高阶思维是可以培养的。问题的关键是，教育者要有发展学习者高阶思维的意识，要对高阶思维的特点有深刻的认识，并据此将教学内容和教学方式整合起来，设计出相应的支持条件。所以，虽然人的高阶思维能通过教育活动得到提高，但是高阶思维的发展需要创造教育的高阶学习活动予以支持。有研究发现，运用探究、发现和研究性学习的方法——小组合作学习、讨论、案例学习、角色扮演、项目研究、模拟性决策和问题解决等学习活动，有利于发展学习者的高阶思维。当学习者面对现实问题或项目研究时，通过探究分析的方法解决问题和做出决策，能比较有效地促进高阶思维的发展。因此，教师应该设法让学生投入到分析、比较、对比、归纳、问题解决、实验和创造等系列活动中，而不是让学生局限于回忆事实性信息的活动。

下面以《从铝土矿中提取氧化铝》为例，阐述如何通过开展项目式教学培养学生的高阶思维。

【教学案例】《从铝土矿中提取氧化铝》

1. 项目教学目标

能够根据矿石主要成分的性质设计简单的分离提纯方案，并能从效益、绿色和可持续发展的角度对比评价所设计方案的优缺点。

能够认识到矿物成分的复杂性，以及不同地区的铝土矿的成分存在差异，并能根据铝、铁和硅的氧化物含量的不同来选择不同的提纯方案。

能够运用所学知识设计对低品位铝土矿中的铝、铁进行分离并回收利用的方案，体会如何用化学的方法分析实际复杂的问题。

2. 项目流程

表1-9 《从铝土矿中提取氧化铝》项目流程

项目任务	学生活动	教师支持	所涉及的核心知识	能力水平
任务一：设计合理路线从铝土矿中提取 Al_2O_3	尽可能多地设计提取方案，并以流程图的形式呈现	给出铝土矿中的主要成分	铝、铁、硅的氧化物及其盐的转化关系	熟练掌握核心元素及其化合物的性质和转化关系
任务二：以工程师的身份评价三个方案，选择最优路线	小组讨论，多角度地对比分析所设计方案的优缺点	引导学生从能耗、酸碱用量、对设备的要求以及三废排放的角度思考	铝、铁、硅的氧化物及其盐的转化关系	熟练掌握核心元素及其化合物的性质和转化关系
任务三：认识拜耳法的优缺点及其适用范围	分析拜耳法的适用性	介绍拜耳法的原理	铝、铁、硅的氧化物及其盐的转化关系	熟练掌握核心元素及其化合物的性质和转化关系

续上表

项目任务	学生活动	教师支持	所涉及的核心知识	能力水平
任务四：优化路线提取低品位铝土矿中的氧化铝	选择低品位铝土矿的最优提取路线；设计方案分离铝离子和铁离子	展示 Fe^{3+}、Al^{3+} 和 Fe^{2+} 的沉淀区间	沉淀溶解平衡；氧化还原反应	利用溶液中的离子反应和平衡，创造性地解决实际问题
任务五：认识多种分离铝离子和铁离子的方法，并分析其化学原理	利用所学知识分析陌生情境的化学原理	介绍萃取法、还原焙烧法和草酸浸出法	氧化还原反应	从氧化还原反应角度分析陌生反应
任务六：迁移应用——分析并评价提取铝土矿中铝、硅、铁有价组分的真实工艺流程	分析流程中的化学变化原理；评价方案的创新之处	展示提取铝土矿中铝、硅、铁有价组分的工艺流程	陌生方程式的书写；盐类水解；物料的循环利用	从类别通性、水解角度分析和书写陌生反应

3. 项目任务及教学过程

任务一：设计合理路线从铝土矿中提取 Al_2O_3

从铝土矿中提取氧化铝的意义

铝是轻金属，是仅次于钢铁的第二大金属材料，是现代高技术产业发展的关键支撑材料。自然界中含铝矿物和岩石种类丰富，目前已知的铝矿物和含铝矿物多达 250 种，其中主要有铝土矿、高岭土、红柱石、霞石、明矾石和冰晶石等，这些矿物及岩石都可以作为提取铝的原料，然而到目前为止，具有商业开采价值的原料主要是铝土矿。铝土矿是铝产业链条发展的源头，是铝行业健康发展的资源保障。

以下是山东某地铝土矿的成分表，请用所学知识设计合理路线从铝土矿中提取氧化铝。

表1-10 山东某地铝土矿成分表

Al₂O₃	Fe₂O₃	SiO₂	TiO₂	SO₃	K₂O	MnO₂	BaO	其他
53.87%	23.07%	19.98%	1.48%	0.72%	0.37%	0.18%	0.13%	0.20%

学生：

方案1：

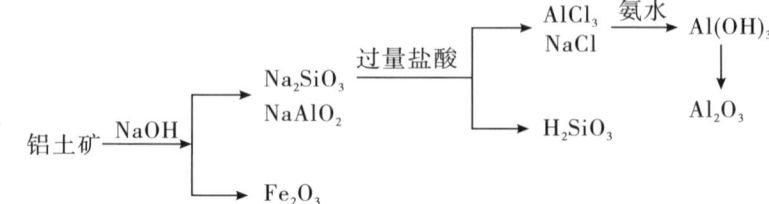

方案2：

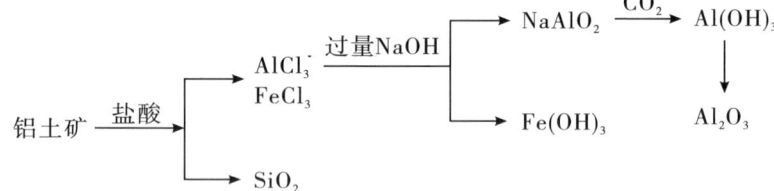

方案3：

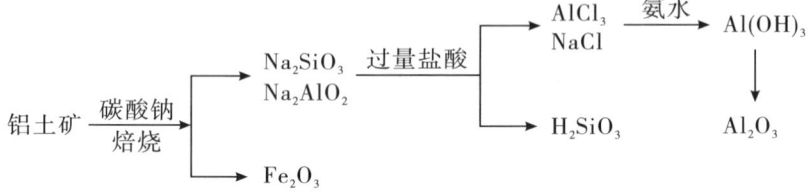

任务二：以工程师的身份评价三个方案，选择最优路线

教师：请从能耗、酸碱用量、对设备的要求以及是否会产生对环境有污染的气体这四个角度对比这三个方案的优缺点。（小组讨论）

学生：从能耗角度来看，方案3需要在高温条件下处理原料，需要消耗大量的能源。从酸碱用量来看，方案1和方案2相较于方案3而言都需要消耗比较多的酸碱。三种方案都需要设备耐强酸强碱，对设备的要求比较高。方案3在处理原料时可能会通过烧煤来提供高温，这个过程可能会产生对环境有污染的气体。

教师：针对山东某地的铝土矿，你会选择哪一种方案呢？请大家根据该铝土矿中的成分含量来选择。

学生：该铝土矿中氧化铁相较于氧化铝而言含量较多，如果选择方案2，需要消耗更多的酸来溶解氧化铁,所以我会选择方案1,用碱浸出。

教师:大家回答得很好,已经有同学能够从含量的角度来选择方案了。方案3中原料预处理的方式——焙烧法是1855年法国化学家路易·勒夏特列提出的,先将铝土矿和碳酸钠的混合物加热到1200℃,形成铝酸钠,但在后续操作并不是通入盐酸,而是将二氧化碳通入铝酸钠的溶液产生氢氧化铝。因为所需能耗过大,1887年,拜耳提出了碱浸法改进提取工艺,在目前的工业生产中,用得最多的工艺仍然是碱浸法,也就是拜耳法。

任务三:认识拜耳法的优缺点及其适用范围

 资料展示

拜耳法生产氧化铝的流程

拜耳法是一种工业上广泛使用的方法,是从铝土矿生产氧化铝的化工过程,1887年由奥地利工程师卡尔·约瑟夫·拜耳发明,其基本原理是用浓氢氧化钠溶液将氢氧化铝转化为铝酸钠。拜耳法是通过缓慢加热溶液,促使二氧化硅、氧化铝和氢氧化钠生成方钠石结构的水合铝硅酸钠,沉淀后过滤掉,这样一来,就只有铝酸钠留在上清液中。再通过稀释和添加氢氧化铝晶种,使氢氧化铝重新析出,剩余的氢氧化钠溶液重新用于处理下一批铝土矿,实现了连续化生产。有的厂家对这一步进行了改进,加入过量二氧化碳以帮助产生氢氧化铝。目前,世界上95%的铝业公司都在使用拜耳法生产氧化铝。

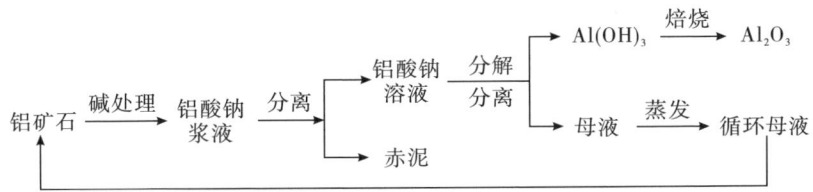

图1-3 拜耳法的提取流程

教师:拜耳法的优点是什么?

学生:用碱处理后的二氧化硅并没有留在滤液中,而是形成了铝硅酸钠沉淀,不需要再加入酸来除去硅酸钠。母液可以循环利用,可以节约成本。

教师:拜耳法的局限性又在哪里呢?

学生:在除去 SiO_2 时会造成 Al_2O_3 的损失。

教师:拜耳法比较适用于处理高品位铝矿(铝硅比 A/S 大于9)。当铝硅比较

低时，采用碱法工艺会大幅度增加脱硅及碱耗成本。目前高品位的铝土矿已经越来越少，未开采的大多数为低品位铝土矿。面对低品位的铝土矿，从成本和产量的角度来看，应采用什么样的方法更适合呢？

任务四：优化路线提取低品位铝土矿中的氧化铝

学生：应该选择方案2，可以提高铝土矿的产量。

教师：方案2有没有可以改进之处？通过酸浸法得到高纯氧化铝最重要的步骤是哪一步？

学生：酸浸法的关键步骤是铁离子和铝离子的分离，如果加入过量的NaOH固然可以除去铁离子，但是耗碱量过多。可以通过其他方法分离这两种离子。

教师：请大家相互讨论，根据我们所学的知识设计方案，除去铝土矿中的铁元素。

学生：可以用沉淀法，通过调pH的方式让铁离子先沉淀。

教师：用什么来调节pH呢？

学生：NaOH、氨水。

资料展示

$Fe(OH)_3$的沉淀区间为$1.94 \sim 3.20$；$Fe(OH)_2$的沉淀区间为$7.06 \sim 8.95$；$Al(OH)_3$的沉淀区间为$3.69 \sim 4.89$。

教师：通过调节pH至3.7可以使Fe^{3+}完全沉淀，但是由于$Al(OH)_3$开始沉淀和$Fe(OH)_3$完全沉淀的pH比较接近，分离过程中两者容易共沉淀，请问是否有更好的方法来分离这两种离子呢？

学生：$Fe(OH)_2$和$Al(OH)_3$的沉淀区间相隔较远，可以先将Fe^{3+}还原为Fe^{2+}，再调pH至4.89沉淀铝离子，再过滤分离。

教师：回答得很好，在工业上确实也会有这样的操作，将pH调至5，可有效分离铁离子和铝离子，除了用NaOH沉淀亚铁离子外，还可用铁氰化钾沉淀Fe^{2+}。

任务五：认识多种分离铝离子和铁离子的方法，并分析其化学原理

资料展示

萃取法：以三辛胺为萃取剂，以260#煤油为稀释剂，分别加入1-辛醇或正辛酸为改性剂；在分液漏斗中，将有机相与水相按1:1体积比混合后置于振荡器中振荡一定时间，分离有机相（含铁元素）和水相。图1-4、图1-5分别为pH和温度对铁萃取率的影响。

还原焙烧法：在铝土矿中通入氢气进行高温焙烧，将Fe_2O_3转化为Fe_3O_4后对铁质元素进行回收利用,再对分离后的铝精矿进行溶浸。

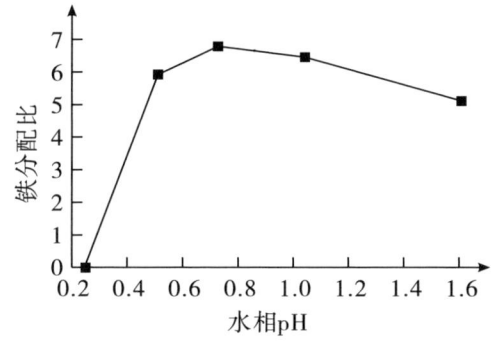

图1-4 水相pH对铁分配比的影响　　图1-5 温度对铁萃取率的影响

草酸浸出法:用草酸浸出铝土矿,由于草酸酸性较弱,难以将铝土矿中的铝提取出来,而氧化铁与草酸反应生成络合物$Fe(C_2O_4)_3^{3-}$留在滤液中,从而实现分离。将浸出液过滤,在光催化作用下,滤液中的$Fe(C_2O_4)_3^{3-}$可分解为草酸亚铁。

教师:①萃取铁离子的过程中最适宜的pH和温度分别为多少?

②为什么要用还原焙烧法将Fe_2O_3转化为Fe_3O_4?Fe_3O_4具有什么特殊性质?如何分离?

③请写出在使用草酸浸出法过程中发生的离子反应方程式。

学生:①应控制pH在0.8,温度为20℃左右。

②Fe_3O_4具有磁性,可利用Fe_3O_4的磁性将其分离。

③$Fe_2O_3 + 6H_2C_2O_4 = 2Fe(C_2O_4)_3^{3-} + 6H^+ + 3H_2O$;

$2Fe(C_2O_4)_3^{3-} = 2FeC_2O_4 + 2CO_2 + 3C_2O_4^{2-}$。

教师:回答得很好。铁离子与萃取剂发生反应生成了另一种物质,萃取后还需要通过调节pH对铁离子进行反萃取操作,将铁离子进一步综合利用。萃取和反萃取操作在工业上是一种常用的金属离子的分离方法。这两种萃取法的分离效果较好,但工业流程比较复杂,成本较高,难以实现工业化。而还原焙烧法虽然成本相对较低,但是除铁效果相对较差。草酸浸出法由于草酸价格较高,还需要通过进一步研究,将浸出液回收利用才可降低成本,实现工业化。

任务六:迁移应用——分析并评价提取铝土矿中铝、硅、铁有价组分的真实工艺流程

教师:①在焙烧过程中,氧化铝和氧化铁转化为硫酸铝铵和硫酸铁铵,请写出焙烧过程中的化学方程式。

②用碳酸铵调pH分离Fe^{3+}和Al^{3+}的反应原理是什么?有什么优点?

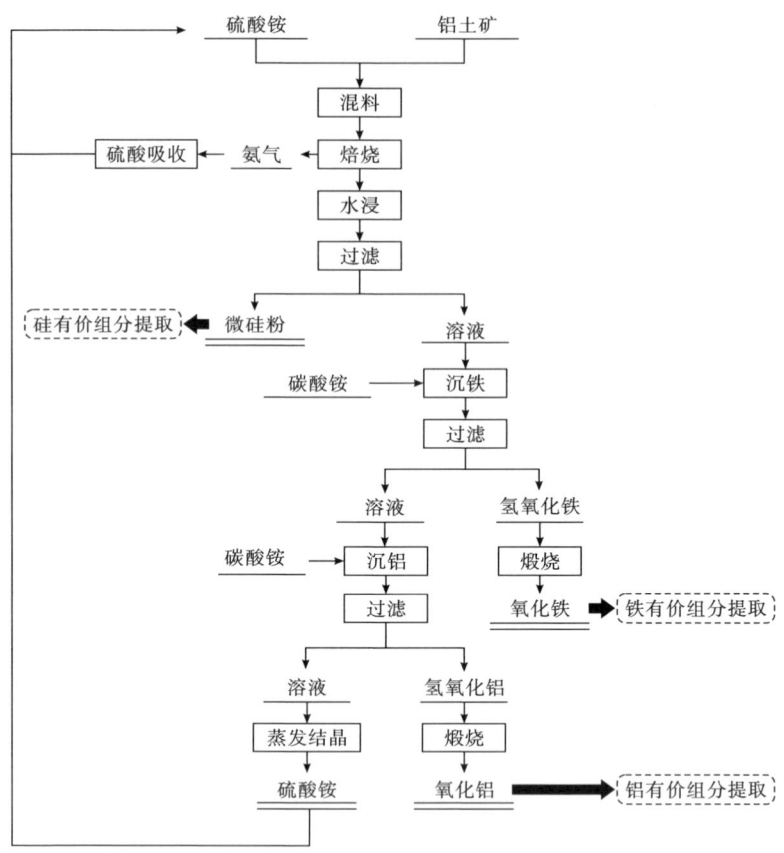

图1-6 铝土矿中铝、硅、铁有价组分的提取流程

③该流程与直接的酸碱法浸出相比有什么优点？体现在哪些方面？

学生：①$Al_2O_3 + 4(NH_4)_2SO_4 =\!=\!= 2NH_4Al(SO_4)_2 + 6NH_3\uparrow + 3H_2O$；
$Fe_2O_3 + 4(NH_4)_2SO_4 =\!=\!= 2NH_4Fe(SO_4)_2 + 6NH_3\uparrow + 3H_2O$。

②用碳酸铵调pH利用了双水解的原理。与用碱调节相比，pH更容易控制，且铵盐可循环利用。

③该流程酸耗、碱耗低，且没有使用强酸强碱，对设备的腐蚀程度相对较小。硫酸铵可循环利用，能降低成本，实现可持续发展。

【教师总结】在这一流程中，实现了铝土矿中主要成分的回收利用，且没有废气和废渣排放，是一个很好的绿色工艺。虽然需要焙烧，但在焙烧过程中通过向反应体系中添加低温助——剂硫酸铵，使铝土矿的结构在较低温度下得以被破坏。焙烧时矿石中氧化铝和氧化铁转化为硫酸铝铵、硫酸铁铵，含硅组分不参加反应。避免了因使用浓硫酸而破坏Al_2O_3—Fe_2O_3键的结合，对设备的腐蚀程度较轻。

在该项目教学过程中，任务一是提出问题。教师先创设了教学情境，让学生认识到从铝土矿中提取铝的重要意义，再提出让学生设计路线从铝土矿中提取氧化铝的问题，学生想要尝试的兴趣得到了明显提升。任务二至四是让学生分析、解决问题。学生在组内设计方案后并互相交流，组内进行评价，之后组内修正方案。组内成员通过交流表达、批判、说服、辩论和评价的方式，对结论进行初步整合。该环节以培养学生的创造性思维和分析性思维为主，鼓励学生运用批判性思维。教师作为该环节的协调者，不仅要引导学生质疑、批判、假设、创造，形成有价值的方案和解释，达到解决问题的目的，更要设计认知冲突，引导学生进行概念转变，建构知识，形成新的理解。任务五和任务六是让学生进行实践应用。学生面对新的问题情境，根据获得的知识和结论解决新情境中的问题。在解决新问题的过程中，学生对结论进行批判、反思、评价和修正，提出新问题。该环节以培养学生的实践性思维为主，同时发展学生的分析性思维和创造性思维，是上一轮探究的结束，也是新一轮探究的开始。教师作为该环节的促进者，不仅要精心选择合适的新问题情境，以应用和检验已有的标统结果，更要设计认知冲突，引导学生发展思维层次，让学生在应用中体会科学探究的螺旋式上升过程。

五、坚持教—学—评一体化

新课标指出，应树立"素养为本"的化学学习评价观，紧紧围绕化学学科核心素养的发展水平和化学学业质量标准来确定化学学习评价目标，注重过程性评价和结果性评价的有机结合，灵活运用活动表现、纸笔测验和学习档案等多样化的评价方式，倡导学生自评、同伴互评和教师评价相结合，充分发挥评级促进学生化学学科核心素养全面发展的功能。

教—学—评一体化作为新的评价理念的要旨，具有极强的现实针对性。"化学学习评价包括化学日常学习评价和化学学业成就评价（主要有化学学业水平合格性考试和化学学业水平等级性考试）。"郑长龙教授认为在目前的化学日常学习评价中，"有数无评""有评无促"的现象十分普遍，评价与化学知识的建构过程相脱离，课堂练习成为化学课堂学习评价的主要形式，严重弱化了评价对于学生化学学科核心素养的诊断与发展功能；在目前的化学学业成就评价中，"教""学""考"分离现象十分突出，甚至出现了用"考纲"代替"课标"，用"考纲"指导教学的现象，从而导致化学教学畸形化。这些现象，使很多化学课程改革倡导的理念不能一以贯之地得到有效的落实。因此，非常有必要对教、学、评进行整体性、一体化设计。

在化学教学中，日常学习评价是不可或缺的有机组成部分，是化学学习评价的一种重要表现形式，是实施教—学—评一体化教学的重要链条。为了更好地落实教—学—评一体化理念，有效促进学生化学学科核心素养的发展，教师应在教学设计中注重以下四个方面。

第一，围绕重要的化学教学内容设计评价目标和任务。评价目标和任务的设计一定要围绕重点内容的建构和迁移来设计。典型元素及其化合物的重要性质、化学学科核心概念、重要的化学学科思想和基本的化学学科观念等，都是化学教学中的重点内容。

第二，注重评价目标与教学目标的一致性，评价任务与学习任务的一致性。新课标强调将化学学习评价贯穿于化学课堂教学的全过程，强调建构与迁移、输入与输出、形成与表现的互动，使化学课堂评价更及时、诊断更准确、发展更具方向性。例如，在"化学平衡常数"的教学中，新课标中的学业要求是"能利用平衡常数和浓度商的关系判断化学反应是否达到平衡及平衡移动的方向"，此要求可以作为这节内容的学习目标。要达成此学习目标，既要知道化学平衡常数和浓度商的表达方式，又要建立化学平衡常数与平衡状态的关联，还要概括浓度商和化学平衡常数的相对大小与化学平衡状态及平衡移动方向的关系。据此可以将评价指标细化为以下4点：①能根据化学方程式写出化学平衡常数、浓度商的表达式，并能进行简单计算；②能建立化学平衡常数与化学平衡状态的关联；③能概括浓度商和化学平衡常数的相对大小与化学平衡状态及平衡移动方向的关系；④能用浓度商与化学平衡常数的相对大小关系判断化学平衡状态，推测平衡移动方向。

第三，重视提问设计，发挥点评功能。课堂提问的设计应有意识地关注化学学科核心素养达成情况的诊断。例如，"有哪些因素影响物质体积的大小？"这一问题的设计就具有素养诊断价值。有的学生只能基于"宏观"视角思考影响因素，有的学生只能基于"微观"视角思考影响因素，而有的学生却能基于"宏观辨识与微观探析"视角指出影响因素，并能给予解释。课堂点评应有的放矢，增强促进学生化学学科核心素养发展的指导性。例如，教师可以设计学习任务——"用图示法表示0价、+2价和+3价铁元素之间的相互转化关系"，针对学生对"铁三角"转化关系认识模型的理解情况进行点评，通过追问进一步外显学生的思维过程，从素养发展的角度对学生给予指导。对于仅能列举出个别氧化剂和还原剂的学生，教师应启发学生进一步提升知识的概括化水平，指导学生从一类氧化剂和还原剂的角度进一步抽象"铁三角"转化关系认识模型。

第四，精心设计课后作业，重视作业的评价反馈功能。作业是教师为检验、巩固或进一步达成单元学习目标而布置给学生的利用课外时间完成的学习任务。单元作业的规划和设计要体现整体性、进阶性和多样性。整体性体现为作业的内容、类型、难度、数量和完成时间既要符合学习目标的总要求，也要适合学生的实际发展需求。作业的目标和内容设计，既要体现评价指标的要求，还要控制好难度及完成时间。进阶性是指要依据评价指标的能力水平层级，合理规划作业中的习题水平及比例。课时作业通常为学习理解和应用实践水平，单元练习可以在学习理解、应用实践水平的基础上，适当增加迁移创新水平的习题。学习基础不同或学习意向不同的学生可选择完成不同水平的作业。多样性是指依据学生实际情况，充分考虑学生的兴趣偏好和优势特长，预判学生完成作业的实际能力，布置纸笔作业、实践探究类等不同类型的作业供学生选择。在设计实践探究类作业时，不仅要选择与核心内容相匹配的实践探究活动作为载体，还要依据评价指标精心设计活动任务，提高实践探究类作业与单元学习目标的一致性。下面以高三复习课《铁及铁的化合物》为例，具体阐述如何在教学过程中实现教—学—评一体化。

【教学案例】《铁及铁的化合物》

【学习活动和评价】

表 1-11　教学环节核心活动及评价指标

环节	核心活动	评价指标
环节一	画出铁元素"价-类"二维图，并写出其典型物质之间转化的方程式	学生能否从物质类别、元素价态视角认识化学物质，并能用化学方程式、离子方程式正确表示典型物质的主要化学性质
环节二	在真实情境中应用Fe、Fe^{2+}和Fe^{3+}的性质解释现实问题	学生能否综合运用所学知识分析真实存在的化学问题，能否设计实验方案，并对实验方案、实验过程和实验结论进行评价，提出进一步探究的设想
环节三	氢氧化亚铁的制备	学生能否利用典型代表物质的性质和反应，运用适当的方法控制条件，设计并优化氢氧化亚铁的制备

【教学实施过程】

环节一：画出铁元素"价-类"二维图，并写出其典型物质之间转化的方程式

教师：请同学们画出铁元素的"价-类"二维图。

学生：

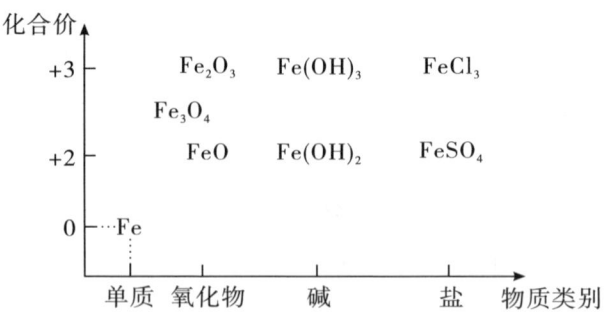

图1-7 铁元素的"价-类"二维图

教师：请同学们思考，在实现$Fe(OH)_3$和$FeCl_3$之间、$Fe(OH)_2$和$FeSO_4$之间的相互转化时，应该加入什么物质，并写出相关离子方程式。

学生：在$Fe(OH)_3$中加入盐酸可转化为$FeCl_3$，在$Fe(OH)_2$中加入H_2SO_4可转化为$FeSO_4$。在$FeCl_3$、$FeSO_4$中加入NaOH或氨水可转化为$Fe(OH)_3$、$Fe(OH)_2$。

教师：你们是如何找到"加入的物质"的呢？

学生：酸碱中和可生成盐，而氢氧化铁和氢氧化亚铁都是难溶性碱，在铁盐中加入OH^-即可实现。

教师：很好，我们可以从物质类别的角度来认识物质之间的转化。

教师追问：那同学们能否实现从$Fe(OH)_2$到$Fe(OH)_3$、Fe^{2+}和Fe^{3+}之间的相互转化呢？

学生：从$Fe(OH)_2$到$Fe(OH)_3$，铁的化合价需升高，可加入氧化剂，如O_2、H_2O_2；Fe^{2+}转化为Fe^{3+}也可以通过加入氧化剂，如O_2、H_2O_2、$KMnO_4$、Cl_2、HNO_3等；Fe^{3+}转化为Fe^{2+}可通过加入还原剂，如金属单质Fe、Cu或者KI、H_2S、SO_2等。

教师：同学们总结得很好，这是从元素价态角度认识物质的性质，请大家课后写出相应转化的离子方程式。

教师追问：那请大家再思考一下，$Fe(OH)_3$能否通过加入一种还原剂一步生成$Fe(OH)_2$呢？

学生：不能，氢氧化铁的溶解度远小于氢氧化亚铁的，从沉淀转化的角度来看，难以实现。

教师：回答得很好，能够运用我们所学的沉淀溶解平衡的原理来解释相关的化学反应问题。

环节二：在真实情境中应用Fe、Fe^{2+}和Fe^{3+}的性质解决现实问题

教师：铁粉在日常生活中有什么用途？

学生：铁粉可用作食品包装袋中的脱氧剂。

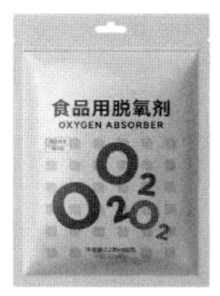

产品名称：食品用脱氧剂 指示型 30型

保质期：12个月

配料表：还原铁粉，树脂，二氧化硅，氯化钠，活性炭，水

图1-8　食品脱氧剂

教师：脱氧后铁元素是以什么价态存在的呢？

学生1：我觉得有可能仍然存在0价的铁单质，因为没有反应完。

学生2：我觉得里面铁元素的价态可能为+2价。

教师：你的判断依据是什么？

学生2：脱氧过程是一个原电池原理，$Fe-2e^-=\!=\!=Fe^{2+}$。

教师：很好，还有同学有其他猜测吗？

学生3：有可能是+3价，Fe^{2+}也能与氧气反应变成Fe^{3+}。

教师：大家的答案不一致，那我们该如何验证哪一位同学的推测是正确的呢？

学生：可设计实验检验。

教师：我这里有盐酸、酸性高锰酸钾溶液、铁氰化钾溶液和硫氰化钾溶液，请大家设计实验方案验证。各小组派代表汇报。

学生代表1：取少量样品，加入足量的稀盐酸，如果有气泡产生，说明还存在铁单质。

学生代表2：取少量样品，加入足量的稀盐酸，再加入几滴铁氰化钾，如果有蓝色沉淀产生，说明存在Fe^{2+}。

学生代表3：取少量样品，加入足量的稀盐酸，再加入几滴酸性高锰酸钾，如果紫红色褪去，说明存在Fe^{2+}。

学生代表4：取少量样品，加入足量的稀盐酸，再加入几滴硫氰化钾，说明存在Fe^{3+}。

教师：请大家一起来看看这几位同学的方案，你们认为有不合理之处吗？

学生4：我认为Fe^{2+}的检验方案不合理，因为如果有铁单质，铁单质与盐酸反应时也会生成Fe^{2+}，那会影响对Fe^{2+}的判断。

教师：这位同学考虑问题很全面，那请大家想想，铁单质的存在是否会影响对Fe^{3+}的检验呢？

学生5：也可能会，如果在铁单质过量的前提下，铁单质可能会将Fe^{3+}还原为Fe^{2+}。

教师：是的，由此可见，在检验脱氧剂中铁元素的价态时除去铁粉是很重要的，那究竟该如何除去铁粉呢？

学生5：可用磁铁吸引铁粉。

教师：好，现在假设铁粉已经不存在了，那这几位同学的方案是不是都可行了呢？

学生6：我认为用酸性高锰酸钾检验Fe^{2+}不可行，因为加入的是盐酸，盐酸也能与酸性高锰酸钾溶液反应。

（教师演示在氯化铁溶液中加入几滴酸性高锰酸钾的实验，验证该同学的质疑）

教师：通过刚刚的实验设计和讨论，我们可以知道在选用试剂检验某种离子时一定要注意是否有干扰因素的存在，这会影响我们的判断。脱氧剂中铁粉的氧化产物价态为+3价的Fe_2O_3，大家知道是怎么形成Fe_2O_3的吗？

学生：$Fe - 2e^- = Fe^{2+}$，$O_2 + 4e^- + 2H_2O = 4OH^-$，$4Fe(OH)_2 + O_2 + 2H_2O = 4Fe(OH)_3$，氢氧化铁不稳定，易分解为氧化铁。

【实践应用】分析解答2016年全国甲卷28题。

某班同学用如下实验探究Fe^{2+}、Fe^{3+}的性质。回答下列问题：

（1）分别取一定量氯化铁、氯化亚铁固体，均配制成$0.1\ mol \cdot L^{-1}$的溶液。在$FeCl_2$溶液中需加入少量铁屑，其目的是__防止Fe^{2+}被氧化__。

（2）甲组同学取2 mL $FeCl_2$溶液，加入几滴氯水，再加入1滴KSCN溶液，溶液变红，说明Cl_2可将Fe^{2+}氧化。$FeCl_2$溶液与氯水反应的离子方程式为__$2Fe^{2+} + Cl_2 = 2Fe^{3+} + 2Cl^-$__。

（3）乙组同学认为甲组的实验不够严谨，该组同学在2 mL $FeCl_2$溶液中先加入0.5 mL煤油，再于液面下依次加入几滴氯水和1滴KSCN溶液，溶液变红，煤油的作用是__隔绝空气（排除氧气对实验的影响）__。

（4）丙组同学取10 mL $0.1\ mol \cdot L^{-1}$KI溶液，加入6 mL $0.1\ mol \cdot L^{-1}$$FeCl_3$溶液混合。分别取2 mL此溶液于3支试管中进行如下实验：

①第一支试管中加入1 mL CCl_4充分振荡、静置，CCl_4层呈紫色；

②第二只试管中加入 1 滴 $K_3[Fe(CN)_6]$ 溶液,生成蓝色沉淀;

③第三支试管中加入 1 滴 KSCN 溶液,溶液变红。

实验②检验的离子是 Fe^{2+} (填离子符号);实验①和③说明:在 I^- 过量的情况下,溶液中仍含有 Fe^{3+} (填离子符号),由此可以证明该氧化还原反应为 可逆反应 。

(5)丁组同学向盛有 H_2O_2 溶液的试管中加入几滴酸化的 $FeCl_2$ 溶液,溶液变成棕黄色,发生反应的离子方程式为 $H_2O_2+2Fe^{2+}+2H^+=\!=\!2Fe^{3+}+2H_2O$;一段时间后,溶液中有气泡出现,并放热,随后有红褐色沉淀生成。产生气泡的原因是 Fe^{3+} 催化 H_2O_2 分解产生 O_2 ;生成沉淀的原因是 H_2O_2 分解反应放热,促进 Fe^{3+} 的水解平衡正向移动 (用平衡移动原理解释)。

环节三:氢氧化亚铁的制备

教师:$Fe(OH)_2$ 在空气中极易被氧化为 $Fe(OH)_3$,我们该如何制得能在一段时间内保持白色的 $Fe(OH)_2$ 呢?请同学们分组讨论交流,并请代表汇报方案。

学生代表 1:取少量氢氧化钠溶液于试管中,再用长胶头滴管取少量硫酸亚铁伸入试管底部滴加液体。

教师:用长胶头滴管伸入试管底部的目的是什么?

学生代表 1:尽可能少接触氧气。

教师:那氢氧化钠溶液中是否可能已经有氧气了呢?硫酸亚铁溶液是否可能已经变质了呢?

学生代表 1:有可能,那我可以将氢氧化钠溶液提前煮沸赶走溶液中的氧气,然后在硫酸亚铁中加入铁粉防止变质。

教师:方案有了进一步的完善,那大家还有更好的防氧化措施吗?

学生代表 2:可在试管中加入 NaOH 后用植物油油封,加强防氧化。

图 1-9　学生设计方案

教师:思考方向很正确,所以氢氧化亚铁制备最核心的原理就是隔绝空气。请大家思考如何用老师提供的装置设计实验方案?(可选用的药品有:氢氧化钠溶液、铁屑、稀硫酸)

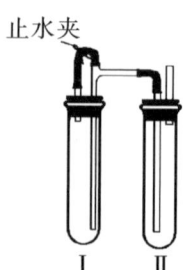

图1-10 制备氢氧化亚铁的实验装置

教师：大家可以讨论一下，试管Ⅰ中放什么药品？试管Ⅱ中又放什么药品？利用什么原理来制备产品，该如何操作？

学生：可以在试管Ⅰ中放铁粉和稀硫酸，试管Ⅱ中放煮沸后的NaOH溶液。先打开止水夹，使试管Ⅰ中产生的氢气充满整个试管，将试管中的空气排尽。后关闭止水夹，利用压强差的原理，将试管Ⅰ中的硫酸亚铁溶液压入试管Ⅱ与NaOH溶液接触，生成$Fe(OH)_2$。使整个体系处于H_2的氛围中，外界空气难以进入试管，白色沉淀可保持较长时间。

【实践应用】 分析解答2018年全国乙卷26题。

醋酸亚铬[$(CH_3COO)_2Cr·H_2O$]为砖红色晶体，难溶于冷水，易溶于酸，在气体分析中用作氧气吸收剂。一般制备方法是先在封闭体系中利用金属锌作还原剂，将三价铬还原为二价铬；二价铬再与醋酸钠溶液作用即可制得醋酸亚铬。实验装置如图所示，回答下列问题：

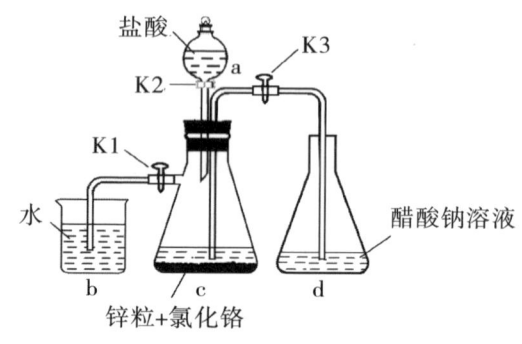

图1-11 制备醋酸亚铬的实验装置

（1）实验中所用蒸馏水均需经煮沸后迅速冷却，目的是 __去除水中溶解氧__ ，仪器a的名称是 __分液（或滴液）漏斗__ 。

（2）将过量锌粒和氯化铬固体置于c中，加入少量蒸馏水，按图连接好装置，打开K1、K2，关闭K3。

①c中溶液由绿色逐渐变为亮蓝色，该反应的离子方程式为 __$Zn + 2Cr^{3+} =\!=\!= Zn^{2+} + 2Cr^{2+}$__ 。

②同时c中有气体产生，该气体的作用是 __排除c中空气__ 。

（3）打开K3，关闭K1和K2。c中亮蓝色溶液流入d，其原因是 __c中产生H_2__

使压强大于大气压　；d 中析出砖红色沉淀，为使沉淀充分析出并分离，需采用的操作是　(冰浴)冷却　、　过滤　、洗涤、干燥。

(4) 指出装置 d 可能存在的缺点：　敞开体系，可能使醋酸亚铬与空气接触　。

教师：除了以上的方案外，同学们还有其他制备氢氧化铁的方案吗？（提示：电解原理）

学生：

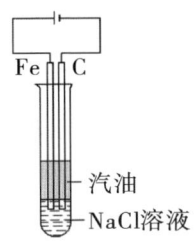

图 1-12　学生设计方案

教师：那制备原理是什么呢？

学生：阳极：$Fe - 2e^- =\!=\!= Fe^{2+}$。

　　　阴极：$2H_2O + 2e^- =\!=\!= H_2\uparrow + 2OH^-$

　　　阳极生成的 Fe^{2+} 遇到溶液中的 OH^- 生成 $Fe(OH)_2$。

教师：那电解质溶液是否只能用 NaCl 溶液呢？

学生：还可以用 NaOH、Na_2SO_4，只要阴极是水中的 H^+ 得电子使溶液呈碱性即可。

教师：同学们，我们用"价-类"二维视角梳理了铁及其化合物的相关知识，并用化学平衡原理、电化学原理以及相关元素化合物的知识解决了以元素化合物为载体的问题，希望大家将来能继续用基本概念和基本原理这两个工具分析和解决复杂情境问题。

高三学生直面高考，高三复习课的目标制定不仅应关注各主题的学业要求，更应紧扣新课标中的学业质量要求，尤其是学业质量水平 4 的要求。学业质量水平 4 是化学学业水平等级性考试的命题依据。表 1-12 为新课标中学业水平 4 的质量描述。4-1 侧重对应"素养 1 宏观辨识与微观探析"和"素养 3 证据推理与模型认知"；4-2 侧重对应"素养 2 变化观念和平衡思想"；4-3 侧重对应"素养 4 科学探究与创新意识"；4-4 侧重对应"素养 5 科学态度与社会责任"。

表 1-12　学业水平 4 质量描述

水平	质量描述
4	4-1　能在物质及其变化的情境中，依据需要选择不同方法，从不同角度对物质及其变化进行分析和推断；能根据物质的类别、组成，微粒的结构，微粒间作用力等说明或预测物质的性质、评估所做说明或预测的合理性；能从宏观与微观、定性与定量等角度对物质变化中的能力转化进行分析和表征；能基于物质性质提出物质在生产、生活和科学技术等方面应用的建议和意见 4-2　能从调控反应速率、提高反应转化率等方面综合分析反应的条件，提出有效控制反应条件的措施；能选择简明、合理的表征方式描述和说明化学变化的本质和规律；能根据化学反应原理预测物质转化的产物，确定检验所做预测的证据；能依据化学变化中能量转化的原理，提出利用化学变化实现能量储存和释放的有实用价值的建议；能基于"绿色化学"理念设计无机化合物制备和有机化合物合成的方案，并对方案进行评价和优化；能分析评估物质转化过程对环境和资源利用的影响 4-3　能列举测定物质组成和结构的实验方法；能根据仪器分析的数据或图表推测简单物质的组成和结构；能在复杂的化学问题情境中提出有价值的实验探究课题；能设计有关物质转化、分离提纯、性质应用等的综合实验方案；能运用变量控制的方法探究并确定合适的反应条件，安全、顺利地完成实验；能用数据、图表、符号等描述实验数据并据此进行分析推理，形成结论；能对实验方案、实验过程和实验结论进行评价，提出进一步的探究的设想 4-4　能说明化学科学发展在自然资源利用、材料合成、环境保护、保障人类健康、促进科学技术发展等方面的重要作用；能运用化学原理和方法对解决生产和生活中的热点问题提出创造性的建议；能对化学技术推广应用和化学品使用进行分析和风险评估；能根据"绿色化学"思想分析某些化学产品生产和应用中存在的问题，提出处理或解决化学问题的方案

根据学业水平 4 的质量描述我们可以看到，高三的复习课不能够只是基于核心物质的元素化合物知识的复习，此类复习一般是线性的，较难认识到物质之间的联系和转化关系。教师应该基于转化的元素化合物知识带领学生展开复习，并关注如何让学生在实际情境中用知识解决问题。笔者曾经让学生做过一道高考题，题目是如何验证草酸是二元酸，但很多学生都不知道该怎么设计实验。其实方法很简单，就是用基本的酸碱中和滴定这一实验操作即可。当学生知道答案时都恍然大悟，觉得答案这么简单为什么就是想不出来呢？这充分说明我们的学生很多时候只知道知识，却不会如何"用知识"。这就需要教师在设计课堂教学时精心设计评价内容，

通过一系列的问题链或者课堂活动来评价学生是否已经达到学业要求。例如高三的某一节元素化合物知识复习课中要达成的目标是让学生"学会"解决与该元素相关的基本问题。这里的"学会",不仅是听"懂"知识,"会"简单应用,更重要的是在解决具体问题的过程中能用"对",也就是既要掌握"知识",又要熟悉"方法",更要培养对相应信息解读、判断等一系列高阶思维。笔者在"铁及其化合物"的复习课中围绕学业质量要求设计了三个环节,通过环节一考查学生在高一时的基础知识,侧重于考查学生能否从物质的组成和性质视角进行分类的能力,通过环节二和环节三考查学生能否应用知识设计并优化实验方案,侧重于考查水平4的达成情况。在课堂教学过程中,老师在课堂中针对学生回答问题、完成化学学习任务、参与化学学习活动等各种表现立即做出评价,用自己教的思维和学生学的思维进行交流,把握和判断学生学的思维和程度,诊断学生所学情况,掌握学生所学情况的证据;在此基础上,教师对自己的教学做出反馈,继而调整自己的教学策略。因为课堂中的提问、任务都具有较大开放度,这种即时性评价更有利于激发学生反思,学生也可以通过对照同伴的表现,获得更丰富的思路和拓展自身的思维。利用课堂的评价,构建教—学—评一体化,促进学生发展和素养的提升。

第二章

基于宏观辨识与微观探析的理论研究和教学实践

第一节 宏观辨识与微观探析的理论内涵和表征框架

一、宏观辨识与微观探析的理论内涵和素养导向

1. 宏观辨识与微观探析的理论内涵

《普通高中化学课程标准（2017年版）》中指出，基于宏观辨识与微观探析的核心素养，要求学生能从不同层次认识物质的多样性，并对物质进行分类；能从元素和原子、分子水平认识物质的组成、结构、性质和变化，形成"结构决定性质"的观念；能从宏观与微观相结合的视角分析和解决实际问题。宏观意味着肉眼可见。在物理范畴上宏观代表宏观世界，具体可分为宏观物体以及现象。那些可以直接看到的物体被称作为宏观物体，而宏观现象具体指隐匿在宏观空间范围内的所有宏观物体所产生的现象。宏观在化学中的意思不涉及分子、原子、离子等微观层次；辨识是"识别和判断"。在化学中，通过宏观辨识可以观察和分析物质的物理性质，如状态、颜色、密度等，可以根据物质的外部特征对物质进行分类等。微观的原意是小，与宏观相对。就自然科学层面而言，微观指微观世界，具体指无法直接通过感官感受到构成物质的微粒。在微观层面上，不可能通过肉眼观察来对问题进行分析，只能利用科学技术进行探析，所以，微观探析在化学问题的分析中特别重要。人类对物质世界的研究不仅仅停留在对物质宏观层面的辨识，还深入探析了物质变化规律的本质原因，并通过文字、图表和化学符号对物质的宏观、微观及其相互联系进行描述。所以，要理解宏观辨识与微观探析的内涵，不能把"与"理解为二者的简单相加。二者是相互联系的统一体，存在内涵和外延上的交叠；研究化学必然要通过宏观与微观的视角了解物质的性质、构成以及转化规律。

2. 宏观辨识与微观探析的素养导向

宏观辨识与微观探析的素养要求是：能通过观察辨识一定条件下物质的形态及

变化的宏观现象，初步掌握物质及其变化的分析方法；能运用符号表征物质及其变化；能从物质的微观层面理解其组成、结构和性质的联系，形成"结构决定性质，性质决定应用"的观念；能根据物质的微观结构预测物质在特定条件下可能具有的性质和发生的变化，并能解释其原因。宏观辨识与微观探析既是化学学科观念，又是化学特征的思维视角和方式，是学习化学的必备科学素养。在教学过程中，教师要善于引导学生在化学研究中从宏观现象深入到微观本质，再从微观结构推测宏观性质，使学生能够以宏观与微观相结合的视角认识物质的组成、结构、性质和变化，形成"结构决定性质"的观念，注重学生宏微结合素养的培养。

二、宏观辨识与微观探析的表征框架和水平划分

1. 宏观辨识与微观探析的表征框架

化学作为研究物质的组成、结构、性质及其变化规律的一门学科，既研究物质宏观上（可直接观察到）的性质及变化，也研究物质微观上（不能直接观察到）的组成、结构，因此，在学习者心中就形成了对物质特有的两种思维形式：宏观思维和微观思维。它们可以是图像的、声像的、动作的、符号的，也可以是语义的、情境的、概念的、意象的和逻辑的。这两种思维方式可以通过符号界面（符号或图式）来相互表征。

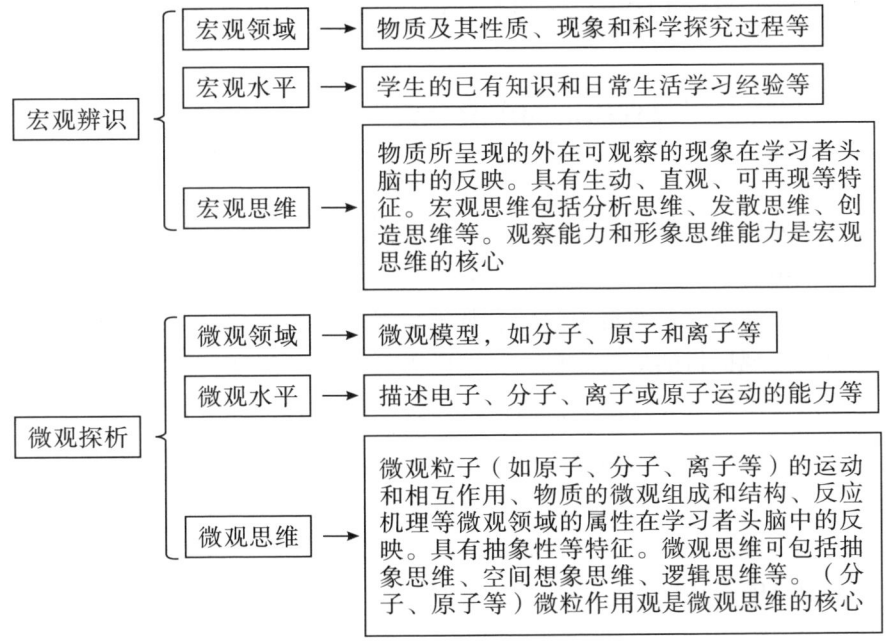

图 2-1　宏观辨识与微观探析的表征框架

2. 宏观辨识与微观探析的水平划分

表 2-1 宏观辨识与微观探析的水平划分

素养水平	宏观辨识与微观探析
水平 1	能根据实验现象辨识物质及其反应，能运用化学符号描述常见简单物质及其变化，能从物质的宏观特征入手对物质及其反应进行分类和表征，能联系物质的组成和结构解释宏观现象
水平 2	能根据实验现象归纳物质及其反应的类型，能运用微粒结构图式描述物质及其变化的过程，能从物质的微观结构说明同类物质的共性和不同类物质的差异及其原因，解释同类的不同物质性质变化的规律
水平 3	能从原子、分子水平分析常见物质及其反应的微观特征；能运用化学符号和定量计算等手段说明物质的组成及其变化，能分析物质化学变化和伴随发生的能量转化与物质微观结构之间的关系
水平 4	能依据物质的微观结构，描述或预测物质的性质和在一定条件下可能发生的化学变化，能评估某种解释或预测的合理性；能从宏观与微观结合的视角对物质及其变化进行分类和表征

第二节 宏观辨识与微观探析的进阶分析和培养路径

一、宏观辨识与微观探析的进阶分析

宏观辨识与微观探析的培养并非只能通过某种固定方式来实现。在教学活动中，教师要充分利用各种教学资源（视频、教具、手持技术、数字化手段等）来创造无限类型的培养方式。例如，可以把高中化学教材中比较简单的验证性实验设计成较复杂的探究性实验，通过实验的宏观现象思考其与微观结构的联系，实现对学生宏观辨识与微观探析的培养。例如，在学习《原电池》单元时，教师可以利用简单锌铜原电池实验装置实现能力进阶，通过改变电极材料、电解质溶液、连接方式等，根据宏观视角观察到的灵敏电流计指针偏转方向、电极现象（溶解、析出、产生气体等），引导学生结合微观的电子定向移动、元素得失电子，分析实验现象产生的原因，从而揭示原电池的工作原理和构成条件，培养学生宏微结合的能力。教师也可以把教材中陈述性知识设计成进阶问题，引导学生思考和探索，培养学生的科学精神和探究意识。例如，在学习《铁及其化合物》单元时，把 $FeSO_4$ 的保存设为问题情境，导入亚铁盐性质的学习，结合铁及其化合物的"价-类"二维图，设计进阶问题。进阶1：Fe^{2+}变质的现象是什么？→进阶2：Fe^{2+}变质的本质是什么？→进阶3：如何防止Fe^{2+}变质？→进阶4：Fe^{2+}在工农业生产和生活中有何应用？通过问题深度的不断进阶，培养学生宏微结合、科学探究和社会责任等学科核心素养。

新课标把化学学业质量水平和化学学科核心素养水平划分为4级，从1级到4级能力水平逐渐递增，每个学习阶段，学生需要达到相应的学业质量和学科核心素养水平。与建构主义和布鲁姆认知领域的教学目标相对比联系，1级属于识记层次，2级属于理解层次，3级属于应用层次，4级属于评价层次。借助SOLO分类理论，对宏观辨识与微观探析素养各水平所涉及的知识、方法的数量及创新程度（知识维度和能力维度等），以及问题结构的复杂程度等进行分析，建构了如下宏观辨识与微观探析素养的进阶分析（表2-2）。

表2-2 宏观辨识与微观探析素养的进阶分析

等级	目标层次	知识/能力维度	问题结构
水平1	识记	能根据物质组成和性质对物质进行分类；能对常见物质及其变化进行描述和符号表征；能通过离子方程式、氧化还原反应方程式对宏观物质的性质与应用关系进行表征	单一结构水平
水平2	理解	能从不同视角对典型及其主要变化进行分类；能对物质及其变化进行宏观、微观层面的解释及表征	多点结构水平
水平3	应用	能从多个角度对化学反应进行分类，从宏观、微观之间的相互解释及表征认识化学反应的本质，并会进行定量计算	关联结构水平
水平4	评价	能在物质及其变化的情境中，依据需要选择不同方法，从不同角度对物质及其变化进行分析和推理；能从宏观与微观、定性与定量等角度对物质变化中的能量转化进行分析和表征，运用宏微辨析思维分析、解决问题	拓展抽象结构水平

二、宏观辨识与微观探析的培养路径

宏观辨识与微观探析的培育贯穿整个高中教学，是一个连续的、不断深入的进阶过程。教师要认真研究教材的编排逻辑，把跨学段的主题教学和大单元教学的真实情境作为培育学生宏观辨识与微观探析素养的载体，实现学生宏观辨识与微观探析素养的学习进阶。

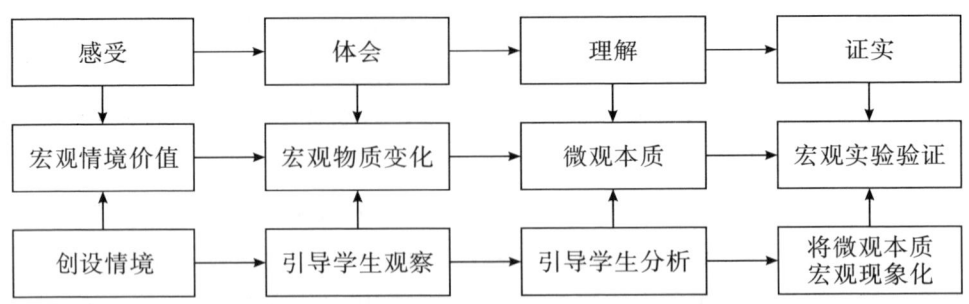

图 2-2 宏观辨识与微观探析的教学逻辑

1. 从教学内容的选择和整合上实现学生知识的进阶

例如：以《物质结构与性质》为主题的知识进阶。进阶1：原子结构与元素性质→进阶2：化学键与化合物的性质→进阶3：分子间作用力与物质性质→进阶4：官能团的结构与有机物的性质。

2. 从核心概念和化学观念上实现学生能力的进阶

例如：以《电离平衡》为主题的能力进阶（电离、微粒观、变化观、平衡观等）。进阶1：向 0.1 mol/L 醋酸溶液加入锌粒、滴入 Na_2CO_3 溶液都能产生气体，说明在 0.1 mol/L 醋酸溶液中存在哪些微粒？（微粒的种类，宏观辨识与微观探析）→进阶2：向 0.1 mol/L 醋酸溶液和 0.1 mol/L 盐酸中分别加入相同质量、形状和表面积的锌粒，产生气泡的速率相同吗？为什么？（微粒的多少，宏观辨识与微观探析）→进阶3：加热 0.1 mol/L 醋酸溶液或在 0.1 mol/L 醋酸溶液中加入醋酸钠固体，溶液的 pH 会发生什么变化？（微粒的相互作用，宏观辨识与微观探析、变化观念与平衡思想）→进阶4：微粒的运动和变化（证据推理与模型认知）。

3. 从学习任务的设计上实现学生素养的进阶

例如：以《氧化还原反应》为主题的素养进阶。进阶1：钢铁为什么会生锈？食物为什么会变质？（感受氧化还原反应的存在，宏观辨识）→进阶2：钢铁生锈的本质是什么？食物变质的本质是什么？（感受氧化还原反应的本质，微观探析）→进阶3：如何防止钢铁生锈？如何防止食物变质？（现象→本质→应用，宏观辨识与微观探析，科学探究）→进阶4：氧化还原反应在工农业生产和生活中有何应用？（感受氧化还原反应的价值，科学态度与社会责任）

宏观辨识与微观探析素养的培养，可以渗透到各种类型的课堂教学中，包括抽象的理论教学和直观的实验教学。本章在宏观辨识与微观探析素养的理念基础上，通过分析、整理高中化学必修一和必修二以及选择性必修1和必修2的教材内容，选择了《氧化还原反应及其应用》《铁及其化合物的性质》《盐类的水解》三个教学主题,以建构主义和布鲁姆认知领域教学目标为理论基础,以培养学生宏观辨识与微观探析素养为目标进行教学实践和策略研究,以探索在课堂教学中培养宏观辨识与微观探析素养的有效途径。

第三节 宏观辨识与微观探析的课堂实例和发展模型

一、宏观辨识与微观探析的课堂实例1:《氧化还原反应及其应用》

(一)《氧化还原反应及其应用》主题的知识结构和功能

1. 《氧化还原反应及其应用》主题的知识结构

依据高中化学新教材的编排和新课标的要求,可将中学化学中氧化还原反应的知识结构分为四个阶段。

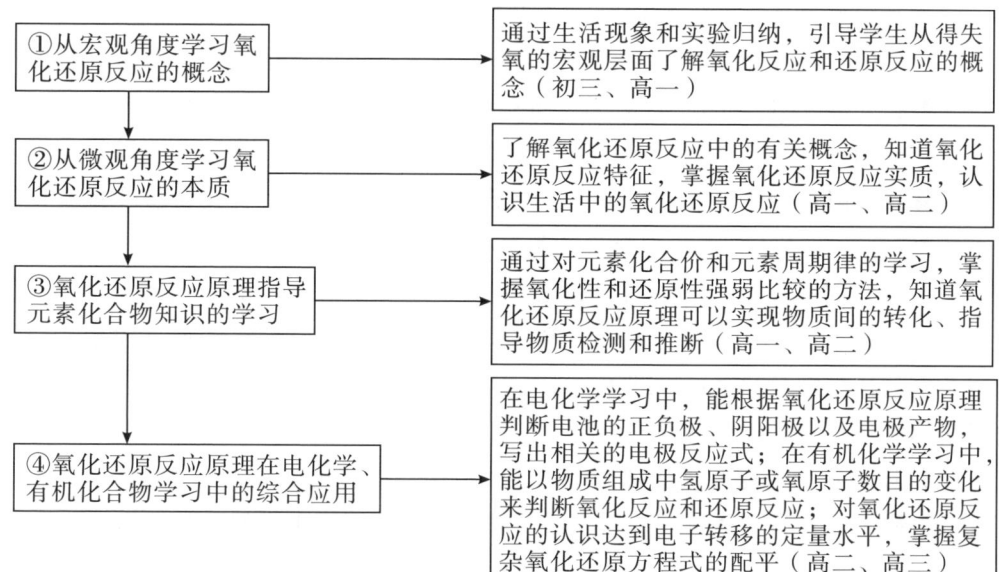

图2-3 氧化还原反应的知识结构

这四个阶段的学习是螺旋式上升的。教师可让学生先从简单、基础的知识认识事物,然后上升为理论,再从理论出发,指导更高层次的学习。知识和能力要求由浅到深,素养由宏观辨识到微观探析再到实践应用,对学生认识发展的要求逐步提高。通过《氧化还原反应及其应用》主题的学习,培养学生由特殊到一般、再由一般到特殊的逻辑思维能力。

2.《氧化还原反应及其应用》主题的功能

氧化还原反应是中学阶段位于学科结构主干部分的核心概念。教师通过教授氧化还原反应知识，引导学生学会从化合价变化、原子结构的角度研究物质及其性质的思路和方法，促进学生对物质及性质、化学反应分类等的认知发展，发展学生认识物质及其性质的新视角，使之体会到利用氧化还原原理可以研究更多陌生的物质，帮助学生树立辩证统一的世界观，引导学生用发展的眼光认识事物。教师通过教授电化学和有机化学中氧化还原反应的知识，引导学生解决实际问题，促进学生能力发展和思维进阶，提高科学素养。氧化还原反应核心概念的学习进阶反映了学生概念发展路径，是学生学习进阶发展中的重要阶段。氧化还原反应核心概念的学习进阶可以有效地促进高中化学教学质量的提高。

（二）《氧化还原反应及其应用》主题的学习目标和学科素养

1.《氧化还原反应及其应用》主题的学习目标

（1）通过生活实例和实验探究，认识氧化还原反应中有元素化合价的变化，能从化合价变化的角度分析氧化还原反应，并利用氧化还原反应的概念对常见的反应进行分类和分析说明。（分析评价类、解释说明类）

（2）通过对氧化还原反应的特征和本质的分析，理解氧化还原反应过程中有电子的转移，认识氧化还原反应的本质是电子转移，能分析并解释化合价变化与得失电子的关系。（概括关联类、解释说明类）

（3）通过对氧化剂、还原剂、氧化产物、还原产物的判断和对物质氧化性、还原性相对强弱的比较，认识"氧化"和"还原"，体会对立统一的辩证思想。学习由表及里的科学思维和逻辑推理等科学方法，进行认知模型的修正和完善，逐步建构科学的氧化还原反应认知模型。

（4）通过氧化还原反应认知模型的实践应用，体验化学概念从生活经验到科学理性的过程，培养学生透过现象看本质的思维能力和实事求是的科学精神。

2.《氧化还原反应及其应用》主题的学科素养

（1）通过生活实例和实验探究，引导学生将得失氧与化合价联系起来，使学生能够通过元素化合价升降来判断氧化还原反应，培养学生宏观辨识的能力。

（2）通过多媒体展示原子结构、化学反应本质与化合价变化的原因，使学生明白电子转移会引起元素化合价升降，得出化学反应的实质是电子的得失（转移）的结论。再以 Cu－Zn 原电池的探究实验和动画模拟为例，使学生通过宏观实验现象直观感受电子转移过程，提升学生微观探析能力。

（3）通过宏观表征—微观表征—符号表征三重表征，使学生从宏观和微观两重角度认识氧化还原反应的特征,揭示氧化还原反应的本质,构建氧化还原反应的认识模型,培养学生对于氧化还原反应认知思维的结构性层次。

(4)通过创设与生活有关的现实情境,激发学生的探究兴趣,使学生在实验过程中体会化学学科对社会的重要价值,养成用化学解决生活中问题的思维,让学生从生活世界走向化学世界,认同化学学科的社会价值和生活意义。

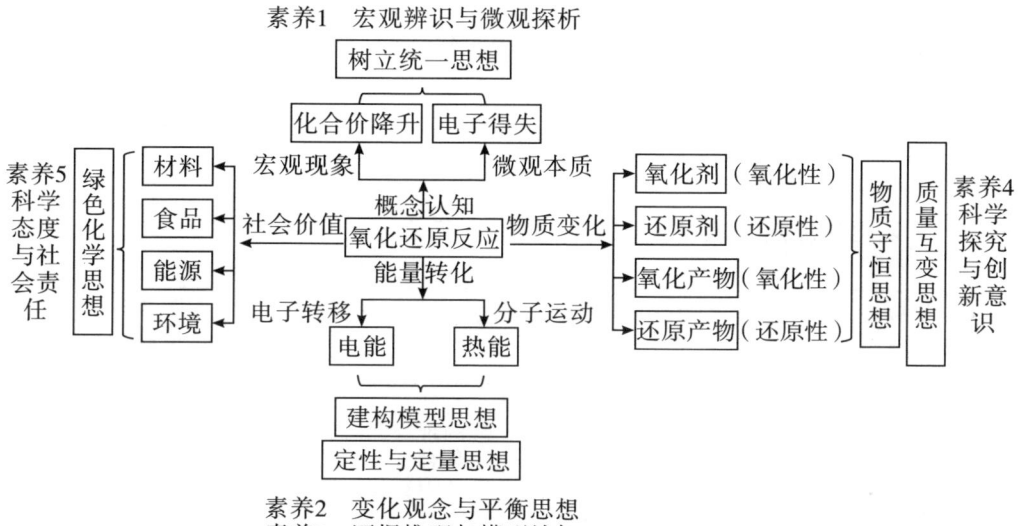

图 2-4 氧化还原反应概念的本体认识与学科价值

(三)《氧化还原反应及其应用》主题的教学策略和流程设计

1.《氧化还原反应及其应用》主题的教学策略

高中学生已在初三学习了简单的氧化反应和还原反应,知道氧化反应和还原反应会发生得氧失氧。高中阶段氧化还原反应学习的发展点是氧化还原反应的本质——电子转移。在学生的学习过程中需要突破的学习障碍点则是:从得氧失氧到化合价变化的重新建构,让学生了解氧化还原反应是有元素的化合价发生变化的反应,理解其实质是电子转移,以及掌握氧化剂、还原剂、氧化产物、还原产物的概念以及它们的相互关系。使学生在此基础上理解物质的氧化性、还原性及其强弱比较,让学生在基于证据推理的基础上,理解氧化还原反应的本质,建构起氧化还原反应的认知分析模型。教师在教学策略和设计上要通过情境导入,让学生回忆初中阶段基于宏观视角的得氧失氧,唤醒学生的旧知识;通过一些常见反应,例如分析钠在氯气中燃烧的现象和产物,让学生发现一些氧化还原反应并没有氧元素的参与,引发认知冲突;引导学生发现氧化还原反应的共同特征即宏观的化合价变化,从化合价变化的角度认识氧化反应和还原反应，形成价态模型；再从原子结构视角分析钠与氯气的反应，破除得失氧模型，深化价态模型；通过从特殊到一般的分析探究，进一步从微观上探析化合价变化的原因，即氧化还原反应的本质是电子转移，重新定义氧化还原反应，形成电子模型，完成概念的形成；通过宏观表征—微观表征—符号表征三重表征，从化合价变化、电子转移的角度分析氧化还原反应中各物质的角色，认识和理解氧化性、还原性、氧化剂、还原剂、氧化产物、还原产物等相关概念，从宏观和微观两重角度认识氧化还原反应的特征，揭示氧化还原反应的本质，构建氧化还原反应的认识模型。最后，再回到情境问题，引导学生认识氧化还原反应在生产生活中的影响和应用，感受氧化还原反应的应用价值，发展学生化学学科的核心素养。

2. 《氧化还原反应及其应用》主题的流程设计

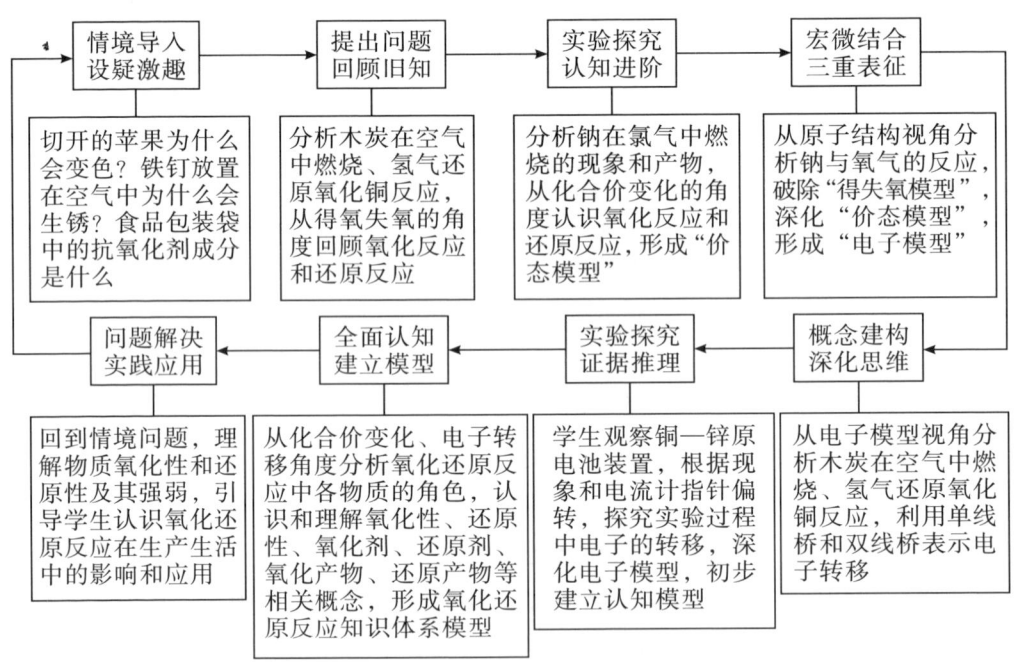

图2-5 《氧化还原反应及其应用》的流程设计

教学过程

环节一：情境导入，设疑激趣

【情境导入】

展示实物：切开的苹果颜色发生变化；铁钉表面生锈；食品包装袋中的抗氧化

剂样品。

【引发思考】为什么苹果切开一段时间后颜色会发生变化？为什么铁钉表面会生锈？食品包装袋中的抗氧化剂的成分可能是什么？

【课堂活动】播放切开的苹果在空气中为什么会变色的视频；展示铁钉表面生锈的产物和食品包装袋中的抗氧化剂的成分，引导学生结合初三所学知识，思考可能是什么物质参与了上述变化过程，发生了什么类型的反应。

【教师总结】苹果变色和铁钉表面生锈都是因为它们在空气中结合了氧气，与氧气发生了氧化反应。

设计意图：情境问题引入，激发学生探根寻源的好奇心。

环节二：从得氧失氧的角度了解氧化反应和还原反应，初步形成氧化还原反应的概念

【问题互动】请大家利用初中所学的氧化反应知识，分析下列反应是否属于氧化反应。

$$C + O_2 \xrightarrow{点燃} CO_2 \qquad 2H_2 + O_2 \xrightarrow{点燃} 2H_2O$$

$$2Mg + O_2 \xrightarrow{\triangle} 2MgO \qquad 2Cu + O_2 \xrightarrow{\triangle} 2CuO$$

学生：四个反应中 C、H_2、Mg 和 Cu 都得到氧，都属于氧化反应。

教师：上述都是氧化反应，大家能否举出一些还原反应的例子？

学生：H_2 还原氧化铜、CO 还原氧化铜……

$$①CuO + H_2 \xrightarrow{\triangle} Cu + H_2O \qquad ②CuO + CO \xrightarrow{\triangle} Cu + CO_2$$

【教师活动】用双线桥在氢气还原氧化铜的反应中把氧化反应和还原反应表示出来，并让学生分析氧化反应和还原反应的关系。

$$\underset{\text{得氧，发生氧化反应}}{\overset{\text{失氧，发生还原反应}}{CuO + H_2 \xrightarrow{\triangle} Cu + H_2O}}$$

学生：反应①中，H_2 得氧变成 H_2O，发生氧化反应；而氧化铜失氧变成铜单质，发生还原反应。为什么氧化反应中也有还原反应啊？

教师：其实这两种反应并不冲突。大家仔细观察，在氧化铜失氧的同时 H_2 得氧，根据守恒定律，化学反应中有得必有失，反应才能达到平衡。通过分析，大家得出什么结论？

学生（交流、归纳）：得氧和失氧同时发生的这一类反应称为氧化还原反应。

【教师总结】对于一个化学反应来说，"得失氧"可以作为判断氧化还原反应

的一个标准。

设计意图：通过举例，唤醒学生的旧知识（从得氧和失氧角度复习氧化反应），帮助学生在学习氧化还原概念时建立"对立统一"的辩证思想，为后面深入学习氧化还原反应做铺垫。

环节三：从化合价变化的角度认识氧化还原反应特征

教师：观察环节二中的反应①和②，在反应过程中除了元素得失氧之外，元素的特征和性质在反应前后还发生了哪些变化？

学生：在反应①中CuO失去氧变成了Cu单质，H_2得氧变成H_2O，它们不仅是物质类型发生了变化，而且元素的化合价也发生了改变，H得氧化合价升高，发生氧化反应；Cu失氧化合价降低，发生还原反应；在反应②中，碳得氧化合价升高，发生氧化反应；氧化铜失氧化合价降低，发生还原反应。

【教师总结】通过上述讨论，我们能得到如下结论：在一个氧化还原反应中，元素"得氧价升"，发生氧化反应；元素"失氧价降"，发生还原反应。

教师：分析下列两个反应，它们属于氧化还原反应吗？

①$2Na + Cl_2 \xrightarrow{\text{点燃}} 2NaCl$　　　②$Fe + CuSO_4 = FeSO_4 + Cu$

学生：是、不是、不知道。

教师：两反应均无得失氧，但是它们在反应过程中与前面学过的一些典型的氧化还原反应有什么类似的变化吗？

学生（讨论、总结）：都有元素化合价的变化。在反应①中，钠由0价升高到+1价，发生氧化反应；氯由0价降低到-1价，发生还原反应。同样，在反应②中，铁由0价升高到+2价，发生氧化反应；铜由+2价降低到0价，发生还原反应。故有元素化合价变化的反应都属于氧化还原反应。

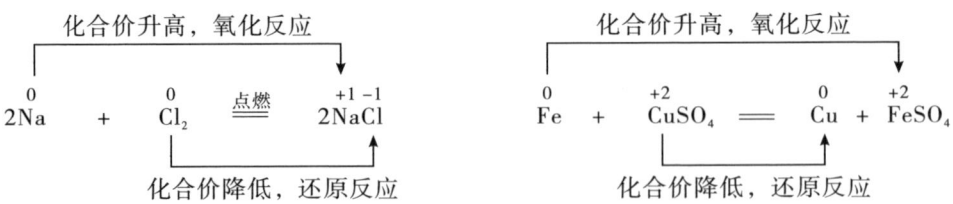

设计意图：引导学生结合上述两个化学反应，进一步认知氧化还原反应的外显特征是有元素化合价变化，从而将学生对氧化还原反应的认知模型由"得氧失氧"转变到"价态模型"。

环节四：从电子得失或偏移的角度完善氧化还原反应的概念

教师：为什么在氧化还原反应中会出现元素化合价的变化？其本质原因是

什么？

【课堂活动】播放金属钠在氯气中燃烧的实验视频和氯化钠形成过程的微观模拟动画，根据产物变化和物质的稳定性，引导学生思考金属钠与氯气反应的过程中为什么会有元素化合价的变化，以及元素化合价作为元素的一种性质，它的变化是由什么决定的。引导学生回忆物质结构与性质的关系。

教师：要分析物质结构与性质的关系，我们应该从哪里入手呢？

学生：应该分析钠原子和氯原子的原子结构示意图。

【课堂活动】画出钠原子和氯原子的原子结构示意图（图2-6），讨论钠原子和氯原子在化合过程中化合价为什么会发生变化。

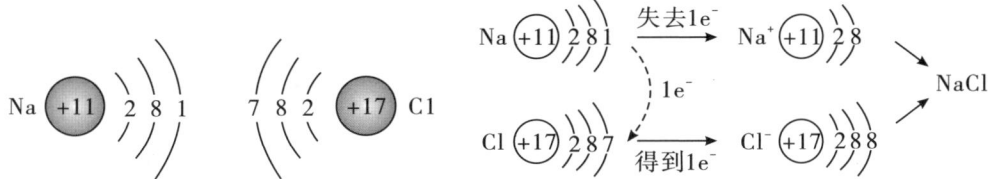

图2-6　钠原子、氯原子的原子结构示意图　　　图2-7　NaCl形成示意图

教师：从钠原子和氯原子的原子结构示意图来看，当二者结合时，为了形成稳定结构，它们的原子结构会发生什么变化？

学生（思考、交流）：钠原子为了形成8电子稳定结构，最外层的一个电子很容易失去而形成稳定的Na^+；而氯原子为了形成8电子稳定结构，氯原子得到一个电子形成稳定的Cl^-，然后Na^+和Cl^-结合形成氯化钠（图2-7）。

教师：从原子结构来看，钠原子最外层有1个电子，易失去，形成带1个单位正电荷的Na^+；氯原子最外层有7个电子，易得1个电子，形成带1个单位负电荷的Cl^-。

图2-8　钠与氯气反应形成氯化钠的微观过程

教师：由上述反应，同学们能否总结出氧化还原反应过程中元素化合价变化的原因呢？

学生：发生了电子的得失。

教师：氯化钠形成的本质是电子得失的过程，是不是所有的氧化还原反应都是电子得失反应呢？请同学们分析氢气与氯气反应的过程。

【课堂活动】引导学生从原子结构视角，分析氢气在氯气中燃烧反应的微观历程，获得"共用电子对"的认知，理解氧化还原反应中电子转移是电子的得失或共用电子对的偏移。

教师：电子转移是发生氧化还原反应的本质。从电子转移角度出发，又该如何定义氧化还原反应呢？

学生（分析、总结）：物质失电子（或电子对偏离）的反应称为氧化反应，物质得电子（或电子对偏移）的反应称为还原反应。故有电子转移（得失或偏移）的反应称作氧化还原反应。

设计意图：借助原子结构的变化分析，分析元素化合价变化的内在原因，将认知模型进一步由价态模型提升到电子模型；引导学生由化合价升降（宏观认知）思考其发生变化的本质原因（微观认知），从而建立化合价升降与电子转移两标准间的联系，增进对氧化还原反应本质的理解。

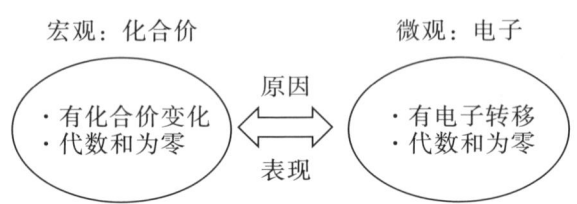

图 2-9　氧化还原反应的素养模型

【课堂活动】总结并画出氧化还原反应的认知模型。

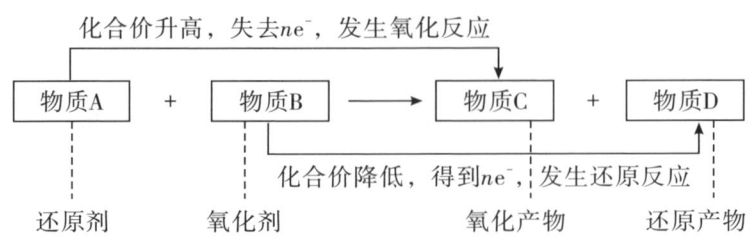

图 2-10　氧化还原反应的认知模型

环节五：通过宏观表征—微观表征—符号表征三重表征构建氧化还原反应认知模型

教师：如何表示氧化还原反应过程中的电子转移呢？（教师引导学生用双线桥或单线桥表示）

【课堂活动】①用双线桥或单线桥表示钠在氯气中燃烧反应过程中电子转移的方向和数目。（图2-11）

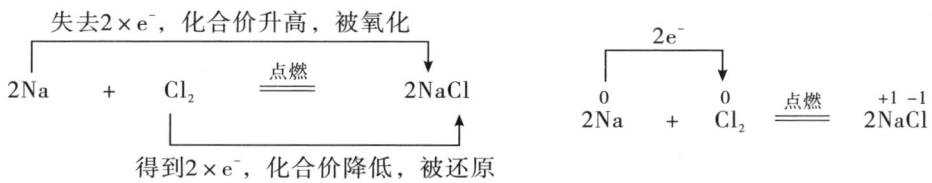

图2-11　钠在氯气中燃烧过程中的电子转移

②在氧化还原反应中各种物质所承担的反应角色是什么？引导学生从化合价变化和电子转移的角度，共同分析并初步理解氧化剂、还原剂、氧化产物和还原产物。在此基础上，引出氧化性、还原性的概念，建立"在氧化还原反应中，氧化剂得到电子，表现出氧化性；还原剂失去电子，表现出还原性"（图2-12）的基本认识。

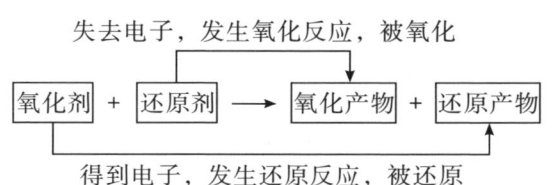

图2-12　氧化还原反应基本规律

③用双线桥画出一般氧化还原反应的结构模型。

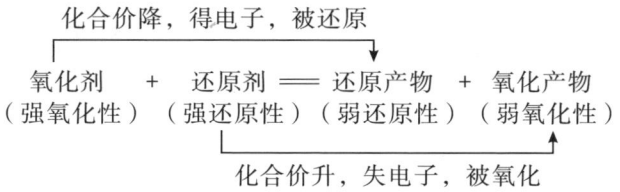

图2-13　一般氧化还原反应的基本结构模型

设计意图：进一步完善分析氧化还原反应的认知模型，引导学生在巩固双线桥法的同时，领会单线桥法能更加直观地体现电子的转移。同时，通过较简单的反应实例，帮助学生厘清氧化还原反应中电子转移的数目、方向以及氧化剂、还原剂、氧化产物和还原产物等基本概念,从而确立科学的氧化还原反应认知模型。同时,初步形成氧化性、还原性相对强弱比较的"强制弱"观念,并为后续的实验探究做铺垫。

教师:在初中化学的学习中,我们根据反应物、生成物的特征及形式,将化学反应分为置换、分解、化合和复分解四大基本反应,今天我们学习了氧化还原反应的特征和本质,我们又可以将化学反应如何分类?

学生:根据有无化合价变化,又可以把化学反应分为氧化还原反应和非氧化还原反应。

教师:请大家判断下列表2-3中的反应各属于四种基本反应类型中的哪一种?其中哪些属于氧化还原反应?并试着画出四大基本反应类型与氧化还原反应的关系图(图2-14)。

表2-3 化学基本反应类型与氧化还原反应的关系

反应类型	化学方程式	是否属于氧化还原反应
化合反应	$2H_2 + O_2 =\!=\!= H_2O$	是
	$CaO + H_2O =\!=\!= Ca(OH)_2$	否
分解反应	$2H_2O_2 =\!=\!= 2H_2O + O_2$	是
	$CaCO_3 =\!=\!= CaO + CO_2\uparrow$	否
置换反应	$Fe + CuSO_4 =\!=\!= FeSO_4 + Cu$	是
	$Zn + H_2SO_4 =\!=\!= ZnSO_4 + H_2\uparrow$	是
复分解反应	$CaCl_2 + Na_2CO_3 =\!=\!= CaCO_3\downarrow + 2NaCl$	否
	$2HCl + CaCO_3 =\!=\!= CaCl_2 + CO_2\uparrow + H_2O$	否

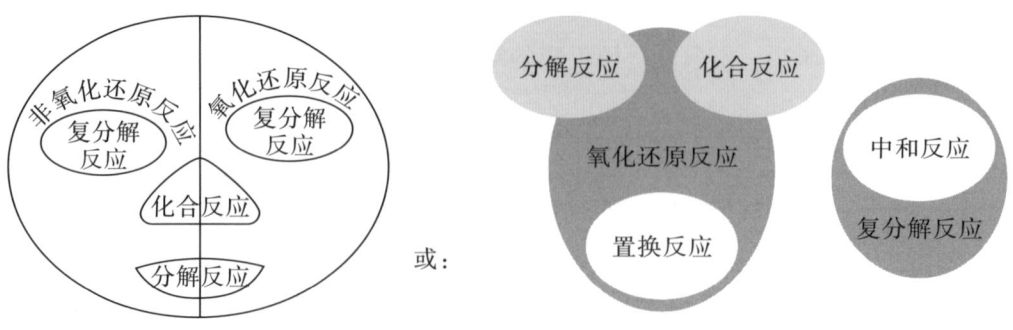

图2-14 四大基本反应类型与氧化还原反应的关系

教师:分析和研究事物需要从多个标准出发,每个标准不尽相同,但又有着必然的联系,多角度思考才可以更全面地认识事物本身。例如,同学们在判断反应类型之前，应先宏观把握分类标准，再微观分析反应类型，从多元化的视角把握分类观念，进而认识本质、挖掘精髓，促进自己的认知水平和探析能力由表及里、由简单到复杂、由低级到高级不断提升。

设计目的：根据学生的认知，设计表格，并且对化学反应进行分析，能够让学生将氧化还原反应与四大基本反应联系起来，应用氧化还原反应的概念对它们进行分类，培养学生从不同的视角观察和剖析化学反应类型，使学生形成科学的分类观。

环节六：结合情境问题，拓展氧化还原反应认知模型的实践应用

教师：我们从理论的视角分析了氧化还原反应的本质是电子的转移，在初中的学习中，我们知道电子的定向移动能够产生电流，那么，在氧化还原反应过程中电子到底有没有发生转移呢？能够通过实验验证有电流产生吗？

【课堂活动】教师指导学生进行实验探究：用导线将锌片和铜片连接起来，中间接上一个灵敏电流计。将连好的锌片和铜片放入稀硫酸溶液中，观察实验现象。（图 2 – 15）

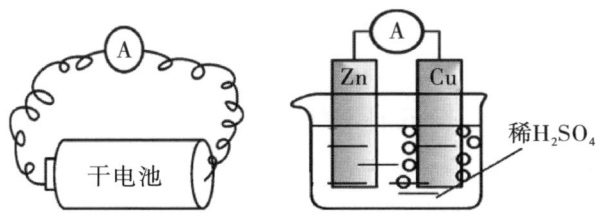

图 2 – 15 验证有电流产生的装置

学生：通过观察实验现象，发现锌片溶解，铜片上有大量气泡产生，灵敏电流计指针发生了偏转。说明该实验在反应过程中产生了电流。

【课堂活动】写出上述反应的化学方程式，并分别用双线桥和单线桥表示反应过程中转移电子的方向和数目。

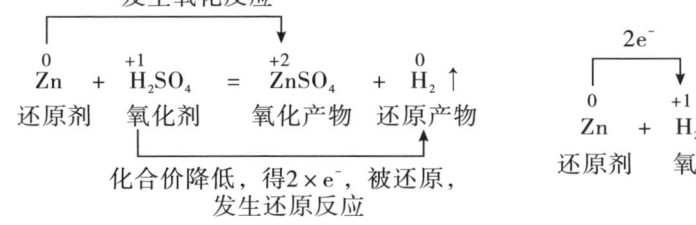

图 2 – 16 锌铜原电池原理

教师：氧化还原反应的本质是电子的转移，化合价的变化是电子转移的表面特征和宏观体现。在化学学习的过程中，我们要培养透过宏观现象看微观本质的思维能力和学科素养，培养实验探究与创新精神，不断完善自己的知识结构和认知能力。

设计意图：根据学生初中所学物理知识"有电子通过，电流计指针会发生偏转"，通过观察实验现象发现指针偏转，让学生知道有电流流过，从而推理出有电子发生了定向移动，让学生真正体验到反应过程中电子的转移。能够"看"到电子的转移，即从宏观视角（化合价的升降）深入微观视角（电子的转移），让学生从微观角度切身感受到氧化还原反应的本质是电子转移，即"看"到电子发生转移，让电子模型可视化。此设计在于培养学生宏观辨识与微观探析的核心素养。

环节七：运用真实情境素材，探究抗氧化剂的成分、作用及原理

教师：如何设计实验探究食品包装袋中抗氧化剂的成分和作用？

【课堂活动】观察食品包装袋中的抗氧化剂；将一包抗氧化剂倒在滤纸上，看到有一些灰黑色固体，思考这种抗氧化剂的外观、作用与成分的可能关系。

学生：灰黑色的固体可能是铁粉，金属单质有还原性，能与氧气作用，可做抗氧化剂。

教师：请你根据已有知识，设计简单实验证明灰黑色物质是铁粉，并思考其抗氧化的原理。

学生：可以利用铁具有磁性这一性质，如果灰黑色粉末能被磁铁吸引，可判断含有铁粉。也可以利用化学性质，与稀硫酸或稀盐酸反应，看能否产生氢气等。

教师：通过同学们实验探究、查阅资料和交流讨论，初步证明了抗氧化剂中含有铁粉。同学们能运用所学的氧化还原反应的知识解释其抗氧化的原理，做到了学以致用。

科学视野

下面四个反应是氧化还原反应在生活生产中的重要应用。其中合成氨和金属的冶炼主要体现的是物质的转化，甲烷燃烧和光合作用主要体现的是能量的转化。请思考，氧化还原反应在生活生产中有哪些重要作用？

材料一：铁是目前人类从自然界提取量最大的金属，我国关于铁的冶炼的记载始于春秋战国时期。

$$Fe_2O_3 + 3CO \xrightarrow{\text{高温}} 2Fe + 3CO_2$$

材料二：合成氨技术是人类科学技术上的一项重大突破，氨气用于生产氮肥，为解决人类面临的粮食危机做出巨大贡献。

$$N_2 + 3H_2 \xrightleftharpoons[\text{催化剂}]{\text{高温高压}} 2NH_3$$

材料三：我国的可燃冰产业化进展喜人，目前在南海海域天然气水合物的试采工程生产安全，环境友好。

$$CH_4 + 2O_2 \xrightarrow{\text{点燃}} CO_2 + 2H_2O$$

材料四：绿色植物的光合作用是自然界其他生物最基本的物质和能量来源，是自然界对生物的最大贡献。

$$6CO_2 + 6H_2O \xrightarrow{\text{光照}} C_6H_{12}O_6 + 6O_2$$

设计意图：运用真实情境素材，引发探究问题。通过展示食品包装袋中的抗氧化剂，引导学生探究抗氧化剂的成分、作用及原理，培养学生的探究兴趣；指导学生查阅文献、讨论交流和设计实验验证方案，呼应课堂开头设置的情境问题，强化氧化还原反应的科学认知模型，并在实践中运用模型开展探究。通过课堂延伸，引导学生将化学知识与生活生产实际紧密联系，使学生真切感受到化学就在身边，深刻认识化学对创造更多物质财富和精神财富、满足人民日益增长的美好生活需要的重大贡献，真正体会到化学学科对社会的重要价值，激发学生学习化学的积极性和热情。

（四）《氧化还原反应及其应用》主题的教学评价和反思

本课例以氧化还原反应为主题，培养学生宏观辨识与微观探析的核心素养。依据化学新教材的编排和课程标准的要求，中学化学中氧化还原反应的学习分为五个阶段。阶段一：从宏观角度学习氧化反应和还原反应的概念。阶段二：从微观角度学习氧化还原反应的本质。阶段三：氧化还原反应原理指导元素化合物知识的学习。阶段四：氧化还原反应原理的综合应用。阶段五：有机化学中的氧化反应和还原反应。这五个阶段的学习是螺旋式上升的，知识由浅到深，对学生认识发展的要求也逐步提高。通过氧化还原反应的学习，培养学生"由特殊到一般，再由一般到特殊"的逻辑思维能力。

本节课的教学设置，以感受氧化还原反应的应用价值为起点，让学生感受到学习的价值，从而热爱本节课，形成良好的初印象。学生以内心的情感作为初始驱动，形成自驱力，跟随教师"是什么—为什么—怎么样"的学习逻辑循序渐进、层层深入地学习，完成了深层意义上的"理解"，实现了指向宏观辨识与微观探析的深度学习。在教学设计上，第一，通过生活情境导入，让学生在宏观情境中感受氧化还原反应的应用价值，明白"学什么"的问题，即学的意义，激发学习动机。利用旧知识形成认知冲突，提升学生的学习兴趣和求知欲，让学生从宏观视角认识氧化还原反应,从元素层面向化合价层面进行转变。第二,从原子结构的角度宏观体会化合价变化的原因,找到氧化还原反应的特征,让学生学会如何准确判断什么是氧化还原反应,即解决了"是什么"的问题,实现了概念的进阶。第三,利用实验探究和多媒体辅助手段,引导学生的认知从宏观向微观转变,把握事物的本质,微观理解化合价变化的原因是电子转移,这才是氧化还原反应的本质,即明白了"为什么"的问题。第四,利用双线桥和单线桥法引导学生将宏观视角和微观视角结合起来,建立氧化还原反应的认知模型和结构模型,以达到培养学生宏微观结合能力的目的。在氧化还原反应的概念进阶上,从最简单的是否有氧气参加反应逐渐深入到是否有电子转移(氧化还原反应的本质),引导学生思考氧化还原反应的判断标准,并结合初中所学的四大基本反应类型,以不同的视角对化学反应进行分类,最终使学生在掌握化学知识的基础上形成化学分类观。无论学生对理论理解得多透彻,都只是停留在理论理解层面,电子的转移是微观的、较为抽象的,如何才能让学生在宏观世界中看到微观的电子转移?在"课堂活动"中加入锌铜稀硫酸原电池的导电实验设计,目的就是让学生在宏观验证电子转移的实验中,化宏观为微观,真真切切地感受到电子转移的存在。学生也明白了可以将学习到的电子的定向移动应用于生活生产中,即解决了"怎么样"的问题。"科学视野"的设计则是让学生了解氧化还原反应过程中不仅有物质变化,还有能量变化,在生活生产中具有重要的应用意义和应用价值。这种教学设计既遵循知识特有的逻辑顺序,又符合学生思维认识的发展规律,使学生的认知水平逐步提高,学科思想和学科素养不断提升。

二、宏观辨识与微观探析的课堂实例2:《铁及其化合物的性质》

(一)《铁及其化合物的性质》主题的知识结构和功能

1. 《铁及其化合物的性质》主题的知识结构

铁及其化合物的性质是人教版高中化学必修一第三章第二节内容,属于元素及化合物的知识体系。铁元素是高中化学元素化合物知识中比较重要的金属元素代表,也是典型变价金属元素的代表。本部分的学习重点是Fe^{2+}的还原性、Fe^{3+}的氧化性、Fe^{2+}和Fe^{3+}的鉴别,以及二者相互转化的知识体系建构。因此,这部分内容一直以来都是中学化学教学的重要内容,也是培养学生化学学科核心素养的重要知识载体。《普通高中化学课程标准(2017年版)》对本节的内容要求是:结合真实情境中的应用实例或通过实验探究,了解铁及其重要化合物的主要性质及其在生产生活中的应用。

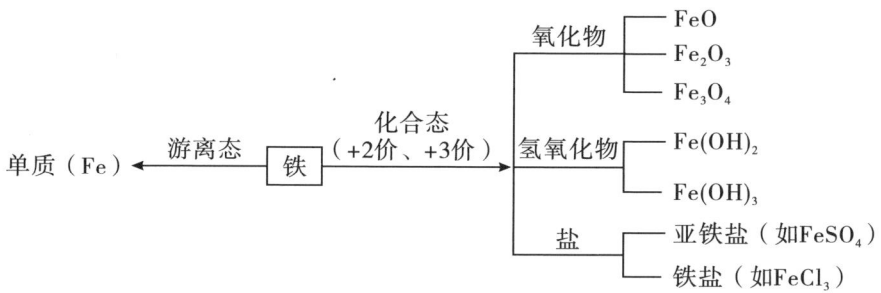

图2-17 铁及其化合物的知识主线

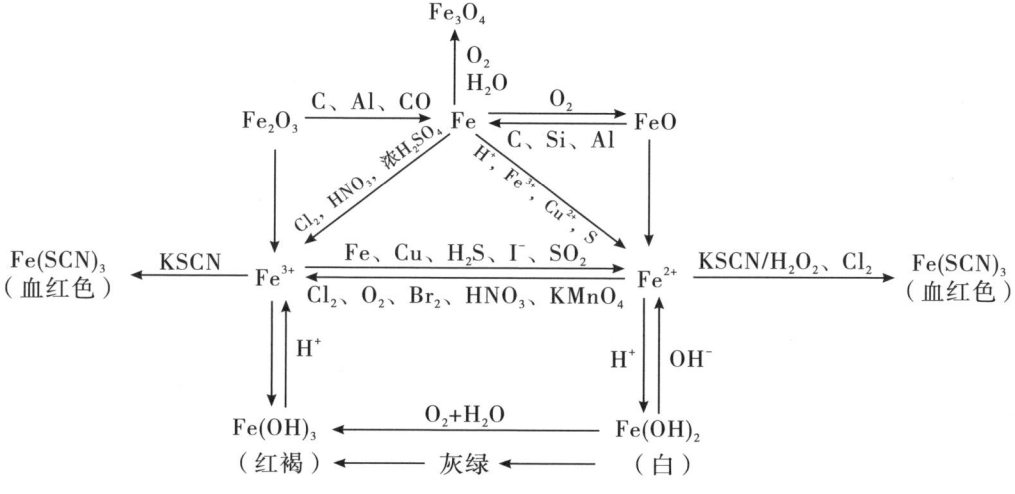

图2-18 铁及其化合物的性质结构

2. 《铁及其化合物的性质》主题的功能

铁及其化合物是元素化合物知识的重要组成部分,是化学研究的对象和化学学科知识体系的基础,也是化学基本概念、基本理论和化学实验等知识的学习基础。通过初中化学及高一化学前几章的学习,学生了解了一些铁及其化合物的知识,基本掌握了按分类思想分类研究物质性质和科学探究的基本方法,能利用氧化还原反应和离子反应等化学基本理论解决问题。同时,学生具备了一定的实验操作、观察分析和表达交流的能力。本主题的化学学科核心素养含量较高,包含铁及其化合物的性质、制备与用途,金属的腐蚀与防护,溶液中的离子平衡,原子结构与元素周期律等内容,对拓展学生的化学知识,培养学生未来适应社会、处理复杂问题所需的关键能力和必备品格等都有极大的促进作用。高中阶段继续从不同角度和侧重点学习铁及其化合物的性质,既有利于加深学生对已学知识的理解,又为化学平衡、电化学、结构化学等的学习做铺垫。

第一是从元素观、价态观和物质分类观及特殊性方面了解铁的重要化合物的主要性质及其应用，拓展和丰富学生对宏观辨识的一般思路、方法及素养内涵的理解。

第二是通过实验探究氢氧化亚铁和氢氧化铁的制备方法，能从宏观、微观、符号三个层面认识其化学性质，能用化学用语正确表征上述物质的性质及转化，形成低价铁的化合物具有还原性、高价铁的化合物具有氧化性的学科思想。从物质类别和元素价态的角度，构建认知模型，并运用模型预测物质的性质和变化，初步构建铁及其化合物的"价-类"二维图，发展学生"宏观—辨识—符号"三重表征的化学思想和证据推理与模型认知的学科素养。

第三是通过实验探究 Fe^{2+}、Fe^{3+} 的检验方法及其相互转化条件，总结研究物质的一般思路和方法，完善铁及其化合物的"价-类"二维图，进一步提升学生宏观辨识与微观探析素养的水平和能力。

第四是通过了解以铁合金为代表的金属材料和以"补铁剂"为代表的化学物质的社会价值和应用价值，从问题和假设出发设计实验方案，运用化学实验认识物质性质与转化，并结合生产生活实例感受铁及其化合物在日常生活中的应用，培养学生的科学探究与创新精神、科学态度与社会责任。

（二）《铁及其化合物的性质》主题的学习目标和学科素养

1. 《铁及其化合物的性质》主题的学习目标

（1）了解铁及其化合物的组成、性质及用途，初步形成基于物质分类和元素价态探索物质性质的方法。基于铁元素的价态和物质类别，结合自然界、实验室和生产生活中了解的含铁物质，绘制"价-类"二维图。

（2）运用"价-类"二维图，用物质类别和氧化还原反应知识预测铁、亚铁盐及铁盐等典型物质的化学性质，构建 $Fe—Fe^{2+}—Fe^{3+}$ 三者之间的转化模型。通过实验探究铁盐和亚铁盐的检验，进一步完善"价-类"二维图，并能从现象（宏观）、变化（微观）和化学方程式或离子方程式（符号）等方面建立对化学事实的多重表征。

（3）从铁元素的主要价态了解铁的氧化物、氢氧化物的分类、制备、性质及用途，并设计实验探究铁与水蒸气的反应、铁的氢氧化物的制备和性质。基于实验证据写出铁与水蒸气反应、制备氢氧化铁和氢氧化亚铁的化学方程式，建立基于元素化合价和物质类别研究物质性质、制备的思维路径。

（4）通过日常生活中的含铁物质（脱氧剂、补血剂等）的应用，能从化学的视角认识生活中的含铁物质，了解铁的化合物在实际生产生活中的应用，提升学生对化学与社会发展关系的认识水平，提升学生在真实情境中解决问题的能力，发展学生的科学态度与社会责任素养。

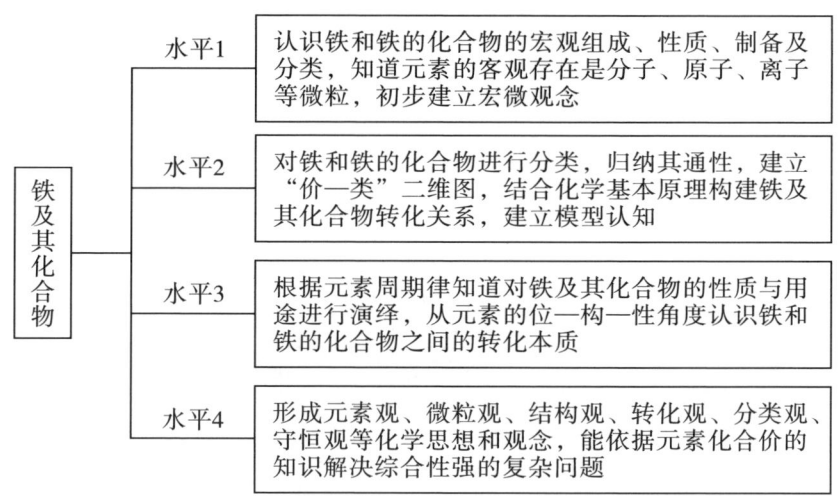

图 2-19 《铁及其化合物的性质》的学习目标素养水平

2. 《铁及其化合物的性质》主题的学科素养

化学核心素养的培养，必须以化学学科知识为载体，依托一定的教学情境而实现。铁及其化合物的知识与生活息息相关，是培养学生化学核心素养的重要载体。铁及其化合物教学的核心目标是帮助学生初步形成研究元素化合物性质的思路和方法。本主题包括铁及其化合物的性质、制备与用途，金属的腐蚀与防护，溶液中的离子平衡，原子结构与元素周期律等内容，对拓展学生的化学知识，培养学生未来适应社会、处理复杂问题所需的关键能力和必备品格等都有极大的促进作用，是核心素养含量较高的课程主题。

教师在教学过程中要重视实验的设计与探究，让学生在实验过程中感受到实验是学习化学、体验化学和探究化学的主要途径，引导学生观察和分析实验现象，并能从现象（宏观）、变化（微观）和化学方程式或离子方程式（符号）等方面建立对化学事实的多重表征，培养学生宏观辨识与微观探析的素养；通过实验探究 Fe、Fe^{2+} 和 Fe^{3+} 之间、铁的氢氧化物之间的相互转化条件，培养学生的变化观念与平衡思想；引导学生运用"价-类"二维图预测铁、亚铁盐及铁盐等典型物质的化学性质，铁的氧化物、氢氧化物的分类、制备、性质及用途，建立基于元素化合价和物质类别研究物质性质、制备的思维路径，构建 $Fe—Fe^{2+}—Fe^{3+}$ 三者之间转化模型，培养学生证据推理与模型认知的素养；通过实验探究铁盐和亚铁盐的检验，设计实

63

验探究铁与水蒸气的反应、铁的氢氧化物的制备和性质,进一步完善"价-类"二维图,培养学生的科学探究与创新意识;通过日常生活中含铁物质(脱氧剂、补血剂等)的应用,引导学生从化学的视角认识生活中的含铁物质,了解铁在人的生命活动中是必需元素,了解铁的化合物在实际生活生产中的应用,掌握从化学的视角认识事物、解释和解决社会生活中真实问题的方法,形成科学态度与社会责任。(图2-20)

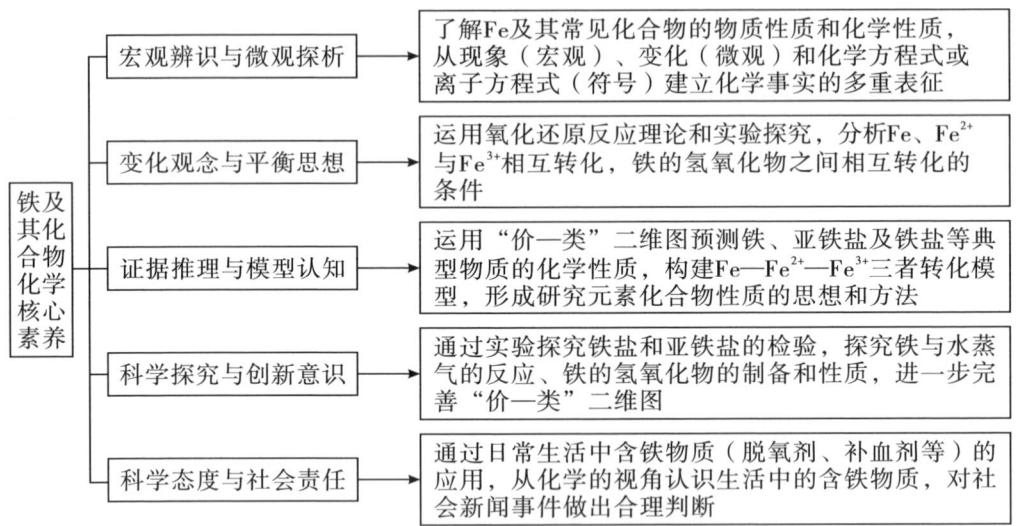

图2-20 《铁及其化合物的性质》主题的化学核心素养

(三)《铁及其化合物的性质》主题的教学策略和教学过程

1. 《铁及其化合物的性质》主题的教学策略和流程

本主题教学策略基于"素养为本",站在化学学科核心素养的视角,结合真实情境中的应用实例或通过实验探究,了解铁及其重要化合物的主要性质在生产生活中的应用,引导学生开展以化学实验为主的探究活动,从"价-类"二维元素观入手,对铁的重要化合物的性质进行预测,设计实验进行验证、得出结论,培养学生的元素观、分类观、结构观、变化观、平衡观和守恒观等化学观念和学科核心素养。因此,在铁及其化合物的学习中,学生需要从两方面展开:一是要"转换视角",将认识物质的视角从物质本身转变到组成元素,从对单一含铁物质的认识发展到对以铁元素为核心的物质组成的认识;二是要重点发展从核心元素化合价研究物质性质的视角,建立和完善"价-类"二维图,并将其迁移到其他元素化合物的学习中。本主题着重培养学生从宏观与微观结合、变化与守恒的视角,运用证据推理与模型认知的思维,获得结构化的化学核心知识,从实践层面培养学生的创新精

神与实践能力。通过创设生活情景，使学生养成科学态度与社会责任。（图 2-21）

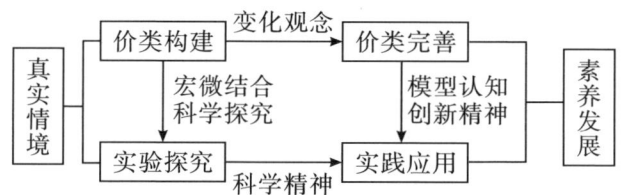

图 2-21 《铁及其化合物的性质》主题教学策略

2.《铁及其化合物的性质》主题的教学活动和过程

本主题教学分 3 课时完成。

第 1 课时：构建铁元素的"价-类"二维图模型。

第 2 课时：在铁及其化合物知识建构过程中完善"价-类"二维图模型。

第 3 课时：应用"价-类"二维图模型解决复杂情境中的真实问题。

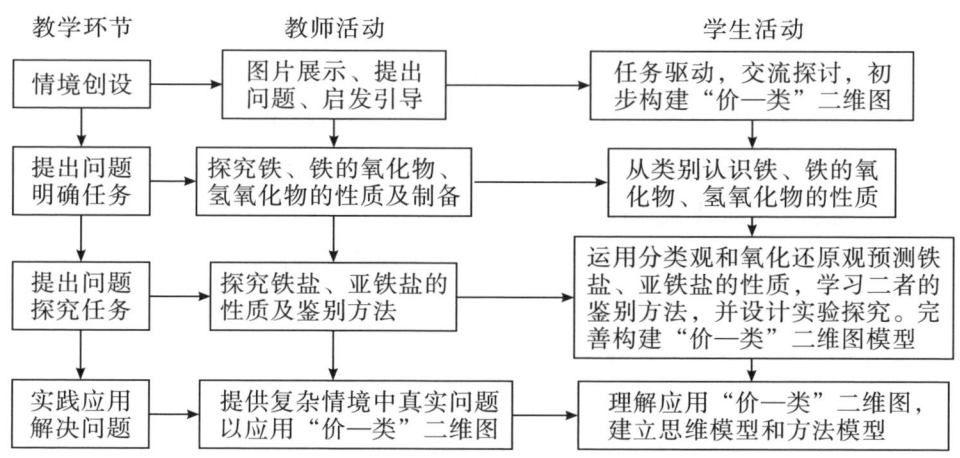

图 2-22 《铁及其化合物的性质》主题教学流程

（1）第 1 课时：构建铁元素的"价-类"二维图模型

环节一：情境导入，设疑激趣

【情境导入】展示铁钉、铁矿石、补铁剂、月饼包装袋中的脱氧剂样品等的图片，引发学生思考：这些物质的主要成分是什么？除此以外还了解哪些含铁元素的物质？

对所列出的铁的化合物进行多角度分类，绘制有关铁及其化合物的"价-类"二维图（图 2-23）。

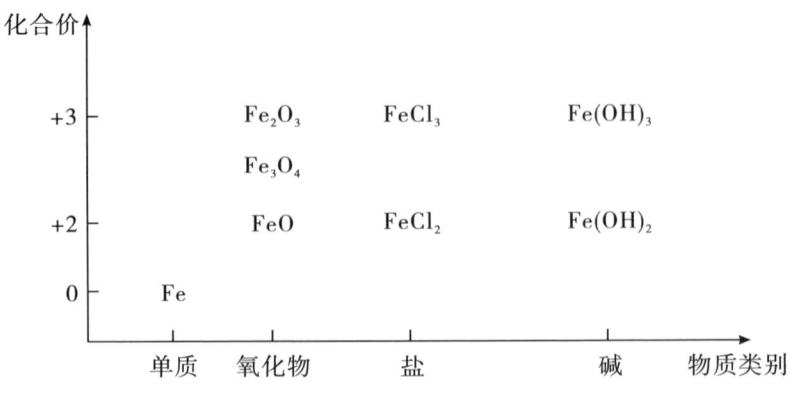

图 2-23 铁及其化合物的"价-类"二维图

设计意图：通过生活中常见的铁及其化合物的展示和情境创设引导学生从物质类别、元素价态两个角度对物质进行分类，初步建立和应用物质分类和元素价态的视角和模型，让学生认识到元素可以组成不同种类、不同价态的物质。

教师：月饼包装袋中的脱氧剂的成分可能是什么？

学生：月饼之所以能长时间保存，是由于脱氧剂吸收了氧气，防止了月饼的氧化变质。铁粉有还原性，黑色脱氧剂的成分可能有铁，部分久置的脱氧剂呈红棕色可能是因为铁氧化后生成氧化铁。

教师：如何设计实验验证脱氧剂中铁和氧化铁的存在呢？

学生：可以用磁铁验证脱氧剂的成分有铁。另外，铁属于金属单质，氧化铁属于碱性氧化物，都可以与稀盐酸反应，铁与稀盐酸反应生成 Fe^{2+}，氧化铁与稀盐酸反应生成 Fe^{3+}，可以通过观察溶液颜色来判断。

【实验探究】脱氧剂与稀盐酸的反应。观察实验现象，判断可能生成的物质。

学生：脱氧剂与稀盐酸反应后，溶液既不呈浅绿色，也不呈棕黄色，而是一种黄绿色，这是为什么啊？

教师：若脱氧剂中只有 Fe 粉，则反应后只生成 Fe^{2+}，溶液呈浅绿色，说明脱氧剂没有被氧化；若脱氧剂完全被氧化，全部变成氧化铁，则反应后只生成 Fe^{3+}，溶液呈棕黄色。现在大家看到的溶液既不是浅绿色，也不是棕黄色，说明什么问题呢？

学生：可能两种离子都有？那如何验证呢？

教师：若 Fe^{2+} 和 Fe^{3+} 两种离子的浓度很大且为单一溶液时，可通过观察溶液颜色初步判断它们的存在。但是若两种离子的量很少或混合在一起，那就需要更科学的检验方法，这个检验方法我们将在下节课学习。

设计意图：利用生活中常见的问题激发学生的求知欲和学习热情，体现化学知识在社会生活中的价值。以学生已有知识和经验作为学习新知识的起点，设计简单的实验方案，诊断学生对铁的性质认识发展水平，以及对已学的氧化还原反应基本原理的掌握程度；通过化学方程式的书写及单质铁转化为二价铁和三价铁的关系建构，提高学生对知识关联的认知水平。

环节二：脱氧剂的回收利用

【问题引入】当食用完月饼后，脱氧剂是否成为一种不可回收的垃圾？如果可以回收，可以把它转化为什么物质？

【资料卡片】氯化铁的用途：刻蚀电路铜板，有机催化剂，收敛、止血剂，絮凝剂。氯化亚铁的用途：净化漂染、电镀废水，作为还原剂和媒染剂。

【学生活动】书写课本"交流与讨论"中的化学方程式；讨论单质铁转化为二价铁或三价铁时所需加入的氧化剂；完成单质铁转化为二价铁或三价铁的关系图。

设计意图：创设真实的问题情境，诊断学生对铁的化学性质知识点的掌握程度（识记或应用）。单质铁在不同氧化剂、不同条件下转化为二价铁或三价铁这一任务，可以使学生进一步建构氧化还原反应的理论知识，提升其宏观辨识、微观探析和变化观念的化学学科素养，为学生进行物质的回收、检验等提供了思维的建构点，并使其养成遇到问题适时查阅资料的习惯。

环节三：探究铁的氧化物和氢氧化物的性质和制备

①铁的氧化物和氢氧化物的性质

【问题引入】观察铁的氧化物和氢氧化物的外观，总结它们的物理性质。根据初中学习的金属氧化物和碱的知识，预测铁的氧化物和氢氧化物可能具有的化学性质，写出可能发生的反应的化学反应方程式和离子方程式。

②铁的氢氧化物的制备

教师：生石灰与水反应可制得熟石灰，那么铁的氢氧化物能由氧化铁或氧化亚铁分别与水反应制取吗？

学生：不行，因为它们都不溶于水，不与水反应。

教师：根据初中化学学过的知识，请同学们设计实验方案制备铁的两种氢氧化物，注意观察实验现象。

【学生活动】设计实验方案并进行实验探究。

实验原理：$Fe^{2+} + 2OH^- =\!=\!= Fe(OH)_2$，$Fe^{3+} + 3OH^- =\!=\!= Fe(OH)_3$。

实验现象：$FeCl_2$溶液与$NaOH$溶液反应先生成白色沉淀，但很快就变为灰绿色，最终转化成红褐色沉淀；$FeCl_3$溶液与$NaOH$溶液反应直接生成红褐色沉淀。

教师：$Fe(OH)_2$是白色沉淀，$Fe(OH)_3$是红褐色沉淀，为什么$Fe(OH)_2$最终会

变为 $Fe(OH)_3$ 红褐色沉淀?

学生:Fe^{2+} 具有还原性,$Fe(OH)_2$ 在制备过程中被氧气氧化成了 $Fe(OH)_3$。

教师:请写出 $Fe(OH)_2$ 转化为 $Fe(OH)_3$ 的化学方程式,并思考怎样能够得到纯净的氢氧化亚铁沉淀呢?(提示学生从绘制的"价-类"二维图去思考)

学生:$4Fe(OH)_2 + O_2 + 2H_2O == 4Fe(OH)_3$,由该反应可知,$Fe(OH)_2$ 颜色发生变化是由氧气的存在造成的。所以,在溶液配制和制备过程中应隔绝氧气或避免氧气参与。

③铁的氢氧化物的转化

【实验验证】学生实施实验方案,观察氢氧化亚铁的颜色和状态,感受实验探究的乐趣。通过讨论、交流初步完善铁及其化合物的"价-类"二维图(图2-24)。

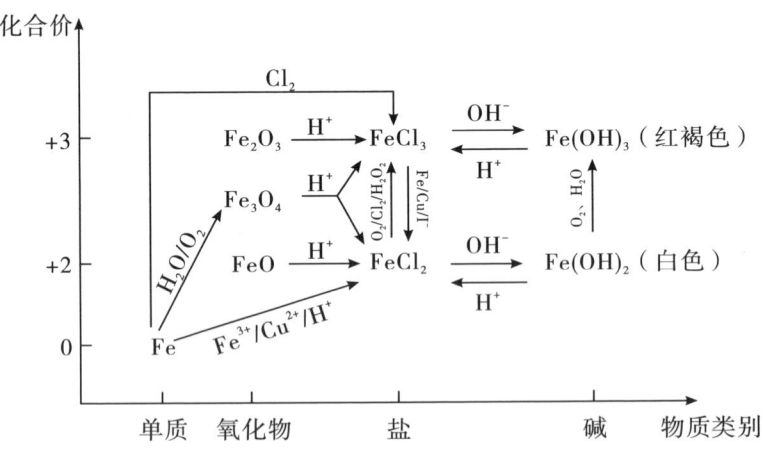

图2-24 初步完善的铁及其化合物"价-类"二维图

设计意图:根据"同类物质具有相似的性质,一定条件下各类物质可以相互转化",让学生通过化学知识的迁移应用推测并掌握铁的氧化物和氢氧化物的性质;然后通过铁的氢氧化物的制取尤其是氢氧化亚铁沉淀的制取,初步了解从 Fe^{2+} 到 Fe^{3+} 的转化。

(2)第2课时:在铁及其化合物知识建构过程中完善"价-类"二维图模型

环节一:情境导入,设疑激趣

【情境导入】展示补血剂药片外观和药品说明书(图2-25),关注补血剂的成分和使用说明。

图 2-25 补血剂药片和药品说明书

教师：通过观察补血剂药片外观和阅读补血剂的说明书，你能得到哪些信息？

学生：补血剂的成分是硫酸亚铁；补血剂药片是暗红色，除去包衣后显淡蓝绿色；补血剂与维生素 C 同服，有利于吸收。

教师：通过观察补血剂药丸除去包衣前后颜色的变化，思考药片包衣的主要作用是什么？

学生：是为了防止补血剂药片中 Fe^{2+} 被氧气氧化。

环节二：Fe^{2+} 和 Fe^{3+} 的转化

【情境导入】展示刚配制好的 $FeSO_4$ 溶液和因长时间放置而颜色变黄的 $FeSO_4$ 溶液。

教师：我们前面讲过 4 种常见的有色离子，其中 Fe^{2+} 和 Fe^{3+} 分别是什么颜色？

学生：Fe^{2+} 是浅绿色的，Fe^{3+} 是黄色的。

教师：$FeSO_4$ 溶液变为黄色说明其中包含了什么离子？

学生：Fe^{3+}。

教师：Fe^{2+} 为什么长期放置会变成 Fe^{3+}？

学生：被空气中的氧气氧化。

教师：根据同学们学过的氧化还原反应知识，哪些常见的氧化剂能把 Fe^{2+} 氧化为 Fe^{3+}？

学生：O_2、Cl_2、H_2O_2、$ClO^-（H^+）$、$MnO_4^-（H^+）$、$NO_3^-（H^+）$ 等。

教师：请同学们根据学过的氧化还原反应知识，设计实验证明上述回答，简述实验现象，并写出相应反应的离子方程式。

学生（讨论、交流、实验探究）：在 $FeSO_4$ 溶液中加入 H_2O_2 或新制氯水，观察溶液颜色变化。溶液变黄色，则说明 H_2O_2 或新制氯水能把 Fe^{2+} 氧化为 Fe^{3+}。

【课堂活动】画出 $Fe^{2+} \rightarrow Fe^{3+}$ 的转化路径。

$$Fe^{2+} \xrightarrow[\text{如：}O_2、Cl_2、H_2O_2、HNO_3、\text{浓硫酸}、MnO_4^-（H^+）\text{等}]{\text{强氧化剂}} Fe^{3+}$$

教师：补血剂说明书中"药物相互作用"说补血剂与维生素 C 同服有利于吸收是什么道理？

学生：人体血红蛋白需要的是 Fe^{2+}，维生素 C 可能具有还原性，能防止 Fe^{2+} 氧化。

教师：能设计实验验证你的猜想吗？

学生（讨论、交流、实验探究）：向盛有 $FeCl_3$ 溶液的试管中滴加维生素 C 溶液，溶液由黄色变为浅绿色。

教师：维生素 C 有较强的还原性，能将 Fe^{3+} 还原为 Fe^{2+}，能有效地保护补血剂中的 Fe^{2+}。

教师：实验室在配制硫酸亚铁溶液时，通常会加入少量的铁粉，同学们知道这是为什么吗？写出可能反应的离子方程式。

学生：是为了防止硫酸亚铁溶液中的 Fe^{2+} 转化为 Fe^{3+}。

方程式为 $2Fe^{3+} + Fe == 3Fe^{2+}$。

教师：铁粉在这个反应中起到什么作用？常见物质中有没有其他化学物质可以替代铁粉？如何设计实验证明？

学生：铁粉在反应中作还原剂，也可以用常见的还原 KI 溶液来替代。可向盛有 $FeCl_3$ 溶液的试管中滴入 KI 溶液，溶液由黄色变为浅绿色。

教师：通过上述实验我们可以得到哪些结论？

学生：维生素 C 和 KI 溶液均能使溶液中的 Fe^{3+} 转化为 Fe^{2+}。

教师：可见，在铁粉、维生素 C 以及 KI 溶液等还原剂的作用下，Fe^{3+} 可以转化为 Fe^{2+}。

【课堂活动】画出 $Fe^{3+} \rightarrow Fe^{2+}$ 的转化路径。

$$Fe^{3+} \xrightarrow[\text{如：}Fe、Zn、Cu、KI、H_2S\text{等}]{\text{强还原剂}} Fe^{2+}$$

教师：通过上述学习和探究，同学们掌握了 Fe^{2+} 与 Fe^{3+} 相互转化的方法，结合上节课学过的单质铁的性质，那么能否画出 Fe、Fe^{2+} 和 Fe^{3+} 之间相互转化的关系图？

【课堂活动】画出 Fe、Fe^{2+} 和 Fe^{3+} 之间相互转化的关系图。（图 2-26）

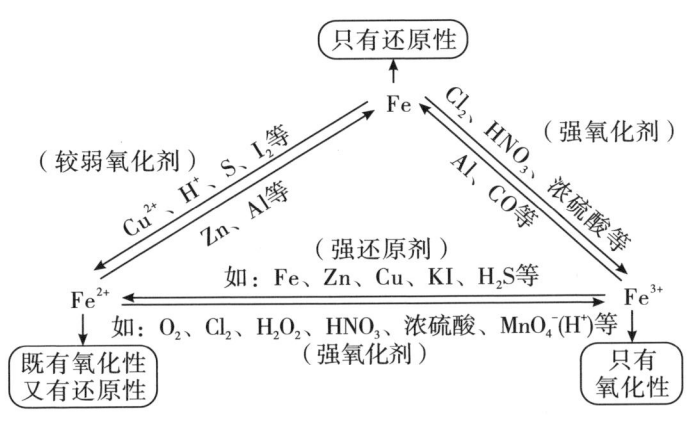

图 2-26 "铁三角"相互转化关系

环节三：Fe^{2+} 和 Fe^{3+} 的检验

【问题引入】如果溶液中同时存在 Fe^{2+} 与 Fe^{3+}，往往很难通过观察溶液颜色判断 Fe^{2+} 与 Fe^{3+} 的存在，当 Fe^{2+} 转化为 Fe^{3+} 时，有没有比较科学的方法检测溶液中有没有 Fe^{3+} 生成？

教师：请阅读课本内容，找出检测 Fe^{3+} 常用的方法。

学生（阅读课本、交流）：用 KSCN 溶液来检测 Fe^{3+}。

【实验探究】取两支试管，分别加入 1mL $FeSO_4$ 溶液和 1mL $FeCl_3$ 溶液，然后往两支试管中分别加入 1 滴 KSCN 溶液，观察现象。

教师：叙述实验现象，并推测实验结论。

学生：$FeSO_4$ 溶液中加入 KSCN 溶液后没有明显现象，而 $FeCl_3$ 溶液中加入 KSCN 溶液后，溶液变血红色。说明 Fe^{3+} 遇到 KSCN 能变为血红色，而 Fe^{2+} 遇到 KSCN 没有明显现象，所以，可以利用 KSCN 溶液来检测溶液中是否含有 Fe^{3+}。

教师：当溶液中 Fe^{3+} 的含量较低时，并不会产生明显的颜色，而滴入 KSCN 溶液可使现象变得明显。同时，由于本实验比较灵敏，KSCN 不受其他离子的干扰，能准确检验出溶液中是否含有 Fe^{3+}。

其反应原理为：$Fe^{3+} + 3SCN^- == Fe(SCN)_3$（血红色）。

教师：我们已经学习了 Fe^{3+} 的检验方法，那如何检验 Fe^{2+} 呢？

学生：加入氧化剂，再加入 KSCN 溶液，看溶液是否变色。

教师：方法是正确的，不过需要调整一下思路，应该先加入 KSCN 溶液，判断溶液中是否一开始就含有 Fe^{3+}。如果颜色没有变化，再加入氧化剂，若溶液变红，就说明溶液中含有 Fe^{2+}。

教师：通过这两节课的学习，我们知道了铁及其重要化合物的性质、制备、转化和检验,请根据学过的知识进一步完善上节课同学绘制的铁及其化合物的"价–类"二维图。

【课堂活动】绘制和完善铁及其化合物的"价–类"二维图。(图2–27)

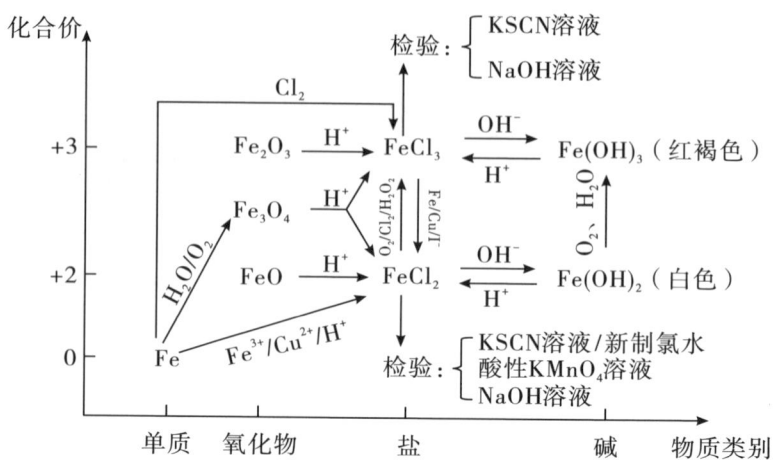

图2–27 铁及其化合物的"价–类"二维图

(3)第3课时:应用"价–类"二维图模型解决复杂情境中的真实问题

教学过程

环节一:情境导入,设疑激趣——Fe^{2+}与Fe^{3+}的性质应用

【情境导入】①视频展示氯化铁溶液腐蚀铜箔制印刷电路板。

②用油性笔在铜板上写字,然后浸入盛有氯化铁溶液的小烧杯中。一段时间后,取出铜板并用水清洗干净。

教师:请同学们写出相关化学反应方程式和离子方程式,并思考在上述反应中体现了Fe^{3+}的什么性质。

环节二:应用"价–类"二维图模型解决复杂情境中的真实问题——Fe^{2+}与Fe^{3+}的检验应用

教师:如何检验补铁剂是否有效或已经变质呢?

学生:补血剂的主要成分是$FeSO_4$,服用后与胃酸作用主要以Fe^{2+}形式存在,如果失效或变质,可能以Fe^{3+}形式存在。

教师:补血剂服用后与胃酸作用主要以Fe^{2+}形式存在,如果没有变质,铁元素只以Fe^{2+}形式存在,如果发生变质,铁元素除有Fe^{2+}形式外,还有Fe^{3+}形式存在。溶液中铁元素的存在形式有几种情况?

学生：溶液中铁元素的存在形式有三种情况：只含 Fe^{2+}，未变质；只含 Fe^{3+}，完全变质；既有 Fe^{2+}，又有 Fe^{3+}，部分变质。

教师：明确了铁元素的可能存在形式，同学们能否设计一个实验来检验补铁剂是否发生了变质，以及变质的程度呢？

学生：如果要设计实验验证上述三种情况的存在，需要分别检验溶液中的 Fe^{2+} 和 Fe^{3+}。

【课堂活动】Fe^{2+}、Fe^{3+} 的检验。学生分组设计实验报告，小组交流、讨论。教师点评实验原理与方案，提醒学生注意离子间的干扰。学生操作验证，记录实验现象、填写实验报告。

①提出假设：

假设一：只含 Fe^{2+}。假设二：只含 Fe^{3+}。假设三：既有 Fe^{2+}，又有 Fe^{3+}。

②实验用品：_____

③实验记录（表 2-4）：

表 2-4 实验记录表

实验操作	实验现象和结论

设计意图：通过对补血剂中铁元素价态的讨论与分析，让学生感受到将实际问题转化为化学问题的过程与方法，引导学生从问题和假设出发，设计探究实验方案，进行实验探究，通过实验归纳总结 Fe^{2+}、Fe^{3+} 的检验方法，从现象（宏观）、变化（微观）和化学方程式（符号）进行三重表征。既注重知识的学习，也注重在学习过程中培养学生的化学学科核心素养。

环节三：应用"价-类"二维图模型解决复杂情境中的真实问题——Fe^{2+} 与 Fe^{3+} 性质的综合应用

【情境导入】变色的蔬菜汁。

①在浅绿色的菠菜汁中滴入浅黄绿色的 A 溶液，菠菜汁变为"黄色橙汁"；向"黄色橙汁"里加入无色溶液 B，溶液变为"红色西瓜汁"。

②直接在菠菜汁中加入无色溶液 C，则先产生白色沉淀，再迅速变为灰绿色，最后变为红褐色。

教师：浅绿色的菠菜汁和"黄色橙汁"中分别含有什么离子？浅黄绿色的溶液 A 和无色溶液 B 分别是什么？直接在菠菜汁中加入无色溶液 C 时产生沉淀和沉淀变色的原理是什么？

学生：浅绿色的菠菜汁和"黄色橙汁"中分别含有 Fe^{2+} 和 Fe^{3+}；浅黄绿色的溶液 A 和无色溶液 B 分别是氯水和 KSCN 溶液；在菠菜汁中加入的无色溶液 C 是 NaOH 溶液，产生了 $Fe(OH)_2$ 沉淀，$Fe(OH)_2$ 沉淀很快又被氧化为 $Fe(OH)_3$ 沉淀。[$Fe^{2+} + 2OH^- = Fe(OH)_2 \downarrow$，$4Fe(OH)_2 + O_2 + H_2O = 4Fe(OH)_3$]

教师：在上述实验探究过程中，体现了 Fe^{2+} 和 Fe^{3+} 的检验和相互转化，在实验室中若想除去 $FeCl_3$ 溶液中少量的 $FeCl_2$，或除去 $FeCl_2$ 溶液中少量的 $FeCl_3$，应该怎样操作？设计实验方案，并进行探究。

学生：利用 Fe^{2+} 和 Fe^{3+} 的性质，以及二者之间的转化关系。

【课堂活动】Fe^{2+}、Fe^{3+} 的相互转化。学生分组设计实验报告，小组交流、讨论，教师点评实验原理与方案，提醒学生注意不能引入新的杂质，以及实验结果验证。学生设计实验方案，操作并记录实验现象、填写实验报告。

①实验原理：

$2Fe^{2+} + Cl_2 = 2Cl^- + 2Fe^{3+}$；$2Fe^{3+} + Fe = 3Fe^{2+}$。

②实验用品：_____

③实验记录（表 2-5）：

表 2-5　实验记录表

转化类型	所选试剂	实验方案	实验现象	实验结论
$Fe^{2+} \rightarrow Fe^{3+}$				
$Fe^{3+} \rightarrow Fe^{2+}$				

设计意图：将 Fe^{3+} 的检验方法应用到 Fe^{2+} 和 Fe^{3+} 的相互转化中，通过增加课堂探究活动的开放性引导学生思考讨论、设计方案、动手实验、分享成果。活动过程中，学生自觉运用"铁三角"转化关系的知识网络，进一步深化对 Fe^{2+} 和 Fe^{3+} 的检验与相互转化思维模型和方法模型的理解，进一步理解氧化还原反应原理在元素化合物知识学习过程中的指导作用，不断强化"宏微观念"和"变化观念"在教学活动中的渗透。同时，菠菜汁实验中还让学生了解到菠菜中含铁，培养学生运用化学知识解决生产、生活中实际问题的意识。

(四)《铁及其化合物的性质》主题的教学评价和反思

本课例以《铁及其化合物的性质》为主题,培养学生宏观辨识与微观探析、证据推理与模型认知、变化观念与平衡思想,以及科学探究与创新意识、科学态度与社会责任等核心素养。依据化学新教材的编排和课程标准的要求,中学化学中《铁及其化合物的性质》的学习包括:了解铁及其化合物的组成、性质及其用途;能运用"价-类"二维图,预测铁、亚铁盐及铁盐等典型物质的化学性质,构建 Fe—Fe^{2+}—Fe^{3+} 三者之间的转化模型;能从铁元素的主要价态了解铁的氧化物和氢氧化物的分类、制备、性质及用途,并设计实验探究铁与水蒸气的反应、铁的氢氧化物的制备和性质;能通过日常生活中含铁物质(抗氧化剂、补血剂等)的应用,从化学的视角认识生活中的含铁物质,了解铁的化合物在实际生产生活中的应用,提升学生对化学与社会发展关系的认识水平,提升学生在真实情境中解决问题的能力,发展学生的素养。

本主题的学习逻辑,以感受铁及其化合物的应用价值为起点,通过生活情境导入,让学生在宏观情境中感受铁及其化合物的应用价值,引发学习动机。利用旧知识形成认知冲突,提升学生的学习兴趣和求知欲,让学生从宏观视角认识铁及其化合物,从元素层面向化合价和物质类别层面进行转变,形成铁及其化合物的"价-类"二维图。通过实验探究,从微观视角认识铁及其化合物,构建 Fe—Fe^{2+}—Fe^{3+} 三者之间的转化模型,掌握 Fe^{2+} 和 Fe^{3+} 的检验方法。

本主题在教学设计上从"认识思路"和"核心观念"两个方面进行了结构化设计,促使学生在真实情境中发展核心素养。通过本节课"月饼包装袋中的脱氧剂的成分可能是什么""补血剂的成分和使用说明""补铁剂与维生素C同服,有利于吸收""变色的蔬菜汁"等层层递进的真实情境,促使学生产生认知冲突;通过引导学生构建铁元素的"价-类"二维图,促使学生从价态和类别的角度分析和预测物质的性质,使铁及其化合物的相关知识更趋系统化和网络化,逐步形成元素化合物思维模型的雏形。有利于学生形成分类观、元素观、转化观等化学学科观念,凸显化学学科的思维方式和学科思想。同时,从氧化还原反应的角度分析 Fe—Fe^{2+}—Fe^{3+} 三者之间的相互转化,体现了变化观念与平衡思想的核心素养,且在实验过程中有意识地强化了学生的建构与迁移、输入和输出、形成和表现的互动,有的放矢,促进了核心素养发展的指导性。

本主题以思维培养为目的,依据目标导向式的教学。在教学设计中,问题和实验贯穿主题教学,内容衔接紧凑,问题链引领学生主动思考。这一系列实际问题引导学生利用所学铁及其化合物的知识及实验设计的流程方法开展实验探究(通过对实验进行有依据的预测、有目的的设计、有预案的实施)、证据推理和模型建构

（基于事实的结论推理，让学生在寻找证据、推理证据过程中形成结论并进行评价，建立起认知模型）等高级活动和高级思维训练过程，从而对铁及其化合物的性质进行了高水平的建构和迁移，促进了学生高阶思维能力和化学学科核心素养的发展。

本主题教学关注探究活动，强化"科学探究与创新意识"；创设情境，关注学习的价值，体会"科学精神与社会责任"；关注核心知识，感受"学科本质与思想方法"。化学学科思想是化学学科素养的灵魂，也应该成为化学课堂教学设计的灵魂。面对新课程、新课标大力倡导的学科核心素养的构建，教师要根据学生的知识结构和认知水平，精心设计教学过程，使化学课堂充满化学味道和人文情怀，让学生体验科学的研究过程，有效提高学生的化学素养。

化学是一门实验学科，化学实验不仅是学生学习化学的重要中介，而且是发展学生核心素养的重要途径。可通过实验的形式，利用记录实验报告的方式，使学生从验证逐渐过渡到有一定开放性的探究。在这个过程中要抓住学生科学性思维培养的必要途径，如：尊重事实的客观描述、基于现象的逻辑推理以及实验失败后的自我反思，引导鼓励学生积极表达等。当然，在本主题教学的设计中，针对高一学生的实验水平和能力，在实验内容和实验方法的选择上还可以进一步优化，进一步培养学生的实验设计能力和实验操作能力，不断增加实验设计的开放性和探究性。在科技飞速发展的今天，化学的实证手段也绝不能仅仅停留在滴管与试管阶段。尝试新型实验室的现代化分析方法、利用移动终端和网络技术梳理信息，这些都将是培养学生高阶思维的多元化方式，也值得在今后的课堂中不断探索。

三、宏观辨识与微观探析的课堂实例3：《盐类的水解》

（一）《盐类的水解》主题的知识结构和功能

1. 《盐类的水解》主题的知识结构（图2-28）

《盐类的水解》是人教版《化学·选择性必修1·化学反应原理》第三章《水溶液中的离子平衡》第三节的内容。在此之前，学生已经学习了化学平衡及其特征和化学平衡移动原理，并了解到电解质在水溶液中的行为，包括弱电解质的电离平衡和水的电离平衡两个平衡体系，以及从微观角度认识了溶液酸碱性的实质。从知识结构上讲，盐类水解平衡是继弱酸、弱碱、水的电离平衡体系之后的又一个电解质溶液的平衡体系，是溶液中一种微弱的平衡问题，属于化学平衡体系中液相平衡体系的一种。《普通高中化学课程标准（2017年版）》对本节内容的教学要求是：认识盐类水解的原理和影响盐类水解程度的因素，说明盐类水解在生产生活中的应用。知识内容主要包括：盐类水解的概念、本质、规律、符号表征、影响因素以及应用。在知识呈现上，均以实验为切入点，从微粒种类的角度提供分析思路，借助微粒间相互作用的"脚手架"，从而得出盐溶液呈酸碱性的原因及规律。

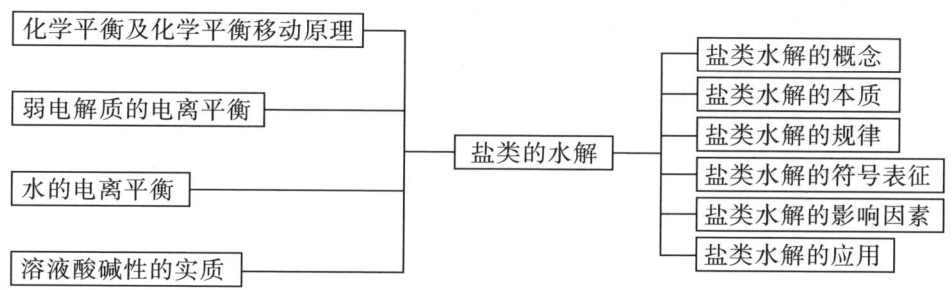

图2-28 《盐类的水解》的知识结构

2. 《盐类的水解》主题的功能

盐类的水解是高中化学选择性必修1课程中的核心概念，它不仅是一种十分重要的化学反应类型，而且在生产生活等各个方面都有广泛的应用。盐类的水解知识包含了盐类水解的概念、本质、规律、符号表征、影响因素以及应用。盐类水解知识涉及面广，综合性较强，具有很强的理论意义和实际意义，是已学的电解质的电离平衡、水的电离平衡、水的离子积以及平衡移动原理等水溶液中电离平衡知识的综合利用。学生通过对盐类水解知识的学习，可以加深对强弱电解质、离子反应和离子反应方程式等知识的理解，进一步认识电解质在水溶液中的电离行为及离子间的作用。同时，盐类水解平衡是在学习弱电解质的电离平衡和水的电离平衡两个平衡体系、了解电解质在水溶液中的行为、从微观角度认识溶液酸碱性的实质的基础上，探究盐类在溶液中的变化规律，以及对溶液酸碱性的影响。对盐类水解知识的学习，既能促进学生的认知发展，也是对平衡原理和弱电解质概念的具体应用和再认识，是对已学过的电离平衡理论和平衡移动理论的综合应用，同时又为下一节《难溶电解质的溶解平衡》的学习做铺垫，在教学中起着承前启后的作用。另外，学生完成对盐类水解的学习之后，能全面搭建起从微观层面分析水溶液体系的思路方法，培养出认识水溶液中的平衡的系统思维能力，这有利于学生形成完整的电解质溶液平衡体系的认知。盐类水解中蕴含多种化学基本观念，如微粒观、变化观等，本质是运用微粒变化的观点来解释不同盐溶液呈现不同酸碱性的原因等。学生能够通过学习主动建构化学观念，形成溶液平衡的知识体系。盐类水解涉及的知识点多，知识面比较广，对学生的综合能力要求较高，这一概念具有重要的学科价值、社会价值和较为丰富的化学学科核心素养发展价值。同时，盐类水解的有关知识在生产生活上有广泛的应用，具有实际研究意义，能更好地体现化学走向生活的理念，而且教材采用的实验探究（对实验进行分析、讨论、归纳），能较好地培养学生的分析探究能力、创新能力和科学精神。

（二）《盐类的水解》主题的学习目标和素养目标

1.《盐类的水解》主题的学习目标

《盐类的水解》主题教学目标综合考量内容要求、学业要求、学业质量水平和核心素养水平，在学习目标的设计上有以下四个方面。

（1）从铝盐做净水剂和碳酸钠溶液呈碱性的实验事实出发，使学生从盐的组成和结构上预测、探究和验证盐类溶液的酸碱性，通过宏观辨识和变化观念，认识盐类水解的存在。

（2）从微粒间相互作用和变化的角度分析盐溶液呈现酸碱性的原因，使学生从微观角度探析盐类水解的本质，构建盐类水解的概念、认知模型和思维模型，发展并形成微粒观、变化观、平衡观和守恒观。

（3）实验探究影响水解的主要因素，使学生结合反应条件对盐类水解平衡的影响，从微观角度和平衡角度推测反应过程中粒子的变化和存在形式，构建从微观层面分析盐类水解平衡的思路，建立宏观—微观—符号—图像的四重表征，发展宏微结合、证据推理和变化、平衡等化学学科素养，加深对盐类水解原理和规律的理解。

（4）通过真实情境和应用实例，发展学生的探究能力，使学生了解盐类水解原理及影响因素等知识在人类生产生活中的应用价值，了解化学原理对科技和人类文明所起的重要作用，培养学生的化学学科价值和社会责任。

2.《盐类的水解》主题的素养目标

新课标中对《盐类的水解》主题教学的素养目标要求为：通过对水解平衡等存在的证明及平衡移动的分析，形成并发展学生的微粒观、变化观、平衡观和守恒观，发展学生宏观辨识与微观探析等化学学科核心素养，培养系统思维能力；结合自然现象（如海水的酸碱性及其变化）、生活问题的解决（如明矾净水、纯碱去油污）等，组织学生开展分析讨论、方案设计和实验探究等活动，促进学生认识水溶液中离子反应与平衡对生产生活和社会发展的作用，发展学生对学科价值的认知水平；通过水解反应是可调控的原理，引领学生从宏观与微观层面理解盐类水解的原理，多角度地分析问题，培养学生的变化观念和平衡思想。

（1）宏观辨识与微观探析：从盐的组成和结构上预测、探究、验证盐类溶液的酸碱性，理解组成盐的离子在水中的反应规律；通过盐类水解方程式，从宏观与微观层面掌握盐类水解的实质与规律。

（2）变化观念与平衡思想：通过分析盐溶液呈现酸碱性的原因，掌握盐类水解的原理；根据"宏观现象—微粒行为—符号表征"描述盐类水解的过程，形成分析盐溶液呈现酸碱性的一般思路；通过盐类水解反应是可调控的，引领学生多角度动态地分析与理解盐类水解反应，运用化学平衡移动原理解决生产生活中的实际问题。

（3）证据推理与模型认知：通过实验探究盐溶液的酸碱性，从微观角度和平衡角度推测反应过程中粒子的变化和存在形式，构建从微观层面分析盐类水解平衡的思路，自主构建盐类的水解模型，发展科学探究和证据推理的水平，培养学生的建模能力。

（4）科学探究与创新意识：通过实验探究铝盐净水、纯碱去油污的原理及微观分析，培养实验探究意识，掌握实验探究的一般思路和方法；初步具备利用盐类的水解知识去解决真实情境问题的能力，进一步提升科学探究能力和创新意识。

（5）科学态度与社会责任：运用盐类水解的原理分析生活中盐类水解的实例，综合应用学科知识解释和解决相关的 STSE（科学、技术、社会、环境）问题，逐步形成可持续发展思想（学科价值视角、社会价值视角），培养学生严谨求实的科学品质和科学态度。

（三）《盐类的水解》主题的教学策略和教学过程

1. 《盐类的水解》主题的教学策略和流程

依据新课标要求和教材内容，《盐类的水解》主题的单元教学任务主要包含三个部分：一是找原因，探究盐溶液呈现酸碱性的原因；二是找规律，探究盐溶液呈现酸碱性的规律；三是谈变化，探究影响水解的主要因素，了解盐类的水解在生产生活中的应用。在盐水解的教学中，包括四部分教学内容：盐类水解的概念，盐类水解的规律，盐类水解平衡的影响因素，盐类水解的应用。而其中最能反映出核心概念"电解质溶液中的反应本质是微粒间的相互作用"的是盐类水解的概念。因为学生只有分析盐溶液中水的电离和溶质电离出的离子间的相互作用，才能发现某些盐溶液呈现酸碱性的原因，进而发现盐类水解的实质。而学会先分析溶液中溶质、溶剂的电离，再分析溶质、溶剂电离出离子间的相互作用的思路，对于学生以后解决电解质溶液间的反应来说，也是一个非常有用的思维方法。《盐类的水解》安排在《化学反应原理》"主题三——溶液中的离子平衡"。对于本课内容，课标提出一条"内容标准"和两项"活动与探究建议"。解读这些"内容标准"和"活动与探究建议"可知，本课的学习要求为：在测定不同盐溶液 pH、获取盐溶液酸碱性印象并分析成因的基础上，认识盐类水解原理；通过促进或抑制氯化铁水解的探究，总结盐类水解的主要影响因素；结合盐类水解的具体实例，说明这一原理在生产生活中的应用。教学时，教师从何角度解释盐溶液酸碱性、认识盐类水解原理、归纳盐类水解影响因素？由"从……溶液中的离子平衡等方面，探索化学反应的规律及其应用"的模块定位可知，教师应从盐溶液中离子相互作用及其平衡的角度切入。故本课强调让学生建立起系统、微粒和平衡的思路，以此理解盐类水解的基本原理，丰富对物质在水溶液中的行为的认识，体会化学知识在人类生产生活中的应用等，从而丰富和完善对化学变化本质的认识，认识到人们可以依据化学反应规律控制、利用化学反应。

本单元教学依据真实的学习情境，引导学生关联新旧知识内容，探究与理解盐类水解等的核心概念、原理和规律，以任务驱动为教学线索，应用、迁移和探究解决问题的正确路径，建构盐类的水解知识体系，培养学生的化学学科核心素养。

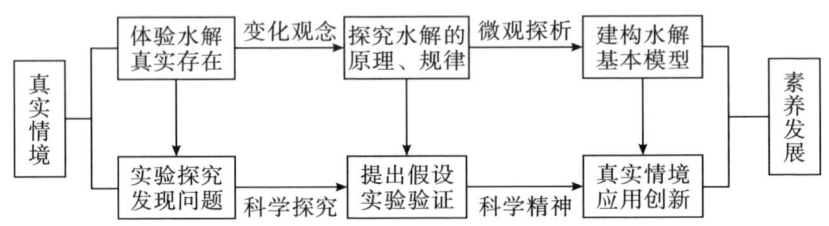

图 2-29 《盐类的水解》主题教学策略

2. 《盐类的水解》主题的教学活动和过程

本主题教学分 3 课时完成。（图 2-30）

第 1 课时：体验盐类水解的真实存在，建立盐类水解的概念，分类建模。

第 2 课时：利用手持技术，定量探究盐类水解的规律、影响因素，构建盐类水解的知识体系和规律模型。

第 3 课时：理解应用盐类水解的规律，建立盐类水解的思维模型和方法模型。

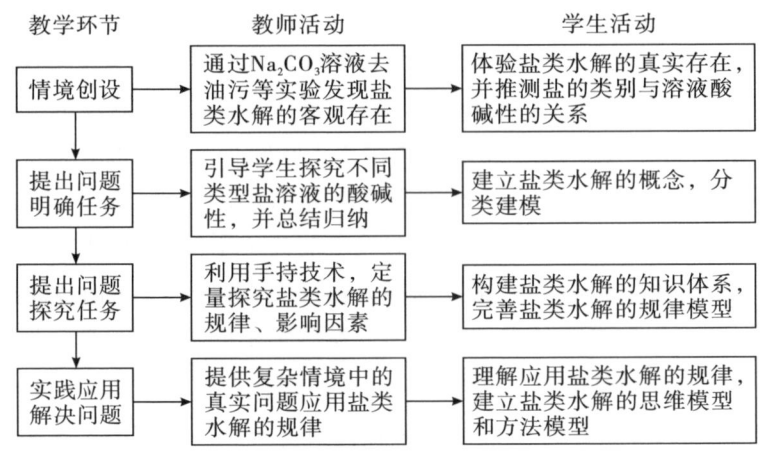

图 2-30 《盐类的水解》主题教学流程

(1) 第 1 课时：体验盐类水解的真实存在，建立盐类水解的概念，分类建模

环节一：情境导入，设疑激趣

【情境导入】展示一杯浑浊的泥水，向其中加入新配制的氯化铁饱和溶液，搅拌，静置。观察实验，发现浑浊的泥水慢慢变澄清，氯化铁溶液竟然可以净水。

【课堂活动】书写实验室制备氢氧化铁胶体的化学方程式，并思考铝盐、铁盐净水的原理。

【情境导入】PPT 展示工业、生活中用热的纯碱去油污，自来水厂用铝盐、铁盐净化水的事实，演示滴有酚酞的碳酸钠溶液，明矾水溶液的丁达尔效应。

教师：在必修一中，我们了解到碳酸钠溶液是显碱性的；在铝盐的教学中，我们学过 Al^{3+} 可以存在于酸性溶液中，AlO_2^- 可以存在于碱性溶液中，两溶液相互混合则可以形成 $Al(OH)_3$ 沉淀。这是什么原因呢？

设计意图：创设真实情境，通过实验探究和实验事实，引导学生自主发现盐类水解的客观存在，激发学生学习兴趣。

任务一：实验探究 Na_2CO_3 溶液去油污——体验盐类水解的真实存在。

【课堂活动】用蘸有 Na_2CO_3 溶液的纱布或棉巾擦拭餐盘上的油污，观察油污的变化。

教师：Na_2CO_3 溶液去油污是利用了我们高一化学学过的 Na_2CO_3 溶液呈碱性的性质，根据刚刚学过的溶液酸碱性知识，碱性应该是 OH^- 表现出的性质，请同学们猜想一下 Na_2CO_3 溶液中 OH^- 来自哪里？是与 Na^+ 有关还是与 CO_3^{2-} 有关？

设计意图：初步培养学生的微粒观和变化观，利用化学观念分析问题和解决问题，体验盐类水解的真实存在，为下一个实验探究提供一个思维方向。

任务二：探究盐溶液的酸碱性——建立盐类水解的基本模型。

【情境导入】在必修一中，我们曾遇到过一些物质"特殊"的性质和用途。如向 Na_2CO_3 或 $NaHCO_3$ 溶液中滴加酚酞试液，溶液变红色。二者都有较强的去油污能力，并且还可用于食品发泡剂，中和发酵面团中的酸性物质。尤其是 Na_2CO_3，俗称纯碱，明明是盐，却称为"碱"；加热 $FeCl_3$ 溶液可以制备 $Fe(OH)_3$ 胶体，在配制和保存 $FeCl_3$ 溶液时要加入少量稀盐酸，铁盐和铝盐可以做净水剂；NH_4Cl 溶液能用于清洗金属表面的锈蚀（金属氧化物），呈现酸性；等等。这说明盐溶液并不都呈中性，那么其他盐类有没有类似的性质？

【实验探究】在常温常压下，用 pH 计分别测定物质的量浓度均为 0.1 mol/L 的

Na₂CO₃溶液、NaHCO₃溶液、CH₃COONa溶液、NaCl溶液、K₂SO₄溶液、FeCl₃溶液、AlCl₃溶液、NH₄Cl溶液的pH，通过分析实验数据，对上述几种物质进行简单归类分组。（表2-6）

表2-6 常见几种盐溶液的酸碱性

溶液（0.1 mol/L）	Na_2CO_3	$NaHCO_3$	CH_3COONa	$NaCl$	K_2SO_4	$FeCl_3$	$AlCl_3$	NH_4Cl
pH	10.9	8.1	7.8	7.0	7.0	0.2	2.9	6.5
溶液酸碱性	碱性	碱性	碱性	中性	中性	酸性	酸性	酸性
物质类别	1类	1类	1类	2类	2类	3类	3类	3类

设计意图：在宏观辨识与微观探析素养的培养教学中，教师的教学要基于学生的生活背景和已有知识、经验基础。通过创设真实的情境，将新知识与旧知识联系起来；贴近学生的生活实际，设置有效的问题，促使学生主动对新知识进行建构；同时进行宏观与微观的思维转换，完善知识系统框架，帮助学生进行有意义的学习。

任务三：结合已有的电解质概念、电离理论等知识，猜想探究盐溶液呈酸碱性的原因。

【课堂活动】根据上述实验结论，运用电离原理分析上述三类盐溶液中存在的各种微粒，填写下表（表2-7），猜想盐溶液呈现酸碱性的原因，并对上述物质进行再分类。

表2-7 几种盐溶液的酸碱性与组成的分类关系

溶液（0.1 mol/L）	Na_2CO_3	$NaHCO_3$	CH_3COONa	$NaCl$	K_2SO_4	$FeCl_3$	$AlCl_3$	NH_4Cl
溶液中的粒子	Na^+、CO_3^{2-}、H^+、OH^-	Na^+、HCO_3^-、H^+、OH^-	Na^+、CH_3COO^-、H^+、OH^-	Na^+、Cl^-、H^+、OH^-	K^+、SO_4^{2-}、H^+、OH^-	Fe^{3+}、Cl^-、H^+、OH^-	Al^{3+}、Cl^-、H^+、OH^-	NH_4^+、Cl^-、H^+、OH^-
粒子间的相互作用	CO_3^{2-}与H^+作用生成弱电解质，消耗了水电离的H^+	HCO_3^-与H^+作用生成弱电解质，消耗了水电离的H^+	CH_3COO^-与H^+作用生成弱电解质，消耗了水电离的H^+	无	无	Fe^{3+}与OH^-作用生成弱电解质，消耗了水电离的OH^-	Al^{3+}与OH^-作用生成弱电解质，消耗了水电离的OH^-	NH_4^+与OH^-作用生成弱电解质，消耗了水电离的OH^-

续上表

溶液（0.1 mol/L）	Na_2CO_3	$NaHCO_3$	CH_3COONa	$NaCl$	K_2SO_4	$FeCl_3$	$AlCl_3$	NH_4Cl
溶液中$c(H^+)$和$c(OH^-)$相对大小	$c(H^+)<c(OH^-)$	$c(H^+)<c(OH^-)$	$c(H^+)<c(OH^-)$	$c(H^+)=c(OH^-)$	$c(H^+)=c(OH^-)$	$c(H^+)>c(OH^-)$	$c(H^+)>c(OH^-)$	$c(H^+)>c(OH^-)$
影响溶液酸碱性的粒子及性质	CO_3^{2-}，弱酸根离子	HCO_3^-，弱酸根离子	CH_3COO^-，弱酸根离子	无	无	Fe^{3+}，弱碱根离子	Al^{3+}，弱碱根离子	NH_4^+，弱碱根离子
盐的组成类别	强碱弱酸盐	强碱弱酸盐	强碱弱酸盐	强酸强碱盐	强酸强碱盐	强酸弱碱盐	强酸弱碱盐	强酸弱碱盐

设计意图：水溶液中离子平衡单元的核心知识和思维要点是离子间的相互作用，在教学中要围绕着微粒展开教学，发挥微粒观和平衡观在学生思维培养中的重要作用，帮助学生建立分析电解质溶液问题的基本思路："溶液中存在哪些微粒→哪些微粒之间可能发生相互作用→相互作用的结果如何"。通过培养"宏观—微观—符号"三重表征思维实现从宏观表征到微观表征的转化，围绕着微粒展开教学，巩固微粒观和平衡观。

环节二：盐类水解的实质

任务：进一步理解盐类水解的本质，学会水解方程式的书写，总结盐类水解的原理，建立盐类的水解平衡。

【问题导入】根据上述几种常见盐类组成分类与溶液酸碱性的关系，思考如何运用电离理论知识和离子方程式表征出盐溶液呈现酸碱性的反应原理。

①用离子方程式表示 Na_2CO_3、$NaHCO_3$、CH_3COONa 溶液呈碱性的反应原理。

②用离子方程式表示 $NaCl$、K_2SO_4 溶液呈中性的原因。

③用离子方程式表示 $FeCl_3$、$AlCl_3$、NH_4Cl 溶液呈酸性的原因。

④通过上述分析，总结盐类水解的实质。

设计意图：教师引导学生思考盐溶液呈现不同酸碱性的本质，学会并能熟练应用"四步分析法"，即水的弱电离、盐溶液的完全电离、离子间的相互作用、方程式的叠加。学生根据分析法"四步走"，推测出盐溶液内部的作用情况，深入理解盐类水解的本质，学会水解方程式的书写。深入探究盐溶液呈现不同酸碱性的原因，使学生的思维从宏观深入微观、从静态转入动态，进一步落实从微观表征到符号表征的思维进阶。

(2) 第2课时：利用手持技术，定量探究盐类水解的规律、影响因素，构建盐类水解的知识体系和规律模型

教学过程

环节一：结合化学平衡移动原理，探究影响盐类水解的因素

【问题导入】盐类的水解平衡可能会受到哪些外界因素的影响？

学生：内因为电解质本身的性质；外因为温度，浓度等。

任务一：如何证明温度对碳酸钠水解平衡移动有影响呢？

教师：①预测与猜想：由于水解反应是酸碱中和反应的逆反应，而酸碱中和反应是放热反应，所以水解反应是吸热反应，升温促进水解。②设计实验进行验证：要控制温度这个变量，可以向碳酸钠溶液中加几滴酚酞试液，然后加热，若碳酸钠溶液红色加深则证明水解平衡正向移动。

教师：纯碱除油污的原理是什么？结合上述问题和实验结论，为什么在实际生产生活中通常用热的纯碱效果更好？

【课堂活动】实验室是如何制备氢氧化铁胶体的？

学生：将饱和氯化铁溶液滴入沸水中，生成氢氧化铁胶体。这个实验事实说明温度升高，水解平衡右移，符合勒夏特列原理。

任务二：如何证明浓度对碳酸钠水解平衡移动有影响呢？

教师：①预测与猜想：碳酸钠水溶液呈碱性的原因是 CO_3^{2-} 的水解，向碳酸钠水溶液中滴入酚酞试液，溶液变红色。如果溶液中的浓度变大或变小，溶液的红色发生变化，就说明浓度对碳酸钠水解平衡移动有影响。②设计实验进行验证：向碳酸钠溶液中滴入几滴酚酞，溶液变成红色，再加入氯化钡溶液，发现红色褪去并产生白色沉淀。

学生：白色沉淀是碳酸钡，Ba^{2+} 与 CO_3^{2-} 结合，使 CO_3^{2-} 的浓度降低，导致 CO_3^{2-} 水解平衡向逆反应方向移动，从而使 OH^- 的浓度降低，溶液褪色。

环节二：利用手持技术，定量探究盐类水解的规律、影响因素

任务：定量分析实验数据，深度探究盐类水解的规律，建立盐类水解的模型。

【问题导入】由表 2-6 实验数据可知，在相同条件下，Na_2CO_3、$NaHCO_3$、CH_3COONa 都呈碱性，为什么其 pH 不同？同样，在相同条件下，$FeCl_3$、$AlCl_3$、NH_4Cl 都呈酸性，为什么其 pH 不同？结合 pH 的含义，运用已有知识（反应限度

和化学平衡等），分析思考并寻找解释上述实验事实的依据。

教师：由弱酸弱碱电离平衡和化学平衡原理可知，盐类在水解时可能由于离子性质不同而存在不同程度的水解，即平衡状态，结合影响弱酸弱碱电离平衡的因素，如何设计实验探究其平衡状态的存在？

教师：利用手持技术和 pH 传感器，把水溶液中的离子行为变为微观过程可视化的实验现象，直观展示盐类水解过程中微观粒子的变化过程，通过微观粒子的变化解释宏观现象，从而揭示盐类水解存在的平衡状态。

【实验探究 1】 实验操作：常温下，取 25 mL 0.05 mol/L $Fe_2(SO_4)_3$ 溶液，测其氢离子浓度；然后每次向溶液中加入 25 mL 水进行稀释，测定其氢离子浓度变化，数据如图 2-31 所示。

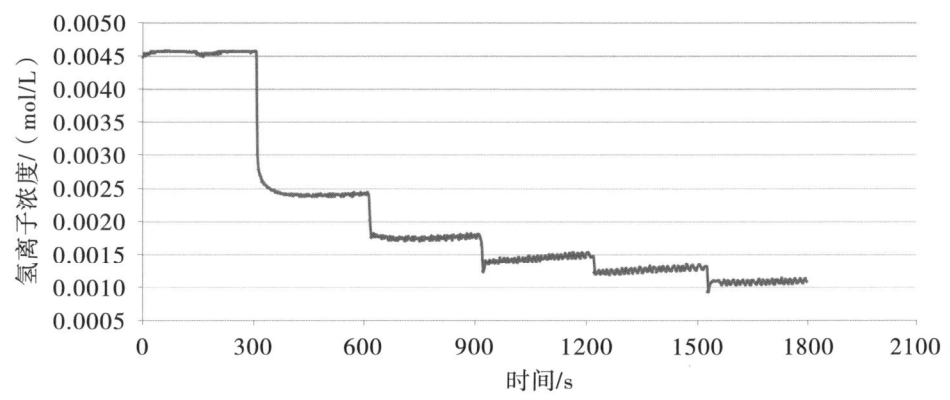

图 2-31　0.05 mol/L 硫酸铁溶液加水稀释过程中 $c(H^+)$ 变化曲线

【实验结论】 由图 2-31 中曲线可以清晰地看到，在溶液每稀释一倍时，溶液中的 $c(H^+)$ 在迅速下降后，都会出现一个缓慢爬升的过程，并且，此时溶液中的 $c(H^+)$ 都要比理论计算值大，说明在加水稀释过程中，水解程度也是在变化的，可证明其存在水解平衡的过程，并且可以得出加水稀释促进水解的结论。

【实验探究 2】 实验操作：常温下，取 25 mL 0.05 mol/L $Fe_2(SO_4)_3$ 溶液，加热，温度每升高 5℃，测定一次溶液中氢离子浓度变化，数据如图 2-32 所示。

【实验结论】 由图 2-32 中曲线可以清晰地看到，对于 0.05 mol/L $Fe_2(SO_4)_3$ 溶液，随着温度的升高，溶液中 pH 逐渐减小，即溶液中 $c(H^+)$ 逐渐增大，说明加热时促进了 Fe^{3+} 的水解平衡：$Fe^{3+} + 3H_2O \rightleftharpoons Fe(OH)_3 + 3H^+$ 向右移动，证明盐类的水解是一个吸热过程。

设计意图：实验探究教学让学生经历科学探究的过程，对宏观实验现象与微观反应本质能一一对应，引导学生进行深入思考。在环节一中，通过几个定性实验的

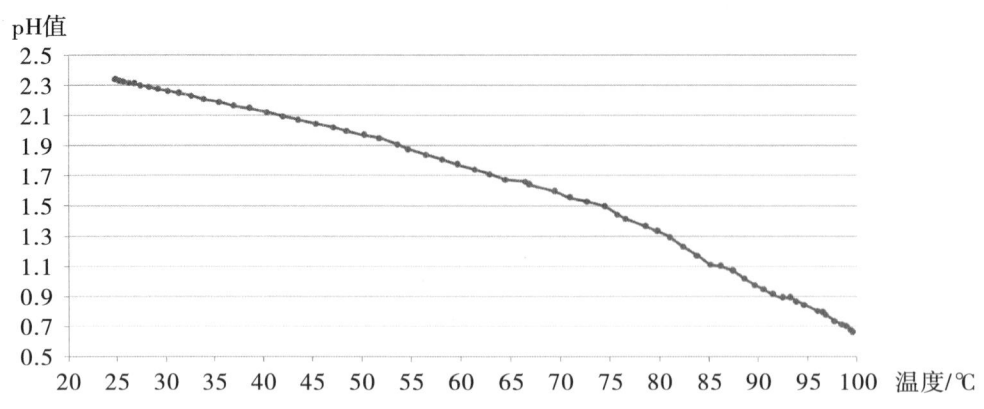

图 2-32　0.05 mol/L 硫酸铁溶液升温过程中 pH 变化曲线

探究过程，引导学生在观察和讨论时要注意用微粒观去思考问题。例如，在 Na_2CO_3 溶液中存在 Na^+、CO_3^{2-}，CO_3^{2-} 发生水解，存在水解平衡 $CO_3^{2-} + H_2O \rightleftharpoons HCO_3^- + OH^-$，所以，$Na_2CO_3$ 溶液呈碱性；又由于 $\Delta H > 0$，当升高温度时，水解平衡向右移动，促进了 CO_3^{2-} 的水解，溶液中 $c(OH^-)$ 增大，溶液的碱性增强，所以去油污能力也随之增强。在环节二中，探究实验引入手持技术进行定量实验，以多媒体技术帮助学生直观建立条件改变后溶液中离子个数及浓度的变化情况，通过绘制溶液 pH 变化曲线，以及对曲线变化的趋势进行分析，建立盐类的水解平衡基本规律和分析模型，由此使对概念原理的学习从定性说理上升到定量数据的判断，提高了学生利用数据分析和解决问题的能力，培养学生注重实证、严谨求实的科学态度和探究能力，落实宏观与微观、平衡与变化等核心观念和素养的培养。

（3）第 3 课时：理解应用盐类的水解规律，建立盐类水解的思维模型和方法模型

环节一：泡沫灭火器原理探秘——在真实情境中应用盐类水解的原理解决问题

任务一：查阅泡沫灭火器的相关资料。

【课堂活动】查阅资料，分析泡沫灭火器的构造及工作原理。

任务二：泡沫灭火器模拟实验。

【课堂活动】在一只锥形瓶中装入适量的饱和碳酸氢钠溶液，再在锥形瓶中放置一支装有饱和硫酸铝溶液的试管，塞紧锥形瓶瓶塞。倒置锥形瓶，使两种溶液混合在一起，观察现象。

学生（总结、交流）：锥形瓶的导管口有大量泡沫喷出，能够扑灭地上纸张的

火焰。

教师：泡沫灭火器灭火在生活中非常常见，泡沫是固体与气体的混合物，请同学们根据学过的化学知识，结合两种反应物的组成，思考一下泡沫的成分是什么？起到灭火作用的物质又是什么？

学生：产物中应该有二氧化碳气体，因为二氧化碳可以灭火；该实验中还有白色物质产生，说明产物中可能还有氢氧化铝。

教师：根据同学们的猜想，写出上述反应的离子方程式，并思考：铝离子和碳酸氢根离子为什么会反应呢？其本质是什么呢？

教师：硫酸铝溶液和碳酸氢钠溶液的酸碱性如何？请分别写出两者水解的离子方程式，并讨论两种离子反应的微观本质。

学生：铝离子水解产生氢离子，碳酸氢根离子水解产生氢氧根离子，而氢离子与氢氧根离子反应生成水，导致两种离子浓度都减小，而盐类水解平衡也是化学平衡，因此生成物的浓度减小且平衡正向移动，最终碳酸浓度增大而分解产生二氧化碳，氢氧化铝增多产生白色沉淀，从而起到灭火作用。

设计意图：灭火器在生活中非常常见，初中时学生学习过二氧化碳能够灭火，但是不知道常见泡沫灭火器的工作原理，因此将灭火器的模拟实验作为探究情境极易引发学生的探究兴趣。

教师从灭火器灭火的宏观现象入手，引导学生从两种离子的水解平衡出发进行微观层面的分析，两个平衡都正向移动，使水解相互促进，最后彻底双水解。教师从溶液中离子平衡等角度解释现象产生的原因，增加了学生认识化学反应的视角，培养了学生的微粒观、变化观和平衡观。在解决情境问题的过程中，学生体会到了学习化学的乐趣，感悟到了科学方法，形成和发展了学科核心素养。

环节二：身边盐类的水解——体验盐类的水解在生活学习中的重要作用

【问题引入】

①在进行水处理时，铝盐和铁盐都能用作净水剂，其原理是什么？

②在实验室制备氢氧化铁胶体时，需要促进 Fe^{3+} 水解，可以采取什么措施？

③实验室中如何配制和保存 $SnCl_2$、$FeCl_3$、$AlCl_3$ 溶液？

④把 $FeCl_3$、$AlCl_3$ 溶液蒸干灼烧，最后得到的固体产物是什么？

⑤工业上如何用 $TiCl_4$ 制取 TiO_2？

⑥为什么 NH_4Cl 溶液能去除铁锈？

⑦为什么小苏打可用作面食发泡剂？为什么纯碱能去除油污？可以采取什么途径增强纯碱溶液的去污效果和小苏打的发泡效果？

⑧实验室中怎样保存 Na_2SiO_3、Na_2CO_3、$NaAlO_2$ 等碱性溶液？

⑨在溶液中为什么 Al^{3+}、Fe^{3+} 不能与 HCO_3^-、CO_3^{2-}、HS^-、S^{2-}、AlO_2^-、ClO^-、SiO_3^{2-} 等离子大量共存？

教师（引导）：可从溶液中阳离子和阴离子的水解行为以及它们的相互作用等角度来分析。

设计意图：通过由浅入深的问题分析和解决，学生逐步形成分析盐溶液体系的一般思路和方法，在解决问题的过程中构建微粒观、变化观和平衡观等化学观念。

通过设计问题链，让学生应用水解平衡移动原理解决生活和生产中的问题，学以致用，不仅能巩固和深化学生的知识体系，还能提高学生分析问题、解决问题的能力，让学生感受到化学的应用价值，培养学生热爱化学并学好化学的美好感情，提高学生的化学学科核心素养。

环节三：合理施用化肥——盐类水解的综合应用

任务一：化肥使土壤酸化是真的吗？——盐类水解的体验。

【情境导入】通过新闻视频引入教学主题：长期大量施用化肥以后，土壤在日晒雨淋后出现 pH 下降、土地表面泛红的酸化板结现象。长期大量施用化肥是造成土壤酸化的重要原因，其被研究人员确认为造成土壤酸化的罪魁祸首。

教师：长期大量施用化肥为什么会造成土壤酸化，土壤中的 H^+ 从何而来？所有化肥都会使土壤酸化吗？

设计意图：通过真实问题的引入，帮助学生从化学的视角认识周围的世界，让学生了解盐类的水解在自然界的存在，有效掌握本单元的核心内容。

任务二：化肥使土壤板结是真的吗？——影响盐类水解平衡的因素。

教师：土地表面泛红的酸化板结是因为土壤中的 Fe^{3+} 转化成了 $Fe(OH)_3$，为什么土壤中的 Fe^{3+} 能转化成 $Fe(OH)_3$？请同学们根据影响盐类水解平衡的因素从不同角度进行分析讨论，体会化学概念在生活中的应用。

任务三：如何科学施用化肥？——盐类的水解认知模型和思维模型应用。

教师：在农业生产中，施加肥料促进庄稼的生长十分必要，但并不是所有肥料都能任意混合施用，例如铵态氮肥就不能与草木灰（主要成分是 K_2CO_3）混合施用，请运用盐类水解的原理分析其中的原因。

设计意图：通过合理施用化肥这一真实情境问题的层层深入，培养学生的学习能力、好奇心和合作能力，引导学生由浅入深地自主构建盐类水解的知识体系，科学挖掘学生的学习潜能，打造高效课堂，不断提升学习效果和学科素养培养。

任务四：盐类水解中的等量关系——从宏观描述走向微观表达。

教师：在电解质溶液中依然遵循元素质量守恒和电荷守恒。元素质量守恒包括反应前后物质总质量不变、原子守恒、元素守恒等；电荷守恒是指电解质溶液是呈电中性的，溶液中阳离子所带的正电荷数和阴离子所带的负电荷数相等。那么，在盐溶液中，如 CH_3COONa 溶液、Na_2CO_3 溶液、NH_4Cl 溶液，如何表示它们的元素质量守恒和电荷守恒关系呢？

学生：在 CH_3COONa 溶液中：电荷守恒关系：$c(H^+) + c(Na^+) = c(OH^-) + c(CH_3COO^-)$。元素质量守恒关系：$c(Na^+) = c(CH_3COO^-) + c(CH_3COOH)$。

教师：在 CH_3COONa 溶液中存在 H^+、Na^+、OH^-、CH_3COO^-，能否列出它们浓度大小的关系？

学生：离子溶液大小关系为 $c(Na^+) > c(CH_3COO^-) > c(OH^-) > c(H^+) > c(CH_3COOH)$。

教师：如果是等浓度的 CH_3COONa 溶液和 CH_3COOH 溶液等体积混合，混合后溶液呈酸性、碱性或中性，则混合溶液中离子又存在怎样的守恒关系和大小关系？

设计意图：在真实的学习情境中，在教师适时的引导下，学生关联新旧知识内容，挖掘对概念原理的本质理解，迁移、寻找解决问题的正确路径。盐类水解中守恒关系与离子浓度大小关系在教学中一直属于理论知识，本主题以理论推导的方式让学生感受到离子浓度的大小及关系，体验化学学科的科学性，从而实现从微观表征向符号表征的转化。

（四）《盐类的水解》主题的教学评价和反思

本主题是基于"素养为本"的教学理念，从真实情境入手，以学习任务连接核心知识与具体知识点，通过精心设计的教学活动，促使学生在探究与合作的过程中建构化学基本观念，发展学习能力和学科核心素养，实现知识的结构化。因而，在教学策略上，通过学习任务突出实验探究、强调学科基本观念、突显思路的结构化和显性化，从不同的视角引导学生查阅文献、设计方案和讨论交流，主动参与知识的形成和发展过程。通过由简单到复杂、由表层到本质、由个别到整体的学习任务开展，通过实验探究，运用典型原型、核心知识和反应原理等，对相关反应现象和反应规律进行推论和预测。在问题解决的过程中，内化认识角度、形成并完善认识思路，发展学生的学习能力、应用能力、思维能力和迁移创新能力，通过学以致用、体会学科价值，实现学生的能力进阶，进而形成化学学科的核心素养。

本主题的学习逻辑，以感受盐类水解的存在为起点，通过生活情境导入，使学生在宏观情境中感受盐类水解的存在，触发学习动机；利用旧知识形成认知冲突，提升学生的学习兴趣和求知欲，让学生从宏观视角认识盐类的水解，从微观层面理解盐类水解的本质，形成盐类水解的概念和原理，再通过实验探究，从微观视角构建盐类水解的基本规律和模型。学生通过对盐类水解的概念、盐类水解平衡的学习，能进一步在弱电解质的电离、水的电离的基础上，以微观粒子的视角认识化学平衡。本主题学习重视教学情境创设，体现化学学科价值。在教学中以 Na_2CO_3 的水解为学习情境，在明确不同盐溶液存在不同酸碱性的微观分析的基础上，围绕 Na_2CO_3 溶液构建盐类水解的概念、建立盐类的水解平衡，以 CH_3COONa、NH_4Cl、$FeCl_3$ 等为例探究盐溶液呈不同酸碱性的原因。通过手持技术，证明 Na_2CO_3 溶液、$FeCl_3$ 溶液等存在水解平衡的事实，定量分析浓度、温度等条件对水解平衡的影响。教学过程中，教师通过不断深入的问题，引导学生分析影响盐类水解平衡的因素、分析外界条件对水解平衡移动的影响，建立盐类水解的规律，构建盐类水解的认知模型和思维模型。学生在教师创设的具有探究性、启发性、生动性的情境中，不断深化自己所学的知识，凸显了核心知识的应用价值。

本主题在教学设计上从"认识思路"和"核心观念"两个方面进行了结构化设计，促使学生在真实情境中发展核心素养。在教学设计上以"问题提出→预想推测→验证建模"为主线展开教学，利用教材中盐类的水解在工农业生产和生活实际中的应用，设计由简单到复杂、由直接应用到迁移创新的实际问题，让学生在盐类水解的学习过程中感受到宏观辨识与微观探析、证据推理与模型认知、变化观念与平衡思想等核心素养的建立与应用，而盐类水解知识的实用价值和重要意义，又体现了科学态度与社会责任的意义。所以，通过实验探究和问题解决，不仅能提高学生对核心概念的掌握和解决复杂情境下真实问题的能力，还能更好地促进学生学科观念的建立、学习能力的提高和学科核心素养的发展。

本主题在教学环节中注重对学生的方法引领、自主探究以及思维建模。整个教学环节将核心概念和核心知识相融合，在解决问题的过程中提升学生的思维能力，发展学生的化学核心素养。在教学过程中，将手持技术应用于课堂上，促进了数字化技术在中学实验教学中的应用。手持式分析仪因其便携性、准确性、实时性、直观性和综合性等优势，加之配备成本合理、可普及性强，已在中学实验教学中得到了应用。特别是数字化手持技术可以通过计算机直观地呈现实验数据变化过程，趣味性强，有利于学生理解。本主题的教学过程中，通过手持技术测定盐类水解受外界条件变化的影响，观察盐类水解导致的 pH 变化趋势，不仅能有效调动学生的积极性，还能帮助学生从宏观、微观相结合的视角对微粒变化的实质进行理解，培养学生宏观辨识与微观探析的学科核心素养。信息技术赋能教育为基础教育的信息化转型发展提供了动力。

本主题教学采用"宏观—微观—符号—图像"四重表征教学模式，设计盐类的水解教学任务。学生利用虚拟软件探究不同盐溶液的 pH，从不同盐溶液的 pH 这一宏观现象思考盐溶液中的微观动态，理解盐类水解的程度；从微观表征到曲线表征，体现了盐类水解的基本规律；从微观表征到符号表征，体现了盐类水解的本质、水解的原理、水解方程式的书写，以及溶液内部粒子浓度的关系；从符号表征到宏观表征，又体现了影响盐类水解的因素。盐类的水解是一个动态平衡，教师在教学中不仅要给予学生一个概念的定性教学，同时也要给予学生一个定量的水解程度问题指导，帮助学生从微观和宏观的视角理解盐类的水解知识，突破盐类水解教学的重难点。因此，教师在教学中要注重对知识的整合与提升，深刻理解学习主题内容的学科知识本质、思维方式，精准指导学生对真实复杂问题任务所蕴含的化学学科核心素养的深刻理解。通过设计具有挑战性的认知层级的驱动性问题，引导学生动手探究、思维深度参与，主动发现问题、设定探究目标、提出探究假设、设计实验并实施、获取证据并基于证据推理，得出结论并反思评价探究及问题解决的过程，改进并加以优化。通过交流展示、互相评价，教师准确把握学习主题的适合度和学习目标的达成度，以及学生主动参与学习的投入程度、必备知识和关键能力的发展程度。

  本主题还兼顾其他化学核心素养的培养。化学学科蕴含的五大核心素养并非独立形成的，他们之间是相互影响、共同作用的，只不过各有侧重，前三个素养侧重的是化学学科的思想和方法，第四个素养侧重的是实践，第五个素养侧重的是情感态度层面的价值追求。化学知识与所承载的素养并非一一对应关系，因此，制定教学目标时要充分发掘知识的素养价值，在发展学生宏观辨识与微观探析素养的同时兼顾其他化学学科核心素养的落实。

第三章
基于变化观念与平衡思想的理论研究和教学实践

第一节 变化观念与平衡思想的理论内涵和表征框架

一、变化观念与平衡思想的理论内涵和素养导向

1. 变化观念与平衡思想的理论内涵

变化观念与平衡思想是化学学科核心素养的重要组成要素，《普通高中化学课程标准（2017年版）》指出：认识物质是运动和变化的，知道化学变化需要一定的条件，并遵循一定的规律，认识化学变化有一定的限度、速率，是可以调控的。能多角度、动态地分析化学变化，运用化学反应原理解决简单的实际问题。具体要求是：认识物质是不断运动的，物质的变化是有条件的；能从内因和外因、量变到质变等方面比较全面地分析物质的化学变化，关注化学变化中的能量转化，能从不同视角对各种复杂的化学变化进行分类研究，逐步揭示各类变化的规律和特质；能从对立和统一、变化和平衡的观点认识化学，并在一定环境下对某些物质可能发生的化学变化进行预测；能在原理层面揭示化学反应的本质，对于生产生活中化学反应的预测和调控起到非常重要的作用。

2. 变化观念与平衡思想的素养导向

变化观念与平衡思想阐述的是化学变化中的"变"与"不变"问题。化学变化中的"不变"，是相对不变，存在动态平衡，这是化学学科的思维方式。在实际教学中，教师应从学科基础出发，引导学生在理解知识的基础上，通过学习和掌握"物质是变化的，变化过程中不仅仅有物质的变化，还伴随能量的变化；化学变化需要一定的条件，条件的改变能够影响化学变化的快慢；化学变化是有一定限度的，而这种限度也是可以通过条件的改变来调控的"，形成变化观念与平衡思想。

在教学过程中，教师要不断帮助学生构建解决一般问题的解题模型和思维模式，通过实际问题让学生体会到这种思维模式的好处。比如在化学原理部分的学习过程中，学生能从化学热力学和动力学两个角度理解一个化学反应中的变化与平衡，形成学习这部分内容的思维模式。

二、变化观念与平衡思想的表征框架和水平划分

1. 变化观念与平衡思想的表征框架

变化观念与平衡思想作为化学学科核心素养的重要组成部分，指向物质之间的转化，其中包含了物理变化、化学变化、能量变化等。物质的变化过程又涉及平衡问题以及变化的规律和变化的守恒问题等，这些变化属于一种动态的过程，是学生对物质变化的基本认识。解决物质是否会变化、物质会怎样变化、物质为什么会变化的基本问题，具体涉及化学变化的本质、化学变化的表征、化学变化是定量的、化学变化是守恒的、化学反应伴随能量变化、化学反应速率、化学平衡理论、化学反应进行的方向等。

变化观念与平衡思想能让学生对物质及其变化的认识角度得到多维度的发展，从宏观到微观、从定性到定量、从静止到动态、从单一要素到多重要素等。教师设计教学活动时应牢牢抓住核心知识，充分发挥核心大概念的功能价值，精心设计多类型的驱动任务，帮助学生实现认知角度和认知思路的结构化。教师在教学活动中，要及时并多角度、多维度、多手段地诊断学生是否形成提出问题、分析问题、解决问题所具备的变化观念与平衡思想等化学学科素养。

在原理层面，认识化学反应本质的视角和维度主要表现在两个方面：一是热力学角度，解决化学反应变化的方向性和限度问题；二是动力学角度，解决化学反应的速率问题。而这两个方面都会受到外界条件的影响，比如浓度、温度、压强、催化剂等。因此变化观念与平衡思想素养的表征框架可以用图3-1体现。

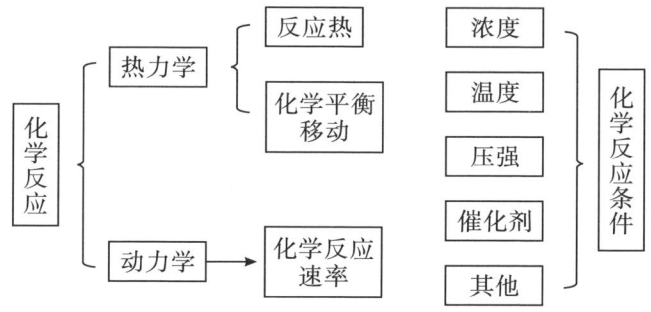

图3-1 变化观念与平衡思想素养的表征框架

2. 变化观念与平衡思想的水平划分

表 3-1 变化观念与平衡思想的水平划分表

素养水平	素养2 变化观念与平衡思想
水平1	能认识到物质运动和变化是永恒的,归纳物质及其变化的共性和特征,认识化学变化伴随着能量变化;能根据观察和实验获得的现象和数据概括化学变化发生的条件、特征与规律
水平2	能从原子、分子水平分析化学变化的内因和变化的本质,理解化学反应中量变和质变的关系;能从质量守恒定律出发,并运用动态平衡的观点看待和分析化学变化;能运用化学计量单位定量分析化学变化及其伴随发生的能量转化
水平3	形成化学变化是有条件的观念,认识反应条件对化学反应速率和化学平衡的影响;能运用化学反应原理分析影响化学变化的因素,初步学会运用变量控制的方法研究化学反应
水平4	能从不同视角认识化学变化的多样性,运用对立统一思想和定性定量结合的方式揭示化学变化的本质特征;能对具体物质的性质和化学变化作出解释或预测,运用化学变化的规律分析说明生产、生活实际中的化学变化

第二节 变化观念与平衡思想的进阶分析和培养路径

化学研究的基本问题是物质及其变化,变化观念与平衡思想则为化学物质的研究提供了很好的策略。这种核心素养的形成有助于学生从多维视角认识物质的变化,从"条件控制"与"动态平衡"的视角学习和掌握元素化合物的性质,为知识建构提供新的思维模式和学习策略。比如氧化还原反应过程中,变化的是元素化合价和单个原子的电子数,不变的是反应过程中的电子总数,这种变化观念与平衡思想正是氧化还原反应的本质思想。

发展核心素养并非一蹴而就,需要经过基本知识学习、概念形成、观念构建,最终形成一般问题的认知思维模式;需要在教学过程中不断渗透、不断引导。在教学过程中,教师可以设计以学生为中心的教学活动,通过问题驱动,引导学生思考,不断提升认知水平,在分析问题、解决问题的过程中不断提升认识能力,从而达到提升素养的目的。因此教师在日常教学和问题设置的过程中可以基于素养目标对试题进行合理改编，补充设问；可以整合信息素材，增加真实情境的考查背景。创设丰富的问题情境和多样的提问方式，循序渐进地引导学生思考，帮助学生在学习和认知过程中搭好阶梯。培养学生变化观念与平衡思想的学科核心素养，需要依托教学内容发展核心素养，不能凭空产生。教学过程中，教师应该充分挖掘教材内容，把握教学的重点，突破教学的难点，对化学学科核心价值的知识进行提炼，选择合适的素材和载体，让学生全面、深刻地理解物质间发生相互转化的本质特征，促使学生能力得到全面提升。化学的变化观念与平衡思想素养体现了化学变化过程具有守恒性、条件性、平衡性及过程性四大特征。现在的考查经常以现阶段的科学研究理论为基础，通过设计开放性、探究性的问题，模拟出真实的场景来评价学生的学科核心素养养成情况，着重评价学生的创新意识和创新思维等核心能力要素，要求学生在审题时用变化观念与平衡思想素养，将新情境中出现的陌生知识和概念与之前所掌握的基本知识、化学反应原理等联系起来，筛选提取有效信息，高效、灵活地解决情境中的问题。化学变化观念与平衡思想是学生真正掌握化学知识本质的重要素养，是学生掌握化学学科本质的有效途径。因此，在高中化学教学的过程中，化学变化观念与平衡思想的培养与渗透是教师需要遵循的教学要求。学生只有认识化学变化观念与平衡思想之间的对立统一关系，才能从本质出发去理解和解决复杂问题。在现阶段的中学教学过程中，对于学生核心素养的培养是教师需要关注的主要内容。在教学过程中，教师需要以循序渐进的方式，通过归纳、分析、比较、运用来帮助学生掌握核心知识，巩固学科核心概念，并在学习过程中提升核心素养。在化学学科知识的学习当中，从现象到本质是化学学科的认知过程特点，学生只有通过化学现象，弄清化学反应的本质特征，才能深入思考现象和本质之间的内在联系，完善变化观念，形成平衡思想。在学习过程中，学生通过新旧知识间的联系，实现知识迁移，再通过自主探究获得新知识、完善知识体系，这是学生提升核心素养的重要路径。

一、变化观念与平衡思想的进阶分析

变化观念与平衡思想是高中化学重要的核心素养之一。由于化学变化过程的"变化"和"平衡"比较抽象，学生很难快速理解和接受。在学习的不同阶段，学生需要有不同程度的理解和掌握。在人教版高中化学必修二的学习中，教师主要通过实验手段让学生体会和理解反应过程存在一定的限度，了解控制反应条件在生产和科学研究中的作用。在这个阶段，教师可以设置各种实验，比如利用氯化铁和碘化钾溶液的反应、重铬酸钾和铬酸钾在溶液中的相互转化等，让学生通过实验现象直观地感受化学反应过程存在的限度性以及限度是可以改变的。在选择性必修1的学习中，教师可以将课本的验证实验改进成各种探究实验，让学生在必修二的阶段基础上实现能力的进阶，从而达到素养的进阶。学生在必修部分初步建立了平衡思想，会定性地认识化学反应建立平衡的过程，在选择性必修部分，会从定性和定量的角度进一步认识化学的可逆性和平衡态。学生能够通过学习将素养和能力用于生产生活中。比如合成氨的条件选择，学生能够结合平衡思想分析出，为什么合成过程中要采取合适的温度和压强，该温度和压强的选择遵循了什么原则。

变化观念与平衡思想在化学平衡的学习中形成后，将在学生后续电离平衡、水解平衡、溶解平衡的学习中发挥非常重要的作用。对抽象的各种变化过程和平衡态进行深刻的理解，建立溶液中的各种平衡，其实就是对化学平衡思想的具体运用。

表 3-2 变化观念与平衡思想素养的进阶分析

等级	目标层次	知识/能力维度	进阶目标
水平 1	初步了解	能够通过实验探究，发现反应的限度性；能够通过速率—时间图像初步建立平衡的概念；能从多角度认识对化学平衡状态的判断	对变化观念和平衡思想有初步认识
水平 2	多角度掌握	能够设计实验对平衡进行探究；能够深层次认识化学反应的限度性以及限度的改变；能够从定性定量的角度认识化学平衡状态；能够结合各类图像认识化学平衡	多角度、多维度地认识化学变化，在学习过程中提升变化观念与平衡思想素养
水平 3	应用和迁移	能够结合平衡思想理解和分析生产生活中各类反应的条件控制和选择；可以很熟练地应用平衡思想对电离平衡、水解平衡、溶解平衡等进行定性和定量解释	在形成变化观念与平衡思想后，能够将该素养运用于实践

从表 3-2 中可以看出，整个平衡的相关理论是呈螺旋上升的趋势，与学生的认知发展水平是相吻合的。

二、变化观念与平衡思想的培养路径

1. 重视日常课堂教学，重视基础知识的落实

课堂效率包含教师的教学效率和学生的听课效率，两者在学生学习学科知识上起到了非常关键的作用，所以在平常的教学中教师需要关注教学的手段和策略，同时也要关注学生的课堂效率。教师可以通过高效的教学活动、丰富的教学手段来提

高课堂效率，这对于学生发展高层次的能力和素养、落实基础知识是非常关键的，只有打好基础，才能进行知识的迁移，掌握更多学习方法。

2. 研读课标，夯实核心知识

在高中化学的教学中，教师需要时刻重视学生核心素养的培养，在教学过程中，要轻技巧、重素养。对于新课标，教师要不断研读，在培养学生变化观念与平衡思想的核心素养时，要认真解读课程标准，运用丰富的教学手段和策略不断培养学生的素养。在教学过程中需要反复强化学生的学科核心知识，只有掌握好，才能做到灵活运用，逐步形成学科的学习能力。

3. 发挥学生的主体能动作用

在高中教学中，教师要多发挥学生的主体性，让学生多参与到教学活动中。教师要相信学生，给学生足够的时间和空间。在基础知识和核心知识掌握比较好的情况下，学生自主学习、自主探究能够更加快速地提升学科的核心素养。在教学中，教师的教学设计、教学活动可以多从学生认知的角度思考，设置一些具有阶梯性的问题来提升学生的主体能动性。比如在变化观念与平衡思想的素养方面，这种变其实需要的是学生的不断变化，即学生思维的不断变化、学生认知的不断变化、学生素养的不断变化，也正是这种变化促使学生的能力不断提升。

4. 构建情境，运用能力解决问题

化学本身就是一门探索物质的科学，学习的目的就是解决问题，在学生不断提升个人素养的基础上，教师可以构建一些真实的情境问题，让学生将所学的知识和能力用于解决真实问题，让学生切身感受到学以致用。在解决真实问题的过程中，能让学生已有知识和能力进行再提升，这对培养学生的核心素养有着非常重要的作用。

第三节 变化观念与平衡思想的课堂实例和发展模型

一、变化观念与平衡思想的课堂实例1：《电离平衡》

（一）《电离平衡》主题的知识结构和功能

1. 《电离平衡》主题的知识结构

本课例选择人教版选择性必修1第三章第一节《电离平衡》作为实践。电离平衡属于水溶液中存在的一种重要的平衡过程，电离平衡是对上一章化学平衡知识的重要承接，也是后面学习水的电离和盐类水解等知识的重要基础，该内容的学习对构建溶液微观过程起到重要的作用。前面通过学习，学生已经了解了电解质的概念及离子反应发生的条件，会根据化合物在水溶液或熔融状态下能否导电区分电解质和非电解质，能够初步分析酸、碱、盐在水溶液中的一些电离行为，会书写常见反应的离子方程式。而通过对上一章《化学反应速率和化学平衡》的学习，学生已经构建了平衡观，能够运用动态平衡的特征及平衡移动的理论解释化学现象，以及利用平衡常数进行简单计算。通过本节学习，学生将能用化学用语正确表示水溶液中的离子反应与平衡；能通过实验证明水溶液中存在的离子平衡；能从电离、离子反应、化学平衡的角度分析溶液的性质，如酸碱性、导电性等；能基于对电离平衡的认识，分析不同弱酸、弱碱的电离程度差异，以导电性等"可视化"指标探究溶液中离子浓度的大小和变化。通过本节学习，学生将能理解弱电解质在水溶液中存在电离平衡，从微观角度认识弱电解质的动态平衡及其影响因素，设计相关实验进行深入分析和证明，综合运用微粒观和平衡观解决弱电解质的电离平衡问题。

2.《电离平衡》主题的功能

学生在高一时已经学习过电解质，知道电解质在水溶液中能够发生电离，已初步了解了电离、电解质、导电性等基础知识，对电解质在溶液中存在的微观过程也有了一定的知识储备。但电离只是一个初步的概念，学生的认知水平和思维能力不够强，虽然能够做出简单的判断，但是不能显性化，必须通过可视化的显性实验事实来直观地呈现电解质的相关性质。这种方式更容易被学生接受。学生在第二章已经学习了化学反应速率、化学平衡、平衡常数的相关知识，初步建立了化学变化观念和平衡思想，并掌握了浓度、温度等对反应速率和化学平衡移动的影响。教师要充分发挥化学平衡理论对电离平衡学习的促进作用，让学生充分利用已有的认知结构，建构新的认知结构。学生在本节课的学习中可以以此为基础，层层推进，构建弱电解质在水溶液中存在的平衡过程。学生通过学习《电离平衡》一课，能进一步深入认识强、弱电解质，尤其是弱电解质存在的电离平衡，同时建构分析水溶液中离子行为的思维模型。

（二）《电离平衡》主题的学习目标和素养

（1）理解弱电解质的电离平衡。

（2）了解浓度、温度对电离平衡的影响。

（3）充分利用化学平衡的理论基础建立电离平衡的概念，培养知识迁移能力；通过实验探究、数据分析，培养探究能力、创新能力、总结归纳能力。

（4）利用醋酸的电离平衡实验设计，进一步认识化学学科的内涵，培养变化观念与平衡思想。

(三)《电离平衡》主题的教学策略和教学过程

1.《电离平衡》主题的教学策略和流程

《普通高中化学课程标准(2017年版)》要求学科教学要以发展学生学科核心素养为主旨。教师在教学过程中,应紧紧围绕这一主旨进行教学设计。以学生为中心的教学设计,需要教师对学生的学情、学生的认知发展水平有所了解。教学过程中,教师通过创设问题情境、提供学习资源、设计教学策略等,实现"提出问题,激发学生思考—学生利用已有知识基础进行问题剖析—设计解决问题的方案进行验证—形成新知识体系"。以学生为中心的教学过程,可以提高学生的学习参与度,激发学生的求知欲和探究精神,培养学生的自主性和独立性,发展学生独立解决问题的能力。

本节课从学生熟悉的盐酸和醋酸入手,通过对比相同浓度盐酸和醋酸的导电性、pH差异的活动探究,让学生认识强电解质和弱电解质的电离程度的差别,并以此探究结果为依据,理解强电解质和弱电解质的概念,掌握区分强弱电解质的方法并建立电离平衡的意识。本节课从实验现象和实验数据两个角度,为区分相同浓度的盐酸和醋酸提供证据,体现基于实验本身对物质的组成、结构及其变化提出的问题,层层推进问题,引导学生思考、分析和推理;从构建新的知识理论和观点的角度来实现课题的引入和框架搭建。通过以盐酸为代表的强电解质和以醋酸为代表的弱电解质,帮助学生区分强电解质、弱电解质,掌握物质分类方法,理解酸碱中有强弱之分的本质,建立起区分强碱和弱碱、强酸和弱酸的认知模型。学生能通过电离平衡的学习构建起认知模型,解释化学现象,揭示现象的本质和规律。(图3-2)

一方面,学生能通过电离方程式的书写进一步区分强弱电解质,运用符号表征物质及其变化,从物质的微观层面理解其组成、结构和性质的联系。另一方面,学生可以通过分析、推理等方法认识研究对象的本质特征、构成要素及其相互关系。

学生在高一时已经学习了电解质,知道电解质在水溶液中能够发生电离,但电离只是一个模糊的概念,学生的抽象思维不够强,必须通过实验事实使之显性化、直观化。本节课通过测定溶液pH来推理、推算氢离子的浓度,以及通过对比酸和氢离子两者的浓度,让学生真正理解完全电离和部分电离。(图3-2)

2. 教学设计与实施过程

环节一:电离平衡的建立

【情境导入】通过以前的学习,请同学们回忆:什么是电离?什么是平衡?两者结合在一起的电离平衡又是什么呢?

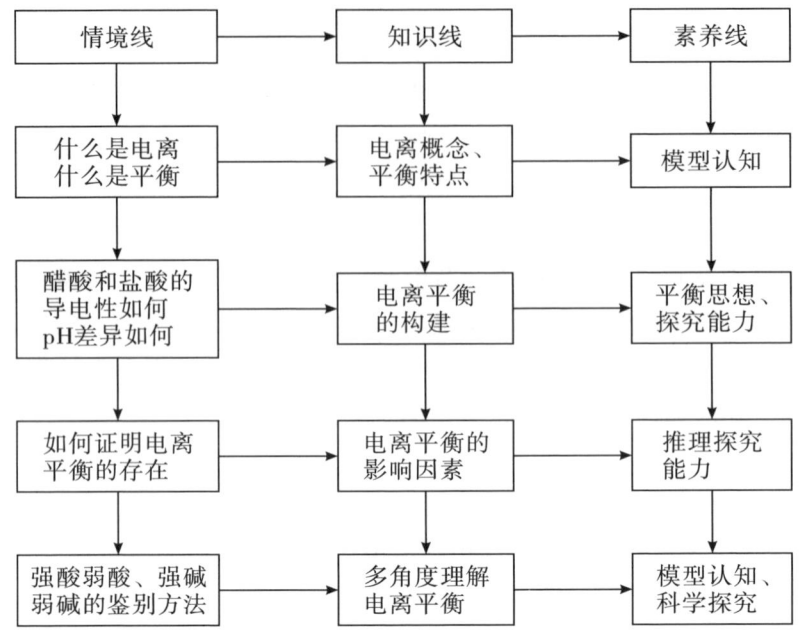

图 3-2 《电离平衡》教学策略

【学生活动】学生回忆在必修一中已学的电离概念，选择性必修 1 第二章化学平衡相关的知识。

设计意图：通过已学的电离、平衡等熟悉的旧知识来引入新学的电离平衡。虽然学生没有学过电离平衡，但是学过电离和平衡，电离平衡在字面上仅仅是将熟悉的两个概念组合在一起，让学生对新知识的学习不会产生畏惧感。

教师：什么是电解质？如何通过实验来验证该物质是否为电解质？

【学生活动】回忆电解质和非电解质的概念，能初步想到用导电性实验来区分电解质和非电解质。

设计意图：通过对电解质基本概念的回忆，掌握导电性实验是探究电解质的常用手段。

教师：我手上拿的两瓶溶液，一瓶是 0.1 mol/L 的盐酸，一瓶是 0.1 mol/L 的醋酸，这两瓶溶液属于电解质吗？它们的导电情况如何？

【学生活动】继续辨析电解质概念。学生代表操作导电性实验，并观察两瓶溶液导电性的差异。

设计意图：通过辨析来加深学生对电解质分类标准的认识，知道电解质属于化合物，而展示的是两瓶溶液，属于混合物；由学生提出导电性可以鉴别电解质，让学生通过动手实验来验证自己的方案。

教师：观察导电性实验现象，总结两种溶液的导电性有何差异。

【学生活动】总结实验现象的差异。

设计意图：盐酸溶液和醋酸溶液都能导电，但同浓度盐酸的导电性明显强于醋酸的，引导学生思考虽然两者都属于电解质溶液，但是其性质还是有区别的。

教师：同浓度的盐酸溶液和醋酸溶液都能导电，但是导电性的强弱不一样。从导电性的影响因素出发，大家能否想到可能的原因？如何结合定量实验来验证你的猜想？

【学生活动】回忆影响溶液导电性强弱的影响因素，分析导电性不一样的可能原因。设计实验来验证猜想。

设计意图：结合导电性的差异，从导电性的影响因素出发，分析可能的原因，让学生学会从问题的本质出发来分析和解决问题。展示 pH 计等测量仪器，让学生感受手持技术在化学实验探究中的作用。

教师：写出盐酸和醋酸的电离过程，通过定量计算，理论上 0.1 mol/L 的两种溶液中的 H^+ 浓度是多少？pH 计测得的实验数据与理论值是否一致？如果不一致，其可能原因是什么？

【学生活动】学生书写电离方程并计算理论值；学生动手测定均为 0.1 mol/L 的两种溶液的 pH；讨论分析理论与实验测定值存在差异的可能原因。

设计意图：定量测定溶液的 pH，呼应了第一个实验中的醋酸溶液的导电性小于盐酸溶液。通过理论计算与实验真实测定值之间的对比，初步形成电解质在水中电离的程度有差异性的认知。

教师：通过两组实验，我们发现 0.1 mol/L 的两种酸溶液，醋酸的 H^+ 浓度比盐酸的 H^+ 浓度小，在初中有没有比较溶液酸性强弱的实验？

【学生活动】学生通过回忆、讨论，知晓活泼金属与酸的反应也可以比较不同溶液酸性的强弱。

设计意图：继续从定性和定量的角度探讨同浓度的盐酸溶液和醋酸溶液中离子的浓度大小差异。为了获得更好的实验效果，将课本中金属与酸的反应换成了等量的碳酸氢钠固体分别与 5 mL 浓度为 0.1 mol/L 的盐酸溶液和醋酸溶液反应。实验中用气球收集产生的气体，根据实验过程中气球的膨胀速度和气球的大小，从定性和定量的角度分析两种酸溶液的差异。

教师：结合上述实验现象，同学们能否在同一幅图中画出在碳酸氢钠分别与 0.1 mol/L 的盐酸溶液和醋酸溶液反应的过程中产生的气体体积随时间变化的 $V(CO_2)$-t 图像。

【学生活动】学生通过实验现象画出两个溶液产生 CO_2 的 $V(CO_2)$-t 图像。

设计意图：通过画图让学生更加清晰地认识到两种溶液中微粒的差异，并且学会用图像直观展现化学反应的微观过程。

教师：以上三组实验，从定性和定量的角度对比了盐酸和醋酸在水中的电离情况，同学们能否总结出其差异？

【学生活动】学生讨论、总结盐酸和醋酸在水中电离的情况。

设计意图：导电性实验、酸与碳酸氢钠反应的快慢实验可以定性判断盐酸的离子浓度大于醋酸的；pH计的测定可以从定量的角度进一步判断盐酸在水中几乎完全电离，而醋酸仅有1%发生了电离。通过定性和定量实验，让学生知道醋酸在水中的电离是不完全的。

教师：醋酸在水中的电离过程与我们前面学的哪种反应类型比较类似？

【学生活动】回忆不同反应类型的特点。

设计意图：根据醋酸的电离程度，总结出醋酸溶液中不仅有氢离子和醋酸根离子，还有大量醋酸分子，相当于反应物与生成物共存的一个体系，引导学生想到醋酸的电离过程与上一章中可逆反应的特点一样。学生能够基本想到醋酸的电离存在一种动态平衡。

教师：能否通过设计实验来验证醋酸的电离过程是可逆的？需要哪些试剂？预期的实验现象如何？

【学生活动】学生根据可逆反应的特点，结合化学平衡的知识，设计相关实验方案。

设计意图：让学生从不同角度加深对可逆反应的理解，掌握化学平衡核心要素。可逆反应的特点主要有三个方面：①反应存在限度，体系中反应物和生成物共存。②可逆反应达到的平衡是一种动态平衡，可以通过改变外界条件来破坏。③可逆反应既可以从正向建立，也可以从逆向建立。

教师：通过上面几组实验，我们验证了醋酸溶液中存在动态平衡，请同学们根据已学知识理论，解释为什么同浓度的盐酸和醋酸分别与碳酸氢钠反应，气球的膨胀速度不一样，但是气球的最终大小是一样的。

【学生活动】学生结合化学平衡的理论讨论、分析气球最终大小一样的原因。

设计意图：根据电离平衡的限度，巩固同浓度强酸和弱酸在水溶液中电离的差异；结合影响反应速率的因素解释气球膨胀速度的差异；通过化学平衡移动的理论解释气球最终大小相同的原因。

教师：请同学们画出在氢离子浓度均为0.1 mol/L的盐酸和醋酸，分别与足量碳酸氢钠反应的过程中产生的气体体积随时间变化的 $V-t$ 图像。

【学生活动】学生画出两种溶液与碳酸氢钠的 $V-t$ 图像。

设计意图：运用化学平衡移动的理论，使学生加深对醋酸的电离平衡的理解。

【实验探究1】用导电仪分别测定 0.1 mol/L 盐酸和 0.1 mol/L 醋酸的导电情况。

实验结果：0.1 mol/L 盐酸和 0.1 mol/L 醋酸均可以导电，但 0.1 mol/L 盐酸的导电性更强。

【实验探究2】用 pH 计分别测定 0.1 mol/L 盐酸和 0.1 mol/L 醋酸的 pH。

实验结果：0.1 mol/L 盐酸的 pH 为 1.03，0.1 mol/L 醋酸的 pH 为 3.20。

【实验探究3】用过量的碳酸氢钠分别与 5.0 mL 0.1 mol/L 盐酸和 5.0 mL 0.1 mol/L 醋酸反应，并用气球收集反应过程产生的气体。

实验结果：0.1 mol/L 盐酸与碳酸氢钠反应时气球的膨胀速度要快于 0.1 mol/L 醋酸与碳酸氢钠反应时的。

设计意图：从定性和定量的角度回顾电解质的性质，了解电解质之间也存在强和弱的差异，帮助学生构建弱电解质在水溶液存在的电离平衡。教材中用镁条与同浓度的盐酸和醋酸反应，在实验过程中可以很容易对比两者的反应速率，但是测量等量的酸最终产生气体的量，需要等酸反应完全，实验时间比较长。教师可优化实验，选择小苏打和等量的酸反应，不仅可以对比观察到气体产生的速率差异，还能非常快地观察到两者最终产生气体的量。因为在后续学习中，学生对强酸和弱酸与金属或碱反应的定量关系可能会出现一定的误区，所以通过气球的大小直观展示出两种酸消耗金属或碱的能力大小，帮助学生理解两种反应的微观过程，突破学生的学习难点。

环节二：电离平衡的影响因素

【实验探究4】用 pH 计分别测定 0.1 mol/L 盐酸和 0.1 mol/L 醋酸加热后 pH 的变化。

实验数据：用水浴加热后，盐酸溶液的 pH 基本不变，醋酸溶液的 pH 由 3.20 变化到 3.01。

【实验探究5】用 pH 计测定 0.1 mol/L 盐酸加入 NaCl 固体和 0.1 mol/L 醋酸加入醋酸钠晶体后 pH 的变化。

实验结果：盐酸加入 NaCl 后，pH 基本不变；醋酸加入醋酸钠后，pH 由 3.20 变为 5.23。

【实验探究6】用 pH 计分别测定 0.1 mol/L 盐酸加入醋酸钠晶体后 pH 的变化。

实验结果：盐酸加入醋酸钠后，pH 由 1.03 变为 2.85。

设计意图：实验 4 和实验 5 通过改变温度、浓度等条件来验证醋酸溶液中存在动态平衡；实验 6 验证氢离子和醋酸根可以结合成分子，从而验证醋酸的电离是可逆的过程。三组实验可以证明醋酸的电离过程符合化学平衡的特点，也加强了学生对动态平衡的认识，帮助学生构建平衡问题的一般解决模式。

教师：请同学们结合电离平衡移动的影响因素，完成表3-3。

表3-3 不同条件下醋酸的电离平衡变化

	加热溶液	加入醋酸钠固体	加入氢氧化钠固体	加水稀释	加入冰醋酸
醋酸分子浓度					
氢离子的物质的量					
氢离子的浓度					
平衡移动方向					

设计意图：巩固电离平衡的移动方向，以及溶液中微粒的变化情况。

环节三：电离平衡常数

教师：请同学们写出醋酸、碳酸的电离平衡方程式，并且写出对应的平衡常数表达式。

【学生活动】书写、思考。

设计意图：重点强调多元弱酸分步电离必须分步写出，不可合并。教师可引导学生结合前面学的化学平衡理论理解多元弱酸分步电离，且第一步的电离平衡常数远大于第二步。

教师：在氢硫酸中 $c(H^+)$ 和 $c(S^{2-})$ 的比值范围是多少？

【学生活动】思考、计算。

设计意图：根据在氢硫酸中 $c(H^+):c(S^{2-})$ 的值远大于2，强化多元弱酸分步电离，且第一步的电离平衡常数大于第二步。

教师：25℃时，0.1 mol/L的醋酸溶液中，电离度为1%，则醋酸的电离平衡常数为多少？

【学生活动】计算、思考。

设计意图：考查学生对电离度的理解，以及对化学平衡常数计算方法的掌握程度。

教师：根据化学平衡常数的大小意义，同学们能否想到电离平衡常数的大小能反映出什么问题？

【学生活动】思考、讨论。

教师：化学平衡常数的大小能反映出化学反应正向进行的程度，电离平衡常数的大小同样可以反映电离进行的程度，而电离程度的大小又反映出电解质的强弱，所以电离平衡常数越大则酸性或碱性越强。

环节四：酸性强弱、碱性强弱的比较方法

教师：根据电离平衡以及前面所学的知识，同学们能否总结出比较酸性或碱性强弱的方法？

【学生活动】思考、讨论、总结。

教师：根据本节内容的学习，我们可以从两个角度去判断酸性或碱性的强弱：①从弱酸、弱碱不能完全电离的角度，常见的实验方案有测定同浓度的酸与金属、碱的反应速率，同浓度酸的 pH 大小，同浓度酸的导电性强弱；②从弱酸、弱碱存在动态平衡的角度，常见的实验方案有加水稀释后测定溶液的 pH，改变溶液温度后测定溶液的 pH，加入对应盐溶液后测定溶液的 pH。

【课堂活动】下列事实中不能证明醋酸是弱酸的是：

①醋酸滴加到碳酸钠溶液中有气泡产生。

②用醋酸溶液做导电实验，灯泡很暗。

③等氢离子浓度、等体积的盐酸、醋酸溶液与足量锌反应，醋酸放出的氢气较多。

④0.1 mol/L CH_3COOH 溶液的氢离子浓度为 0.0002 mol/L。

⑤CH_3COONa 和 H_3PO_4 反应生成 CH_3COOH。

⑥氢离子浓度为 0.1 mol/L 的醋酸溶液稀释 100 倍，稀释后的氢离子浓度为 0.01 mol/L。

【学生活动】思考、讨论。

设计意图：对电离平衡理论的应用进行巩固。

（四）《电离平衡》主题的教学评价和反思

本节课引导学生从电离程度有差异的角度辨识强、弱电解质，并从微粒的角度探究和解释弱电解质存在电离平衡的客观事实，引导学生设计并实施实验方案以探究弱电解质存在的动态平衡可以发生平衡移动的问题。通过问题驱动，引导学生运用平衡理论解释弱电解质的平衡移动问题，理解弱电解质溶液中各个微粒变化和统一的关系，建构分析弱电解质溶液体系的思维模型——变化观念与平衡思想。

本课例的教学设计以学生为中心，旨在发挥学生的主体作用。在教学设计中以学生已有的电离和平衡知识为基础，提出什么是电离平衡，让学生对新知识不会有惧怕的感觉。教学中，根据学生的学习水平和思维发展情况，设计一些学生"够得着"的问题以引导学生思考并设计实验方案，让学生自己动手做实验来验证猜想。在整个教学过程中，老师仅仅是问题提出的引导者、实验设计和实验操作的协助者，这能充分发挥学生主动思考、积极动手的作用。本课通过层层递进的问题设置、定性与定量实验探究、结合图表的方式展示微观过程，帮助学生发展变化观念与平衡思想的化学学科核心素养，同时也提高了学生的逻辑思维能力。

二、变化观念与平衡思想的课堂实例2：《水的电离平衡》

（一）《水的电离平衡》主题的知识结构和功能

1. 《水的电离平衡》主题的知识结构

《水的电离平衡》是人教版化学选择性必修1第三章第二节的内容，属于溶液中离子平衡的知识体系。水的电离平衡是弱电解质电离平衡体系中非常重要的一个模块，是对前面所学化学平衡知识的继承，也是帮助学生从本质上理解溶液酸碱性的重要知识内容。水的电离，在必备知识方面以电离平衡等理论知识为主，内容比较抽象；在关键能力方面考查学生宏观与微观、定性与定量等化学学科思想与方法的理解与掌握。本节内容对后续溶液酸碱性的学习起到重要的杠杆作用，并且为第三节《盐类的水解》部分知识的学习奠定基础，与生产生活有密切的关系，体现了化学核心素养对于学生化学学习的导向作用。因此，这部分内容一直以来都是溶液中变化与平衡的重要内容，也是培养学生化学学科核心素养的重要知识载体。

2. 《水的电离平衡》主题的功能

通过对水电离平衡的建立、平衡的迁移方向以及定量计算离子积常数的学习，诊断并发展学生对弱电解质电离平衡模型的迁移与运用水平。水是一种典型的弱电解质，化学平衡与电离平衡理论是探究水的电离平衡、溶液酸碱性的重要理论工具；而学习水的电离平衡，又对学生后面学习盐类水解、难溶电解质在水溶液中的溶解平衡有着非常重要的推进作用。

学生在本章第一节学习了弱电解质电离平衡理论，基本构建了对化学平衡的认知水平以及掌握了其应用功能，具备一定的类比迁移能力。但学生的变化观念与平衡思想这一化学学科核心观念尚未成熟。通过对溶液酸碱性、水的电离平衡的学习和理解，学生能从多角度认识化学，从而增强化学核心素养能力。

（二）《水的电离平衡》主题的学习目标和素养

（1）认识水是一种弱电解质。

（2）掌握水的电离平衡及其影响因素。

（3）通过水的离子积计算，深化对水的电离平衡的认识。

（4）掌握溶液的酸碱性判断方法。

（三）《水的电离平衡》主题的教学策略和教学过程

1.《水的电离平衡》主题的教学策略

在教学过程中，教师以学生为主体，积极发挥学生的主体能动作用，通过创设问题情境，引导学生思考、书写、表达、计算或设计相关的实验方案，强化思维加工和知识获取的过程，充分发挥学生的主体地位，让学生在自主探究和问题驱动下掌握知识、形成方法，促成学生知识结构化。学生最终得到的不仅仅是知识，更重要的是获取知识的方法。在抽象的微观粒子变化过程学习中，设计探究性试验，既能很好地体现化学的实验功能价值，又能让学生从可视化的角度认识微观粒子在溶液中的变化与平衡过程，通过实验设计激发学生的探究欲望，逐步提升学生化学知识结水平，有利于发展学生的核心素养（图3-3）。

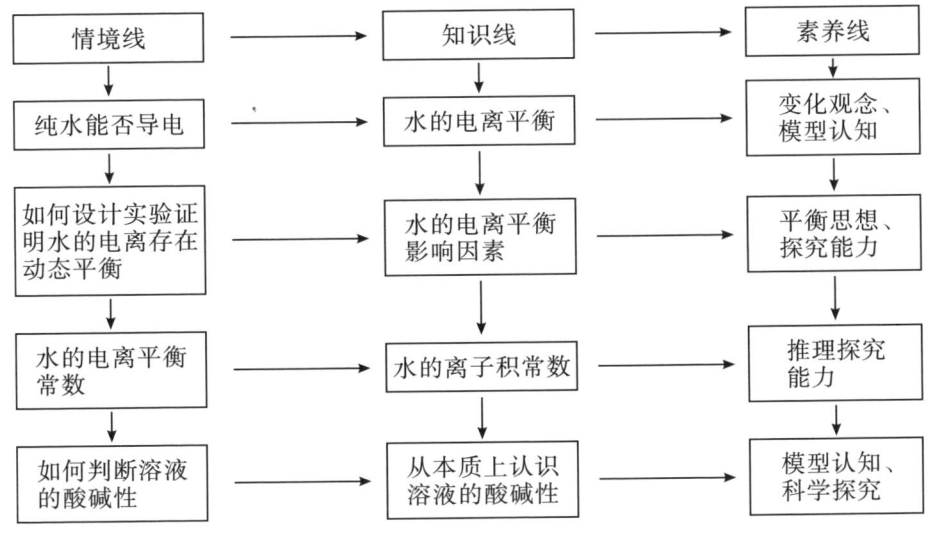

图3-3 《水的电离平衡》教学策略

2.《水的电离平衡》主题的教学过程

环节一：水的电离平衡的建立

【情境导入】电解质溶液能导电，那么纯水能否导电呢？如何通过实验来探究验证？

【学生活动】讨论、回忆。

设计意图：通过回顾弱电解质的电离，引起学生对水电离知识的迁移，促使学生从基于弱电解质的电离自然过渡到"水的电离"知识的学习。

【实验探究】分别用 $0.01\ mol\cdot L^{-1}$ 的醋酸溶液、纯水来做导电性实验，观察小灯泡是否会亮。

【学生活动】学生认真观察实验现象,并解释原因。

教师:纯水中灯泡不亮,是不是纯水就不导电呢?

【学生活动】讨论、回答。

教师:有同学认为纯水不导电,有同学认为是导电性太差,我们现在在电路中连接一个灵敏电流计,看看是否导电。

【学生活动】在纯水装置中,连接一个灵敏电流计,观察灵敏电流计的指针偏转情况。

教师:根据实验现象,你能得出什么结论呢?

学生:水能电离,但电离程度比醋酸的电离程度小。

设计意图:培养学生提出问题、分析问题、解决问题的能力,同时让学生感知水的电离程度很小,比弱电解质的电离还要小。

教师:纯水能导电,说明纯水中有自由移动的离子,纯水中存在的微粒有哪些?请同学们阅读教材63页的内容。

【学生活动】阅读教材63页内容,并归纳结论。写出水的电离方程式。

【教师活动】对水合氢离子进行提醒和讲解。

教师:与弱酸弱碱的电离相比,如何表达水的电离平衡常数?水的电离非常微弱,其电离平衡常数是多少呢?

【学生活动】书写、计算。

教师:常温下,由水电离出的 H^+、OH^- 的物质的量相等。通过实验测得常温下,$K_W = c(H^+) \cdot c(OH^-) = 1 \times 10^{-14}$。

环节二:水的电离平衡影响因素探究

教师:水是弱电解质并存在电离平衡,你们知道影响水电离平衡的因素有哪些吗?如何通过实验来验证?

【学生活动】讨论、验证。

教师:结合前面学习的电离平衡知识,预测影响水电离平衡的因素,并完成下面的表格内容(表3-4)。

表3-4 影响水的电离平衡因素

	水的电离平衡移动方向	氢离子浓度的变化	氢氧根离子浓度的变化	水的离子积常数变化
升温至50℃				
加盐酸				
加氢氧化钠				

续上表

	水的电离平衡移动方向	氢离子浓度的变化	氢氧根离子浓度的变化	水的离子积常数变化
加钠				
加 $NaHSO_4$				
通入 SO_2				

设计意图：让学生利用平衡移动原理，分析条件改变对水电离平衡的影响，从而更准确地理解影响水电离平衡的因素。

教师：根据表 3-4，请大家总结影响水的电离平衡的因素，以及影响水的离子积常数的因素。

【学生活动】总结归纳。

教师：结合水的电离平衡，请同学们解释在必修一的学习中，为什么 Mg 与沸水容易反应，而与冷水很难反应。

【学生活动】讨论、分析。

教师：常温下，0.1 mol/L 的 NaOH 溶液中，溶液的氢离子、氢氧根离子浓度分别是多少？由水电离出的氢离子和氢氧根离子浓度分别是多少？

【学生活动】计算、回答。

设计意图：学生通过讨论、分析，更准确地理解水离子积常数的含义，并会简单计算，巩固水的电离平衡知识。

教师：某温度下，纯水中 $c(H^+) = 2 \times 10^{-7}$ mol/L，在该条件下，测得某稀盐酸的浓度为 5×10^{-6} mol/L，则此时溶液中由水电离出的氢离子浓度是多少？

【学生活动】计算、回答。

设计意图：巩固水的离子积常数影响因素等知识；强化水的离子积常数不仅适用于纯水，也适用于酸、碱、盐的稀溶液；掌握任何溶液中由水电离出来的氢离子和氢氧根离子浓度始终相等。

教师：通过初中的学习，我们知道溶液有酸性也有碱性，那么溶液中含有 H^+ 的是酸性，含有 OH^- 的是碱性吗？

【学生活动】讨论、回答。

教师：根据今天的学习，我们知道任何溶液中都同时存在 H^+ 和 OH^-，所以不能仅仅从是否有这两个离子判断溶液的酸碱性。溶液到底是呈酸性还是碱性，本质上是由 $c(H^+)$ 与 $c(OH^-)$ 的相对大小决定的。

【课堂活动】结合溶液酸碱性的本质，判断下列说法是否正确。

①某水溶液中 $c(H^+) = 1 \times 10^{-6}$ mol/L，一定是酸性溶液。

②室温下，某液体的 H^+ 浓度为 10^{-7} mol/L，该液体一定为纯水。

③对水升高温度电离程度增大，氢离子浓度增大，酸性增强。

④$c(H^+) : c(OH^-)$ 的值越大，则溶液酸性越强。

⑤一定温度下，某溶液由水电离出的 $c(H^+) = 1 \times 10^{-11}$ mol/L，则该温度下的 $K_W = 1 \times 10^{-22}$。

教师：生活中有一些常见的物品，根据生活常识，大家判断其酸碱性并填入表3-5。

表3-5 物品酸碱性

物品	醋	白酒	消毒液	胃液	橙汁	柠檬水
酸碱性						

【学生活动】讨论、回答。

教师：结合初中所学的知识，我们可以简单地用pH来判断溶液的酸碱性，pH的计算方法是如何得到的呢？同学们可以阅读课本65页的内容。

【学生活动】阅读、总结。

（四）《水的电离平衡》主题的教学评价和反思

本节课从学生的认知发展基础出发，主要是对学生平衡观和水溶液认识模型的发展。通过本课学习，学生认识到水的电离是有限度的，同时可以通过宏观证据证明电离平衡，即用平衡移动证明平衡的存在。通过改变浓度、温度等因素对水的电离平衡进行直接影响，从微观粒子数目的变化到定量计算水的离子积常数，从对水的分析扩展到对溶液的分析。

本节内容的教学重点在于建构水的电离平衡核心概念。以相关知识为载体，以问题情境为解决途径，发挥核心概念的统摄作用，辨识水溶液中氢离子浓度与氢氧根浓度的变化关系，加深学生对水的电离平衡核心概念的深层理解，发展变化观念与平衡思想的化学学科核心素养，促进学科核心素养与思维能力进阶。依据"自主、合作、探究"的新课标理念，本节课创设问题情境以引入新课，通过实验探究使学生认识到纯水是极弱的电解质，通过实验探究和问题导向让学生掌握影响水电离平衡的各种因素，并对溶液的酸碱性有本质的认识，通过问题讨论、合作探究的形式突出重点、突破难点。

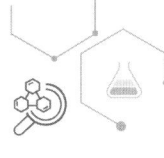

三、变化观念与平衡思想的课堂实例3：《沉淀溶解平衡》

（一）《沉淀溶解平衡》主题的知识结构和功能

1. 《沉淀溶解平衡》主题的知识结构

《沉淀溶解平衡》是人教版《化学·选择性·必修1》第三章第四节内容，属于溶液中离子平衡的知识体系。对沉淀溶解平衡的学习是学生在已经能够从化学平衡的视角对弱电解质的电离、水的电离、盐类的水解等化学问题进行分析，并初步形成从变化观念与平衡思想的角度看问题、分析问题的基础上，继续用变化观念与平衡思想来研究的另一类平衡。

通过对沉淀溶解平衡的学习，学生将知道难溶电解质在水中存在沉淀溶解平衡，并能对一些实验现象进行描述和解释；通过前面所学的各种平衡过程，可以非常熟练地描述沉淀溶解平衡，对溶解平衡的可能影响因素提出设想，并能设计相关实验以及准确预测其现象；能写出溶度积的表达式和计算方法，知道溶度积常数的含义和影响因素，并与初中所学的溶解度概念相关联；能够运用平衡移动的观点对沉淀的溶解、生成与转化过程进行分析，知道沉淀转化的本质并能够对相关实验的现象以及生活中的一些相关问题进行解释。

2. 《沉淀溶解平衡》主题的功能

学生前面已经学习了溶解度、离子反应、化学平衡等相关知识，已经具备一定的化学关键知识和观察、分析、探究、总结等核心能力。但对于溶液中微观粒子的变化和平衡过程，学生在抽象思维、逻辑分析方面的能力仍比较薄弱。在实际教学中，要充分发挥教师的主导作用，发挥学生的主体作用，引导学生在学习和探究过程中获得新知识，并使其化学学科核心素养得到发展。

本节课旨在体现以学生为主体的教育理念，培养学生变化观念与平衡思想的核心素养。基于新课标中重视开展以素养为本的教学和运用以问题为导向的教学方法，本节教学将采用以学生探究为主、用情境启发学生思考的教学策略，创设教学活动情境，让学生参与教学活动的探究过程，加深其对沉淀溶解平衡原理的思考感悟，激发学生探索新知识的欲望。通过引导学生认识沉淀溶解平衡的形成过程，发展学生的变化观念与平衡思想素养，提高学生对平衡思想的认识和应用意识，培养学生的科学素质。沉淀溶解平衡在实际生活、工农业生产、科学研究中应用十分广泛，因此沉淀溶解平衡具有比较重要的理论意义和实践意义，对本节内容的学习，能够让学生体会到化学的社会价值。

（二）《沉淀溶解平衡》主题的学习目标和素养

（1）了解各类电解质在水溶液中均存在沉淀溶解平衡。

(2) 能通过实验证明难溶电解质沉淀溶解平衡的存在，并能够从本质出发对影响沉淀溶解平衡的因素进行分析。

(3) 知道溶度积的意义，掌握溶度积的计算方法；构建根据溶度积和离子积的大小关系判断反应进行方向的思维模型。

(4) 能够对沉淀的生成、沉淀的溶解、沉淀的转化进行理论分析。

（三）《沉淀溶解平衡》主题的教学策略和教学过程

1.《沉淀溶解平衡》主题的教学策略

首先根据易溶物质在水中的溶解行为，建立起沉淀溶解平衡的概念，引入描述这种平衡的平衡常数即溶度积。在此基础上分析沉淀的生成和溶解，最后考虑比较复杂的沉淀转化问题。本节教学设计始终依据真实情境和实验来构建认知模型和概念，通过对具体问题的讨论分析带动微粒理论的学习，引导学生利用平衡移动的一般规律逐步理解并掌握沉淀溶解平衡的本质。在教学设计过程中，教师注重发挥探究活动的功能作用。在学生的模型建构、素养培养方面，教师培养学生的系统、整体、精细思维，让学生在解决认知冲突的过程中得到发展。在探究过程中，教师选用真实生活情境作为整个课程的情境素材，贯穿整个教学始终，充分利用学生的认知冲突。采用科学合理的教学策略，引导学生自主建构沉淀溶解平衡，通过定性、借助 K_{sp} 定量认识沉淀溶解平衡，加深学生对沉淀溶解平衡本质的认识理解，实现核心知识向应用转化，培养学生的创造力。

本节课的教学设计秉承"知识问题化、问题情境化、情境生活化"的设计理念，通过创设龋齿成因生活情境引入课题，通过探究饱和 NaCl 溶液中滴加浓盐酸的现象及原因、硫酸铜晶体在饱和硫酸铜溶液中的变化情况，引出溶解平衡的概念；通过回顾溶解性与溶解度的关系，引出难溶电解质也存在溶解平衡现象；再通过实验探究，小组讨论，归纳总结，得出难溶电解质溶解平衡的概念。通过解决生活中的问题，比如医学钡餐的使用、龋齿的预防、锅炉的处理等真实生活情境，将沉淀溶解平衡的概念建构及应用等核心知识能力有效串联起来。这种设计既考虑到知识的整体性，又注重层层推进的探究方法，与情感态度价值观相结合且符合新课标的基本理念。在教学过程中，教师引导学生运用实验探究与理论分析相结合的方式进行探究学习，让学生体会到化学知识的价值和自主学习的乐趣。本节课设计了三个核心探究问题：沉淀溶解平衡的建立、沉淀的形成和溶解及沉淀的转化，体现了以问题驱动、实验探究、学生活动为主体的教学理念。（图 3-4）

2.《沉淀溶解平衡》主题的教学过程

环节一：溶解平衡的建立

【情境导入】将一定质量、形状不规则的硫酸铜晶体浸入饱和硫酸铜溶液中，

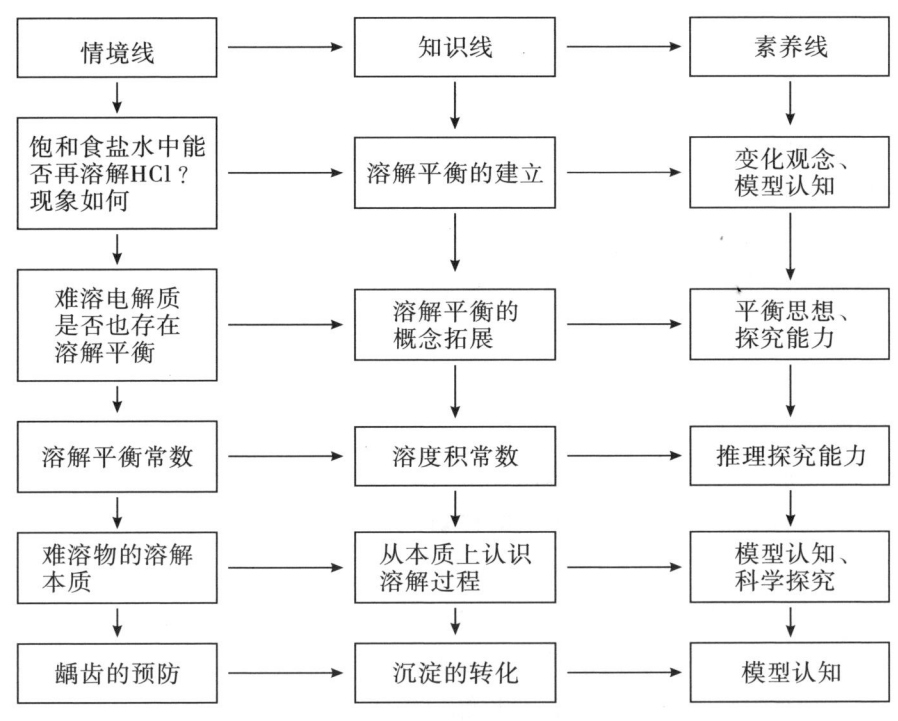

图 3-4 《沉淀溶解平衡》教学策略

一段时间后，硫酸铜晶体的质量不变但形状发生改变，如何解释？

【学生活动】思考、讨论。

教师：同学们可以从两个现象出发，总结可能发生的情况。一是为什么质量不变，二是形状发生改变的可能原因是什么。

设计意图：通过初中的学习，很容易想到溶解已经达到饱和，硫酸铜不能再继续溶解，所以质量不会发生改变。形状为什么发生改变，这里出现了认知冲突。

教师：质量不变我们很容易理解，这其实也是该过程的不变。但是形状为什么发生改变，这也说明该体系中出现了变，说明硫酸铜在溶液中发生转移。而这种变与不变的结合与我们前面所学的平衡过程正好吻合，这也是我们今天要学习的一种新的平衡，溶解平衡。

教师：硫酸铜溶液中存在如下平衡：$CuSO_4(s) \underset{沉淀}{\overset{溶解}{\rightleftharpoons}} Cu^{2+}(aq) + SO_4^{2-}(aq)$。

该平衡过程是固体的溶解和溶解在溶液中的离子析出沉淀两个方向的平衡，这与我们前面学的平衡体系一样，也是一种动态的平衡。如何证明上面的溶液中存在上述平衡过程？

【学生活动】思考、讨论。

教师：我们结合以前的化学平衡不难想到，要证明该过程属于动态平衡，需要改变一些影响因素，从而达到平衡移动的效果以证明体系中存在动态平衡。常见的影响因素有浓度、温度等，请同学们根据已有知识来设计实验方案、预测实验现象。

【学生活动】思考、设计实验方案。

【实验设计】

①温度对平衡的影响。

对溶液进行升温，可以通过溶液颜色的变化、晶体质量的变化来判断平衡的移动方向。

②浓度对平衡的影响。

增大生成物的浓度，比如滴加浓硫酸，可以观察到溶液颜色的变化、沉淀质量的变化；通过加入 NaOH、$BaCl_2$ 来改变溶液中铜离子、硫酸根离子的浓度，结合溶液颜色、沉淀质量的变化来判断平衡的移动。

【实验演示】向饱和的食盐水中加入浓盐酸。

【学生活动】观察实验现象、总结归纳原因。

教师：根据氯化钠、硫酸铜易溶物在溶解过程的平衡状态情况，请同学们分析一下微溶物和难溶物是否也存在上述平衡。

【资料展示】各类物质的溶解度（表 3-6）。

表 3-6　各类物质的溶解度

类型	易溶物质	可溶物质	微溶物质	难溶物质
溶解度	S>10g	10g>S>1g	1g>S>0.01g	S<0.01g

教师：通过表 3-6 我们发现，难溶物质在水溶液中也会存在一定的溶解，所以难溶物质也会存在沉淀过程和沉淀溶解过程，当两个过程的速度相等时，溶解达到平衡状态。请同学们画出 AgCl 在溶液中的溶解速率和沉淀速率随时间变化的曲线。

【学生活动】画出 AgCl 在溶液中的 v-t 图像（图 3-5）。

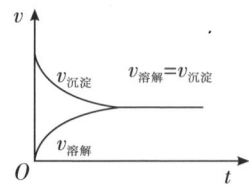

图 3-5　AgCl 在溶液中的 v-t 图像

教师：在 $v-t$ 图像中，当溶解速率和沉淀速率相等时，该体系达到了平衡状态，也就是我们说的溶解达到饱和状态。请同学们写出上述平衡的方程式。

【学生活动】书写方程式。

$$AgCl(s) \underset{沉淀}{\overset{溶解}{\rightleftharpoons}} Ag^+(aq) + Cl^-(aq)$$

教师：请同学们结合已学知识，写出上述平衡的平衡常数表达式。

【学生活动】书写平衡常数表达式。

$$K_{sp} = c(Ag^+) \cdot c(Cl^-)$$

教师：请注意，平衡常数表达式中不用列入固体的浓度。该平衡常数也称为溶度积常数，简称溶度积。

环节二：溶解平衡的影响因素

教师：请结合已学知识，将 $Ca(OH)_2$ 的溶解平衡过程影响情况填入表 3-7。

表 3-7 $Ca(OH)_2$ 的溶解平衡过程

外界条件	平衡移动的方向	钙离子浓度的变化	氢氧根浓度变化	溶度积变化
加少量水				
加纯碱				
加 CaO				
加 NH_4Cl				
升高温度				

【学生活动】结合已学知识，填写表格的变化情况。

设计意图：①强化温度、浓度对沉淀溶解平衡的影响。②巩固溶度积的影响因素。

教师：排列出 AgCl 在下列几种溶液中的溶解性大小顺序。

①蒸馏水 ②100 mL 0.2 mol/L 的 $CaCl_2$ 溶液 ③100 mL 0.3 mol/L 的 NaCl 溶液 ④100 mL 0.5 mol/L 的 $AgNO_3$ 溶液

【学生活动】讨论、总结。

设计意图：通过上面的问题，让学生体会到溶解平衡中存在的同离子效应。并让学生类比前面学的弱电解质电离平衡，通过讨论总结出溶解平衡的规律。

教师：根据上面的问题，大家结合 K_{sp} 的计算，能否用图像表示出溶液中银离子和氯离子的浓度关系曲线。

【学生活动】画出银离子和氯离子的浓度关系曲线（图 3-6）。

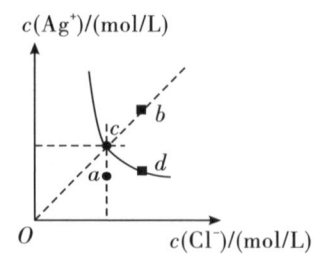

图 3-6 银离子与氯离子的浓度关系

教师：由于银离子和氯离子的浓度乘积是常数，所以其曲线是反比例函数的曲线。大家结合以前所学的图像，讨论图 3-6 中 a、b、c、d 分别代表溶液处于哪种状态？

【学生活动】思考、讨论。

设计意图：①让学生多角度认识溶解平衡，结合图像的方式清楚掌握溶解平衡过程中微观粒子的变化情况。②引出沉淀的形成条件是 $Q > K_{sp}$。

环节三：溶解平衡 K_{sp} 的应用

教师：已知 AgCl 的 $K_{sp} = 1.8 \times 10^{-10}$，将 10 mL 的 3×10^{-2} mol/L AgNO$_3$ 溶液与 10 mL 的 5×10^{-2} mol/L NaCl 混合，溶液中是否还有 Ag$^+$？若有剩余，则浓度为多少？

【学生活动】思考、讨论、计算。

设计意图：通过计算熟练掌握 K_{sp} 的计算。学生已掌握了少量与过量相关的计算问题，少量的物质一般是完全反应，学生的认知体系是没有剩余，这节课通过与已有知识形成冲突，实现了新的知识体系的构建。

教师：化学上，通常认为残留在溶液中的离子浓度小于 1×10^{-5} mol/L，沉淀就达到完全。上述混合溶液中的 Ag$^+$ 能否用实验手段检测？

【学生活动】思考、讨论。

教师：在前面的学习中，我们知道溶液中的 Ag$^+$ 可以用 Cl$^-$ 检测，但是这里剩余的 Ag$^+$ 浓度已经很小了，溶液中 Cl$^-$ 和 Ag$^+$ 的浓度商达不到 K_{sp}，因此无法继续滴加 Cl$^-$ 检测。所以我们如要检测 Ag$^+$ 则需要用到更灵敏的试剂，而这种灵敏试剂的 K_{sp} 更低。

【实验探究 1】取试管，向其加入 10 mL 0.05 mol/L 的 AgNO$_3$ 溶液与 10 mL 0.1 mol/L 的 NaCl 溶液。然后向悬浊液中滴加几滴 0.1 mol/L 的 KI 溶液。

实验现象：向悬浊液中滴加几滴 0.1 mol/L 的 KI 溶液后，试管内出现了黄色浑浊（图 3-7）。

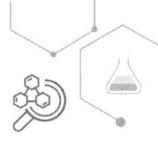

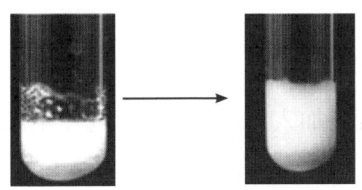

图 3-7 沉淀转化现象

教师：加入 KI 溶液后试管内出现黄色浑浊的原因是什么？加入 KI 溶液后试管溶液中 Ag^+ 浓度如何变化？

【学生活动】思考、讨论。

教师：AgCl 和 AgI 的 K_{sp} 分别是 1.8×10^{-10} 和 8.5×10^{-17}，通过两者的 K_{sp} 不难发现，AgI 的溶解性远远小于 AgCl 的。所以当试管中 Ag^+ 与 Cl^- 的浓度不能超过 AgCl 的 K_{sp} 时，加入 KI 溶液，可以超过 AgI 的 K_{sp}，从而继续产生黄色沉淀。所以溶液中 Ag^+ 的浓度继续降低。如果我们有比 AgI 的 K_{sp} 更低的物质，理论上可以继续降低溶液中 Ag^+ 浓度。我们的预测是否正确，让我们一起继续通过实验来进行探究验证。

【实验探究2】继续向有黄色沉淀的浊液中滴加几滴 0.1 mol/L 的 Na_2S 溶液。

实验现象：向悬浊液中滴加几滴 0.1 mol/L 的 Na_2S 溶液后，试管内出现了黑色浑浊（图 3-8）。

图 3-8 沉淀转化现象

教师：请同学们结合定量计算和上面两个实验现象，加 0.1 mol/L 的 KI 溶液或 0.1 mol/L 的 Na_2S 溶液，是否只是让溶液中残留的 Ag^+ 继续沉淀？

【学生活动】思考、讨论、根据实验总结归纳。

教师：根据实验现象，我们发现加入 KI 后试管中出现的黄色沉淀非常多，加入 Na_2S 后，试管内出现的黑色沉淀也非常多，很明显沉淀的银离子远比原来溶液中剩余的银离子要多，那么这些银离子怎么来的？其原理是什么呢？请同学们结合已学知识理论，思考可能原因。

【学生活动】思考、讨论。

教师：加入 KI 或 Na_2S 后，溶液中剩余的银离子浓度会进一步降低，由于银离子浓度降低,所以溶液中银离子和氯离子的浓度商会小于其 K_{sp},导致 AgCl 溶解平衡正向移动,从而使得 AgCl 不断将银离子溶出并转化为 AgI,最终使得溶液中发生沉淀的转化。同学们能否写出加入 KI 后,试管内发生的离子反应方程式。

【学生活动】书写发生的离子反应方程式。

$$AgCl(s) + I^-(aq) \rightleftharpoons AgI(s) + Cl^-(aq)$$

教师:同学们能否根据以前的学习,预测上述转化过程的平衡常数,从而判断转化程度呢?

【学生活动】通过计算预判。

教师:通过计算发现上述过程的平衡常数 K 等于两个难溶物溶度积的比值,数量级为 10^7 左右,所以转化程度非常大。反过来如果是从 AgI 到 AgCl,则该过程的转化程度非常小。请同学们思考利用该原理我们达到怎样的实验目的。

【学生活动】思考、讨论。

教师:通过沉淀的相互转化,我们可以比较物质的 K_{sp} 大小。

①室温下,已知 $Mg(OH)_2$ 和 $Fe(OH)_3$ 的 K_{sp} 分别为 1.0×10^{-13}、1.0×10^{-39},请同学们计算 0.01 mol/L 的 $MgCl_2$ 溶液中,若要生成 $Mg(OH)_2$ 沉淀,溶液的 pH 范围;0.01 mol/L 的 $FeCl_3$ 溶液中,若要生成 $Fe(OH)_3$ 沉淀,溶液的 pH 范围。

②现向含有 0.01 mol/L $MgCl_2$ 和 0.01 mol/L $FeCl_3$ 的混合溶液中加入 NaOH 固体,试判断,加入 NaOH 的过程中 Mg^{2+} 和 Fe^{3+} 哪个先沉淀。

③若 $MgCl_2$ 溶液中有少量 $FeCl_3$ 杂质,如何除去?若要完全除去 $FeCl_3$ 杂质,需调节 pH 在什么范围。

【学生活动】思考、计算。

设计意图:通过计算强化学生 K_{sp} 的计算能力。利用 K_{sp} 的计算让学生体会到不同金属离子沉淀的 pH 不相同;利用金属离子沉淀时 pH 的差异,让学生掌握除杂时调节溶液的 pH 也是一种非常重要的方法;通过 K_{sp} 的差异,让学生知道这种差异的存在导致离子的沉淀顺序不相同,从而总结出利用沉淀先后差异来实现不同物质 K_{sp} 的大小差异。

环节四:溶解平衡在生活中的应用

(1) 沉淀的生成。

教师:溶液中有钙离子时,我们如何除去?是选择碳酸盐还是硫酸盐?其原因是什么?

【学生活动】思考、讨论。

设计意图:在已有的知识基础上,学生很容易想到以沉淀形式除去溶液中的钙离子。而且结合初中学习的溶解度可知,选择碳酸盐是因为碳酸钙难溶,而硫酸钙微溶,所以碳酸盐除杂更彻底。让学生初步了解除杂时选择 K_{sp} 越小的除杂试剂则效果越好。

教师:表3-8中给了含银离子和铅离子的几种难溶物的 K_{sp},在水体中除去这两种离子,我们选择哪种更合适?

表3-8 几种难溶物的 K_{sp}

难溶电解质	AgI	Ag_2S	PbI_2	$Pb(OH)_2$	PbS
$K_{sp}(25℃)$	$8.3×10^{-12}$	$5.3×10^{-20}$	$7.1×10^{-6}$	$1.2×10^{-15}$	$3.4×10^{-25}$

(2)沉淀的溶解。

教师:请同学们利用溶解平衡解释下列生活中常见的实例。

①锅炉长时间使用后,会有水垢生成,清洗水垢时我们一般用纯碱浸泡,再用盐酸洗涤,那么能否直接用盐酸洗涤干净?纯碱浸泡的作用是什么?

②$Mg(OH)_2$ 难溶于水但是易溶于 NH_4Cl 溶液,其原理是什么?

③$BaSO_4$ 沉淀的洗涤,为什么用稀硫酸代替蒸馏水洗涤?

④医学上用的钡餐主要成分是 $BaSO_4$,能否用 $BaCO_3$ 代替?

⑤小孩吃完甜食或其他食品后不刷牙,会导致长龋齿,其原理是什么?医学上建议小孩在刷牙时使用含氟牙膏,其作用是什么?

⑥溶洞是石灰石岩层在经历了数万年的岁月侵蚀之后形成的,其形成过程涉及的化学原理是什么?

设计意图:通过生活中常见的几个例子,让学生巩固溶解平衡的原理,体会化学在生活中的价值。

(四)《沉淀溶解平衡》主题的教学评价和反思

本节课让学生在活动探究中自主学习知识,体现学生的主体性。在课堂设计时,充分体现新课标理念,实验探究与思维发展并重,注重培养学生的自主探究能力,注重学生的学科体验,充分调动学生的主动性和积极性。在教学过程中,以化学知识为载体,积极创设问题情境,让学生自主思考设计,充分发挥学生的主体作用,引导学生书写或表达,强调思维加工和知识获取的过程,让学生在自主探究和问题驱动下感悟知识、形成方法,使知识结构化。学生最终得到的不仅仅是知识,更重要的是获取知识的方法和成功体验。学生通过实验在探究的基础上得出结论,而不是由教师直接教给学生。本节课依据新课标教学理念,采用情境教学的方法,通过生活中各种真实情境,比如从溶洞的形成、龋齿、锅炉水垢的危害等生活中常见的现象切入,激发学生学习和探究的兴趣。在此基础上,结合化学学科特点及学

生的认知水平和原有知识体系,以学生熟悉的易溶电解质的溶解平衡引入,引发学生思考微溶电解质、难溶电解质的溶解平衡,让学生去质疑、分析、探究,从理论知识和实验探究两方面去思考和理解。通过分组实验探究,学生从实验探究中获得难溶电解质存在沉淀溶解平衡的结论。进而让学生以已学的化学平衡理论为依据,分析沉淀溶解平衡的特征、影响因素及沉淀溶解平衡常数。通过与实际问题相联系,加强学生对本节重难点的理解与突破,并使学生认识到化学知识是可以指导人类活动的,体会化学对于提高人类生活质量的积极作用,促使学生形成科学态度与社会责任素养。

四、指向变化观念与平衡思想的高三复习策略

(一)"指向变化观念与平衡思想的高三复习策略"主题的知识结构和功能

1. 知识结构

学科基础知识和学科能力是学生发展化学核心素养的基础,高中化学学科核心素养的实质可以理解为化学学科思想方法。变化观念与平衡思想的内涵很丰富,涉及化学变化的条件、限度、能量转化等,要求学生从微观视角分析化学变化的特征、本质,从定性、定量角度对化学反应进行分析和研究,用守恒观、动态平衡观看待和分析化学变化等。教师在落实变化观念与平衡思想核心素养时应该引导学生多角度、动态地分析可逆反应。在高三的教学过程中,教师将学生在高一、高二所形成的核心素养在高三复习中进行整合强化,不仅加强了学生素养的培养,更是将重要的学科素养应用在了具体的环境中。

2. 功能

从 2017 年开始,教师在探索构建"一核四层四翼"的高考评价体系上发力,着力考查学生的学科核心素养。在新的背景下,如何在高三复习中落实高中化学学科核心素养、提高复习效率是很多教师非常关注的问题。高中化学学科核心素养是学生发展核心素养的重要组成部分,是学生通过高中化学课程的学习,在深入理解化学学科特征的基础上,所获得的适应终身发展和社会发展需要、具有化学学科特质的关键能力和必备品格。

高中化学学科核心素养是学生发展核心素养的重要组成部分,实质上可以理解为化学学科思想方法。高考命题着力考查学生的学科核心素养。以化学平衡的复习实践为例,结合对学科核心素养的理解作探讨。基于对化学学科核心素养的复习,教学内容应围绕核心概念、主干知识,教学方式应突出培养学生的学科思维,教学手段应突出学科特点。

第三章　基于变化观念与平衡思想的理论研究和教学实践

高三学段，是学生已经掌握学科基础知识和具备学科基本技能，将所学内容和能力进行综合整合运用的时候。高三复习，能够很好地体现学生的综合素养，也能培养和强化学生的个人学科素养能力。高效提高高三化学复习课的教学效果尤为重要。通过组织形式多样、内容丰富的化学复习课活动和情境，实现教学质量的整体提高；深入挖掘不同学生的学习特质，帮助他们养成主动探究的习惯；结合学生的已有知识和技能水平，通过高三复习课提高整体综合能力。优化高三化学复习课的教学设计和设计思路，有利于高中学生化学学科核心素养的提高、知识经验的积累、探究思维的培养。基于化学学科核心素养，让高三化学复习课的教学过程变得更加丰富。手段和方法的多样性，给予学生更多自主探究的机会和自我展示的机会，有利于学生突破自我、大胆创造，使学生通过高三的复习，实现知识水平更大程度地提升。

（二）"指向变化观念与平衡思想的高三复习策略"主题的学习目标和素养

（1）通过变化观念与平衡思想的思想来指导元素化合物的复习。

（2）通过变化观念与平衡思想的思想来指导电化学的复习。

（3）通过变化观念与平衡思想的思想来指导工艺流程题的复习。

（三）《沉淀溶解平衡》主题的教学策略和教学过程

1. 《沉淀溶解平衡》主题的教学策略

（1）巧设问题情境，培养化学核心素养。

在高三化学复习课上，教师可创设有效情境，对高中学生核心素养的发展及能力水平的提升起到的重要作用。教师通过创设问题情境，提出启发性问题或是反思性问题，鼓励学生探讨问题、积极思考、有效互动。学生不再处于被动的认知状态，从而更好地完成学习任务，并且实现共同进步的目标。有效创设问题情境，可以让学生走进化学世界，在探究过程中获取不一样的认知体验。高三复习课虽然不是新课，但是能给学生提供求知、探索、感悟的机会，让更多学生以严谨求实的科学态度，提升自我素养和水平。

（2）精选精讲题目，培养化学核心素养。

精选的题目对高三复习效率的影响非常大。一道好的题目，学生可以多角度、多维度地解决问题，达到学习的需求，有助于学生对基本知识和技能的掌握。布置学习任务时，教师要紧紧围绕化学核心素养，引导学生主动学习，让他们通过复习课牢记重要知识，同时产生自主化的发展动力。

（3）注重知识外延和迁移，培养化学核心素养。

高三化学复习课是基于已有基本知识技能开展的重要教学内容。实施过程中，教师不仅是简单地回顾已有的基本知识和技能，更多是要促进所有学生的能力发展，强化学生的化学核心素养。所以教师在化学课堂教学过程中需要注重知识的外延，注重培养学生的创新思维能力，使学生在原有的知识水平和技能基础上，通过高三复习课突破自我。教师在设计高三复习课时可以通过不同章节、不同知识点、不同学科的相互融合，将知识有效地外延和迁移，有效地帮助学生构建知识框架和增强其综合能力，从而大大提高高三复习的效率，帮助学生有效地构建完整的学科知识体系。

2."指向变化观念与平衡思想的高三复习策略"主题的教学过程

环节一：变化观念与平衡思想指导下的元素化合物复习

【情境导入】我们在高一化学必修一《钠及其化合物》的学习中，了解到纯碱作为一种基础化工原料，有着非常广泛的用途，可用于医药、造纸、冶金、玻璃、纺织、染料等工业，也可用作食品工业发酵剂。1862年，比利时人欧内斯特·索尔维发明了以食盐、石灰石、氨气为原料制取碳酸钠的索尔维制碱法。1943年，我国化学家侯德榜成功研发了联合制碱法。该法将合成氨工业与制碱工业组合在一起，利用了生产氨时的副产品CO_2，缩短了生产流程，减少了对环境的污染，降低了纯碱的成本。

教师：制碱过程中我们用到的原料有氨水、氯化钠、二氧化碳，请同学们根据前面的学习，回顾上述过程发生的化学反应方程式。

【学生活动】思考、书写。

$$NaCl + NH_3 + H_2O + CO_2 = NH_4Cl + NaHCO_3 \downarrow$$

$$2NaHCO_3 \stackrel{\Delta}{=\!=\!=} Na_2CO_3 + H_2O + CO_2 \uparrow$$

教师：请同学们思考反应物中存在哪些平衡过程？

学生：一水合氨的电离平衡；二氧化碳溶于水形成碳酸，碳酸的电离平衡。

教师：那我们能不能用平衡的原理来解释实验中出现该现象的原因呢？

【学生活动】思考、讨论。

教师：通入二氧化碳的过程中，二氧化碳与一水合氨反应，最终生成碳酸氢根离子，溶液中存在大量碳酸氢根离子和钠离子，从而析出碳酸氢钠固体，所以我们能观察到溶液变浑浊。此时溶液中除了碳酸氢根离子和钠离子，还大量存在哪些离子？

学生：铵根离子、氯离子。

教师：那为什么析出的不是碳酸氢铵、氯化铵呢？

学生：碳酸氢钠的溶解度最小。

教师：碳酸氢钠的析出过程，类似于我们前面学过的什么过程？

学生：沉淀溶解平衡过程。

教师：能不能用沉淀溶解平衡的本质去解释碳酸氢钠析出的原因？

学生：$Q > K_{sp}$，向沉淀生成的方向移动。

教师：若想得到更多的碳酸氢钠固体，我们可以怎么办呢？

学生：增大碳酸氢根离子或钠离子的浓度，降低温度，使 $Q > K_{sp}$，向沉淀生成的方向移动。

教师：侯氏制碱法最终是为了得到纯碱，为什么在制备过程中，不直接在溶液中生成碳酸铵，而要先得到碳酸氢铵制备碳酸氢钠，然后再得到纯碱？

学生：碳酸钠的 K_{sp} 比较大，在溶液中比较难达到其 K_{sp} 从而使其大量析出。这样原料的利用率较低。

设计意图：面对真实复杂的水溶液环境，离子种类多、平衡类型多，学生不知道从哪个平衡开始分析，也分不清主次。在教学过程中，教师要通过设置，引导学生利用平衡的相关知识去解答问题、去理解平衡的应用，从而掌握复杂的水溶液体系的分析方法。学生要学会根据实际需求调控平衡移动，了解真实工艺生产流程中需要遵循的理念和原则。学生通过了解工业制碱的原理，体会化学原理的创造性应用，探究物质产生的微观机理，能根据实际需求选择调控平衡移动的方法来实现核心素养的提高。

环节二：变化观念与平衡思想指导下的电化学复习

【情境导入】原电池是把电能转化为化学能的一种装置。对于原电池的工作原理以及常见的类型，我们在高一必修和高二选择性必修中都已经有所掌握。原电池的总反应是自发的氧化还原反应，但是对于总反应属于可逆反应的类型，其原理是怎么样的？结合前面的学习，我们如何理解其工作原理？

教师：已知可逆反应：$AsO_4^{3-} + 2I^- + 2H^+ \rightleftharpoons AsO_3^{3-} + I_2 + H_2O$。据此设计出如图 3-9 所示的实验装置，如果我们向 B 烧杯中逐滴加入浓盐酸，发现微安表指针向左偏转；若改向 B 烧杯中滴加 40% NaOH 溶液，发现微安表指针向右偏转。

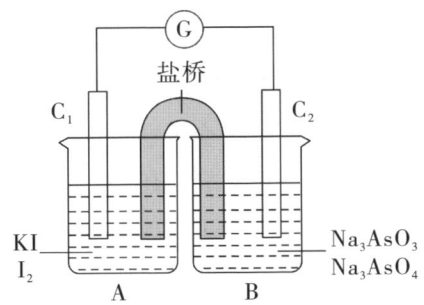

图 3-9　原电池反应实验装置

问题1：两次操作过程中微安表指针为什么会发生偏转？

问题2：两次操作过程中微安表指针为什么会发生相反的偏转？

【学生活动】思考、讨论。

教师：根据原电池的原理，我们知道微安表发生偏转，这说明上面的两次操作过程中都有电流形成，都构成了原电池。但是微安表指针方向的反转，说明了两次操作的正负极不相同。

问题3：向B烧杯逐滴加入浓盐酸的过程中，原电池的正极、负极分别是哪个？电极反应分别是什么？

问题4：向B烧杯逐滴加入氢氧化钠的过程中，原电池的正极、负极分别是哪个？电极反应分别是什么？

【学生活动】思考、讨论。

教师：根据总反应是可逆反应的特点，该反应的自发方向与反应的条件有关，当向溶液中加入浓盐酸时，正向进行的趋势较大。那么原电池工作的总反应是 $AsO_4^{3-} + 2I^- + 2H^+ \rightarrow AsO_3^{3-} + I_2 + H_2O$。此时 C_1 电极是负极，其电极反应为 $2I^- - 2e^- = I_2$；C_2 电极是正极，其电极反应为 $AsO_4^{3-} + 2e^- + 2H^+ = AsO_3^{3-} + H_2O$。当向溶液中加入氢氧化钠时，逆向进行的趋势较大。那么原电池工作的总反应是 $AsO_3^{3-} + I_2 + 2OH^- \rightarrow AsO_4^{3-} + 2I^- + 2H_2O$。此时 C_1 电极是正极，其电极反应为 $I_2 + 2e^- = 2I^-$；C_2 电极是负极，其电极反应为 $AsO_3^{3-} + 2OH^- - 2e^- = AsO_4^{3-} + H_2O$。

问题5：对于一般的电池，当其放电物质消耗完毕时，电池不能再对外放电。对于可逆电池是否也是相同的呢？

【学生活动】思考、交流。

教师：可逆反应的本质是，相同条件下，正向反应和逆向反应同时进行。所以在微观变化过程中，我们想象外电路的导线上同时有两个方向的电子在发生定向移动。一般情况下向哪个方向速率更大，在宏观上就表现为这个方向的自发性，电流表的指针偏转也取决于两个方向的速度。所以当两个方向流经的电子数目相同时，宏观上电流表的指针不发生偏转，此时原电池也不能再对外工作。而此时从平衡角度思考，也就是两个方向反应的速率相等。结合平衡理论，当反应达到平衡状态时，电流表指针不发生偏转，此时电解质溶液中离子浓度的商等于可逆反应的 K。若原电池继续对外放电，我们可以通过改变可逆反应的条件来实现继续反应。

设计意图：原电池是一个自发进行的氧化还原反应，当总反应是一个可逆反应时，条件的改变可能会让氧化还原反应向正向或者逆向进行。利用这个特点设计原电池装置，就能通过电流强度及电流方向的变化，将抽象的化学平衡状态及化学平衡移动转为可视化的实验。从变化观念与平衡思想的角度来理解电化学，可以将抽象的反应速率理论具体化为一个可视化的电流表指针偏转实验,较好地将电化学知识与平衡知识联系起来,从而拓展学生的知识视野,多维度培养学生变化观念与平衡思想的化学学科核心素养。

环节三:变化观念与平衡思想指导下的工艺流程题复习

无机工艺流程是考查元素化合物内容的良好载体,能考查学生在真实的工业生产情境中,运用化学反应原理分析流程框图、解决实际问题的能力。结合近几年高考中工艺流程题所涉及的考查内容和能力要求,凸显变化观念与平衡思想素养的考查已经呈现上升趋势,且问题解决方式不再是直接处理或简单获取,而是需要学生通过题目获取信息,结合所学知识和理论梳理出核心要点,找出相应的化学平衡,分析条件变化,判断反应方向,从而构建问题解决路径。

【情境导入】硼酸(H_3BO_3)是一种重要的化工原料,广泛应用于玻璃、医药、肥料等工艺。一种以硼镁矿(含 $Mg_2B_2O_5 \cdot H_2O$、SiO_2 及少量 Fe_2O_3、Al_2O_3)为原料生产硼酸及轻质氧化镁的工艺流程如图 3-10 所示。

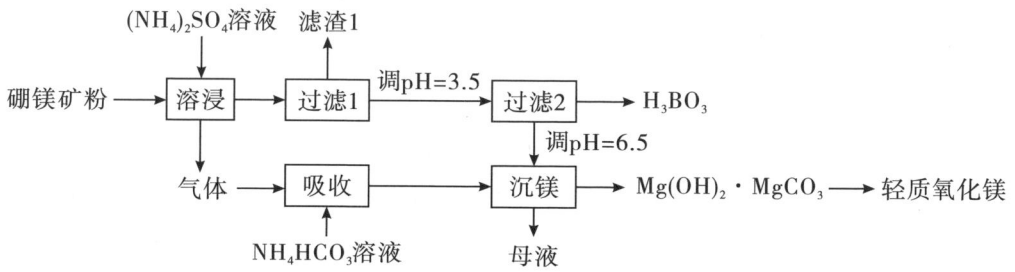

图 3-10 工业制备轻质氧化镁工艺流程

教师:在过滤 2 前调节 pH=3.5 的目的是什么?

【学生活动】思考、讨论。

教师:先找出平衡 $H_3BO_3 + H_2O \rightleftharpoons H^+ + B(OH)_4^-$,分析控制条件为调节 pH 以改变溶液的氢离子浓度,改变条件的影响是造成平衡逆向移动,最终从溶液中获得大量的 H_3BO_3。

教师:"溶浸"过程中适当升温除了能加快反应速率还能达到什么目的?"溶浸"过程中硫酸铵为什么可以用作溶浸试剂?"沉镁"时若溶液 pH 调得过高会对产品带来什么影响?

【学生活动】思考、讨论。

教师:结合平衡过程的变化,温度不仅能影响反应的速率,还能改变平衡转化率。硼镁矿的主要成分是金属氧化物,而这类物质大多可以用酸来溶解,根据平衡理论,利用硫酸铵水解显酸性从而实现硼镁矿的溶浸。在沉镁过程中,若调节溶液的 pH 过大，则直接造成的影响是溶液中氢氧根离子浓度过大。根据溶解平衡的理论，氢氧根离子浓度的增大会导致沉镁过程得到的主要是 $Mg(OH)_2$ 沉淀。

【情境导入】高纯硫酸锰作为合成镍钴锰三元正极材料的原料，工业上可由天然二氧化锰粉与硫化锰矿（还含 Fe、Al、Mg、Zn、Ni、Si 等元素）制备，工艺流程如图 3-11 所示。

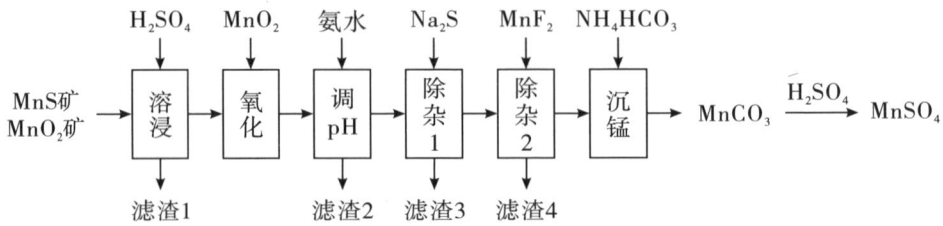

图 3-11　工业制备高纯硫酸锰工艺流程

教师：已知"除杂 2"的目的是用 MnF_2 沉淀除去 Mg^{2+}，其除杂的原理是什么？若溶液酸度过高，则 Mg^{2+} 除去不完全，为什么？

【学生活动】思考、讨论。

教师：MnF_2 沉淀在溶液中建立的溶解平衡体系：

$$MnF_2(s) \rightleftharpoons Mg^{2+}(aq) + 2F^-(aq)$$

Mg^{2+} 能被沉淀除去，是因为结合了 F^-，而 F^- 的来源是 MnF_2 的溶解平衡，所以该除杂利用了沉淀的转化理论，实现了利用溶解性大的物质转化为溶解性小的物质来达到除杂的目的。若溶液酸度过高，则导致溶液中 H^+ 浓度过大，而 H^+ 与 F^- 也会形成弱电解质 HF，进而造成溶液中 F^- 浓度的降低，从而使得溶液中的 Mg^{2+} 无法完全沉淀。

教师："沉锰"过程中加入 NH_4HCO_3 可以实现将锰离子转化为碳酸锰沉淀，其原理是什么？

【学生活动】思考、讨论。

教师：$MnCO_3$ 的生成需要溶液中有锰离子和碳酸根离子，而加入的是碳酸氢盐，那碳酸根怎么来的呢？我们结合碳酸氢根的电离平衡，就能想到碳酸根离子来源于 $HCO_3^- \rightleftharpoons CO_3^{2-} + H^+$，而且溶液中碳酸氢根电离出的碳酸根离子与溶液中的锰离子达到了锰离子的 K_{sp}，从而使得溶液中出现碳酸锰沉淀，而且锰离子使碳酸根离子减少，促进了溶液中碳酸氢根离子电离平衡正向移动，使得氢离子浓度增大，氢离子与其他碳酸氢根离子结合又有气体生成，最终溶液中发生的总反应方程是 $Mn^{2+} + 2HCO_3^- = MnCO_3\downarrow + CO_2\uparrow + H_2O$。

（四）"指向变化观念与平衡思想的高三复习策略"的教学评价和反思

核心素养的发展并非一蹴而就，而是需要历经知识获取、概念形成和观念构建才能最终形成认识水平。教师在不同的教学阶段要逐步培养、分层落实：在高一、高二要注重学生基本知识和技能的培养；在高三的综合复习和能力提升上，需要通过设置各种不同的问题情境而驱动学生思考，发挥学生的主动探究能力，为学生素养的提升搭建认识台阶。

在高三复习中，问题驱动学生思考是提升学生素养的有效途径。一道完整的高考题，考查的核心素养是多方面的，而变化观念与平衡思想在近些年的问题设置中也占比较大。因此教师在日常命题过程中可以基于素养目标对试题进行精选、精讲、合理改编、追问。通过整合信息素材，比如在工艺流程题各步骤中深入挖掘，以"条件控制"与"动态平衡"为导向设计问题链，让学生将其中的化学原理分析透彻、表达到位。教师平时可以查阅文献，根据课程需要进行化工生产素材试题的原创，绘制流程框图，甚至可以让学生来设置一些有价值的问题，让学生体会到学以致用的乐趣，创设更丰富的问题情境和更多样的设问方式。在高三常规复习课中，教师要打破知识模块的界限，融合不同专题内容，创设综合性的问题情境，提出有价值的问题，循序渐进地引导学生的认识发展。例如在侯氏制碱法的复习上，教师可以利用多角度且富有层次的设问方式，帮助学生全方位地分析问题，找出平衡，从"条件控制"与"动态平衡"的视角更深入地认识元素化合物的性质。通过设置一定的开放性问题如定性实验或定量实验，通过试剂和仪器让学生自己设置实验方案等，提升学生思维，巩固建立的问题解决思维模型，层层推进变化观念与平衡思想认识的发展。

高三的复习课不能只是对原有知识的简单重复和简单展示，应体现更高层次的能力提升追求，帮助学生的认识发展经历一个由简单直接到复杂多元化、由表象到本质的发展过程。这就需要学生对知识间的联系有更加清晰的认知，既要建立结构化的知识关联，也要建立结构化的认识思路。教师需要引导学生在不同的教学阶段、不同的教学任务过程中不断丰富、加深和拓展对化学核心知识和技能的认识视角，促进学生认识水平的多样化和立体化发展。认识能力并非由学科知识简单加合而成，而是需要在教学活动中，通过学生的主动建构、反思内化和实践应用而逐步形成。因此，教师需要静心设计相应的学习任务，提出有启发性、有深度思考价值的问题，让学生的核心素养得到更大的发展，也能让高三的复习效率得到有效的提高。

五、变化观念与平衡思想的课堂实例5:《分离提纯——萃取》

(一)《分离提纯——萃取》主题的知识结构和功能

1.《分离提纯——萃取》主题的知识结构

依据化学学科课程标准要求,培养学生核心素养是学科教学的重要目的。联系变化观念和平衡思想进行综合分析是化学学科核心素养的重要组成。学生在学习化学平衡、电离平衡、水解平衡、溶解平衡后,对平衡观已经形成了一定的认识,从宏观辨识和微观探析的角度掌握了平衡形成的相关知识。平衡的思想在化学中有非常广泛的应用和体现。萃取是中学阶段非常常用的一种分离提纯手段,学生对萃取的应用和操作有了一定的认识,但是对于萃取过程中变化与平衡的形成,学生并不清楚。教师可通过实验手段帮助学生建立萃取过程的平衡体现,以此帮助学生加强平衡思想的形成以及对萃取操作的理解。

萃取作为一种重要的分离提纯手段,在稀土提纯、药物提取、食品检测、环境检测等领域都有非常重要的应用。从水体中萃取金属离子的方法,不仅可以用于环境治理,也可以用于金属的回收利用。将萃取用于溶液中金属离子的分离和提纯,这在近些年的高考题中也经常出现,如2015年天津卷中考查了废旧印刷电路板中铜的回收,2016年江苏卷中涉及用有机萃取剂进行Fe^{3+}的提取分离,2020山东卷中涉及用乙醚萃取分离铁离子和铝离子。

在高中有机化学学习苯与溴制备溴苯的实验中,对产物溴苯的提纯过程中用蒸馏水先洗混合物,其中水洗的目的可以除去混合物中的$FeBr_3$,以及部分Br_2。对于除去溴化铁,学生基本都能理解,因为盐在水中的溶解度更大,可以很容易用蒸馏水洗去。但是Br_2在有机溶剂中的溶解性大于在水中的,对于水为什么可以从有机物中将Br_2洗出,部分学生仍有疑问;以及在除去有机层中的Br_2,用NaOH进行反萃取,学生可以理解,但是并不是所有学生都能深入理解反萃取的原理。

2.《分离提纯——萃取》主题的功能

"萃取"是物质分离提纯的一种常用方法。对于萃取的简单操作和原理,学生通过中学的学习有了一定的基础。用化学平衡的思想来加强学生对萃取过程的理解,有利于学生对萃取的本质有更深的认识,对如何优化萃取操作有更好的体会,也能提升学生对科学本质的认识。高中阶段通过开展课外兴趣小组的实验课程,让学生通过设计萃取实验并结合定量计算的手段,体会到物质在不同溶剂中的溶解分配存在一定的动态平衡。该实验的设计能够让学生变化观念与平衡思想的素养得到提升,对整个高中"平衡"思想的素养构建也是一个非常好的真实情境。

（二）《分离提纯——萃取》主题的学习目标和素养

（1）通过实验探究，提升推理意识；通过推理分析加以证实观点、结论之间的逻辑关系。

（2）提升发现问题和提出问题的能力，从问题假设出发，确定探究目的，设计探究方案，进行实验探究，在探究中学会合作。

（3）提升严谨求学的科学态度，通过探索未知、提升化学核心素养。

（三）《分离提纯——萃取》主题的教学策略和教学过程

1. 《分离提纯——萃取》主题的教学策略

萃取过程其实也存在一种平衡，当单位时间内被萃取物质从水层转移到有机层的量与从有机层转入到水层的量达到一致时，微观上也达到了一种平衡状态。达到平衡时，两层溶液中溶质的浓度不变，且浓度之比是一个常数。

例如用四氯化碳萃取碘水中的碘：I_2（水层）$\rightleftharpoons I_2$（CCl_4）。

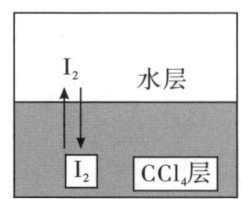

图 3-12　碘在水和四氯化碳两种溶剂中的平衡

达到平衡时两层溶液中碘的浓度存在关系：$k = \dfrac{c(水层的碘)}{c(有机层的碘)}$。

在人教版必修一第一章第一节化学实验基本方法中已经对实验的现象、实验操作进行了详细的分析。萃取一段时间后，溶液分层，下层溶液呈紫红色，上层溶液呈黄色。如果测定不同情况下两层溶液中碘的浓度比，可以计算该条件下的平衡常数。对于溶液中碘的测定方法有多种，滴定法是一种常见的测定方法，但是在样品多的情况下，滴定过程比较长，不利于多样品的测定。根据文献和资料查阅，色度计可以方便地测定溶液中物质的浓度。

对于一组给定的液体溶液，色度计可以测出溶液的绝对吸光度值。基于比尔定律（吸光度与浓度）的实验，吸光值与标准溶液浓度之间存在线性关系。可以根据标准浓度与吸光值进行线性拟合，随后对未知溶液的浓度进行确定。碘与淀粉指示剂显色，且碘水浓度的不同易导致颜色的深浅程度不一样。可以利用色度计测出碘水溶液中碘的浓度，从而计算出水层和有机层中碘浓度的比值。

2. 《分离提纯——萃取》主题的教学过程

仪器：色度计、LQ2 采集器、计算机及 Logger Pro3 软件、比色皿、移液管。

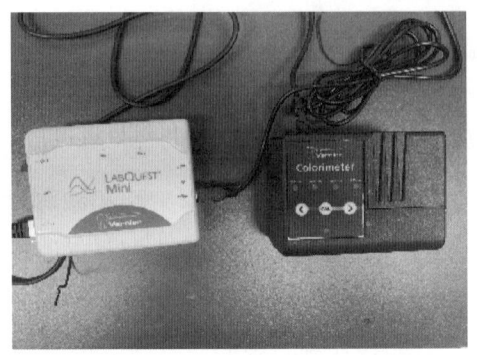

图 3-13 色度计、LQ2 采集器

实验步骤一：取 4 支试管，分别加入 20 mL 0.003g/100 mL 碘水，然后再分别加入 1 mL、2 mL、3 mL、4 mL 的四氯化碳进行萃取，静置一段时间。

图 3-14 静置、萃取

实验步骤二：利用色度计测定标准浓度溶液的吸收率，并绘制标准曲线。分别取不同浓度碘水（0.001g/100mL、0.0005g/100mL、0.00033g/100mL、0.00025g/mL）各 5 mL，再向溶液滴加 5 滴淀粉溶液。选择测定波长为 430nm，测定各浓度溶液的吸收率。

空白溶液：蒸馏水。

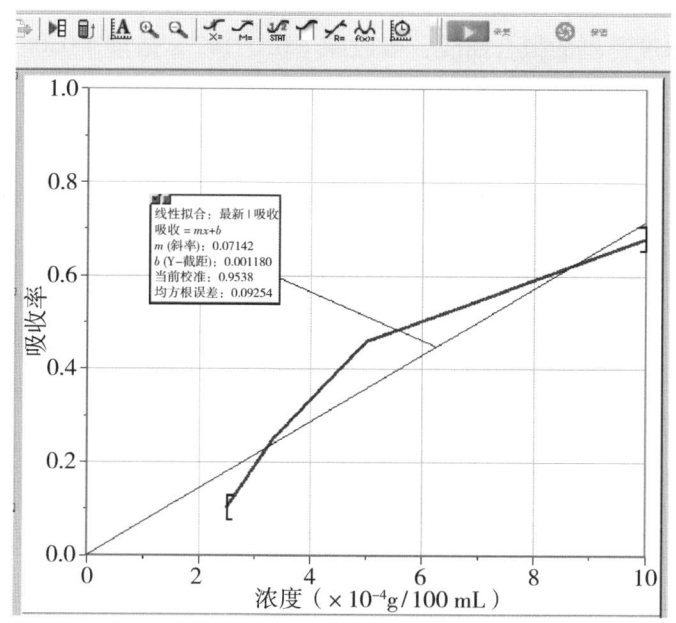

图 3-15　标准浓度进行线性拟合分析曲线

实验步骤三：萃取平衡后，分别取水层溶液 5 mL，滴加 5 滴淀粉溶液显色，然后用色度计测定溶液吸收率。

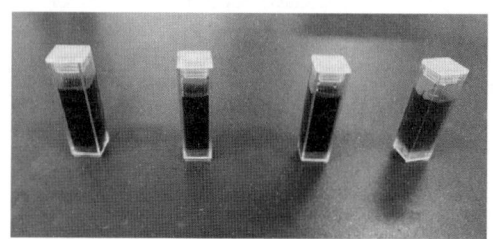

图 3-16　水层溶液显色，测定吸光度

利用色度计测定 4 支试管水层碘水显色后的吸收率，得到数据如表 3-9 所示。

表 3-9　萃取平衡后水层溶液碘的吸收率

	碘水（0.003g/100 mL）	四氯化碳	萃取后水层碘水的吸收率
试管 1	20 mL	1 mL	0.4243
试管 2	20 mL	2 mL	0.2394
试管 3	20 mL	3 mL	0.1657
试管 4	20 mL	4 mL	0.1237

根据标准浓度得到的拟合曲线：吸收率 = 0.07142 × 浓度 + 0.00118。根据拟合曲线结合待测溶液的吸收率，可以得到 4 支试管达到平衡后水层剩余碘的浓度；再利用初始碘水中碘的含量减去水层中剩余的含量，得到有机层碘的含量。根据公式：$k = \dfrac{c(水层的碘)}{c(有机层的碘)}$，计算萃取平衡后的平衡常数，得到数据如表 3-10 所示。

表 3-10　根据拟合曲线和水层溶液碘的吸收率计算萃取平衡常数

	萃取后水层碘的浓度 (g/100 mL)	萃取后 CCl_4 层碘的浓度 (g/100 mL)	平衡常数 K
试管 1	5.925×10^{-4}	4.815×10^{-2}	81.27
试管 2	3.335×10^{-4}	2.667×10^{-2}	79.97
试管 3	2.303×10^{-4}	1.847×10^{-2}	80.20
试管 4	1.715×10^{-4}	1.414×10^{-2}	82.45

上述实验结果显示：碘在四氯化碳层和水层的溶解达到平衡时，其平衡常数接近 81，由于中学实验条件的限制，导致 4 支试管测定的结果存在一定的误差，但是相对误差并不是很大，可以用作验证溶液萃取过程中存在动态平衡的一个依据。

（四）《分离提纯——萃取》主题的教学评价和反思

综合实践课是对课内知识一个非常好的延伸，能给学生一个学以致用的平台，所以综合实践课程的开设更能辅助学生形成核心素养。本实验可以让学生从定量的角度了解萃取过程的微观变化，可以让学生对于中学阶段遇到的问题有更加深刻的理解。比如：课本实验中为什么用水可以洗涤有机层中的溴，原因是虽然水对溴的溶解小，但是从平衡建立的角度看，仍然可以溶解部分溴；为什么用碱可以除去有机层的溴，其本质也是碱不断消耗水层的溴，减少水层溴的浓度，造成平衡不断移动的过程。对于近几年高考题中利用萃取剂来进行金属离子的分离和提纯，虽然萃取过程发生了金属离子与萃取剂的化学变化，但其本质依旧是金属离子在两层溶液中建立起平衡。所以学生能通过实验更好地理解如何进行金属离子的萃取，以及从萃取的溶液中将金属离子洗脱出来。

萃取是中学阶段一种非常重要的分离、提纯方法，熟悉其基本操作也是非常重要的。结合本实验的定量数据，在萃取过程中，可以帮助学生了解如何更加高效地利用萃取剂进行分离、提纯。比如：有 100 mL 的萃取剂，是该分多次还是一次性进行萃取操作。如果结合萃取平衡常数，学生就很容易理解萃取过程中"少量，多次"的意义，也能帮助学生更好地形成学科科学观。

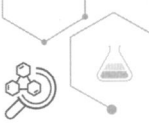

虽然萃取平衡并不是中学阶段的必备知识，但是教师结合现代测量方式，可以快速方便地让学生了解一个新的平衡，让学生对平衡观的认识有一个新的突破点，让学生知道学科的核心价值并不仅仅局限于课本，更需要将所学的知识和形成的素养放大，在陌生情境、复查体系中运用已学的知识构建模型。新课标要求教师在高中化学教学中时刻注意引导学生思考、探索，结合各种化学实验和真实的教学情境，不断渗透学科的核心价值，激发学生自主学习和科学探究的意识，从而达到提升学生综合能力的目的。

第四章
基于证据推理与模型认知的理论研究和教学实践

第一节 证据推理与模型认知的理论内涵和表征框架

一、证据推理与模型认知的理论内涵和素养导向

1. 证据推理与模型认知的理论内涵

《普通高中化学课程标准（2017年版）》中明确指出证据推理与模型认知是化学学科五大素养之一。证据推理是科学思维的一种高级形式，意在让学生初步学会收集各种证据，对物质的性质及其变化提出可能的假设；基于证据进行分析推理，证实或证伪假设；能解释证据与结论的关系，确定形成科学结论所需要的证据和寻找证据的途径；能认识化学现象与模型之间的联系；能运用多种认知模型来描述和解释物质的结构、性质和变化，预测物质及其变化的可能结果；能依据物质及其变化的信息建构认知模型，建立解决复杂化学问题的思维框架，揭示现象的本质和规律。落实化学学科核心素养，能提升学生证据推理能力及复杂性思维能力，使学生逐步养成正确的价值观、必备品格以及必备的关键能力。证据推理是专有名词，1967年由Dempster（登姆普斯特）提出，而后又经过其学生Shafer（谢弗）整理完善，是一种不确定推理理论，也可以称之为D－S理论。证据推理实际上就是基于证据之上的一种推理，一是要获得证据，二是要进行推理结论。"证据"就是要求学生具有获取证据、筛选证据的能力。获取证据的来源可以是课本、课外书籍、网络资料、实验数据等多种形式。获取证据后，还要具有筛选证据的能力，特别是从中选择比较权威的证据。如果收集的证据之间知识间有冲突，还需要进一步分析比对择取其中较可靠的数据。有些证据是正面证明的，同时也有些数据是证伪的，找寻逆向证伪的证据也是一种解决问题思路，也就是我们所说的反证法。有了证据还

要建立观点与证据之间的逻辑关联以进行推理。一种方法是证据正向支持观点，此时需收集多方证据从不同角度佐证观点。另一种方法是逆向驳斥观点，这种证伪的方法往往很具"杀伤力"，但基于化学的学科特点证伪并不意味着观点完全错误。

模型认知也可拆成"模型"和"认知"两部分来分析。"模型"主要是指将人们在生活中遇到的一些无法理解的事物或者概念转化成实例，或是将一些抽象的思维转变为我们所容易理解的模型。模型含义是模式、样式的意思。化学这门学科对模型的定义有所不同，强调以化学的视角去思考物质的世界，按照分子的比例大小去构建模型。化学模型可分为化学科学模型和化学认识模型，化学科学模型又可分为实物模型和思想模型等类型。实物模型在化学上主要是用于分子结构、晶体结构等知识的认知与理解。因为此类微观的化学知识具有看不见、摸不着及抽象的特点，借助于实物模型可以更好地理解、认识相关知识。例如教师制作精良的计算机3D模型、动画就非常有价值，将微观粒子宏观化、具体化，加强学生对微观世界的理解和感悟。思想模型是指解决问题的一种思维方式，包括概念原理模型、数学模型、复合模型等类型。化学认识模型如电化学模型，这种模型可以直接通过实验来验证其工作原理。模型认知对学生来讲是至关重要的，是建立学科理论框架的重要基础。证据推理与模型认知实质上有着千丝万缕的联系，证据推理是指学生在原有的知识基础上，对新知识进行分析、推理从而得出结论，而模型认知相当于一种媒介，在证据推理的基础上促使学生处理微观世界，利用建构模型的方式对一些难以理解的、抽象的化学内容进行分析。二者相辅相成、缺一不可。

2. 证据推理与模型认知的素养导向

证据推理与模型认知的素养功能主要体现在两方面。一是从方法论层面给出了解决化学问题的素养要求，即基于"证据"的推理、基于"模型"的解释及预测。二是将推理、模型连接在起来，突出强调"证据""推理"与"模型"的关联。化学模型认知教学主要包括以下几步：①模型初步认识，解决模型是什么的问题；②模型建立的证据，解决模型为什么的问题；③模型的运用，是理论联系实际，解决模型有什么用的问题；④模型的评价与重构。在运用模型的过程中出现一些不适用的情况不可避免，可通过模型评价找出模型适用条件从而重构模型的内涵与外延，甚至发展出高级的新模型。模型认知教学对于学生形成科学、完善的学科理论体系至关重要。

二、证据推理与模型认知的表征框架和水平划分

1. 证据推理与模型认知的表征框架

证据推理与模型认知是从化学学科认识方法方面提出的素养。结合认识方法阶

段，可将认识方法划分为感性认识和理性认识。证据推理与模型认知属于理性认识方法，是基于物质及其变化的宏观现象，揭示现象的本质和规律的方法论。

（1）应用证据推理（EBR）教学模式。

Brown 等人提出证据推理框架，简称 EBR 框架，如图 4-1 所示。其中"数据"是推理的基础，是过去或现在观察到的、可支持证据的系列事实；分析是将数据的观察结果联系起来，产生一份证据陈述的过程。

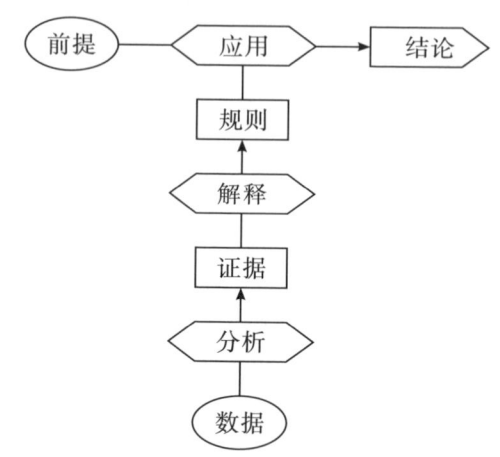

图 4-1　证据推理框架（EBR 框架）

（2）应用科学探究中的证据推理教学模式。

证据推理即基于情境发现问题，再根据已有的资料、数据或知识等证据对问题形成假设，搜集证据，根据进一步的资料、数据等证据对假设进行证实或证伪，最终获得结论。2017 年，中国化学学会对证据推理进行了解析，认为证据推理包括"证据、推理思路与推理结论"三大要素。其中，证据是支持推理结论的事实，推理思路是经过分析与综合而做出逻辑判断的过程。推理思路的形成会随着推理任务和推理类型的不同而发生改变。在解决问题的过程中可以对该问题进行解释，得到结论，就是推理结论。不同的推理任务、推理思路以及证据，会产生不同的推理结论。

杨玉琴等从科学探究的历程出发，提出了科学探究过程及证据推理的教学模式，如图 4-2 所示。基于情境发现问题，再根据已有的资料、数据或知识等证据对问题形成假设，搜集证据，进一步根据资料、数据等证据对假设进行证实或证伪，最终得出结论。

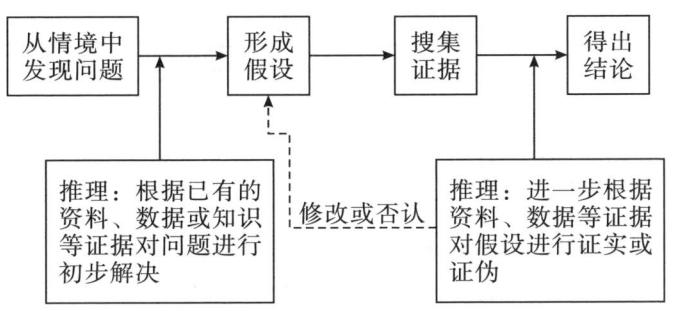

图 4-2 科学探究过程及证据推理教学模式

2. 证据推理与模型认知的水平划分

教育部在 2017 年《普通高中化学课程标准》中,对证据推理与模型认知的素养水平进行了层次的划分。具体分为四个水平层次,各个水平层次之间从不同的学科内容进行解读(表 4-1)。

表 4-1 证据推理和模型认知素养的水平划分

素养水平	证据推理与模型认知
水平 1	能从物质及其变化的事实中提取证据,对有关的化学问题提出假设,能依据证据证明或证伪假设;能识别化学中常见的物质模型和化学反应的理论模型,能将化学事实和理论模型进行关联和合理匹配
水平 2	能从宏观和微观结合上收集证据,能依据证据从不同视角分析问题,推出合理的结论;能理解、描述和表示化学中常见的认知模型,指出模型表示的具体含义,并运用于理论解释或推测物质的组成、结构、性质与变化
水平 3	能从定性与定量结合上收集证据,能通过定性分析和定量计算推出合理的结论;能认识物质及其变化的理论模型和研究对象之间的异同,能对模型和原型的关系进行评价以改进模型;能说明模型使用的条件和适用范围
水平 4	能依据各类物质及其反应的不同特征寻找充分的证据,能解释证据与结论之间的关系;能对复杂的化学问题情境中的关键要素进行分析以建构相应的模型,能选择不同模型综合解释或解决复杂的化学问题;能指出所建模型的局限性,探寻模型优化需要的证据

第二节　证据推理与模型认知的进阶分析和培养路径

一、证据推理与模型认知的进阶分析

"学生化学学科的核心素养的发展是一个持续进步的过程"，具有连贯性的特点。学习进阶针对的不是一个具体的学科知识，也就是说，只有一定主题的问题，才有所谓的进阶问题。在新教材中有关模型认知与证据推理的应用有很多，要在教学中将其逐层进阶，以达到更优的教学效果。比如在必修一和必修二中的元素化合物认知模型：运用价类二维图的模型对未知物质的性质预测→证据获取（包括实验设计及实施）→通过证据推理，分析、对比、归纳出物质性质（通性与特性）。元素周期律中体现的位—构—性模型：元素周期表位置→元素原子结构→性质规律（原子半径→元素金属性非金属性→元素化合价→最高价氧化物水化物酸碱性及气态氢化物稳定性、金属与酸或水反应难易等）→特殊元素或规律。选择性必修3中的有机物认知模型：有机物结构简式→有机物官能团→官能团性质→有机物通性与特性。未知有机物推理模型：化学式确定（化学、物理方法）→分子式确定（密度法、质谱法）→官能团及碳架结构确定（氢核磁共振、波谱法）→综合分析、推测确定结构式。选择性必修1中的平衡、速率计算模型：三段式进行数据整理→根据第二行算系数或速率→根据第二行比第一行算转化率→根据第三行数据计算 K。平衡移动方向判断模型：定量判断（知道或能计算 Q 与 K）→若无法获取 Q、K 则进行定性判断→温度升降（向吸、放热方向移动）→增减压（向系数减、增分析移动）→升降浓度（向浓度降、升方向移动）→充惰性气体（恒温恒容或恒温恒压）。高考题中的化工生产模型：原料预处理（从速率、平衡角度加以认识）→除杂过程（氧化还原、离子反应方法，温度、浓度、压强、pH 等条件控制）→产品形成及纯化（氧化还原、离子反应原理，过滤、分液、蒸馏等物质分离手段）→产品纯度测定（滴定法、热重法等）。这样的模型还有很多，教学中应该帮助学生建立起各种模型。有了这些模型，学生就能建立起学科理论分析的基本框架，有些学生甚至能建立一些新的属于自己的独特模型。

二、证据推理与模型认知的培养路径

教学模式指的是在一定教学思想或教学理论指导下，为完成特定教学任务、实现特定教学目标所建立起来的较为稳定的、突出从宏观上把握教学活动整体及各要素之间内部关系的教学活动框架,以及突出教学模式的有序性和可操作性的教学程序。因此,教学模式包含了教学要素及其关系。通过应用证据推理教学模式,把握证据推理的要素及注意点,培养证据推理能力。

1. 提供丰富的情境素材

在高中化学教学过程中,证据推理需要收集大量的证据,所以就需要很多的情境素材,这些素材中含有大量的证据和线索方便学生进行挖掘。而这些素材可以来源于实际生活,如那些在生活中经常见到但是没有深入思考的化学现象,也可以是化学实验室模拟的生产过程,有助于学生认识到化学对实际生活的贡献;还可以是同一实验的不同认识,帮助学生进行思考,提高其逻辑思维能力。因此老师在教学过程中,要引导学生进行证据搜集,从而培养学生的逻辑推理能力以及论证能力,同时还可以完善学生的模型认知能力,以增强学生的化学思维。

2. 设计合理的教学环节

探索科学的过程以及培养认知能力的过程都不是一气呵成的,而是逐渐形成的。在具体的教学实践中,我们不难发现,教学素材往往不是完美的存在,一些教学素材只能体现一部分的化学原理,因此老师在教学中设计教学环节时,要充分考虑教学素材与教学环节之间的逻辑关系,不断创新教学方式,让学生在具体的学习过程中,体验科学的发现过程,同时培养搜集证据的习惯。学生通过对搜集证据的分析习得认知规律,逐渐形成模型,然后在模型应用的过程中,结合实际情况,不断优化完善模型,从而形成模型认知能力。在模型完善的过程中,学生要找寻更多的证据,让证据推理具有层次感,进而培养学生的化学高阶思维。

3. 采用探究式的教学方式

在高中化学教学中,老师要结合学生具体的学习情况以及化学学科的特点,注重引用探究式的教学方式,尊重学生的主体地位,引导学生对所要学习的化学知识进行深入探究,独立思考,挖掘并搜集相关的化学证据。通过这样的教学方式,学生能够形成自己独特的化学思维,并且可以分析和评价所学习的化学知识,同时还可以运用所学习的化学知识来解释化学现象,其独立思考和解决问题的能力不断提升,化学思维逐渐增强,从而提升学生的化学核心素养。

第三节　证据推理与模型认知的课堂实例和发展模型

一、证据推理与模型认知的课堂实例1：《沉淀溶解平衡》

（一）《沉淀溶解平衡》的知识结构和功能

1.《沉淀溶解平衡》的知识结构

《沉淀溶解平衡》是新教材化学选择性必修1第三章第四节的内容，其被安排在学生学习了化学平衡、水的电离和溶液的酸碱性、弱电解质的电离平衡、盐类的水解平衡之后，教学重点与难点在于如何使学生建立沉淀溶解平衡模型，使其能够自主地、动态地认识和分析难溶电解质在水溶液中的行为。该部分属于化学平衡知识的延续。沉淀溶解平衡是历年高考的热点，也是化学核心素养中平衡思想的重要组成部分。学生在学习沉淀溶解平衡内容之前，已经掌握了复分解反应发生的条件（反应生成水、气体或者沉淀），但往往会忽略在碱和盐、盐和盐的反应中，反应物必须可溶这一先决条件。学生在初中阶段学习过溶解度的概念及常见物质的溶解性，会辨认不同颜色的"沉淀"，但学生形成了固有认识，习惯把沉淀当作不溶物处理，导致学习难溶电解质能够部分溶解时遇到困难。此外，对学生而言，难溶电解质的溶解平衡与难电离物质的电离平衡到底有何差别也是一个亟待解决的问题。学生学习了平衡理论在化学平衡、电离平衡和水解平衡中的应用，但在知识的迁移能力上有所欠缺，所以在建立沉淀溶解平衡模型时有一定的困难。沉淀溶解平衡内容的理论分析性较强，要求学生有较强的思维能力和理解能力，在新（沉淀的溶解平衡）、旧（认为沉淀不溶于水）知识的冲突过程中，转变思考方向，摆脱固定思维模式，建立新的认识环境。由此可见，沉淀溶解平衡内容具有较强的教学功能和价值，在学习中使学生的已有认识得到改变和发展。《沉淀溶解平衡》这节内容有一定的难度，教师需要在教学中采取有效策略不断升华旧认识，促进学生不断思考，形成新认识。据此，基于新课标的课程理念，依据理解和应用学科素养框架开展《沉淀溶解平衡》的教学设计，以帮助学生从学习和理解难溶电解质在水溶液中存在沉淀溶解平衡这一知识内容出发，基于知识载体设计有层次且具有挑战性的学生活动，在探究中引导学生对实验现象和现象背后的原因进行剖析、类比和归纳，提升学生对沉淀的生成、溶解与转化实质的认识。在教学过程设计中要突出发展学生证据推理与模型认知的化学学科素养，彰显知识的素养发展价值。本节课主要是利用课堂实验突破难溶物的沉淀溶解平衡状态及难溶物质间的相互转化，培养学生认识反应本质及运用数学知识处理数据的能力。本节学习难溶电解质的沉淀溶解平衡，既可以加深学生对水溶液中离子反应与平衡知识相关理论的认识，又可以引导学生体会化学理论在生活和工农业生产中的广泛应用。其知识结构如下（图4-3）。

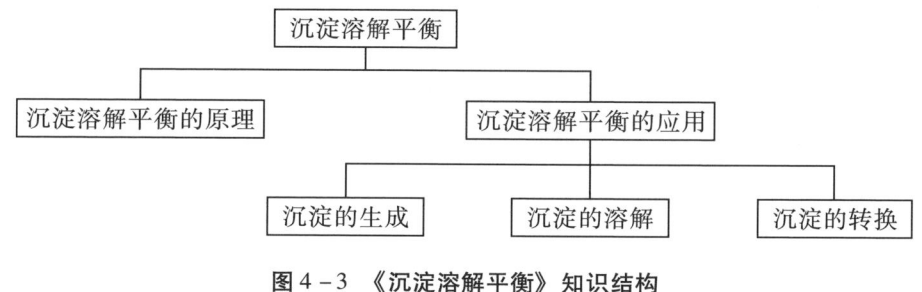

图4-3 《沉淀溶解平衡》知识结构

2.《沉淀溶解平衡》的功能

变化观念与平衡思想是化学五大核心素养之一。沉淀溶解平衡是化学平衡的延续和发展，本身内容理论性强，概念抽象，致使许多学生存在较明显的认知缺陷。通过沉淀溶解平衡的学习，学生可以体会理论分析的指导作用，感受相关知识在生产、生活中的应用价值。通过化学平衡理论在沉淀溶解平衡理论中的应用，起到培养学生知识迁移能力的作用。以辩证的思想为特征、以溶解与沉淀可逆过程为研究对象，培养和训练学生辩证看待问题的哲学思维。提问及追问的方式能够促使学生深入思考，在产生认知冲突和解决冲突的过程中，使感性认识转化为理性认识，达到认知思维的提升。那么，在沉淀溶解平衡的教学中，什么样的问题能够驱动学生产生积极的思维？

本节利用课本实验，从沉淀溶解平衡状态的建立和物质间的相互转化，让学生亲身体会客观实验事实，通过剖析现象背后的本质，突破沉淀溶解平衡的知识脉络。布鲁纳说过："知识的获得是一个主动的过程，学习者不是信息的被动接受者，而应该是知识的主动参与者。"化学学科核心素养也是学生在面对真实复杂的问题情境时所表现出来的关键能力和必备品格。当学生在探究与创新实践过程中遇到和发现问题时，需要调用原有模型，进行假设推理、寻找证据，并基于证据推理发现或建立新的模型。从这个意义上说，证据推理与模型认知是科学探究与创新的思维核心，也是科学探究与创新的方法。化学课程对于科学文化的传承和高素质人才的培养具有不可替代的作用。作为一名教师，在实际的教学过程中要尽可能多地增加学生实验，让学生自己动手操作、亲自实践，在此基础上引导学生，让他们在实际操作过程中发现自然规律，指导他们通过对实验现象的观察以及实验数据的加工整理和分析归纳，进而总结提炼出科学规律。基于证据推理的化学课堂教学从本质上来说，改变了现有化学课堂教学中简单的"拿来主义"或者是演示实验的"浅尝辄止"。让学生真正参与知识的形成过程，学会寻找证据、科学推理、得出结论，不断把新知识纳入自己已有的知识结构中，达到新旧知识融合，而不再是一味地将记忆中的规律停留在习题上。不但要知其然，还要通过证据推理知其所以然，这样的教学不仅提高了学生的思维能力，增加了的知识厚度，同时也促进了学生学习方式的根本性改变，真正培养了学生的化学学科素养，提高了学生的学习乐趣，促使他们主动学习，从而获得全方位提升。

（二）《沉淀溶解平衡》的学习目标和素养

1. 《沉淀溶解平衡》的学习目标

教学的最终目的是要使学生能自如地解决问题，学生学习知识和技能的目的是为了解决问题。为了促进学生积极、主动地思考，培养学生问题解决能力，教师在教学中应该创设一系列问题及追问，并将其建构成一个螺旋上升的问题链。围绕问题情境创设的问题及追问，是问题情境的延续和发展，是层层推进问题，进而解决问题的阶梯。问题及追问中的每一个问题都需要符合关于"问题"和"好问题"的特征和标准。每一个问题与追问之间的连接应该具有逻辑性和激发性，需要能展现和揭示学习过程与思想方法，使问题的解决过程具有普遍的知识性和方法论的意义。

（1）认识难溶电解质在水溶液中存在沉淀溶解平衡，通过实验证明难溶电解质沉淀溶解平衡的存在，设置实物模型帮助学生理解。

（2）通过实验了解沉淀的生成、溶解与转化，能应用平衡理论解释生成、溶解和转化的模型构建，能够基于模型表征难溶物及其变化的特征、本质和规律。

（3）学会通过比较浓度商和溶度积理论模型来判断难溶电解质的沉淀与溶解，学会从定量的角度分析物质的生成及其转化。

2. 《沉淀溶解平衡》的素养

沉淀溶解平衡重点围绕学生认识发展上的提升和探究过程中证据推理思维模型的构建。探讨物质的溶解度大小与沉淀转化方向间的关系问题，基于对沉淀转化一般规律的认知，由沉淀转化这一核心素养问题开展实验探究，提升学生对沉淀转化实质的认识。教师可采用问题及追问的教学策略，依据问题的特点来创设一系列的问题链。首先，要具有合理的程序性和阶梯性，既要反映知识结构的生成和发展过程，又要考虑学生在学习知识的过程中本身所处于的认识发展阶段。因此，问题及追问的设计应该针对知识的系统性和学生认识发展水平的有序性进行调整和完善，所设置的问题应该难度适中、排列有序、循序渐进，并形成有层次结构的逻辑系统。其次，创设的问题及追问要具有开放性和发散性，引导学生发散思维，从不同的角度去思考和研究问题，帮助学生深刻领会所学知识与已有知识的密切联系，加深对新、旧知识之间联系的认识，促进学生知识的迁移能力。最后，创设的问题及追问应具有方向性和策略性，蕴涵着丰富的程序性知识和策略性知识，帮助学生形成问题图示、问题框架和问题解决的基本模式。关于开展科学探究问题的设置遵从的一般思路：从真实情境中确立问题→形成假设、拆解问题→实证法收集证据、分析问题→获得结论，解决问题。在探究中，学生基于资料、数据和电化学装置结构模型进行分析、推理，对假设进行证实或证伪，逐步发展了学生的证据意识。

（三）《沉淀溶解平衡》的教学过程和策略

1. 《沉淀溶解平衡》的教学策略

《普通高中化学课程标准（2017 年）》提到：化学学科核心素养是学生必备的科学素养，是学生终身学习和发展的重要基础；化学课程对于科学文化的传承和高素质人才的培养具有不可替代的作用。沉淀溶解平衡是化学平衡的升华，本身内容理论性强，概念抽象，所以本节利用课本实验中沉淀溶解平衡状态的建立和物质间的相互转化，让学生能够突破沉淀溶解平衡的知识脉络。

第一，通过 AgCl 固体在水中的溶解情况，来剖析难溶物沉淀溶解平衡的建立过程，然后从利用宏观现象、剖析微观的动态关系，从而建立《沉淀溶解平衡》中难溶物的实物模型，形成研究物质完善模型知识的探究模式。

第二，利用《沉淀溶解平衡》中 AgCl 固体的实物模型，研究微观粒子的浓度关系，明白难溶物溶解的特征，将微观知识宏观化，将变化观念与模型认知有机联系起来，为后续应用核心知识解决较为复杂的实际问题打下基础。

第三，学生在经历通过实验实现难溶物的生成与溶解的基础上，重点探讨沉淀转化的方向问题，引导学生从理论分析和实验探究两个维度，探讨 $BaSO_4$ 溶解曲线，$AgCl$、AgI 等相互转化的可行性。也着重培养学生证据推理与模型认知的学科思维素养。

2. 沉淀溶解平衡的教学过程

通过对学生已有认识和教学内容进行分析，在此基础上选择和呈现问题。根据问题特点及其设计要求，对每个问题进行目标分析。通过对一系列问题间的程序性、问题的激发性等要素的深入理解，最终形成问题的追问。

环节一：沉淀溶解平衡的建立

【演示实验1】室温下，将少量 AgCl 固体加入到一定量的盛有 50 mL 蒸馏水的烧杯中（图 4-4）。

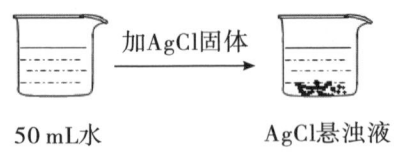

图 4-4　AgCl 悬浊液

教师：由于 AgCl 的溶解能力较小，同学们能否观察到 AgCl 固体的溶解？如何证明难溶物 AgCl 固体可以溶解？

学生：无法看到 AgCl 固体的溶解，但可以测定悬浊液中存在 Cl^- 或 Ag^+。

教师：请同学们设计实验来验证你的结论。

【课堂活动】讨论并设计实验方案验证结论。

结论：悬浊液中存在 Cl^-。方案：对上述的悬浊液过滤，取滤液，滴加 HNO_3 酸化的 $AgNO_3$ 溶液，存在白色沉淀，则说明滤液中含有 Cl^-，同理也可以验证 Ag^+ 的存在。

教师：实际上，在一定的温度下，难溶物质在水中有一定的溶解能力，只是溶解的量相对小些，所以我们很难观察到物质的溶解，故人为地把它们称为"难溶物质"。

【过渡】根据学生提供的方案，教师进一步进行演示实验。

【演示实验2】用 A、B 两支试管分别取 5 mL 上述过滤后饱和溶液，然后向 A、B 两支试管分别滴加几滴 0.1 mol/L $AgNO_3$ 溶液和 0.1 mol/L NaCl 溶液，观察实验现象（图 4-5）。

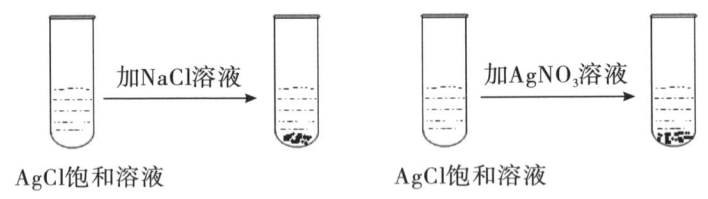

图 4-5　AgCl 饱和溶液中离子的检验

学生：两个实验都可以看到白色沉淀。

教师：在初中学习溶解度概念时可知，所谓的固体溶解度是指在一定温度下，100g 溶剂（通常是水）中达到饱和所能溶解溶质的质量。也就是说温度不变，固体的溶解度不变。为什么在此时的饱和溶液中有固体析出，难道是溶解度变小了吗？请同学们思考原因是什么？

设计意图：在一定温度下，物质的溶解度是定值。为什么滴加 $AgNO_3$ 溶液或

NaCl溶液后还有沉淀析出，为什么在温度不变的情况下溶解度会减小。让学生明白，溶解度的真正意义及沉淀溶解平衡之间的关系，是$K_{sp}(AgCl)$不变，$c(Ag^+)$与$c(Cl^-)$此消彼长的关系，是一种动态平衡，存在平衡移动，可以利用数学图像来理解沉淀溶解平衡曲线的意义，为后面引出沉淀溶解平衡曲线做好铺垫。

【过渡】在教师的点拨下，学生明白沉淀溶解平衡的意义，教师可以进一步设问。

教师：在学习离子反应时，固体AgCl是强电解质，为什么课本上对AgCl饱和溶液给出的动态平衡的表达式：$AgCl(s) \rightleftharpoons Ag^+(aq) + Cl^-(aq)$中存在可逆符号。这与AgCl是强电解质是否矛盾？

学生：思考、讨论。

教师：$AgCl(s) \rightleftharpoons AgCl(aq) = Ag^+(aq) + Cl^-(aq)$，也就是说任何物质都存在不溶物⇌溶液中溶质的关系，这是溶解和结晶的动态平衡。而是不是强电解质，关键是溶液中的溶质是否完全电离，而在沉淀溶解平衡的表达式中省略了这一步而已。

刚刚讨论了强电解质AgCl的沉淀溶解平衡的表达式，那么对于难溶物且为弱电解质的$Mg(OH)_2$的沉淀溶解平衡的表达式又该如何处理？

学生：思考、讨论。结果为$Mg(OH)_2(s) \rightleftharpoons Mg^{2+}(aq) + 2OH^-(aq)$。

教师：大家得出的结论$Mg(OH)_2$溶解平衡表达式和AgCl是一样的，但如何理解两个悬浊液成分的不同？

学生：思考、讨论。

教师：虽然表达式一样，但悬浊液的"内容"是不同的，在AgCl的悬浊液中，除存在未溶解的AgCl固体外，溶液中仅有Ag^+、Cl^-；而在$Mg(OH)_2$的悬浊液中，除存在未溶解的$Mg(OH)_2$固体外，溶液中不仅有Mg^{2+}、OH^-，还有已溶解但未电离的$Mg(OH)_2$。

设计意图：通过以上问题的设疑，在沉淀溶解平衡中进一步阐释强弱电解质的意义，此时教师进一步将溶解度、沉淀溶解平衡曲线的相互关系联系在一起。

环节二：溶解度和K_{sp}之间的联系

【情境导入】25℃时，向AgCl悬浊液中分别加少量水、NaCl固体、$AgNO_3$固体。表4-2中哪些物理量会发生变化，如何变化？请画出25℃时，AgCl在水中的沉淀溶解平衡曲线？如果温度升高呢？

表 4-2　AgCl 的溶解度、K_{sp}(AgCl) 及离子浓度间的关系

	滴加少量蒸馏水	加入少量 NaCl 固体	加入 AgNO$_3$ 固体
AgCl 的溶解度			
K_{sp}(AgCl)			
c(Ag$^+$)			
c(Cl$^-$)			

设计意图：
①在温度不变的条件下，定性分析影响难溶物质溶解度和 K_{sp} 的因素。
②通过滴定曲线定量分析难溶物质 K_{sp} 和离子浓度之间的数量关系，并分析温度对难溶物质的溶解度和 K_{sp} 的影响。

【情境导入】PPT 展示图 4-6。

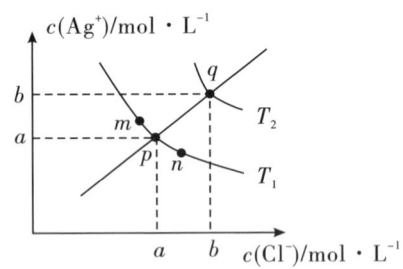

图 4-6　AgCl 沉淀溶解平衡曲线 c-c 图像

教师：曲线上的 p、q 两点的含义，有什么不同？直线 pq 上任一点的含义是什么？曲线上 $m→n→p$ 移动的原因？T_1、T_2 温度高低的判断？

学生：p、q 两点代表不同 T_1、T_2 下 c(Ag$^+$) = c(Cl$^-$)，直线 pq 上任一点在任意温度（物质有存在意义）下 c(Ag$^+$) = c(Cl$^-$)，也就是运用数学上 $y=x$ 函数的解答。曲线 $m→n→p$ 移动的意义是在饱和 AgCl 溶液中不断加入 NaCl 固体，由于在一定温度下 K_{sp}(AgCl) 是定值，所以，c(Ag$^+$) 从大于 c(Cl$^-$)，逐步相等，最后 c(Ag$^+$) < c(Cl$^-$)。由于固体 AgCl 的 K_{sp}(AgCl) 随温度升高而变大，所以 T_1 下 K_{sp}(AgCl) < T_2 下 K_{sp}(AgCl)，则 T_1 < T_2。

设计意图：学生在理解物质溶解度的概念及 K_{sp} 的表达式后，通过图像将两者联系到一起，用图像来解决概念间的相互关系，简单直观地解决学生的难点，从而突破问题。

环节三：沉淀的转化

对于物质之间的溶液能否反应，主要是看溶液中的离子是否反应，本质是离子

是否向离子浓度减少的方向进行。学生对溶物之间的相互转化难以理解，往往只是片面地认为溶度积大的向溶度积小的转化，可通过数据（表4-3）和课本实验帮助学生解决相互转化问题。

表4-3 一些难溶物的溶度积常数

化学式	AgCl	AgI	Ag$_2$S	Mg(OH)$_2$	Fe(OH)$_3$
溶度积	1.8×10^{-10}	8.3×10^{-17}	6.3×10^{-50}	1.8×10^{-11}	4.0×10^{-38}

【演示实验3】向盛有10滴0.1 mol/L AgNO$_3$溶液的试管中滴加0.1 mol/L NaCl溶液，直到不再有白色沉淀生成。再向其中滴加0.1 mol/L KI溶液，观察并记录现象；继续向其中滴加0.1 mol/L Na$_2$S溶液，观察并记录现象。

实验现象：如图4-7所示，先生成白色沉淀，逐渐变成黄色沉淀，最后转化成黑色沉淀。

实验结论：难溶物AgCl可以转化为更难溶的AgI，而AgI也可以继续转化为Ag$_2$S，说明难溶物之间在一定条件下可以发生相互转化。

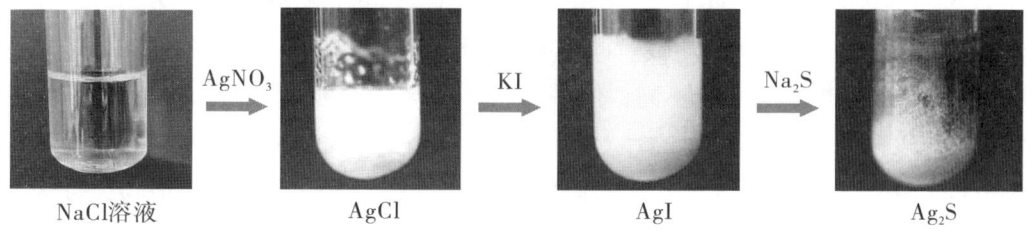

图4-7 含银化合物的沉淀转化

【演示实验4】向盛有0.1 mol/L MgCl$_2$溶液的试管中滴加1～2滴2mol/L NaOH溶液，有白色沉淀生成。再向其中滴加2滴0.1 mol/L FeCl$_3$溶液，静置。观察并记录现象。

实验现象：如图4-8所示，先生成白色沉淀，静置后转化成红褐色沉淀。

实验结论：难溶物Mg(OH)$_2$可以转化为更难溶的Fe(OH)$_3$，说明难溶物之间在一定条件下可以发生相互转化。

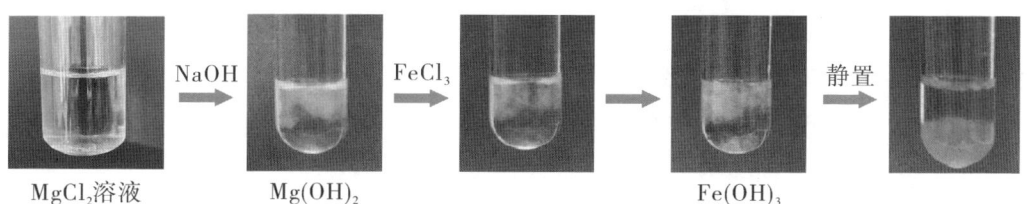

图4-8 氢氧化物的沉淀转化

设计意图：相同类型的 AgCl 可以转化为 AgI；不同类型的 AgI 可以转化为 Ag_2S，$Mg(OH)_2$ 可以转化为 $Fe(OH)_3$，转化的本质就是溶解度小的难溶物可以转化成溶解度更小的难溶物。

教师：为什么相同类型的可以转化，不同类型的也可以转化？溶度积不同的难溶物能否相互转化？能不能通过定量的关系进行计算，得出结论？

处理策略：

（1）在实验 3 中向盛有 10 滴 0.1 mol/L $AgNO_3$ 溶液的试管中滴加 0.1 mol/L NaCl 溶液，至不再有白色沉淀生成。表达的意义在于 AgCl 转化为 AgI 沉淀，转化过程中要保证在生成 AgI 过程中 Ag^+ 的来源是 AgCl 中 Ag^+ 的，才能体现沉淀的转化，如果 Ag^+ 过量，此时悬浊液中 AgCl、AgI 的沉淀都有，无法得出沉淀转化的本质。

（2）实验 3 中至不再有白色沉淀生成的含义，不是恰好反应，此时 $c(Ag^+) = K_{sp}(AgCl)/c(Cl^-) = 1.8 \times 10^{-10}/0.1 = 1.8 \times 10^{-9}$ mol/L，当滴加 $c(I^-) = 0.1$ mol/L，此时 $Q_c(AgI) \approx 0.1 \times 1.8 \times 10^{-9} = 1.8 \times 10^{-10} > K_{sp}(AgI)$，所以有黄色沉淀生成；而 $c(S^{2-}) = 0.1$ mol/L，此时 $Q_c(Ag_2S) \approx 0.1 \times (8.3 \times 10^{-16})^2 > K_{sp}(Ag_2S) = 6.3 \times 10^{-50}$ 也会有黑色沉淀生成。同理可以根据数学的计算，得出 $Mg(OH)_2$ 转化为 $Fe(OH)_3$ 是由于物质分子量不同，但一般不会影响数量级，所以沉淀溶解平衡的溶解度用浓度来表示影响不大。

（3）不能用溶度积的大小判断难溶物的相互转化，溶解度小的难溶物在特殊条件下也可以转化为溶解度大的难溶物，要根据 Q_c 和 K_{sp} 的相对大小判断。

（4）如果只要体现溶解度大小的实验，可以将上述两实验设计为：

① 已知 $K_{sp}(AgCl) = 1.8 \times 10^{-10}$，$K_{sp}(AgI) = 8.3 \times 10^{-17}$，$K_{sp}(Ag_2S) = 6.3 \times 10^{-50}$。某溶液中含有 Cl^-、I^- 和 S^{2-}，浓度均为 0.1 mol/L，向溶液中逐滴滴加 0.1 mol/L $AgNO_3$ 溶液，三种阴离子的沉淀顺序如何？

② $K_{sp}[Mg(OH)_2] = 1.8 \times 10^{-11}$，$K_{sp}[Fe(OH)_3] = 4.0 \times 10^{-38}$。某溶液中含有 Mg^{2+}、Fe^{3+}，浓度均为 0.1 mol/L，向溶液中逐滴滴加 0.1 mol/L NaOH 溶液，两种阳离子的沉淀顺序如何？

设计意图：进行上述设计，采用控制变量的思想，保证在滴加溶液过程中，溶液中原来离子的浓度稀释的倍数相同，根据 K_{sp} 可以进行数据计算，一目了然。

环节四：利用沉淀溶解平衡知识解决现实生活中物质的含量问题

【情境导入】某同学为了测定某生理盐水中 Cl^- 的含量，准确量取待测液并用 $AgNO_3$ 标准溶液滴定。根据下列信息回答问题。

已知几种难溶物的溶度积如表 4-4 所示,该实验宜选择(　　)作指示剂(填字母)。

A. KI　　　　B. NH_4SCN　　　　C. Na_2CrO_4　　　　D. K_2S

表 4-4　几种难溶物的溶度积常数

难溶物	AgI	AgSCN	AgCl	Ag_2CrO_4	Ag_2S
溶度积	8.5×10^{-17}	1.2×10^{-12}	1.8×10^{-10}	1.1×10^{-11}	6.7×10^{-50}
颜色	黄色	白色	白色	红色	黑色

原理:滴加一定浓度的 $AgNO_3$ 溶液,根据消耗 $AgNO_3$ 的体积进行定量计算。

教师:$AgNO_3$ 的准确体积在实际操作中很难把握,因此往往采用滴加指示剂的方法,确定的 $AgNO_3$ 用量问题。请同学们先仔细阅读,确定解决此类题关键在什么地方,指示剂的指示的意义是什么?

学生:①指示剂反应一定要灵敏,作为判断反应的依据。

②指示剂一定是在被测定的离子反应结束后再反应。

③指示剂反应一定要有特殊现象来判定反应的结束。

教师:那我们能不能根据已学的难溶物的转化的知识来解决本道题?

学生:①同一类型的物质 K_{sp} 越小,溶解度越小,能很快将 KI、NH_4SCN 排除。

②对于不同类型的 K_{sp},可以先进行转化计算物质的溶解度,再比较大小来解决。得出溶质溶解度的大小顺序。$S(Ag_2CrO_4) > S(AgCl) > S(Ag_2S)$。

教师:根据图表中的数据,采用数学计算,得出本道题的试剂应为 Na_2CrO_4。

设计意图:沉淀溶解平衡是中学化学学习中重要的知识板块,也是化学平衡、水溶液中离子平衡知识的延伸。学生对沉淀溶解平衡的转化以及溶解度、溶度积、图形的理解较为困难,往往只是管中窥豹,难以厘清它们之间的相互关系。因此借助课本实验——解读,结合数学运算来解决沉淀溶解平衡中的相关问题。本节课只是做一些初步探索,如何能真正提高学生计算能力和逻辑思维能力,还需要教育工作者的不断探索。

(四)沉淀溶解平衡的教学评价和反思

1. 精心设计教学环节,依托探究活动提升证据意识

教育家杜威说,探究是"对任何一种信念或假设的知识进行的积极、持续、审慎的思考"。在课堂教学中,教师要逐步发展学生的证据意识,既要让学生感受理论证据推导中的科学性,又要让学生体验实验证据的过程性和复杂性。教师要精心设计课堂上的学生活动环节,坚持以开展科学探究的教学方式发展学生证据推理与

模型认知的学科素养。化学反应是有一定规律的,但化学实验的结果又具有不确定性。通过问题研讨,对探究中的证据展开多次理性的剖析,层层深入,最终找出问题所在,为后续进一步提升学生对沉淀转化实质的认识打下坚实的基础。

2. 基于模型揭示变化过程,打通概念原理知识间的联系

化学中的模型认知可理解为利用模型进行思维的一种方法,即是基于一定的感性认识,以理想化的思维方式对看不见的化学原型客体进行近似、简化的摹写,以揭示其本质和规律的一种科学抽象方法。该方法为拓展学生的实验设计思路提供了新的角度和路径,并据此转化为今后研究同类型问题的一般思路与方法。在探究活动中,学生积极、主动参与实验过程,充分体验和感悟概念原理知识对实践的指导价值,承前启后,在学习过程中收获成就感。证据推理与模型认知不仅是化学科学发展的重要元素,也是化学学习中不可或缺的必备能力。该能力不仅有助于学生深刻理解知识是如何建构的,更有利于学生的知识迁移。

3. 基于问题的设计形式,采用问题及追问的方式将知识进行有效的衔接

通过对沉淀溶解平衡教学中问题链的设计与实践可知,在进行问题链设计时,需要对教学内容和学生的已有认识进行充分、细致地测查和准确、到位地把握。选择和呈现问题时,应遵循科学、准确、清晰和指向明确的重要原则。问题的呈现与表达方式是否清晰准确,将在较大程度上影响教学效果。问题链中每一个问题都应该是基于学生的认识发展的,这需要教师详细、准确了解学生的已有认识,在学生已有认识的基础上延伸出问题,或者针对学生已有认识的不足或者偏差产生的问题,更加有效地促进学生的认识发展。作为教学实施者,需要对每一个问题进行充分的教学分析,从判断问题的难易程度、分析问题间的程序性与阶梯性、分析问题对教学内容的价值与功能、考虑课堂教学的限制因素、预期问题拆解的可能性与可行性等几个方面对所选择的问题进行分析。另外,这些问题应该与学生的已有认识产生较为强烈的碰撞和摩擦,从而达到充分激发他们进一步学习和探究动力的作用。在问题的呈现和情境设计上,应该注意趣味性、真实性和生活性,从学生身边的实例或者最熟悉的事物上引起和生成问题,有效地吸引学生的注意力和关注度。对问题链进行有效的活动设计与情境设计,能对教学效果起到促进和推动作用。关于问题链中所选择的问题,如果在表述方式上过于平铺直叙,在提问方式上缺乏技巧性和吸引力,或者是过于简单、缺乏思考空间,指向单一,致使学生感觉就是教师提问学生回答,感受不到问题的特点和魅力,也会影响问题链发挥其应有的作用。教师应该考虑学生的认知特点,为所选择的问题链寻找或设计合理、贴切、具有一定趣味性和关注度的问题情境,选择学生感兴趣的呈现方式。问题的活动设计是为设计好的问题链选择相应的教学活动,教师要安排每一个问题与实验探究或讨

论活动之间的顺序,让教学活动成为问题链的有效推动力,使其经过这一系列教学活动过程后,生成为一个螺旋上升、行之有效的驱动性问题链。

二、证据推理与模型认知的课堂实例2:《沉淀溶解平衡图像》

(一)《沉淀溶解平衡图像》的知识结构和功能

1. 《沉淀溶解平衡图像》的知识结构

《沉淀溶解平衡图像》是新教材化学选择性必修1第三章第四节的内容。《沉淀溶解平衡图像》是化学平衡图像的进一步延伸,是对自然界、生产、生活和科学实验中化学现象以及相关模型、图形和图表等的观察,以获取有关的感性知识和印象,从而提升运用分析、比较、概括、归纳等方法对所获取的信息进行初步加工和应用的能力。通过图像中横纵坐标的变化来直接表达相关离子的数学关系,属于模型认知中的思想模型。在众多的图像信息中,应特别注意以下3个方面:①坐标系——明确横纵坐标含义,并设法使其与已学的知识相结合,能分辨其含义。②起点和终点——起点、终点往往关系到反应的初始状态和平衡状态,对后续的分析至关重要。③变化趋势——图像分析中最重要的一个因素,图像承载的化学原理往往是定性的分析,而非定量的计算,因此变化趋势是图像中最需要也是最值得解读的内容。在学生掌握图像的识别、意义、绘制的基础上,对沉淀溶解平衡中涉及的量进行分析,从而形成图像问题。笔者在化学教学中发现,为了更好地研究物质间物理量的相互关系,可根据实际情况,利用沉淀溶解平衡中所学的知识创设情境来解决生活中遇到的问题,以及对学生进行辩证唯物主义教育与爱国主义教育。而对如何运用它们培养学生化学学习能力,笔者对现行化学模块中的化学图像的教学功能作了一些探索,形成的沉淀溶解平衡图像的知识结构如图4-9所示。

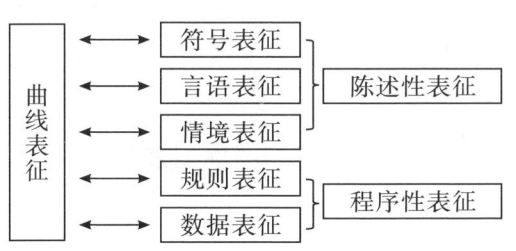

图4-9 《沉淀溶解平衡图像》的知识结构

2. 《沉淀溶解平衡图像》的功能

高中化学教学对学生未来的发展起到奠基作用。学生对高中化学知识的掌握水平和能力,会直接影响学生进行深层次的化学科学研究的能力。为了有效提高学生的理解能力，教师必须从题型角度出发，探究不同题型所需要的解题思维和解答策略，让学生在理解习题的基础上，发散思维，掌握学好高中化学的有效手段。《沉淀溶解平衡图像》在教学中可用于构建认知模型，促进学生深度学习。图像的教学功能有：①帮助学生更高效地理解并掌握化学知识——理解新知识，掌握旧知识。②运用函数图像培养学生分析问题与识别判断图像信息的能力。③培养学生对比学习的能力。④培养学生创造性学习的能力。化学图像相对于文字描述来说，具有很强的直观性和逻辑连续性，在化学课堂教学中可以降低化学知识的学习难度，并帮助学生形成科学的思维方式。

用图像来描述化学过程或者呈现化学背景知识是高中化学的基本表达方式之一，知识性的图像可分为以下几种：①实验图：向学生展示实验装置设计，操作原理，具有较强的示范性与科学性，有利于激发学生的兴趣，培养学生的观察能力和实验动手能力。②实物图：给学生直观印象，有利于达成视觉表征，增进学生对物质的物理性质的了解，加强记忆能力。③知识点结构图：有利于学生知识的归纳。④知识点表格：有利于学生通过表格表征对知识点（如物质性质）进行分类归纳复习，促进其进行有效类比编码和对比记忆编码。沉淀溶解平衡图像是将微观现象宏观化，有利于学生理解与掌握较难的化学概念或原理，并理解微粒之间的相互转化关系，提高其归纳与演绎的能力。通过图像把化学问题抽象为数学问题来考查学生从图像中获取、评价、整合和应用信息的综合分析能力的做法已成为常态。全国高考化学图像题在证据推理与模型认知化学学科核心素养的考查方面颇具特色。试题的新颖度、难度和区分度在一定程度上借助图像的创新得以体现。《2017年普通高等学校招生全国统一考试大纲（化学科）》中对化学学习能力的要求有如下表述：①接受、吸收、整合化学信息的能力：通过对图形、图表的阅读，获取有关的感性知识和印象，并进行初步加工、吸收、有序存储。②分析和解决化学问题的能力：分析和解决问题的过程及成果时，能正确地运用化学术语及文字、图表、模型、图形等进行表达，并做出合理解释。

（二）《沉淀溶解平衡图像》的学习目标和素养

1.《沉淀溶解平衡图像》的学习目标

从高考考试大纲的要求看，作为对学生通过图形、图表的阅读，进行接受、吸收和整合化学信息以及应用信息分析和解决问题的能力考查的一部分，图像题是很好的呈现形式之一。

图像题主要是由坐标和曲线组成的，其原理更像是数学问题。图像题通常都表现出直观、简单的特点。学生在读图的同时，整理和使用图像上的数字进行运算，可以有效地将数学分析转化为化学分析。

图像题在不同学科尤其是在化学学科中所占的比例是很高的。具体来说,高中阶段化学图像主要体现在化学反应速率和化学平衡(温度、压强、浓度等的影响,物质百分含量、体积分数等的变化)、化学滴定〔酸碱中和滴定(pH 变化)、沉淀滴定等〕、溶解度、溶液中离子浓度、热重分析法(脱水、分解、氧化、还原等)、水溶液中的离子平衡(电离平衡、沉淀溶解平衡)、化学反应中的能量变化等。该类图像题要求学生在对图形曲线观察的基础上,获得相关知识信息,通过信息加工准确地提取出本原内容,再与已有知识内容进行整合,从而解决实际问题。化学图像有利于整合化学概念和化学原理性知识,搭建起内在的逻辑联系,它可以让学生更好地理解化学知识,并且能够运用读图的能力提高解题的速度,促进学生对知识内涵的再次理解和领会。

2.《沉淀溶解平衡图像》的素养

高考化学图像题对证据推理与模型认知的考查分析是通过创设真实的情境,逐层设置有价值的实际问题,考查学生在解决实际问题过程中的信息处理能力、推理论证能力和综合分析能力,实现对学生的学科核心素养特别是证据推理和模型认知的考查。而学生证据推理与模型认知的发展水平往往可以通过图像的识别、信息的整合与综合应用得以体现,这就为在化学图像题中融入证据推理与模型认知的考查奠定了基础。图像在高中化学知识的学习中发挥着重要的作用。由于图像属于非连续性文本,其内容和形式都需要学生进行具体的解读,从图像中发现隐含的信息,并借助这些信息解决题干中的问题。沉淀溶解平衡图像中的图形转换让学生理解问题的本质,帮助学生开发和拓展思维,有利于促进学生化学学科核心素养的培养。沉淀溶解平衡图像能充分体现化学的宏观(宏观实验现象)、微观(微观粒子反应过程)和符号(模型化的反应方程式)三重表征。除了上述的三重表征外,还可以引入第四重表征,即函数图像。沉淀溶解平衡图像是近几年的高考试题命题重点,可以预见沉淀溶解平衡图像将继续成为命题的重要素材。在实际教学过程中,教师应该有意识地将沉淀溶解中微粒之间的关系特别是函数图像相关知识进行迁移。教师通过设计一系列的图像问题,让学生建立认知模型,落实核心素养,达到将学生的能力和素养迁移并能创造性地去解决新问题的目的。

(三)《沉淀溶解平衡图像》的教学策略和过程

1.《沉淀溶解平衡图像》的教学策略

化学图像常用于定量分析,是对实验事实进行辅助理解以及发展学生科学思维的重要内容。在教学中通过一定的教学策略,合理地运用化学图像可帮助学生发展变化观念与平衡思想、证据推理与模型认知等化学核心素养。例如在本节沉淀溶解平衡曲线教学中，利用信息化教学手段将宏观实验展示、微观过程展示及实验结果曲线图像进行系统整合，将实验数据曲线的绘制及对比分析融入曲线分析中。通过思考的建立过程，探究绘制不同条件下的实验曲线，分析异同，推动学生证据推理与模型认知素养和科学探究与创新意识素养的形成。通过学生运用知识和方法来解决图像的相关问题的过程，可考查学生的科学思维、科学素养和科学态度的发展情况。

由于图像题的解题过程存在一定的不具体性，我们就要尽可能大地了解化学教材图像系统的各项功能，发挥它的作用。①根据课型及教学目的正确选用恰当的图像。图像形态具有独特的教学功能，这有利于化学教师在教学过程中，根据课型或教学活动的特点选择适宜的图像形态，力求图像功能达到最优化。②善于利用图像描述与文字描述的位置关系。图像描述与文字描述的位置关系不同，给学生的感知及获得的信息也不尽相同，故图像在教学过程中直接或间接地影响学生学习的效果。正确处理图像与文字的关系对更好地完成课堂教学任务起到事半功倍的效果。③正确处理图像的真实性与学生特点的关系。在化学教学中运用实验图或知识原理模拟图时，教师应根据学生的整体水平情况把握好图像的真实程度。教师应在教学过程中重视图像教学功能，充分挖掘教材中图像系统的内涵，引导学生在利用图像理解和记忆化学知识原理的同时，在日常训练中锻炼思维，帮助学生掌握解题思路和技巧。

2.《沉淀溶解平衡图像》的教学过程

平衡思想是高中化学课程标准中的学科五大核心素养的重要组成部分。沉淀溶解平衡是中学化学学习中重要的知识板块，也是化学平衡和水溶液中离子平衡知识的延伸。学生对沉淀溶解平衡图形的掌握较为困难，往往只是管中窥豹，难以将试题中的图形关系理清。王磊、胡久华、李川等（2020）指出变化观念与平衡思想素养的内涵是能认识物质是运动和变化的，并遵循一定的规律，能多角度、动态地分析化学变化，依据平衡思想对题目进行编码，筛选出能体现该素养的试题。笔者根据多年高中教学实践，对经典沉淀溶解平衡试题采用图形转换的方式进行不同角度讲解，让学生懂得变中不变的辩证思想。

环节一：沉淀溶解平衡图像的分类

教师：在烧杯中，将固体 AgCl 溶于水中，请同学们观察实验现象，请思考用什么样的图像来描述悬浊液中微粒之间的关系，大概分为几种类型？

学生：主要是根据纵横坐标关系。可以将沉淀溶解平衡的图像分为 $c-c$ 图像，$p-p$ 与 $\lg-\lg$ 图像，$-\lg-V$ 图像，$c-\text{pH}$ 图像等。

教师：同学们分析得很正确。所谓不同图像，主要是依据纵横坐标的数学关系不同；所谓万变不离其宗，其本质都是一样的。下面我们一一介绍各类图像。

环节二：沉淀溶解平衡的 $c-c$ 图像

【情境导入】T℃时，卤化银（AgX，X = Cl、Br）在水中的沉淀溶解平衡曲线如图 4-10 所示。已知 AgCl、AgBr 的 K_{sp} 依次减小，下列说法错误的是（　　）

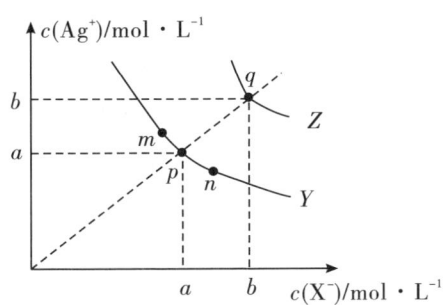

图 4-10　AgX 沉淀溶解平衡曲线 $c-c$ 图像

A. 图中 Z 为 T℃温度下的 AgCl 沉淀溶解曲线

B. 图中各点对应的 K_{sp} 的关系为：$K_{sp}(m) = K_{sp}(n) = K_{sp}(p) < K_{sp}(q)$

C. 向 n 点的溶液中加入少量 $AgNO_3$ 固体，溶液组成由 n 沿 npm 线向 m 方向移动

D. p 点溶液恒温蒸发可以变成 q 点

教师：这是什么类型的图像？请同学们观察 AgX 沉淀溶解平衡曲线 $c-c$ 图像，是不是很熟悉，我们以前学习过类似的图像吗？

学生：水在不同温度下的电离情况，Y、Z 曲线可以看作在不同温度下水溶液中 $c(H^+)$、$c(OH^-)$ 的相互关系。学过类似的图像。

教师：为什么可以这样分析，它们之间有什么相同点？

学生：K_{sp}、K_w 都是温度的函数，在温度不变时是定值，在数学上属于反比例函数，此消彼长的关系。

教师：同学们分析得比较好，如果难溶物质的化学式一样，其曲线的走势也应该差不多，给大家一点时间，请同学们讨论，分析其原理。

学生：

①根据题干中给出 AgCl、AgBr 的 K_{sp} 依次减小，结合 $c(Ag^+) \cdot c(X^-) = K_{sp}$ 的数学关系，不难得出 Y 为 AgBr 的沉淀溶解曲线，Z 为 AgCl 的沉淀溶解曲线，A 正确。

②由于 K_{sp} 只是温度的函数，所以 $K_{sp}(m) = K_{sp}(n) = K_{sp}(p) < K_{sp}(q)$，B 正确。

③从图中可以看出 p、q 两点分别对应的纵横坐标相等，则 $c(Ag^+) = c(X^-) =$

155

$\sqrt{K_{sp}}$，p、q 这两点也可以看作 AgCl、AgBr 少量固体加到水中，形成的悬浊液，当在 AgX 饱溶液中加入少量 $AgNO_3$ 固体，此时溶液的 $Q_c > K_{sp}$，沉淀溶解平衡 $AgX(s) \rightleftharpoons Ag^+(aq) + X^-(aq)$ 向左移动，溶解度变小，溶液中 $c(Ag^+) \cdot c(X^-)$ 仍然是定值 K_{sp}，沿着原曲线向上移动，但 $c(Ag^+) > c(X^-)$，C 选项正确。

④饱和溶液恒温蒸发，AgCl 固体析出，$c(Ag^+) = c(X^-)$，在图像上表示仍然是 p 点，D 选项错误。

教师：通过以上大家的分析，同学们基本上能够熟练掌握经典的沉淀溶解曲线。本题的重点在于分析的过程中要抓住、运用哪些原理。

环节三：沉淀溶解平衡的 $p-p$ 与 $\lg-\lg$ 图像

【过渡】对于 $c-c$ 图像，同学们都能比较熟练掌握，如果将纵横坐标变换，是否还能熟练分析出结果。

【情境导入】$T\ ℃$时，卤化银（AgX，X = Cl、Br）在水中的沉淀溶解平衡曲线如图 4-11 所示。已知 AgCl、AgBr 的 K_{sp} 依次减小，且 $p(Ag^+) = -\lg c(Ag^+)$，$p(X^-) = -\lg c(X^-)$，利用 $p(X^-) - p(Ag^+)$ 的坐标系可表示出 AgX 的溶度积与溶液中的 $c(Ag^+)$ 和 $c(X^-)$ 的相互关系。下列说法正确的是（　　）

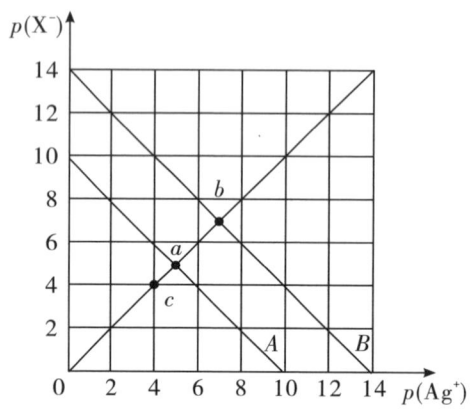 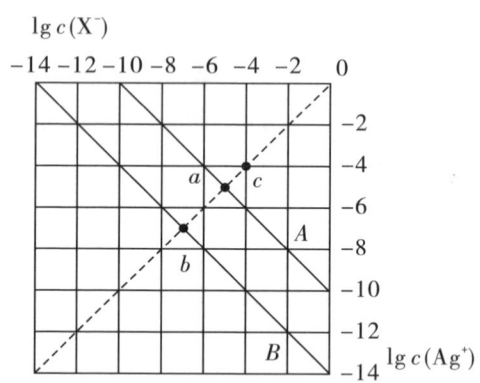

图 4-11　AgX 沉淀溶解平衡曲线 $p-p$ 图像　　图 4-12　AgX 沉淀溶解平衡曲线 $\lg-\lg$ 图像

A. $T\ ℃$时，c 点可表示 AgCl 的不饱和溶液

B. B 线表示的是 AgCl

C. 取 a、b 两点处溶液等体积混合，维持 $T\ ℃$不变，混合溶液中一定有白色沉淀生成

D. 在 $T\ ℃$时，$AgCl(s) + Br^-(aq) \rightleftharpoons AgBr(s) + Cl^-(aq)$ 平衡常数 $K \approx 10^4$

教师：什么是饱和溶液？如果将 AgCl 固体溶解在水中，在图像上用什么点

表示？

学生：饱含溶液是指在一定温度下，物质在 100g 水中所能溶解的最大质量。由于溶度积是常数，且 $AgCl(s) \rightleftharpoons Ag^+(aq) + Cl^-(aq)$ 的关系，两者的浓度相等，可以用图 4-10 的 a、b 点来表示，两者的不同在于温度不同。已知 $p(Ag^+) = -\lg c(Ag^+)$，$p(X^-) = -\lg c(X^-)$，则越靠近原点离子浓度越大，c 点为过饱和溶液，故 A 选项错误。

教师：分析得很好，对于图像问题，我们依据图像，通过作垂线以及分析数学关系，很快就可以得出答案。同样由 AgCl、AgBr 的 K_{sp} 依次减小可知，图 4-11 中 A 线表示的是 AgCl，B 线表示的是 AgBr，故 B 选项不正确。此时与图 4-10 中 Z 线、Y 线分别对应；与图 4-12 中 A 线、B 线分别对应。同理图 4-11 中的 a、b 两点与图 4-10 中 q、p 两点分别对应；与图 4-12 中 a、b 两点分别对应。

设计意图：通过不同图像之间的转换，得出对应的关系，使学生一一厘清不同图像的相互关系，能使学生对于沉淀溶解平衡的图像触类旁通。

教师：在化学平衡学习过程中，我们经常运用 Q_c 和 K 的关系来判断反应的方向，在沉淀溶解中又如何理解呢？

学生：a、b 两点处溶液等体积混合，此时混合液中 $c(Ag^+)$ 增大、$c(Cl^-)$ 减小，通过计算 $Q_c(AgCl) = c(Ag^+) \cdot c(Cl^-) = (10^{-5} + 10^{-7})/2 \times 10^{-5}/2 < K_{sp}(AgCl)$，无 AgCl 生成，C 选项不正确。

设计意图：此时溶液中有淡黄色沉淀，让学生明白，溶解度在沉淀溶解平衡中的意义。

教师：关于沉淀的转化，我们可以借助 $AgCl(s) + Br^-(aq) \rightleftharpoons AgBr(s) + Cl^-(aq)$ 的平衡常数得出微粒间的关系，这样我们可以很快得出 D 选项的答案。具体如下：由于体系处于平衡状态，$AgCl(s) + Br^-(aq) \rightleftharpoons AgBr(s) + Cl^-(aq)$ 的平衡常数 $K = c(Cl^-)/c(Br^-) = K_{sp}(AgCl)/K_{sp}(AgBr) \approx 10^{-10}/10^{-14} = 10^4$，D 选项正确。

设计意图：通过对比分析、推理等方法认识研究对象的本质特征、构成要素及相互关系，得出不同图像间的异同，建立思维模型的认知能力。

环节四：沉淀溶解平衡的 $-\lg - V$ 图像

【情境导入】（2018 年全国Ⅲ卷第 12 题）用 $0.100\ mol \cdot L^{-1}\ AgNO_3$ 滴定 $50.0\ mL$ $0.0500\ mol \cdot L^{-1}\ Cl^-$ 溶液的滴定曲线如图 4-13 所示。下列有关描述错误的是（　　）

A. 根据曲线数据计算可知 $K_{sp}(AgCl)$ 的数量级为 10^{-10}

B. 曲线上各点的溶液满足关系式 $c(Ag^+) \cdot c(Cl^-) = K_{sp}(AgCl)$

C. 相同实验条件下，若改为 0.0400 mol·L^{-1}Cl$^-$，反应终点 c 移到 a

D. 相同实验条件下，若改为 0.0500 mol·L^{-1}Br$^-$，反应终点 c 向 b 方向移动

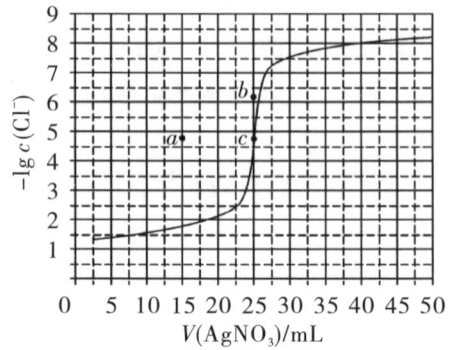

图 4 – 13　AgX 沉淀溶解平衡曲线 – lg – V 图像

教师：在中和滴定实验中，我们通常绘制的滴定曲线是 pH – V 的关系，请同学们分析本题的纵横坐标关系，并与图 4 – 10、图 4 – 11、图 4 – 12 的图像进行对比，能否发现运用的原理？

学生：首先图 4 – 13 中 c 点，相当图 4 – 10 中的 p、q 两点，图 4 – 11、图 4 – 12 中的 a、b 两点，是恰好反应点。此时 $c(Ag^+) \cdot V(Ag^+) = c(Cl^-) \cdot V(Cl^-)$，根据 $c(Cl^-) = 10^{-4.7}$，$K_{sp}(AgCl) = 10^{-4.7} \times 10^{-4.7} = 10^{-9.4} = 10^{0.6} \times 10^{-10}$，则 $K_{sp}(AgCl)$ 的数量级为 10^{-10}，故 A 选项正确。

教师：对于中和滴定曲线的理解，同学们都有比较清晰的认识，同样图 4 – 13 曲线上各点与图 4 – 10 中 Y、Z 曲线上各点及图 4 – 11、图 4 – 12 中 A、B 曲线上各点都所代表着溶液均存在满足 AgX(s) $\rightleftharpoons$ Ag$^+$(aq) + X$^-$(aq) 沉淀溶解平衡，满足关系式 $c(Ag^+) \cdot c(X^-) = K_{sp}(AgX)$。选项 B 正确。相同实验条件下，若改为 0.0400 mol·L^{-1}Cl$^-$，根据 $c(Ag^+) \cdot V(Ag^+) = c(Cl^-) \cdot V(Cl^-)$，计算出达到化学反应计量点所需 Ag$^+$ 体积 $V(Ag^+) = 20.00$ mL。不是图中标记的 a 点，C 选项错误。相同实验条件下，沉淀相同量的 Cl$^-$ 和 Br$^-$ 消耗的 AgNO$_3$ 的量相同，由于 $K_{sp}(AgBr) < K_{sp}(AgCl)$，当滴加相等量的 Ag$^+$ 时，溶液中 $c(Br^-) < c(Cl^-)$，故反应终点 c 向 b 方向移动，D 项正确。

设计意图：本题是对沉淀溶解平衡 – lg – V 的考查，学生在掌握图 4 – 10、图 4 – 11、图 4 – 12 基础上才能领悟。可以说本题是沉淀溶解图像的新考法。学生需要掌握沉淀溶解平衡的精髓。通过图形转化，能够让学生将核心观念转化为认知角度，运用知识迁移创新能力，解决陌生情境下的综合复杂问题。

环节五：沉淀溶解平衡的 $c \sim$ pH 图像

【情境导入】（2010 年山东高考第 15 题）某温度下，$Fe(OH)_3(s)$、$Cu(OH)_2(s)$ 分别在溶液中达到沉淀溶解平衡后，改变溶液 pH，金属阳离子浓度的变化如图 4-14 所示。据图分析，下列判断错误的是（　　）

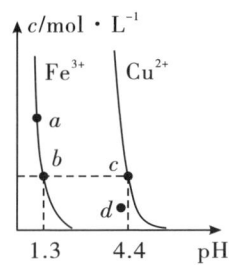

图 4-14　沉淀溶解平衡曲线 c-pH 图像

A. $K_{sp}[(Fe(OH)_3)] < K_{sp}[(Cu(OH)_2)]$

B. 加适量 NH_4Cl 固体可使溶液由 a 点变到 b 点

C. c、d 两点代表的溶液中 $c(H^+)$ 与 $c(OH^-)$ 乘积相等

D. $Fe(OH)_3$、$Cu(OH)_2$ 分别在 b、c 两点代表的溶液中达到饱和

设计意图：本题主要考查对沉淀溶解平衡、溶度积、溶液的 pH、水的离子积等的掌握，重点在图像中的数据定量或定性的处理，利用图像中数据之间存在的相互关系，明确坐标点所表达的含义，考查学生的分析比较、转换理解的综合能力。

教师：根据图像找出可用来比较 $Fe(OH)_3$ 与 $Cu(OH)_2$ 溶度积常数点，可用 b、c 两点数据进行计算。由 a 点变到 b 点，pH 增大。氯化铵水解呈酸性，不会增大溶液的 pH。K_w 只与温度有关，注意分析处在曲线上的点与曲线外的点有什么区别。

学生：由 b、c 两点对应数据可比较出 $K_{sp}[Fe(OH)_3]$ 与 $K_{sp}[Cu(OH)_2]$ 的大小，$K_{sp}[Fe(OH)_3] = c(Fe^{3+}) \times c^3(OH^-) = c(Fe^{3+}) \times (10^{-12.7})^3$，$K_{sp}[Cu(OH)_2] = c(Cu^{2+}) \times c^2(OH^-) = c(Cu^{2+}) \times (10^{-9.6})^2$，此时 $c(Fe^{3+}) = c(Cu^{2+})$，故 $K_{sp}[Fe(OH)_3] < K_{sp}[Cu(OH)_2]$，A 选项正确。

教师：图像中 a 点变到 b 点如何实现？我们如何分析？

学生：向溶液中加入 NH_4Cl 固体，不会导致溶液中的 $c(OH^-)$ 增大，故不能使溶液由 a 点变到 b 点，B 选项错误。

教师：图像上 a、b 两点，表示的均是 $Fe(OH)_3$ 饱和溶液，是不同条件下的沉淀，也就是环境不同，图像的分析应该是加碱性物质。那么 C、D 选项又如何呢？

学生：只要温度不发生改变，溶液中 $c(H^+)$ 与 $c(OH^-)$ 的乘积（即 K_w）就不变，C 选项正确。曲线上的所有点是对应物质的饱和溶液，D 选项正确。当然根据沉淀溶解平衡的 $c-pH$ 图像，在实验中也可以采用分步沉淀的方法将溶液 Cu^{2+} 中 Fe^{3+} 除去，起到分离物质的功能。

设计意图：通过对以上典型例题的分析，让学生从不同视角认识沉淀溶解平衡图像的多样性，能运用对立统一思想和定性定量结合的方式揭示图像的本质特征；能对未知的图像作出解释或预测，培养学生运用规律分析解决问题的能力。

（四）《沉淀溶解平衡图像》的教学评价和反思

纵观近年来各地高考试题，图像问题已逐渐成为化学反应原理考查的重要载体，也是证据推理和模型认知素养下对思维的考查。它能将深奥的化学理论巧妙地融入简单、直观的图像中去，既考查学生化学反应原理的基础知识，又能很好地体现学生的信息加工处理能力。

教师要对学生学科核心素养的发展进行整体设计，使之在同一教学主题下既可以对某些素养进行不同水平的发展的考查，也要考虑不同的素养在某一教学主题下的均衡发展。因此教师在进行教学设计的时候应当进行整体的单元设计，使之在不同的教学主题下对素养的发展各有侧重。沉淀溶解平衡是化学平衡内容的重要载体，是化学平衡、电离平衡、水解平衡之后的又一平衡理论，是对平衡体系的拓展延伸和丰富完善，可以提高学生知识结构化水平。在进行该内容的教学时，可通过设置合理的教学环节，提升学生在更高水平上收集证据、分析证据、基于证据进行推理的能力。沉淀溶解平衡是对平衡理论的完善，但难溶电解质的溶解平衡图像又不同于其他水溶液中的图像平衡问题，需要学生在已有的认知模型的基础上，进一步在定量水平上收集证据、分析证据，并构建难溶电解质沉淀溶解平衡图像的概念，发展证据推理与模型认知的学科核心素养。基于定量角度的证据收集，有利于更高水平的学科素养的发展。在高中课堂引入图像，有利于学生从定量的角度进行证据的收集，将定性的现象数据化，将抽象的推理过程具象化，能深化学生对于概念的理解。将定性的现象和定量的分析联系起来有利于学生严谨的科学思维的养成，也有利于学生形成结构化的知识。

教育部考试中心在考试大纲中明确提出要了解难溶电解质的溶解平衡，了解溶度积的含义及其表达式，能进行相关的计算及与水溶液知识的综合应用。笔者从常见的沉淀溶解平衡图像进行归纳总结，并通过图形转换思想，让学生掌握其中的相互关系，达到知识的融会贯通。具体来说，图像的分析上应注意以下两点：

（1）解读图像的角度。

从曲线上的特殊点（起点、拐点、终点等）、曲线的纵横坐标（图像的类型）

及曲线的走势进行分析。从微观角度分析溶液中微粒及离子浓度的变化及转化等，从而形成直观的解题的思路。

（2）采用数学函数关系，剖析图像信息的规律和本质。

沉淀溶解平衡图像往往都要借助数学工具，利用数学函数对图像中的数据进行处理，得出自变量、应变量及无关变量之间的关系，同时设置必要的辅助线，进一步加深学生对控制变量的理解，明确不同图像间的联系和解决此类问题的方法。基于真实情境的教学设计，有利于学科价值的体现。学生的学习紧紧围绕题干中工业生产中的真实情境，通过问题的解决感受到化学学习和现实生活生产的紧密联系，自然而然地内化知识，进一步体现化学学习更高层次的价值追求。这也应当是发展学生化学学科核心素养的具体体现。

三、证据推理与模型认知的课堂实例3：电化学

（一）电化学的知识结构和功能

1. 电化学的知识结构

在高中化学教材中，电化学的有关内容主要分布在必修二《化学反应与能量》和选择性必修1《化学反应与电能》，必修二只简单要求"以原电池为例认识化学能可以转化为电能，并能从氧化还原反应角度初步认识原电池的工作原理"。其课程体现四个特征：①要求不高，仅限于认知性学习目标的水平的举例、说明和体验性学习目标的水平的认识等。②内容浅，包括化学能转化为电能的实例及应用、电能转化为化学能的实例和应用、新型电池的重要性，不要求深究相互转化的原理。③重视体验，课程标准提出三点活动与探究建议，有查阅资料，有实验，有调查，形式多样，既体验课堂上探究的乐趣，也感受化学对生活、生产的意义。④紧密联系生产生活。能源与材料、信息被称为现代社会繁荣和发展的三大支柱，课程标准规定的内容标准和活动与探究建议均与现实的生产和生活紧密联系。而选择性必修1中《化学反应与电能》是对必修课程相应内容的深化与拓展。新课标要求："认识化学能与电能相互转化的实际意义及其重要应用。了解原电池及常见化学电源的工作原理。了解电解池的工作原理，认识电解在实现物质转化和储存能量中的具体应用。"选择性必修课程是升学考试要求选择修习的课程，因此高三电化学的复习教学目标的制定应基于课程标准对"选择性必修"的要求之上。其次，电化学装置是建立在氧化还原反应基础上的能量转换装置，其中有很多概念之间看似相互矛盾，实则相互依存、互有联系。因此，首先建构概念之间相互联系的认知模型，有助于学生理解电化学装置的工作原理，提高学生的解题能力。图4-15把电化学的

两个分支"原电池"和"电解池"总结在一个模型图中,按照"离子流向→电极名称→反应物质→电子得失→反应类型→电极产物"的顺序连成两条概念关系链,帮助学生建立概念之间的系统认识。该模型不仅体现了概念之间的关系,还有助于电极方程式的书写:负极(阳极)的电极方程式是"还原剂"与"氧化产物"之间的相互转化关系;正极(阴极)的电极方程式是"氧化剂"与"还原产物"之间的相互转化关系。只要找到相应物质,再结合有关信息配平就能得出电极方程式。

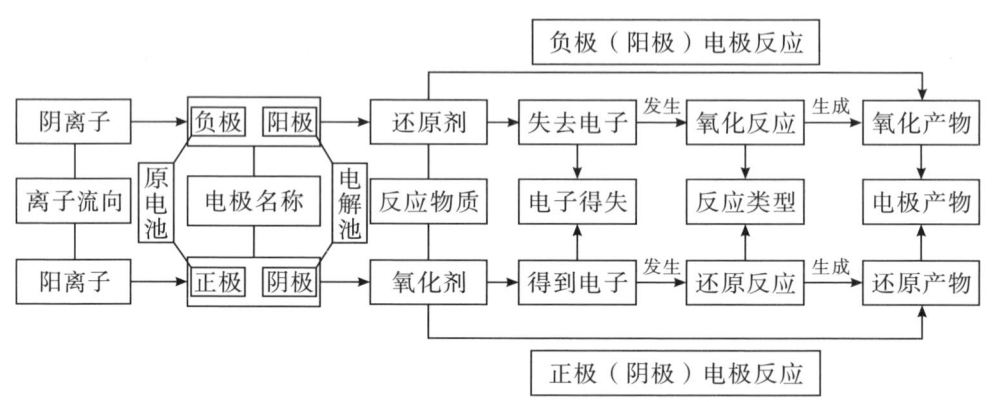

图 4-15　电化学装置工作原理认知模型

对于可充电的二次电池,其充电与放电时电极反应之间存在的相互关系如图 4-16 所示(二次电池电极反应关系模型)。二次电池放电时负极反应与充电时的阴极反应虽然不是可逆反应,但两反应式互为可逆,由此可快速书写电极方程式和总方程式,强化学生对电极方程式的书写能力。

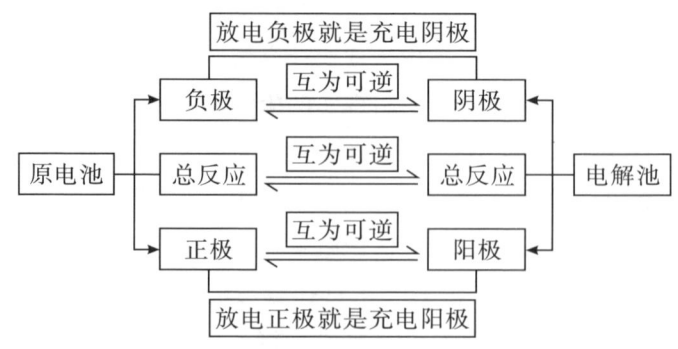

图 4-16　二次电池电极反应关系模型

2. 电化学的功能

本部分着重研究化学反应与电能关系，属于热力学的范畴。电化学是研究化学能与电能相互转换的装置，过程和效率的科学，它在分析、合成等领域应用很广，由此形成的工业也很多，如电解、电镀、电冶金、电池制造等。因此本部分知识有利于学生了解电化学反应所遵循的规律，以及电化学知识在生产、生活和科学研究中的作用。同时，本部分还设计了演示实验和科学探究活动，有利于增强学生探索化学反应原理的兴趣，树立学习和研究化学的志向。新课标在描述化学学科核心素养时指出："知道可以通过分析、推理等方法认识研究对象的本质特征、构成要素及其相互关系，建立认知模型，并能运用模型解释化学现象，揭示现象的本质和规律。""能运用多种认知模型来描述和解释物质的结构、性质和变化，预测物质及其变化的可能结果；能依据物质及其变化的信息建构模型，建立解决复杂化学问题的思维框架。"关于电化学的教学研究基于模型认知建构问题解决模型，旨在帮助学生建立系统认识，发展学生的系统思维，更好地提升学生的化学认知水平。教师在复习教学中要积极引导学生建构问题解决模型，使学生掌握的知识系统化、条理化，并相互关联形成有机整体，提升学生在新情境中的知识迁移能力。教师在高中化学复习教学中要高度重视典型试题的模型构建，充分认识模型构建对于发展学生化学学科核心素养的重要性。

原电池和电解池是中学化学电化学专题的重要内容，也是化学教学的重难点之一。它涉及一些难以感知的抽象概念，而学生又很难将微观水平（微粒或分子水平）、宏观水平（实验观察）以及符号水平联系起来。原电池还是对能量转化、氧化还原反应、电解质溶液、金属的活动性以及电学知识等的融合，具有很强的综合性，体现了学科内和学科间知识的综合。原电池内容的复杂性和抽象性要求教师必须通过有效的教学策略帮助学生建立正确的理解和表征。模型建构教学在课程教学中已得到了广泛的应用，使用、构造和理解模型以及建模对于学生概念转变和发展学生的深层理解具有至关重要的作用。因此，将模型建构方法应用到电化学的教学中，能使学生亲历建构模型化学能与电能的转化，知晓其与我们的日常生活生产的联系非常紧密。化学能与电能的转化是化学学科重要的原理性知识，寻找原电池中的构成要素并建立起要素间的关联，能够加深学生对原电池概念的理解。

高考是选拔性考试，能力考查是高考永恒的主题。认真分析高考试题不难发现，无论是全国卷还是地方卷，在突出学科核心素养考查和选拔性功能的同时，保持了基础性、稳定性和能力性的特点，一些典型的基础性试题更是频繁出现在高考试题中，年年考查但常考常新。针对这些高考化学的典型试题，如何让学生能够快速并正确、规范地答题，是每一位高中化学教师需要思考的问题。在一些高三复习教学中，存在复习方式方法陈旧以及教师能力不足或是对复习教学的不重视的问题，教师多是就题论题，对知识和解题方法没有拓展和延伸，也没有归纳和总结。这样的复习教学带来的后果是学生在课堂上似乎听懂了，也掌握了知识，但当问题稍做变化就不会应对了，导致学生不能形成良好的认知结构，学科核心素养也得不到发展。

（二）电化学的学习目标和素养

1. 电化学的学习目标

模型认知是高中化学课程标准中的学科五大核心素养的重要组成部分。电化学知识是新高考下的重要考查内容，因此在电化学的教学过程中要对复杂模型进行梳理、分析并进行合理拆分，形成简单的基础模型，然后对基础模型进行重组，外延成新的教学内容。高中电化学教学贯彻模型认知素养，让学生利用这一思维模型解决电化学中的重点、难点，有利于促进中学生化学学科核心素养的培养，提升学生的思维能力。具体的教学目标如下：

第一，通过电化学实验，认识电极反应、电极材料、离子导体、电子导体是电池构成的四个基本要素，能设计简单的原电池（单液原电池和双液原电池）和电解池，认识化学能和电能的相互转化。

第二，在分析锌铜原电池以及二次电池的过程中，逐渐建立原电池和电解池的系统分析思路。能根据电极反应、电流方向或离子的移动方向判断原电池的正极和负极、电解池的阴阳极，初步理解电解过程中微粒的放电顺序。

第三，了解常见的化学电源，能运用原电池、电解池思维模型分析其工作原理，能用电极反应表示发生的化学反应、体会变化与守恒思想。

第四，了解化学电源的发展史，能列举常见的化学电源。能分析电解、电镀、电冶炼的工作原理，能从物质变化和能量变化的角度分析新型电池的研发和利用，培养责任意识和创新精神。

2. 电化学的素养

化学学科核心素养是学生在接受相应的教育过程中，逐步形成的适应个人终身发展和社会发展需要的必备品格与关键能力。高中化学课程是人才培养的重要组成部分，但是教师长期以传统的"传道、授业、解惑"的教育思想进行教学，学生只是被动地接受，造成课堂教学枯燥、空洞、效率低下。2017年教育部颁布了《普通高中化学课程标准》提出了化学核心素养的基本要求，包括宏观辨识与微观探析、变化观念与平衡思想、证据推理与模型认知、科学探究与创新意识、科学态度与社会责任五个方面。在新课程标准的指引下，教师培养学生的方式也发生了根本的变化。电化学教学是培养学生学科核心素养的重要的知识板块，笔者结合多年的高中教学的实践，总结了电化学教学过程中如何利用模型认知、模型应用、模型的构建与拆分等方式解决电化学的疑难问题，使之成为培养学生化学核心素养的重要知识载体。

在高中化学的授课过程中，选修4《化学反应原理》中电化学部分，是必修一中氧化还原反应的应用和延伸，是高中化学的核心知识之一，也是大多数学生学习的难点。其特点是概念原理抽象而集中，对学生的认知能力要求高。教师可由电化学（原电池和电解池）装置模型入手，让学生从动手实验到观察现象再到分析推导，体验到科学的认识过程：由感性→（实验）→理性（证据推理）→应用（模型认知），引导学生使用宏观—微观—符号三重表征表示物质及其变化，提高学生获取信息、加工信息、解决实际问题的能力。用学科核心信息素养的理念来指导教学，发挥学生的主体性，培养学生自主探究的能力，通过知识和实际问题的导学、导思、导创、导结，使学生在活动建构的学习过程中学会递进与整合，提高分析、归纳和概括的能力。学生只有通过自主、合作、探究等多样化的亲身经历，才能很好地获取知识。让学生经历收集证据→建立模型→再收集证据→修正模型这一过程，使学生不断探索与实践，有利于学生形成化学学科观念和提高化学核心素养，培养科学的发现者。本部分以电化学基础考点的复习教学为例，探讨如何基于典型高考试题进行答题建模教学设计并加以实施。

（三）电化学的教学策略和过程

1. 电化学的教学策略

新课标强调培养学生核心素养，而课堂教学被认为是培养核心素养的重要途径之一。笔者认为化学教学中的有效的教学策略有如下特征：注重批判性理解和接受知识，强调学习内容与本学科相关内容或其他学科相似内容的有机整合；关注知识体系的构建，强调知识在新情境中的迁移运用和面向实践的实际应用。传统的单课时往往是碎片化教学，容易造成教学目标割裂，导致知识无法有效融合，不利于学生构建完整的知识体系。单元化教学是以某一主题、活动或将教材划分为完整单元进行整体开发、设计的一种教学形式。电化学教学中首先要明白其原理，然后以装置的拆解与构建为主题贯穿每节课，使每节课之间既有联系又各具特色，既培养学生学习已知领域的知识能力，也培养其探索和发现未知领域的能力。比如在电化学的复习中，基础模型的构建有助于学生了解原电池、电解池的结构和工作原理。

教育界普遍观点认为模型是对一类物体的一种简化、抽象，不具有这类物体的全部特征，但能表现出此类物体的本质属性，并可以为此类物体提供科学的解释。

结合当代学者的主流观点，笔者认为原电池和电解池的基础模型可以概括为图4-17所示的装置。

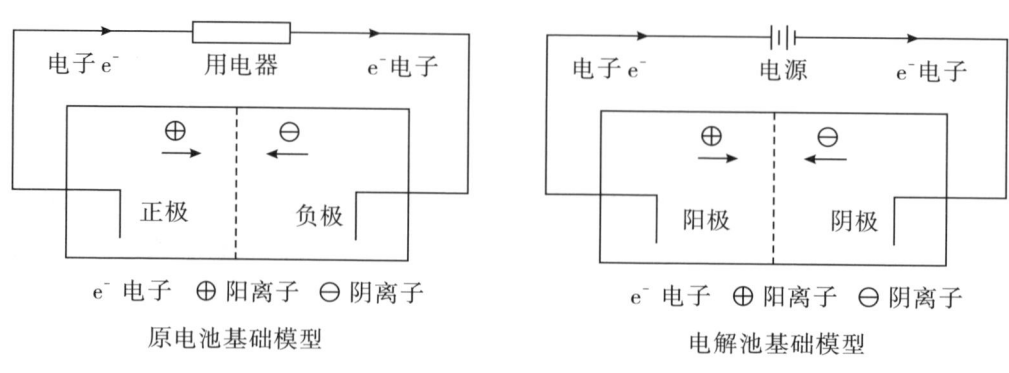

图4-17 原电池和电解池的基础模型

目前高考化学考查的要点主要包含必备知识、关键能力、学科素养和核心价值等几个方面。纵观近几年高考的电化学试题，笔者认为学生仅掌握基础模型这些必备的知识还不够。以往的教学难以达到提升学科素养这一目标，因此在新课标下的有效教学应对基础模型再实物化、具体化，注重各种实物之间的关联，使学生的思维达到可视化、条理化、形象化，从而使所学知识体系化。运用这一教学模式，学生可以将自己的思维过程、知识结构直观地呈现出来，有助于解决更多结构复杂的问题，达到突破电化学的难点最终实现学科的核心价值的培养目的。

（1）原电池的原理及其应用（复习课）。

环节一：设置情境，引入课题

教师：下列装置（图4-18）哪些能构成原电池？

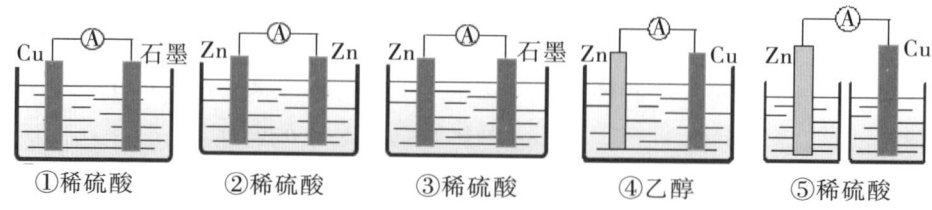

图4-18 原电池的判断

学生1：装置③可以构成原电池。

教师：观察装置③，总结构成原电池的条件。

学生2：构成原电池的条件：①自发进行的氧化还原反应。
②活动性不同的两个导体作电极（燃料电池的两个电极可以相同）。
③两电极插入电解质溶液或熔融电解质。
④形成闭合回路。

环节二：原电池的工作原理

教师：刚刚我们分析的是原电池的构成条件，那么原电池又是怎么工作的？

学生：利用氧化反应和还原反应之间的电子转移，通过闭合回路产生电流，把化学能转变成电能。

教师：请同学们根据下面装置（图4-19）的特点，分析原电池的正负极有什么特征？怎样分辨正负极？请同学们画出关系图。

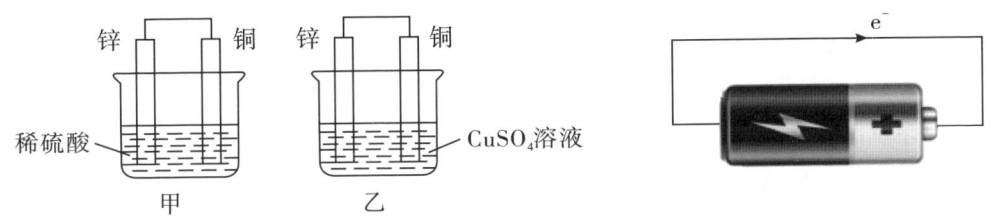

图4-19　常见的装置及实物

学生：根据上面装置，由于原电池是自发进行的氧化还原反应，我们大概可以分析出负极相对活泼，发生氧化反应，失电子，通常会溶解；而正极发生还原反应，得电子，电极质量增加或生成气体。正负极的关系如图4-20所示。

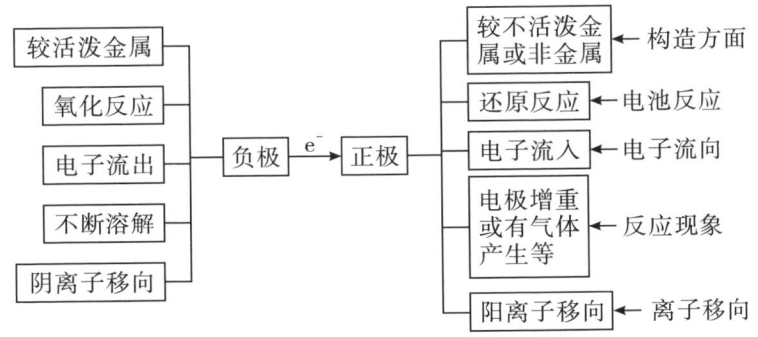

图4-20　原电池正负极关系

【演示实验】观察图4-21两个装置的特点，如果它们对小灯泡供电，将会发生什么反应现象，并给予解释。

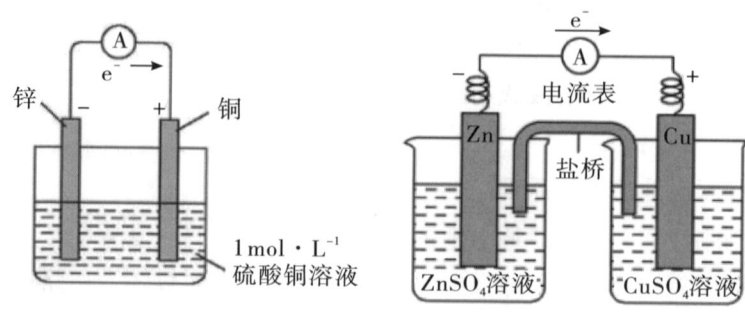

图 4-21　锌铜单液原电池和锌铜双液原电池

【学生活动】学生测量单液原电池工作时的电流和温度变化。学生完成实验后发现原电池温度逐渐升高，电流大小逐渐减小。

教师：实验结果说明了什么？根据装置分析有一部分化学能转化为热能，为什么？

设计意图：通过实验激发学生兴趣；通过数字化实验展示单液原电池能量转化情况，深化其对单液原电池的理解。

教师：金属锌与硫酸铜溶液直接接触导致该原电池电流衰减，如何改进？把铜片插入硫酸铜溶液，锌片怎么办？如何构成闭合回路？

学生：用电解质溶液连通。

教师：由于 Zn 与硫酸铜溶液直接接触，导致部分化学能转化为热能；此种原电池效率不高，电流衰减较快，为获得较长时间的稳定电流，用盐桥将装置图进行简单改装。

①盐桥中装有含 KCl、KNO_3 饱和溶液的琼胶，盐桥中的离子不参与化学反应。

②盐桥的作用：连接内电路，形成闭合回路；平衡电荷，使原电池不断产生电流。

③盐桥中离子移向：阴离子移向负极，阳离子移向正极，盐桥内溶液定期更换。

教师：比较双液原电池与单液原电池的区别是什么？如何提高双液原电池的电流，什么样的电池活性物质可以再生？什么样的电池可以不断补充反应的活性物质？

【课堂活动】教师指导学生完善装置图，指导学生测量双液原电池工作时的电流和温度变化，引导学生理解该双液原电池的工作原理与单液原电池的区别及效率。

设计意图：通过分析双液原电池的工作原理、构建复杂原电池模型，完善学生的知识体系，并使其对氧化还原反应的认识发生质的飞跃。

环节三：高考链接

【情境导入】（2014 年广东高考题）某同学组装了如图 4-22 所示的电化学装置，电极 I 为 Al，其他均为 Cu，则（　　）

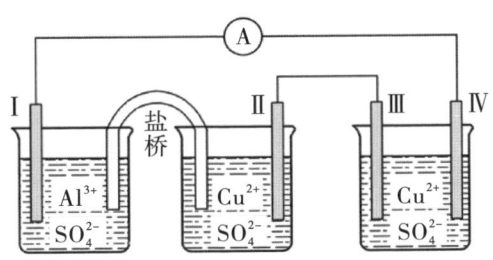

图 4-22　铜铝原电池电解硫酸铜溶液

A. 电流方向：电极 IV→A→电极 I

B. 电极 I 发生还原反应

C. 电极 II 逐渐溶解

D. 电极 III 的电极反应：$Cu^{2+} + 2e^- = Cu$

教师：这是一电化学综合题，能否将其进行拆分，转化成简单的装置模型？

学生：将其拆分成如图 4-23 所示的铜铝单液原电池、铜铝双液原电池（带盐桥）、电镀铜（电解池）三个装置。

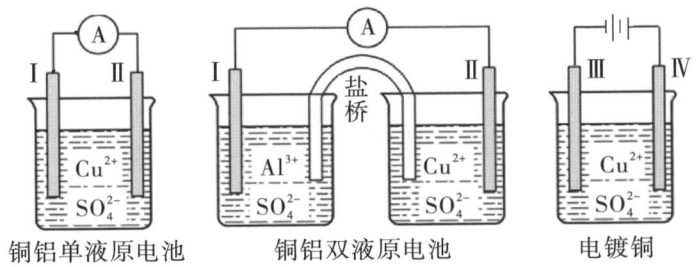

图 4-23　铜铝单液原电池、铜铝双液原电池、电镀铜装置

教师：同学们分析得好，将题干的装置拆成上述三个装置，从而形成具体的简单的装置模型，问题便可以迎刃而解。

设计意图：本道高考题是对原电池、电解池综合的考查。电池的工作原理一般可概括为以下几点：

①理清电极的氧化还原反应的本质。对原电池而言，负极发生氧化反应，正极发生还原反应；对电解池而言，阳极伴随着氧化反应，阴极伴随着还原反应。

②判断电解质的作用及其离子的迁移。阳离子总是向阴（正）极方向迁移，阴离子总是向阳（负）极方向迁移。

③正确列出电池总反应的化学方程式。电池总反应可以看作两个电极反应即电池半反应的叠加，也是氧化还原思想的延伸。

④分析反应过程中电池与电极中发生的现象。如电极是否有溶解、沉淀，电极附近是否有气体逸出，电解质溶液中离子的浓度、溶液的颜色是否变化，溶液的 pH 是否改变等。虽然学生虽已掌握大部分基础知识，但这些知识是分离的、片段式的碎片知识，不够系统和完善。教师需在教学中进一步类比、提炼和归纳总结，才能让学生对知识进行综合性的应用。

【情境导入】（2012 年福建高考题）将图 4-24 所示实验装置的 K 闭合，下列判断正确的是（　　）

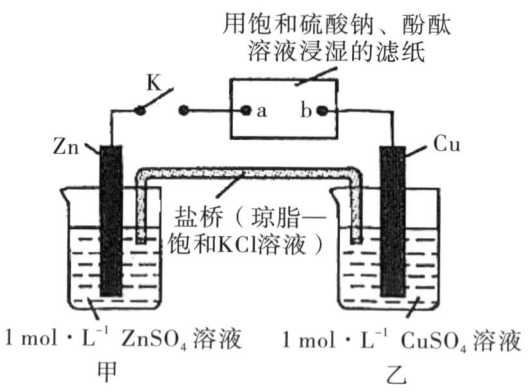

图 4-24　锌铜双液原电池电解饱和硫酸钠溶液

A. Cu 电极上发生还原反应

B. 电子沿 Zn→a→b→Cu 路径流动

C. 片刻后甲池中 $c(SO_4^{2-})$ 增大

D. 片刻后可观察到滤纸 b 点变红色

设计意图：对福建的这道高考题进行拆分：如图 4-25 所示的锌铜双液原电池（带盐桥）、惰性电极电解 Na_2SO_4 溶液（电解池）两个实物装置模型；也可将原题进行变形，形成图 4-26 所示的实物装置模型。学生可以清晰掌握其中的相互关系，培养学生变中不变的辩证思想。同时利用基础模型的外延帮助学生建立有序的思维认知模型。每位学生都是独立存在的个体，思维能力和接受方式也不尽相同。教师在课堂上要有效地将学科内容及核心素养传递给每一位学生，在教学中培养学生有序的认知思维。教师可通过在课堂教学中呈现有梯度的习题，将原本分散的知识和概念归纳整理，不仅降低学生学习的难度，同时帮助学生构建有序的思维体系，为其后期的学习和生活奠定良好的基础。

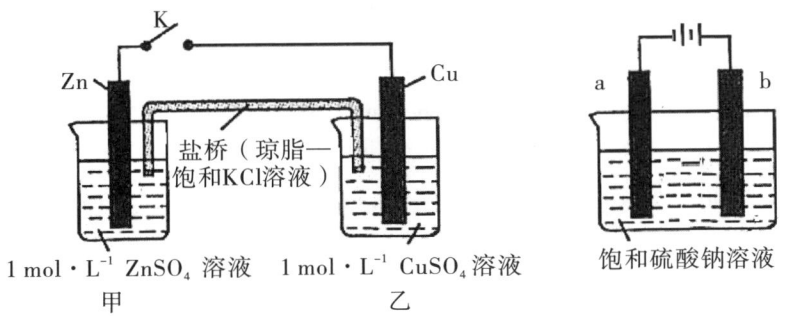

图 4-25　锌铜双液原电池、惰性电极电解饱和硫酸钠溶液装置

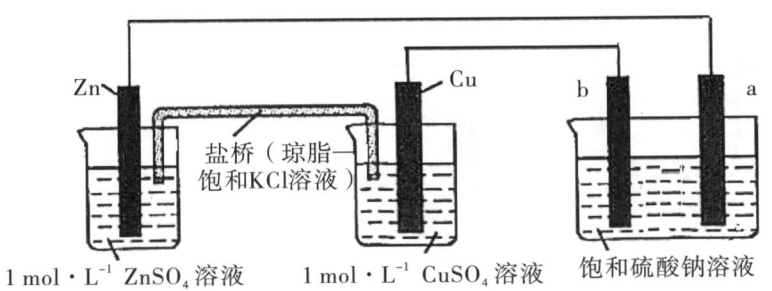

图 4-26　用锌铜双液原电池、惰性电极电解饱和硫酸钠溶液装置

（2）电解池原理及其应用（复习课）。

环节一：设置情境，引入课题

教师：化学是一门具有独特魅力的学科，化学家们像神奇的魔术师，运用自己的智慧，变出了许多人类未曾知晓的物质，将无数的不可能变成可能。今天，老师也给大家带来一个小魔术。

【展示】酒杯中盛放了滴有酚酞的无色溶液。

教师：这是一个酒杯，里面放着"白酒"，现在我利用一个装置，让"白酒"变"红酒"。见证奇迹的时刻到了……

【现象】酒杯中的"白酒"变成了"红酒"（无色溶液变红）。

教师：我想，现在大家一定会有一个疑问：这个过程是怎么发生的？下面，我们就一起来探究其原理，揭示其奥秘。

设计意图：通过明显的实验现象，重温电解的原理，激发学生的探知欲，明白电解在日常生活中运用的意义。

教师：其实同学们都明白，此实验原理只是电解水的原理，那么请同学们回顾一下电解的原理。下面请同学们思考以下情景，回答相关问题。

环节二：设置连续性的问题链，全面掌握电解的原理

【情境导入】用石墨电极电解熔融的 NaCl。根据图 4-27 左图电解示意图，标出电子的运动轨迹，离子的移动方向，写出相关的电极反应式、总反应式。

变式1：若将装置中熔融的 NaCl 变为氯化钠溶液。写出相关的电极反应式和总反应式。

变式2：将变式1石墨再变为 Fe 作为电极。写出相关的电极反应式和总反应式。

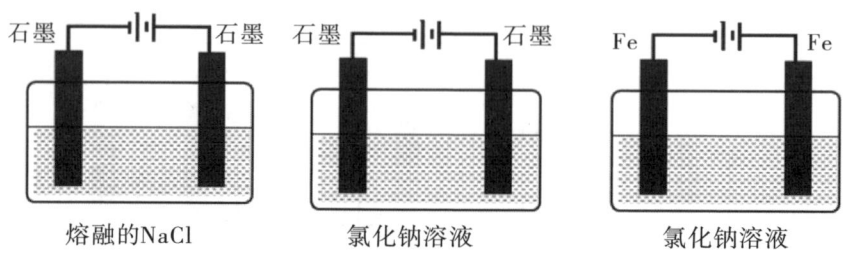

图 4-27　石墨电极电解熔融氯化钠、石墨电极电解氯化钠溶液、铁电极电解氯化钠溶液装置

教师：通过以上的设计，同学们在分析电解池时应该形成有序思维规则，归纳如下：

①首先观察电源的正负极，确定电解池的阴阳极。

②明确溶液中存在哪些离子。

③判断电极是否反应和离子放电顺序如下：

阴极：$Ag^+ > Fe^{3+} > Cu^{2+} > H^+_{(酸)} > Fe^{2+} > Zn^{2+} > H^+_{(水)} > Al^{3+} > Mg^{2+} > Na^+ > Ca^{2+} > K^+$。

阳极：活性电极 $> S^{2-} > I^- > Br^- > Cl^- > OH^- >$ 含氧酸根离子。

④写电极反应式和总的电解方程式（注明电解，写总反应时弱电解质电离出的离子要用分子表示）。

教师：在同学们掌握以上问题后，请同学们分析变式3。

环节三：利用课堂知识，探究氯碱工业

【情境导入】变式3：惰性电极电解饱和食盐水，在工业上用于氯气和氢氧化钠（俗称氯碱工业）的制备，采用图 4-28 左图所示装置。该装置在工业制备过程有何缺点？如何改进？

学生：阳极产生氯气，阴极产生氢气，溶液生成氢氧化钠，由于它们之间会发

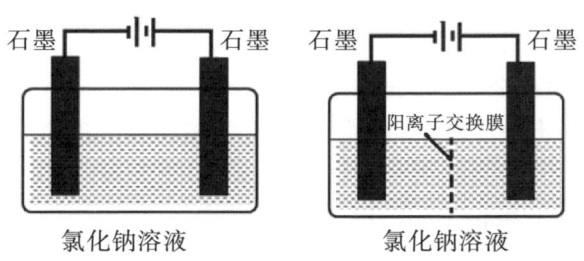

图4-28 惰性电极电解饱和食盐水装置

生反应,那就想办法将它们分开。

教师:同学们分析得很好。首先此装置要实现工业上的氯碱工业,也就是说要得到氯气和氢氧化钠,我们就联想到在装置中添加离子交换膜。那大家想一想,该使用什么样的交换膜,是阴离子交换膜,阳离子交换膜,还是阴阳离子都可以通过的普通交换膜?

学生:根据工业生产的要求,我们只能使用阳离子交换膜。

教师:既然大家对本题分析得都很透彻,那么请读图4-29,据此完成下面的练习。

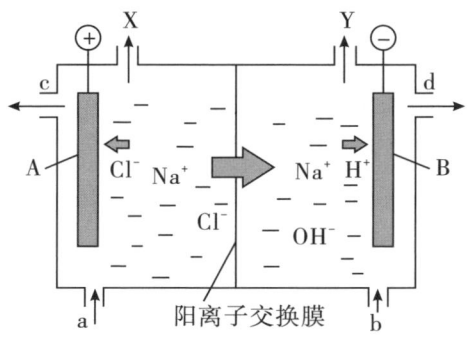

图4-29 氯碱工业

①阳离子交换膜的作用,阻止_____进入阳极室与Cl_2发生副反应:$2NaOH + Cl_2 =\!=\!= NaCl + NaClO + H_2O$,阻止阳极产生的$Cl_2$和阴极产生的$H_2$混合发生爆炸。

②电极反应。

A极:_____;B极:_____。

③a、b、c、d加入或流出的物质分别是_____、_____、_____、_____;X、Y分别为_____、_____。

设计意图:通过变式1、2问题的设置,让学生比较电解饱和食盐水的条件不同（是否是惰性电极）时存在哪些问题。在学生懂得以上问题后，设置变式 3 问题进行适当的拓展。在学生给出问题答案后，这时候给出图 4-28 右图所示装置，让学生明白离子交换膜存在的意义。再设问最终工业生产应该考虑哪些因素，如图 4-29 装置。这样一步一步地设问，帮助学生掌握课本上理论知识与实际工业生产的不同之处，培养学生严谨的科学探究精神。

教师：在同学们掌握以上知识后，请同学们分析以下问题。

【情境导入】在用惰性电极电解 Na_2SO_4 溶液装置基础上（图 4-30），如何通过添加阴离子交换膜或阳离子交换膜，实现制备较纯的 H_2SO_4 和 NaOH 呢？

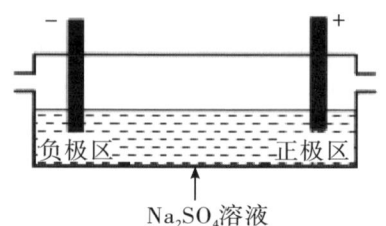

图 4-30　电解硫酸钠基础模型

变式 1：（2016 年全国乙卷）三室式电渗析法处理含 Na_2SO_4 废水的原理如图 4-31 所示，采用惰性电极，ab、cd 均为离子交换膜，在直流电场的作用下，两膜中间的 Na^+ 和 SO_4^{2-} 可通过离子交换膜，而两端隔室中离子被阻挡不能进入中间隔室。

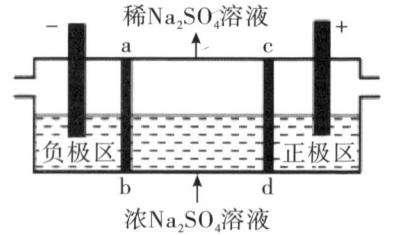

图 4-31　惰性电极电解饱和硫酸钠溶液

下列叙述正确的是（　　）

A. 通电后中间隔室的 SO_4^{2-} 离子向正极区迁移，正极区溶液 pH 增大

B. 该法在处理含 Na_2SO_4 废水时可以得到 NaOH 和 H_2SO_4 产品

C. 负极区反应为 $2H_2O - 4e^- = O_2\uparrow + 4H^+$，负极区溶液 pH 降低

D. 当电路中通过 1 mol 电子的电量时，会有 0.5 mol 的 O_2 生成

设计意图：通过以上问题和变式 1 训练及问题的设置，让学生进一步明白交换膜的种类及应用，引导学生归纳习题中涉及的知识点、题型结构和类型，促进学生有序的思维分析。变式训练可以进一步拓展学生的思维，提升其解决问题的能力。

环节四：利用课堂练习，加强电解的应用

【情境导入】某学生想制作一种家用环保型消毒液发生器，用石墨作电极电解

第四章 基于证据推理与模型认知的理论研究和教学实践

饱和氯化钠溶液。通电时,为使 Cl_2 被完全吸收,制得有较强杀菌能力的消毒液,设计了如图 4 – 32 的装置,则对电源电极名称和消毒液的主要成分判断正确的是( )

A. a 为正极,b 为负极;NaClO 和 NaCl
B. a 为负极,b 为正极;NaClO 和 NaCl
C. a 为阳极,b 为阴极;HClO 和 NaCl
D. a 为阴极,b 为阳极;HClO 和 NaCl

目前已开发出电解法制取 ClO_2 的新工艺。如用石墨作电极,在一定条件下电解饱和食盐水制取 ClO_2(如图 4 – 33 所示),写出阳极产生 ClO_2 的电极反应式:_____。

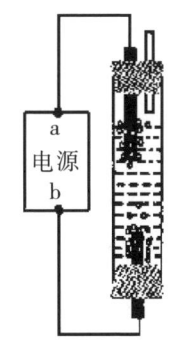

图 4 – 32 电解饱和氯化钠溶液制取消毒液

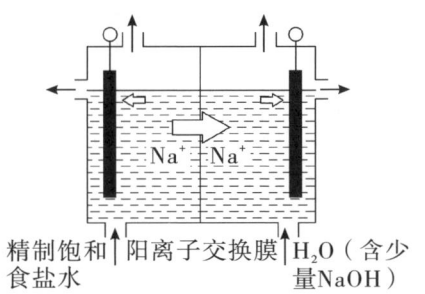

图 4 – 33 电解饱和食盐水制取 ClO_2

设计意图:在教学过程中,紧紧围绕教学目标而进行课堂习题内容的设置,才能引发学生的深入思考。课堂突破核心知识建构的交流研讨与迁移应用,以及课后用于检测知识掌握情况的习题与自我评价等板块的设计有利于学生视野的拓展。

(四)电化学的教学评价和反思

本章从学科核心素养的角度阐述电化学教学的模式。学生通过复习课学习,既复习了电化学的相关知识,又对电化学的本质有了深刻的认识。在学生形成模型的过程中,学生认识到原电池模型与电解池模型的有机统一。在经过几道典型题的练习,学生认识到考试中的电化学装置并不像教材中的那样"规矩",而通过模型,学生可以比较轻松地将各种装置与模型中的要素对应起来,以"不变"应"万变"。随着学习的深入,学生意识到模型的建立与应用是系统思考的表现,并且将系统思考应用到电极书写的方法上。学生有想法、有步骤地书写电极反应,解决了他们的难点。课堂上,教师要用好电化学中电解池的实验和素材,帮助学生构建电化学的实验模型、认知模型、思维模型、符号模型,用问题驱动、证据推理的思维训练,帮助学生形成概念,更好地理解电解规律,形成有效课堂。同时在教学过程中对学生实验进行有效指导，培养学生的实验设计能力以及证据推理与模型认知的核心素养。在电化学的教学中，由基础装置模型入手，逐步提升难度，提高学生获取信息、加工信息、解决实际问题的能力。可见，用学科核心信息素养的理念来改革教学方法，更容易发挥学生的主体性，培养学生自主探究的能力。教师要多通过知识和实际问题的导学、导思、导创、导结，使学生在活动中建构模型，用问题驱动来促进学生学会证据推理。这样的教学将能更好地提升学生分析、归纳和概括的能力以及学科思维品质。

综上，教师在教学过程中不仅要关注学生学科知识的掌握，更应关注学生通过以上的探索和学习亲历，形成分析问题、收集证据解决问题的思路。培养学生的证据意识，推理、想象和建立模型的能力，提高科学素养。问题探究和实验探索是培养化学核心素养中证据推理与模型认知的主要手段。教师通过真实的化学情景，精心设计问题和学生活动，展开讨论，培养学生收集并丰富证据，依据证据进行推理和修正科学模型的能力，使之养成良好的科学思维，促进中学生化学学科核心素养的培养，在实践中真正做到像科学家那样思考，像科学家那样探索，知识能力方法并重，动手动脑趣味无穷，让科学成为习惯。

第五章
基于科学探究与创新意识的理论研究和教学实践

第一节 科学探究与创新意识的理论内涵和表征框架

一、科学探究与创新意识的理论内涵和素养导向

1. 科学探究与创新意识的理论内涵

《普通高中化学课程标准（2017年版）》中指出，基于科学探究与创新意识的核心素养，要求学生认识科学探究是进行科学解释和发现、创造和应用的科学实践活动；能发现和提出有探究价值的问题；能从问题和假设出发，依据探究目的，设计探究方案，运用化学实验、调查等方法进行实验探究；勤于实践，善于合作，敢于质疑，勇于创新。科学探究与创新意识是从实践层面发展学生科学探究与问题解决能力，促进创新意识的形成，使学生能发现和提出有探究价值的化学问题；能依据探究目的设计并优化实验方案，完成实验操作；能加工观察记录的实验信息并得出结论；能和同学交流实验探究的成果，在探究中学会合作，面对"异常"现象敢于提出自己的见解，提出进一步探究或改进的设想；能尊重事实和证据，独立思考，敢于质疑和批判不同观点和结论，提出创造性见解的品质。科学探究与创新意识是紧密联系在一起的，相辅相成的。科学探究是具体的实践方式，在实践的基础上才能培养和发展学生的创新意识。

科学探究与创新意识是学生的一种基本素养要求。科学探究是为研究物质某种性质或结构而进行的一系列文献查阅、实验设计及实施、证据推理及建立模型等活动的总和。创新意识是指学生具有不墨守成规、思维活跃而不机械的创新性思维品质素养。早在2003年版《普通高中化学课程标准（实验）》（以下简称旧课标）中就倡导探究学习，包括培养学生的探究意识、丰富学生的过程体验、促进学生对探

究方法的掌握以及科学探究能力的形成。为此，旧课标提出了构成科学探究能力的 8 个要素，即：提出问题，猜想与假设，制订计划，进行实验，收集证据，解释与结论，反思与评价，表达与交流。但因其没有从整体角度，即学科素养的角度进行说明，也没有从能力发展的角度作水平划分，因此难以发挥其对教学与评价的指导作用，创新意识方面也难以在教学实践中加以落实。而《普通高中化学课程标准（2017 年版）》则指出，科学探究与创新意识强调科学探究是进行科学解释和发现、创造和应用的科学实践活动，其包括：提出问题和假设，设计方案，实施实验，获取证据，分析解释或模型建构，形成结论，交流评价等七个方面。在旧的"解释与结论"要素中增加了"模型建构"，要求学生在获取证据的基础上应用或建构模型进行表征，使其更符合基于真实问题的探究过程。这符合一般科学规律的认知特点，有助于实现模型的功能化，使其具有更广泛的迁移应用价值。科学探究与创新意识是化学学科核心素养的实践基础，科学探究与创新意识作为化学学科核心素养体系中一项重要素养，其综合性、跨学科性和合作意识，对学生的未来发展有重要意义。科学探究与创新意识素养培养的一般过程如图 5-1 所示。

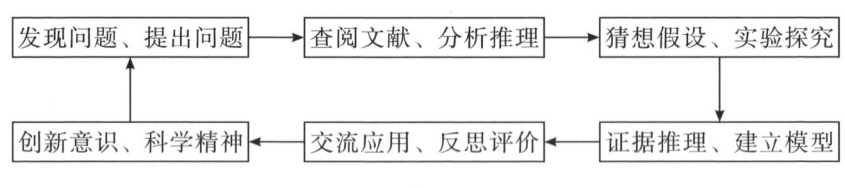

图 5-1　科学探究与创新意识素养培养的一般过程

2. 科学探究与创新意识的素养导向

科学探究与创新意识是化学学科核心素养之一。化学属于自然科学，科学的核心是探究。探究是一种基于现有问题的多层面的认识活动，与人类认识世界的一般过程相吻合，包括观察、提问、查找资料获取已有结论，制定调查研究计划，根据实验证据作出结论评价，利用工具收集、处理数据，提出解释和推论，交流评价结果等。学生在日常的学习活动中形成了一定的科学探究意识，养成了善于观察、主动思考的习惯，慢慢地能够发现身边具有探究价值的问题，对其提出合理猜测与假设，然后设计出相应的实验方案，通过实验验证自己的结论。创新意识是意识活动中的一种积极的、富有成果性的表现形式，是人们进行创造活动的出发点和内在动力，是能充分发挥自我内在潜能，积极主动地发现问题、解决问题的一种心理倾向。创新意识是创新的基础、内在动力，贯穿于整个创新活动中。科学探究是化学学科必备的核心素养，也是创新意识培养的重要手段之一。创新意识包含三个要素：好奇心和批判精神的创新品质、新颖独创的创新思维、解决问题的创新方法。

培养具有创新能力的创新型人才，重点是启发创新思维，激发学生的创造兴趣、创造动机、创造情感以及创造意志，培养创新品质和创新方法。

二、科学探究与创新意识的表征框架和水平划分

1. 科学探究与创新意识的表征框架

科学探究与创新意识素养包括科学探究、创新意识和合作意识，如图 5-2 所示。科学探究包括提出问题和假设、实验和证据、分析和推理、交流和应用，是进行科学解释和发现、创造和应用的一种科学实践活动。创新意识包括勇于质疑的创新品质、新颖独创的创新思维和解决问题的创新方法三个核心要素。在教学实践中重点是启发创新思维，激发学生的创造兴趣、创造动机、创造情感以及创造意志，培养创新品质和创新方法。合作意识包括主动参与、乐于探究，善于表达、乐于倾听，协作配合、乐于分享，交流合作、团队精神。

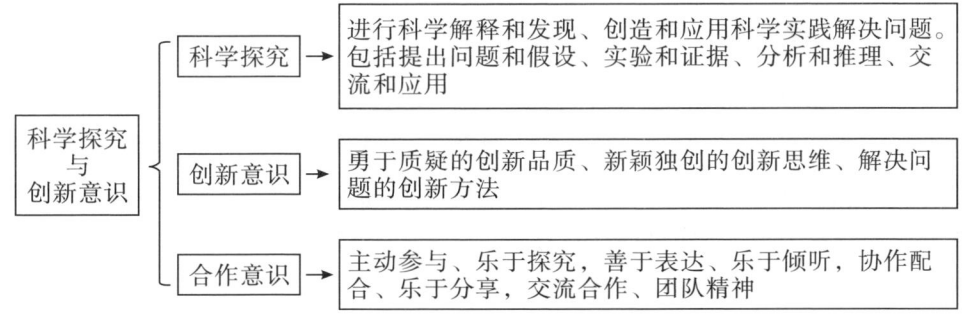

图 5-2　科学探究与创新意识素养的表征框架

2. 科学探究与创新意识的水平划分

科学探究与创新意识素养的水平划分如表 5-1 所示。

表 5-1　科学探究与创新意识素养的水平划分

素养水平	科学探究和创新意识
水平 1	能根据教材中给出的问题设计简单的实验方案，完成实验操作，观察物质及其变化的现象，客观地进行记录，对实验现象作出解释，发现和提出需要进一步研究的问题
水平 2	能对简单化学问题的解决提出可能的假设，依据假设设计实验方案，组装实验仪器，与同学合作完成实验操作，能运用多种方式收集实验证据，基于实验事实提出结论，提出自己的看法

续上表

素养水平	科学探究和创新意识
水平3	具有较强的问题意识,能在与同学讨论基础上提出探究的问题和假设,依据假设提出实验方案,独立完成实验,收集实验证据,基于现象和数据进行分析并得出结论,交流自己的探究成果
水平4	能根据文献和实际需要提出综合性的探究课题,根据假设提出多种探究方案,评价和优化方案,能用数据、图表、符号等处理实验信息;能对实验中的"异常"现象和已有结论进行反思、提出质疑和新的实验设想,并进一步付诸实施

第二节 科学探究与创新意识的进阶分析和培养路径

一、科学探究与创新意识的进阶分析

科学探究是"感性认识—理性认识—科学实践"循环往复、螺旋上升的过程,每个阶段间都有认识的飞跃,其本质就是创新。科学探究过程包括提出问题和假设、设计方案、实施实验、获取证据、分析解释和构建模型、形成结论及交流评价。化学科学探究的主要内容和途径是实验。无论是从实验研究的对象、过程还是结果分析,创新都是化学科学探究的本质特征。化学科学探究最能体现和发展人的创新精神和实践能力,是一个始于问题、终于问题的实践过程。

新课标把化学学业质量水平和化学学科核心素养水平划分为4级,1级到4级能力水平逐渐递增。每个学习阶段的学生需要达到相对应的学业质量和学科核心素养水平。例如:水平1"能根据教材中给出的问题设计简单的实验方案",要求能解释实验原理,并实施简单的实验;水平2"能对简单化学问题的解决提出可能的假设"则要求能基于实验事实得出结论;水平3"具有较强的问题意识,能在与同学讨论基础上提出探究的问题和假设",要求基于仪器分析的现象和数据表征实验结果;水平4"能根据文献和实际需要提出综合性的探究课题"则要求具有创新意识和评价能力。水平提升对应的难度也逐渐增大,学生完成任务所需能力要求也随之提高。如表5-2所示。

表 5-2 科学探究与创新意识素养水平的进阶

等级	目标层次	知识/能力维度	问题结构
水平 1	识记	能根据教材中给出的问题设计简单的实验方案,选择常见的实验仪器、装置和试剂,完成简单的物质性质、物质制备、物质检验等基础操作性化学实验	单一结构水平
水平 2	理解	能对简单化学问题的解决提出可能的假设,根据已有经验和资料作出预测和假设,运用适当的方法控制反应条件等,完成探究性化学实验	多点结构水平
水平 3	应用	具有较强的问题意识,能在与同学讨论基础上提出探究的问题和假设,能根据解决问题的需要提出实验探究课题,并能选择合适的实验试剂和仪器装置,控制实验条件,安全、顺利地完成研究性化学实验,并能基于现象和数据进行分析推理	关联结构水平
水平 4	评价	能根据文献和实际需要提出综合性的探究课题,能设计有关物质转化、分离提纯、性质应用等的综合实验方案;能运用变量控制的方法探究并确定合适的反应条件,安全、顺利地完成实验;能用数据、图表、符号等描述实验证据并据此进行分析推理形成结论;能对实验方案、实验过程和实验结论进行评价,提出进一步探究的设想	拓展抽象结构水平

二、科学探究与创新意识的培养路径

新课标从四个方面对科学探究与创新意识进行了概述:正确认识科学探究、发现和提出有价值的问题、开展实验探究活动、具备实践以及创新意识。这四个方面符合学生的认知规律。其中正确认识科学探究是开展探究活动的基础,教师可引导学生认识到科学探究在利用高中化学知识解决实际问题方面的重要作用。发现和提出有价值的问题是开展科学探究活动的重要切入点。学生只有牢固掌握化学基础知识,从化学视角分析问题,才能确保提出的探究问题具有较高价值,再基于提出的问题,开展相关的实验探究活动。开展实验探究活动需要确定探究假设、探究目的,认真设计探究方案,并运用所学实验知识完成实验,分析实验结果。学生在探究的过程中还应具备良好的合作意识,通过相互之间的合作确保探究活动的高效开展。在完成探究活动后,要引导学生进行反思与评价,认真分析科学探究过程中存在的不足，通过优化相关细节对实验探究进行创新或改进，提升和培养创新意识。

科学探究与创新意识的培育贯穿整个高中教学，是一个连续的不断深入的进阶过程。教师要认真研究教材的编排逻辑，把跨学段的主题教学和大单元教学的真实情境作为培育科学探究与创新意识的载体，可以把教材中陈述性知识设计成进阶问题，引导学生思考和探索，培养科学精神和探究意识，实现科学探究与创新意识素养的学习进阶。例如：在学习《二氧化硫的化学性质》单元时，把 SO_2 的漂白性作为问题情境，导入 SO_2 化学性质的学习，结合硫及其化合物的价－类二维图，设计进阶问题。【进阶1】SO_2 为什么能使酸性 $KMnO_4$ 溶液褪色？→【进阶2】SO_2 能不能使石蕊溶液褪色？→【进阶3】SO_2 使品红溶液褪色的原理与新制氯水使品红溶液褪色的原理相同吗？→【进阶4】SO_2 使酸性 $KMnO_4$ 溶液褪色的本质是什么？通过上述问题深度的不断进阶，培养学生科学探究与创新意识的学科核心素养。（图5-3）

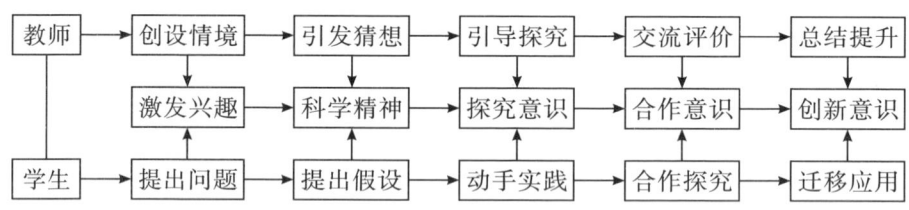

图5-3 科学探究与创新意识素养的教学逻辑

1. 从教学内容的选择和整合上实现学生知识的进阶

例如：《二氧化硫的化学性质》主题的知识进阶。【进阶1】硫及其化合物的价—类二维图（元素观、分类观、价态观）→【进阶2】探究 SO_2 的酸性氧化物的通性和氧化还原性（宏观辨识、分类观、价态观）→【进阶3】探究 SO_2 的漂白性和制备（微观探析、元素观、分类观）→【进阶4】SO_2 性质、制备以及在生产生活中的应用（证据推理与模型认知、科学态度与社会责任）。

2. 从核心概念和化学观念上实现学生能力的进阶

例如：《原电池的原理》主题的能力进阶（微粒观、变化观、能量观等）。【进阶1】水果电池使小灯泡发光（宏观辨识）→【进阶2】原电池的工作原理（微观探析、能量观）→【进阶3】原电池的构成条件（科学探究、变化观、分类观）→【进阶4】化学电源及其应用（证据推理与模型认知、科学态度与社会责任）。

3. 从学习任务的设计上实现学生素养的进阶

例如：《影响化学反应速率的因素》主题的能力进阶。【进阶1】感受火药爆炸、溶洞形成、食物变质、钢铁生锈等化学反应的快慢现象（宏观辨识）→【进阶 2】控制变量设计实验，探究温度、催化剂、浓度、接触面积等对化学反应速率的影响（变化观）→【进阶 3】通过"投篮模型""分数模型""爬山模型"等建立有效碰撞理论思维模型和认知模型（微观探析、模型认知）→【进阶 4】迁移应用、思维进阶（证据推理与模型认知）。

科学探究与创新意识素养的培养，可以渗透到各种类型的课堂教学上，包括抽象的概念原理教学和直观的性质教学。通过理论联系实际，调动学生参与实验的积极性，激发其积累化学知识以解决生活实践问题的学习兴趣，从而有利于培养学生的科学探究与创新意识。本章节在科学探究与创新意识素养的理念基础上，通过分析、整理高中化学必修一和必修二以及选择性必修 1 和必修 2 的教材内容，选择了《原电池的原理》《二氧化硫的化学性质》《影响化学反应速率的因素》等三个教学主题，以"建构主义"和布鲁姆认知领域教学目标为理论基础，以培养学生科学探究与创新意识素养为目标进行教学实践和策略研究，以探索科学探究与创新意识素养在课堂教学中的有效性途径。

第三节　科学探究与创新意识的课堂实例和发展模型

一、科学探究与创新意识的课堂实例 1：《原电池及其应用》

（一）《原电池及其应用》主题的知识结构和功能

1.《原电池及其应用》主题的知识结构

《原电池及其应用》在必修二和选择性必修 1 中均有涉及。从课程标准和教材编排上看，《原电池及其应用》单元内容的知识结构可以分为三个部分。首先，必修二课程的教学是使学生通过最简单的锌铜稀硫酸原电池初步认识化学能与电能间的转化，并从氧化还原反应的角度初步认识原电池的工作原理（单液原电池），体会化学能转化为电能的客观事实和宏观现象。通过对原电池工作原理和构成条件的探究，引导学生从微观视角分析原电池中微粒的运动、变化以及电流的产生，培养学生由宏观辨识→微观探析→变化观念→实践应用的素养能力；通过"特殊到一般，一般到特殊"的逻辑思维过程，初步构建原电池的"原理—装置"二维模型，培养学生证据推理与模型认知素养。其次，选择性必修 1 中进一步发展学生对原电池的认识，理解氧化剂与还原剂可以在隔离的情况下实现电子的定向转移，从而深入理解原电池的工作原理，形成系统的原电池模型（双液原电池），完善和优化原电池"原理—装置—能量"三维模型。最后，通过化学电源的发展历程和实际应用，引导学生探究如何对化学电源进行改进和优化，从而获得稳定电流，提高能量转化效率，培养科学探究与创新意识，建立"原理—装置—能量—素养"四维模型。（图5-4）

图5-4 《原电池及其应用》知识结构

2.《原电池及其应用》主题的功能

原电池是高中化学学科体系的核心知识之一，它是氧化还原反应理论的延伸与应用，也是后续电化学知识的基础，对于学生学习原电池的历史、掌握原电池原理、感受化学能转化为电能有较大的帮助。从教学内容上来看，本节课包括通过实验探究原电池的工作原理、建立原电池的认识模型、理解原电池的本质、应用原电池认识模型分析常见化学电流、建立"原理—装置—能量—素养"四维模型等内容。本节课的内容在知识发展上，是对氧化还原概念理论、反应能量概念理论的深化，同时又是选择性必修1电化学模块的内容基础。原电池主题是中学化学教程中综合性比较强的知识，它不仅涉及氧化还原反应、化学能与热能、电能的转化，而且还涉及物理学科中的电学知识，既有学科内的知识综合，又有学科间的知识综合，对学生综合能力的培养有很好的促进作用。在素养发展功能上，通过实验探究原电池的工作原理是对科学探究素养的发展，通过微粒变化与运动解释实验现象是对宏观辨识与微观探析素养的发展，在探究过程中关注物质变化和伴随的能量变化是对变化观念素养的发展，电化学认识模型的建立是对模型认知素养的发展，而设计燃料电池、体会化学电源的发展和电池的优化改进过程又是对科学态度与社会责任核心素养的体现。所以，本主题的教学内容是学生渗透学科观念、提升关键能力和培养科学精神的好素材，也是化学学科核心素养发展的良好载体，在中学化学教学内容中具有十分重要的地位和作用。

（二）《原电池及其应用》主题的学习目标和素养

1.《原电池及其应用》主题的学习目标

《原电池及其应用》的学习目标有4个水平，如图5-5所示。

（1）水平1。通过实验探究，了解化学能与电能的转化关系，认识锌铜原电池的工作原理，初步形成原电池概念；能从氧化还原的视角认识化学能可以转化为电能，能够写出电极反应式和电池反应方程式；通过分析锌铜稀硫酸原电池的装置和原理，建构原电池"原理—装置"二维认识模型。

（2）水平2。通过情境创设，引导学生进行实验探究，掌握原电池的基本构成要素；通过对原电池构成要素的归纳总结，运用变化观念建立分析原电池的基本角度以及这些角度之间的关联；通过模型构建加深对原电池构成条件的认识，理解和掌握原电池中的能量转化，强化完善原电池认知模型，构建原电池"原理—装置—能量"三维认识模型。

（3）水平3。了解常见化学电源的优缺点，初步了解在化学电源的发展过程中，从哪些角度对电池进行了优化和改进；通过设计和改进电池，探究化学能转变为电能的奥秘，通过从化学视角看化学电源的发展，感悟化学学习与社会、科学、技术、环境之间的密切关系，建构原电池"原理—装置—能量—素养"四维认识模型。

（4）水平4。建立应用原电池认识模型和思维模型解决实际问题的方法。通过分析铅蓄电池、燃料电池、水果电池以及电动汽车的电池工作原理和结构，体验化学电源的发展历程，培养科学探究方法、合作意识和科学探究能力，感悟化学对生产、生活及科技发展的重要性，发展学生对化学价值的认识水平，培养学生科学探究与创新意识、科学态度与社会责任的化学学科核心素养。

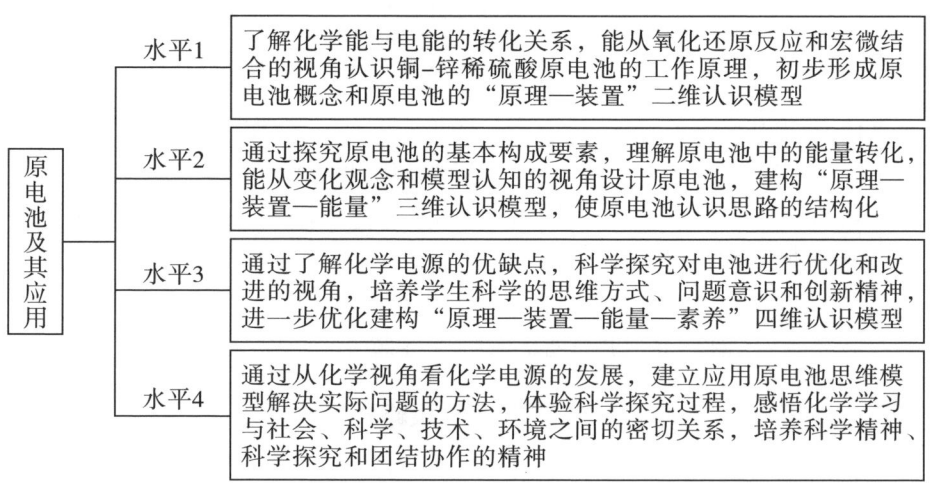

图5-5 《原电池及其应用》的学习目标素养水平

2. 《原电池及其应用》主题的学科素养

本主题通过创设情境，引导学生进行实验探究，了解化学能与电能的转化关系，从氧化还原反应和宏微结合的视角认识锌铜原电池的工作原理，初步形成原电池概念；通过探究原电池的基本构成要素，理解原电池中的微粒行为和能量转化，从变化观念和模型认知的视角设计原电池，建构原电池的认识模型；通过模型构建加深对原电池工作原理和构成条件的认识，探究设计和改进原电池装置，进一步认识电极反应物、电极材料、离子导体和电子导体，培养应用氧化还原反应、离子反应相关理论从反应的微观本质解释宏观实验现象的能力。注重学生自主认识角度的建立、系统思维能力的培养以及认识路径的形成，拓展学生的化学知识，帮助学生建立起一个有效分析和解决电化学问题的认知模型和思维模型。丰富学生对化学反应能量视角的认识，形成有目的地获取实验或事实证据的能力，培养学生自主学习、合作探究的意识，以及未来适应社会、处理复杂问题所需的关键能力和必备品格。发展学生宏观辨识与微观探析、变化观念与平衡思想、证据推理与模型认知、科学探究与创新意识、科学精神与社会责任等化学学科核心素养，是核心素养含量较高的课程主题。（图5-6）

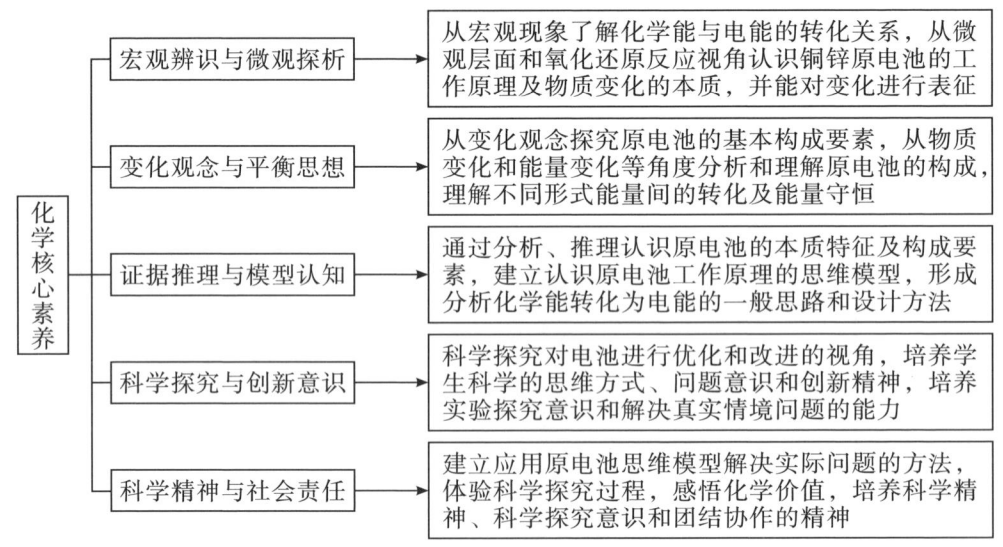

图5-6 《原电池及其应用》主题的化学核心素养

（四）《原电池及其应用》主题的教学策略和教学活动

1.《原电池及其应用》主题的教学策略和流程

本主题教学策略基于素养为本的项目式学习，在教学策略上，引导学生从化学学科核心素养的视角，结合真实情境进行实验探究。《普通高中化学课程标准（2017版）》指出"真实、具体的问题情境是学生化学学科核心素养形成和发展的重要平台，也为学生化学学科素养提供了真实的表现机会"。建构主义学习理论也认为知识不是由教授者讲授而得到的，而是由学习者在真实的情境中，在指导教师的帮助下自主探索以及和其他学生进行广泛的交流，通过解决问题来建构的。项目式学习正是基于建构主义学习理论，把学习置于真实、有意义的问题情境中，学生带着原有的知识和经验，在任务驱动下自主探究和合作交流，在解决问题的过程中构建化学学科核心知识体系，促进学生化学学科核心素养的形成和发展。

原电池主题是学生认识化学反应与能量转化的基础和典型课例。《普通高中化学课程标准（2017年版）》中要求"认识化学能与电能相互转化的实际意义及其重要应用，了解原电池及常见化学电源的工作原理"。人教版《化学（必修）》第二册（2019年6月第1版）教材第41页课后习题9指出，"便携式化学电池使用方便，但仍然存在一些不足，如电压较低，寿命较短，处理不当可能会造成环境污染。有人认为这些不足是由其制造技术不完善造成的，也有人认为是由其工作原理决定的。你的看法和依据是什么？请查阅资料，与老师和同学交流、讨论"。本课例以上述教材中提供的学习素材为项目主题，以手持技术和资料查阅为教学设计的基本思路，进行深度挖掘和迁移应用，使之成为基于真实情境的教材内容深度学习。本主题通过"如何让小车跑起来"——初识原电池、"如何让小车跑得快"——理解原电池、"如何让小车跑得远"——重建原电池三个层层递进的学习任务，创设情境，引导学生进行实验探究。通过三个真实问题情境下的学习任务设计，以问题解决方式展开，注重真实问题情境的创设，引导学生从能量转化的角度思考化学反应的内涵，从氧化还原反应的角度理解原电池的工作原理，从能源发展和社会价值的角度体会化学电源的发展和创新，重构教学单元主题呈现方式，丰富学生的学习体验，发展学生的变化观念、科学探究与创新意识。（图5-7）

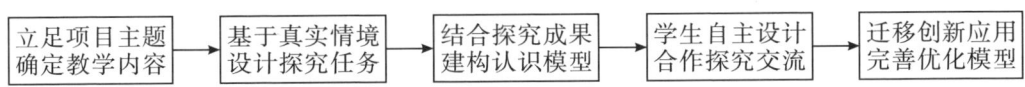

图5-7 《原电池及其应用》教学策略图

2. 《原电池及其应用》主题的教学活动和过程

在教学活动设计上，通过初识原电池、理解原电池、重建原电池和应用原电池四个层层递进的学习环节，引导学生对真实问题情境进行分析和实验探究，理解原电池的工作原理和构成条件在解决实际问题中的应用，引导学生多角度、动态地对常见化学电源的生产工艺进行分类研究，通过跨学科知识、现代教育技术手段和资料查阅，引导学生主动探究化学电源在构成上的各类变化特征和规律，寻找物质变化与能量转化之间的联系。同时，从节约能源、绿色环保、便于携带和续航时间等角度出发，调查市场上常见化学电池的种类，讨论这类电池的工作原理、生产工艺和应用价值，迁移创新原电池的构成条件和工作原理，探究化学电源发展的方向，促进学生深度学习和高阶思维能力的发展，形成学习理解、应用实践、迁移创新的

学科学习能力，从而落实化学学科核心素养的形成。（图5-8）

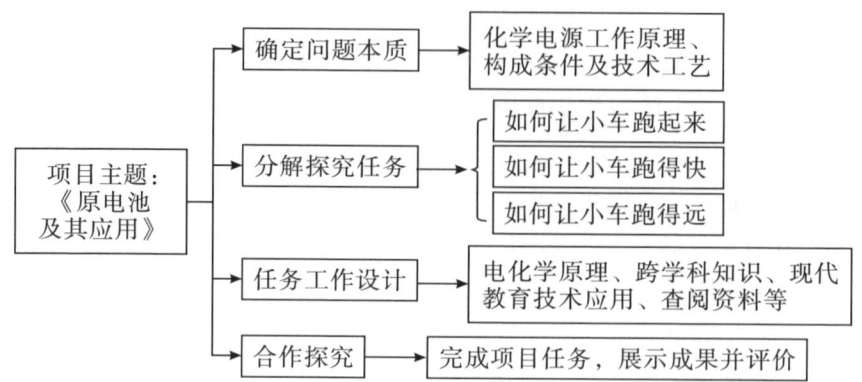

图5-8 《原电池及其应用》主题教学流程图

教学过程

（1）环节一：情景导入，建立概念——初识原电池。

任务一：如何让小车跑起来？

教师：同学们，你们都玩过玩具小汽车吧。大家桌面上都有一个小车模型（图5-9小车1），给它装上电池，它就能跑起来（图5-9小车2）。电池起到了什么作用？

学生：提供小车跑起来所需要的电能。

教师：我们刚刚学习了原电池的相关知识，我们知道原电池就是一种化学电源，它是不是也可以代替上述的电池来给小车提供电能呢？请小组讨论，设计方案，动手探究一下。

【课堂活动】在一个50 mL小烧杯中加入20 mL 0.5 mol/L的硫酸铜溶液，用两条带夹子的电源线分别连在小车电池槽的正负极，然后用夹子分别夹上锌片和铜片，平行地插入到小烧杯中，观察发生的现象（图5-9小车3）。

小车1　　　　　　小车2　　　　　　小车3

图5-9 玩具小车模型

学生：（惊奇）小车跑起来了！

教师：结合学过的知识，如何验证这个小烧杯是不是产生了电能？

学生：测定一下这个小烧杯的导线上是不是有电流产生。

【课堂活动】利用电流和电压传感器测定小烧杯的导线上是不是有电流产生，传感器如图 5 – 10、5 – 11 所示。

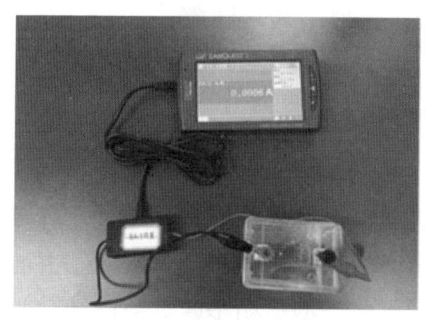

图 5 – 10　电流传感器

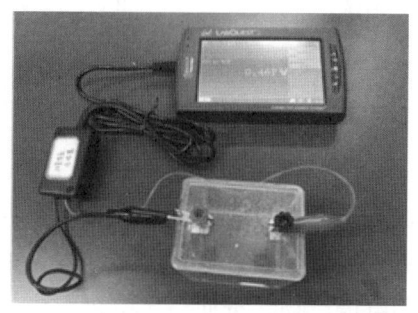

图 5 – 11　电压传感器

实验现象与结论：电流传感器显示电流强度为 0.0062A，电压传感器显示电压为 0.866V，说明小烧杯导线上有电流通过，证明小烧杯确实能产生电能。

设计意图：创设真实的问题情境，以学生已知的锌铜稀硫酸形成的原电池引入，激发学生的探究学习兴趣，为后面以此为基础深入剖析原电池，并在此基础上建构原电池认识模型做好铺垫。

任务二：小车是如何跑起来？

教师：小车跑起来了。小烧杯导线上有电流了，证明小烧杯确实能产生电能。那么请同学们思考一下，这套装置是如何产生电能的？

学生（讨论、交流）：不知道什么原因。

教师：同学们可以先从现象分析，大家刚刚看到小烧杯中有什么现象？

学生：铜片上有大量气泡产生，锌片溶解且有少量气泡产生。

教师：上述装置由哪几部分构成，各部分有什么作用呢？在上述装置中氧化还原反应中转移的电子是如何定向移动最终产生电流的？关键是什么？

学生（讨论、交流）：由锌片、铜片、稀硫酸和导线组成，锌片作为失电子场所（$Zn - 2e^- = Zn^{2+}$），电子经导线转移到铜片上，溶液中的氢离子在铜片上得电子（$2H^+ + 2e^- = H_2\uparrow$），在导线上电子由锌片定向移动到铜片，在溶液中 H^+、SO_4^{2-} 分别定向移动到正极和负极，形成闭合回路，就产生了电流。

教师：同学们总结得非常好。请尝试画出上述装置产生电流的工作原理图和装置模型图。

【课堂活动】画出原电池的工作原理图和装置模型图（图 5 – 12、图 5 – 13）。

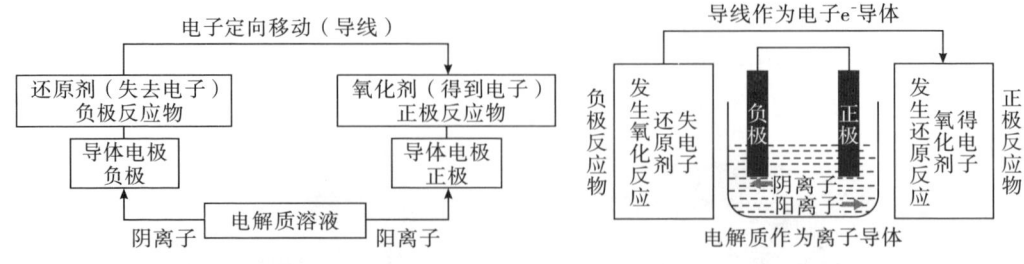

图 5-12 原电池的工作原理　　图 5-13 原电池的装置模型

设计意图：通过教师引导和交流，促进学生对锌铜稀硫酸原电池工作原理的理解。由宏观实验现象，经过证据推理，推出微观过程，电子定向移动，并找出电极反应物和电极产物，进而写出电极反应式和反应类型。初步建立原电池"原理—装置"的二维认识模型，加深对化学电源各部分作用的理解和完善，为下一步原电池的设计提供一个基本模型。

任务三：你能设计一个新电池让小车跑起来吗？

教师：根据同学们上述的实验探究，构造一个原电池在原理上需要满足哪些条件？你能设计一个新电池让小车跑起来吗？

【课堂活动】讨论分析锌铜稀硫酸原电池的构成特点和产生电流原因，利用画出的原电池的装置模型图设计新电池，指出新电池各部分的作用并写出相关的电极反应式和总反应式。

教师：通过同学们的实验探究和原理分析，知道原电池是一种可以把化学能转化为电能的装置，它通过一个自发进行的氧化还原反应，实现了能量之间的相互转化。同学们在学习过程中培养宏观现象、微观探析、科学表达、迁移应用的学科思想和素养，建立如图 5-14 所示的原电池的原理认知模型。

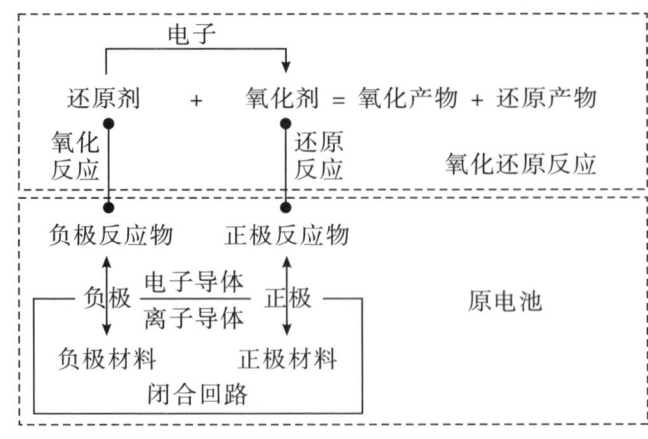

图 5-14 原电池的原理认知模型

设计意图：学生利用教师提供的实验用品，自主探究构成原电池的要素，从而建立和完善已有的原电池认知模型，建立起分析电化学问题的基本认识角度以及这些角度之间的关联。在教师的指导下学生不断纠正探究过程中出现的错误认识，如电极的选择、电解质溶液的选择、氧化剂还原剂的确定、离子电子的运动方向等，深入理解电极反应及电极方程式的书写。通过电化学模型分析，明确区分装置中各部分的作用，从而发展学生的简单辨识能力、概括关联能力和模型认知能力。

任务四：单液原电池的缺点是什么？如何改进？

教师：同学们动手探究的能力很强，现在该装置已经工作一段时间了，请同学们再仔细观察一下，还能发现什么现象？

学生：小车速度变慢，电流计的指针偏转程度减小，铜电极变粗，锌电极上也有少量红色固体析出。

教师：同学们观察得非常仔细，请大家分析产生这些现象的原因。

学生：可能是因为随着反应的进行，硫酸铜溶液浓度变小，反应速率减小；也可能是因为锌电极与硫酸铜溶液直接接触，在 Zn 电极的表面发生了 $Zn + Cu^{2+} = Zn^{2+} + Cu$ 的置换反应，析出的 Cu 覆盖在 Zn 电极的表面，影响了原电池的正常工作。

教师：同学们分析得基本正确。电解质溶液浓度降低会造成反应速率减小，同时，由于析出的 Cu 覆盖在 Zn 电极的表面，造成 Zn 电极的表面形成了一些微小的锌铜原电池，就导致导线上转移的电子减少，电路中的电流就产生了衰减的现象。能不能定量测定电流衰减的过程？

【课堂活动】利用传感器测定小烧杯的导线上电流、电压的衰减过程（表 5-3、表 5-4、图 5-15）。

表 5-3　常温常压下，锌铜电极在 0.5mol/L 硫酸铜溶液中电流随时间的变化

时间/min	0	5	10	15	20	25	30	35	40	45	50
电流/A	0.0262	0.0253	0.0238	0.0224	0.0209	0.0193	0.0175	0.0156	0.0133	0.0100	0.0069

表 5-4　常温常压下，锌铜电极在 0.5mol/L 硫酸铜溶液中电压随时间的变化

时间/min	0	5	10	15	20	25	30	35	40	45	50
电压/V	0.890	0.872	0.867	0.863	0.858	0.853	0.85	0.846	0.841	0.838	0.829

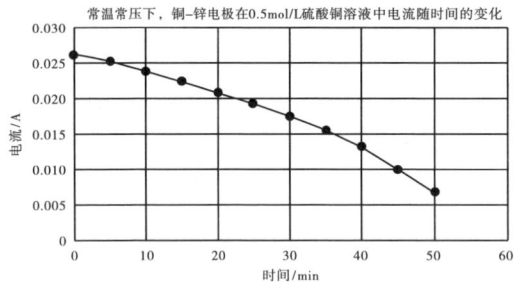
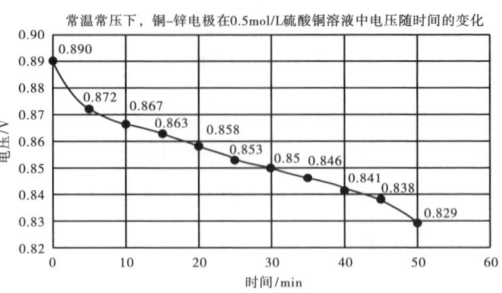

图 5-15 常温常压下，锌铜电极在 0.5mol/L 硫酸铜溶液中电流、电压随时间的变化

教师：通过以上两个实验测量，可以很直观地看到，锌铜原电池电流、电压的衰减速率还是很大的。产生上述现象的主要原因是锌电极与硫酸铜溶液直接接触，产生了自耗反应。如果你是一名电池设计师，你应该如何优化它呢？

设计意图：通过单液原电池的异常现象引导学生改进单液原电池，引出双液原电池，提升学生系统分析的能力。

学生：可以不让 Zn 电极直接接触硫酸铜溶液，使氧化反应、还原反应分开进行。但是如果不接触又怎样能发生反应产生电子转移呢？

【课堂活动】教师演示锌铜双液原电池的工作过程（如图 5-16），请同学们注意观察现象。

学生：电流计指针发生了偏转，说明电路中产生了电流。

教师：上述装置中 Zn 电极没有与 Cu^{2+} 接触为什么也能发生电子转移呢？促进氧化剂和还原剂发生反应的驱动力是什么？上述装置中的盐桥起到什么作用？

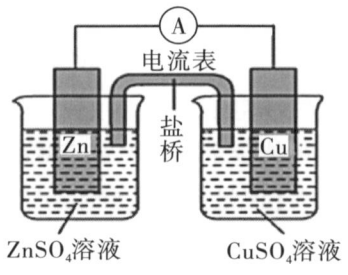

图 5-16 锌铜双液原电池

【教师引导】启发学生用已有的电学知识来思考电流产生的原因，简单介绍电势差的概念。原电池本质为自发的氧化还原反应，这样的反应引发了电子流动。负极材料上电子富足，正极材料上缺少电子，导致双方电势不相等，因此电子定向移动形成电流。从原电池的构成条件来思考盐桥的作用，构建锌铜双液原电池概念和模型（图 5-17）。

设计意图：学生对于单液原电池已经较为理解，但对于双液原电池还不甚了解，通过对双液原电池的探究，以现象作为证据，引导学生初步推测双液原电池的原理。利用单、双液原电池对比认识原电池模型，采用问题引导的方式，引导学生分析单液电池的特殊现象，进而引出双液电池相关内容，培养学生证据推理的学科素养。

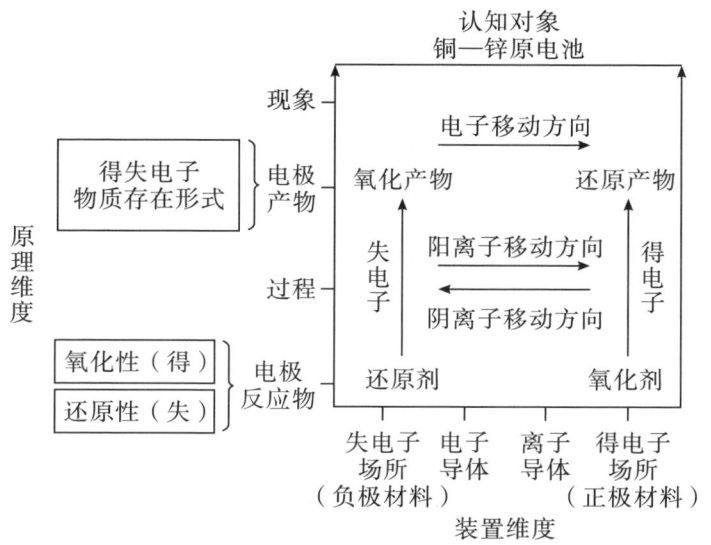

图 5-17 原电池的"原理—装置"二维认知模型

（2）环节二：科学探究，建构模型——理解原电池。

任务一：如何让小车跑得快？

教师：通过上述一系列的实验探究，我们了解到利用能量转化，原电池可以把化学能转化为电能；利用氧化还原反应中的电子转移，原电池可以在闭合电路中产生电流。小车能跑的问题解决了，那么是不是所有的原电池产生的电流都一样啊？如果想让小车跑得快一点，可以采取哪些措施呢？

学生：根据物理学知识，可以通过提高电源的功率来实现。

教师：电源的功率与什么物理量有关？

学生：电功率 $P=IU$，I 是电流强度，U 是电源电压。电源的功率与小车工作电流和电源电压的大小有关。

教师：很好，请同学们思考一下，根据我们刚刚学过的原电池的构成条件和工作原理，如何设计实验，探究不同原电池的工作电流和电源电压是不是相同呢？

学生：（猜想）可以通过改变电极材料、电解质溶液种类和浓度来实现。

教师：同学们的思路很正确，下面我们就来探究一下不同电极材料、不同电解质溶液种类和浓度构成的原电池，它们的工作电流和电源电压有何规律。

任务二：探究同一电解质溶液的浓度与原电池的工作电流和电压的关系

【课堂活动】用传感器测定常温常压下，不同浓度的稀硫酸中锌铜电极的工作电流和电压（表 5-5）。

表 5-5　常温常压下，锌铜电极在不同浓度的稀硫酸中的电流、电压

电极材料	Zn/Cu									
电解质溶液 H₂SO₄ 浓度/（mol/L）	0.2	0.4	0.6	0.8	1	1.2	1.4	1.6	1.8	2
电流/A	0.0092	0.0159	0.0247	0.0321	0.0406	0.0485	0.0570	0.0662	0.0717	0.0772
电压/V	0.880	0.880	0.883	0.898	0.907	0.913	0.916	0.907	0.920	0.920

通过实验，得出如下数据：

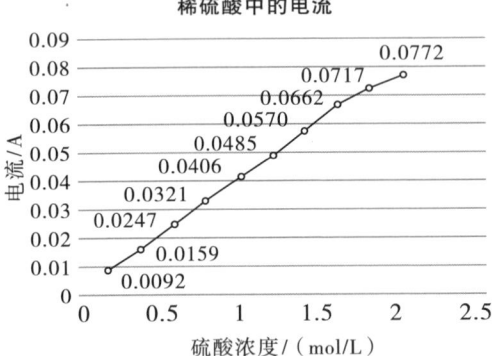
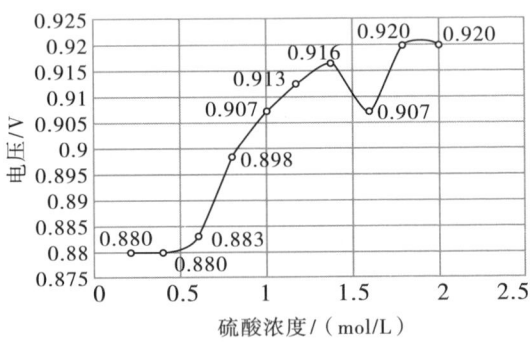

图 5-18　常温常压下，锌铜电极在不同浓度的稀硫酸中的电流、电压

教师：分析图 5-18 中数据，你能得出哪些结论？

学生：

①在常温常压下，锌铜电极在不同浓度的稀硫酸中的电流不同，稀硫酸的浓度越大，产生的工作电流就越大。

②在常温常压下，锌铜电极在不同浓度的稀硫酸中的电压不同，稀硫酸的浓度越大，产生的电源电压就越大。

教师：根据上述实验结论，如果想让小车跑得快一点，可以采取哪些措施呢？

学生：可以增大稀硫酸的浓度。

教师：稀硫酸的浓度是不是可以无限增大呢？

学生：应该不可以吧，溶液的浓度都有一定的限度。

教师：根据原电池的构成条件，还有什么方法可以改变上述装置中的电流和电压呢？

学生：还可以改变电极材料，试一下能不能改变装置中的电流和电压。

任务三：探究不同电极材料在同一电解质溶液中的工作电流和电压的关系

【课堂活动】用传感器测定常温常压下，相同浓度的稀硫酸中不同电极材料原电池的工作电流和电压（表5-6）。

表5-6 常温常压下，锌铜电极在不同浓度的稀硫酸中的电流、电压

电极材料	Mg/Cu	Zn/Cu	Fe/Cu	Mg/C	Zn/C	Fe/C
电解质溶液 H_2SO_4 浓度/（mol/L）	1.0	1.0	1.0	1.0	1.0	1.0
电流/A	0.0269	0.0497	0.0714	0.0998	0.0951	0.1021
电压/V	0.883	0.865	0.920	0.926	0.929	0.907

通过实验，得出如下数据：

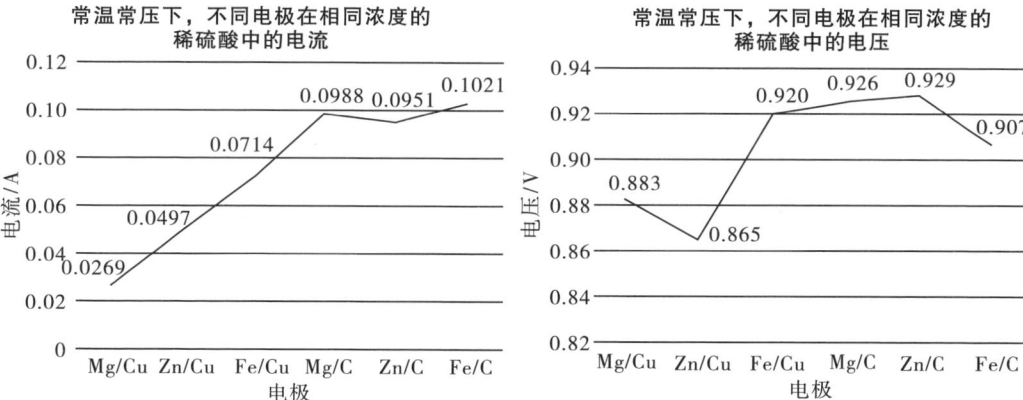

图5-19 常温常压下，不同电极在相同浓度的稀硫酸中的电流、电压

教师：分析图5-19中数据，你能得出哪些结论？

学生：

①在常温常压下，不同电极在相同浓度的稀硫酸中的电流不同，两种电极的金属性强弱差别越大，产生的工作电流就越大。

②在常温常压下，不同电极在相同浓度的稀硫酸中的电流不同，两种电极的金属性强弱差别越大，产生的电源电压就越大。

教师：根据上述实验结论，如果想让小车跑得快一点，可以采取哪些措施呢？

学生：可以选择两种金属性强弱差别较大的电极材料。

教师：以上两个探究实验，对于同学们在设计和选择化学电源时有什么启发？

教师：通过上述实验探究，我们了解到不同的电极材料、不同的电解质溶液构成的原电池，其产生的工作电流和电压大小是不同的，它们作为化学电源时产生的电功率也是不同的，故可以通过选择不同的电极材料和电解质来提高电池的工作

效率。

学生：小车能不能跑得远是由电池的续航时间或放电时间决定的。

教师：同学们的思路很正确，电池的续航时间或放电时间实际是由电池容量决定的，请利用信息平台查阅资料，明白什么是电池容量。

【课堂活动】查阅资料：

电池容量：电池容量就是电池工作时能够释放的最大电荷量，比如 20 Ah 的容量，工作电流为 2A，电池最多能使用 10 小时。

学生：如果把两个电池串联在一起，电量是不是更大？若是再多加几个电池串并联在一起，小车是不是可以跑得更快？

教师：同学们很有生活经验，并且能把物理的知识应用到化学的学习中。把很多个电池串并联起来，确实可能提供非常大的动力，大家请看视频。

【视频展示】

播放特斯拉电动车和飞机赛跑的视频，展示电动车强大的动力引擎，揭开特斯拉电动车强大电力的秘密，它是由 7500 个电池组串并联的电池（学生惊叹）。

教师：从物理学的角度，强大的动力引擎可以通过电池组串并联来带动。如果你是一名化学电源设计师，你在设计化学电源时会考虑哪些方面的因素？

学生：绿色环保、电池容量大、体积小便于携带、充电快等。

教师：很好，我们手机中使用的电池通常是锂电池，其体积很小，但电池容量很大，而汽车上使用的铅蓄电池体积很大，但电池容量却较小，猜想为什么？请利用信息平台查阅资料证明你的猜想。

【课堂活动】查阅资料：电池容量的大小还与电池的能量密度有关，能量密度（Wh/kg）指的是的单位重量的电池所储存的能量是多少，1Wh 等于 3600 焦耳（J）的能量。能量密度是由电池的材料特性决定的，大部分锂电池能量密度在 100 ～ 200Wh/kg，普通铅蓄电池的能量密度约为 40Wh/kg。

教师：一般在相同体积下，锂离子电池的能量密度是镍镉电池的 2.5 倍，是镍氢电池的 1.8 倍，是普通铅蓄电池的 3 ～ 5 倍，因此在电池容量相等的情况下，锂离子电池就会比镍镉、镍氢、铅蓄电池的体积更小，重量更轻。

【情境导入】

2019 年 10 月 9 日下午 5 点 45 分，瑞典皇家科学院在斯德哥尔摩宣布，将今年的诺贝尔化学奖授予在锂离子电池发展方面作出杰出贡献的三位科学家。锂离子电池在哪些地方会用到？

学生：手机、平板电脑、充电宝、智能手环等。

教师：手机电池为何具有超强续航能力？锂离子电池具有哪些特点？

学生：轻巧、容量大。

教师：锂离子电池是一种轻巧而强大的电池，应用十分广泛。在我们的生活中还有各式各样的电池。近几年，新能源汽车尤其是电动汽车发展迅猛，国产品牌如比亚迪在新能源汽车研发方面取得了长足的发展。汽车工业作为我国的支柱产业，大力发展新能源电动汽车具有哪些重要的战略意义？课后查阅资料，谈谈你对新能源汽车的认识，以及发展前景的看法。从原理、装置和能量的角度完善原电池的认知模型（图 5-20）。

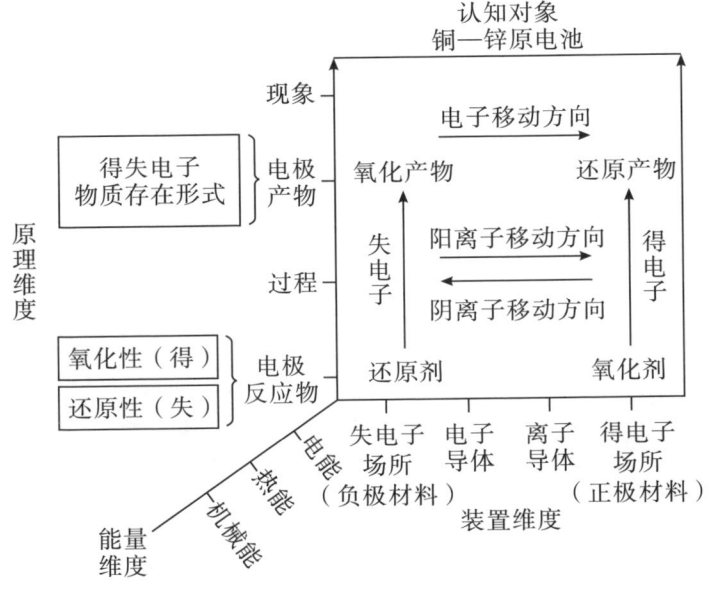

图 5-20 原电池的"原理—装置—能量"三维认知模型

设计意图：从真实实验现象发现问题，建立原电池"原理—装置—能量"三维认识模型中的能量维度，了解电池的优缺点。通过玩具小车的典型原电池，引入到现实生活中的特斯拉电动车，引导学生在真实情境中应用原电池的工作原理和构成条件去解决实际问题，体现学科价值和社会价值，促进学生学科思想和学科能力的发展，培养学生的变化观念、模型认知和创新意识等学科素养。

（3）环节三：自主探究，优化模型——重建原电池

任务一：如何让小车跑得远？

【情景引入】通过上述讨论和实验探究，小车如何能跑得快一点这个问题解决了。请运用生活中的常识，思考如果想让小车跑得远一点，可以采取哪些措施呢？展示燃料电池汽车图片以及氢氧燃料电池模拟图。

教师：燃料电池是如何产生电流的？燃料电池能长久续航的原因是什么？

学生：不太清楚，不能确定。

教师：同学们知道 H_2 和 O_2 在一定条件下可以化合生成 H_2O，如果二者不接触有没有可能发生反应？能不能用这两种气体构成一个原电池装置？

设计意图：发生认知冲突，激发求知欲望。

【课堂活动】教师演示氢氧燃料电池的工作过程（图 5-21），把 H_2 和 O_2 分别通到两个多孔的惰性电极（铂或石墨）上，把两个电极插入到氢氧化钾溶液中，用导线相连电流计和小风扇，引导学生观察现象。

学生：（大为惊奇！）小风扇转动了，电流计指针也发生了偏转。这两种气体还真的发生了反应，产生了电子的转移！

图 5-21　氢氧燃料电池演示装置

教师：化学工作者为了满足生产生活的需要，研发了各种化学电源，在常见的化学电源中有一类清洁高效的电池——燃料电池，装置模型如图 5-22。

它的原理就是把 H_2 和 O_2 分别通到两个多孔的惰性电极（铂或石墨）上，利用吸附了 H_2 和 O_2 的两个多孔电极的电势高低不同，产生电势差，从而形成电流。目前氢氧燃料设计成的环保型电池已投入使用（播放我国首条氢能电车的开通运行视频）。

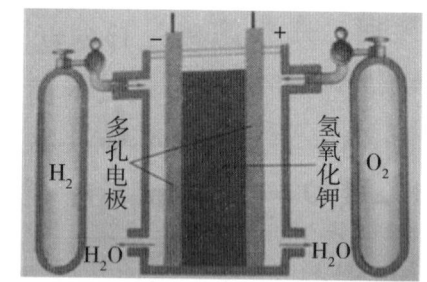

图 5-22　氢氧燃料电池原理

请同学们思考：氢氧燃料电池的工作原理是什么？试写出其电极反应式和总反应式。

学生：H_2 和 O_2 化合的本质是 H_2 被 O_2 氧化的反应，根据原电池工作原理，多孔电极上吸附的 H_2 发生氧化反应，做负极；多孔电极上吸附的 O_2 发生还原反应，做正极。电解质为 KOH，故负极反应式为 $2H_2 - 4e^- + 4OH^- = 4H_2O$，正极反应式为 $O_2 + 4e^- + 2H_2O = 4OH^-$，总反应式为 $2H_2 + O_2 = 2H_2O$。

教师：根据上述氢氧燃料电池的工作原理，你们知道燃料电池能长久续航的原因吗？

学生：电池反应物不在装置内部，而是可以通过外部源源不断地提供，所以电池就可以长久工作。

教师：通过上述两个实验，构成原电池必须要有活性不同的两个电极吗？氧化剂和还原剂必须接触才能反应吗？负极材料和电解质溶液必须要参加反应吗？请同学们进一步完善原电池的认知模型（图 5-23），同时课后查阅资料，阐述燃料电池作为化学电源的优点，以及在社会发展中的应用前景。

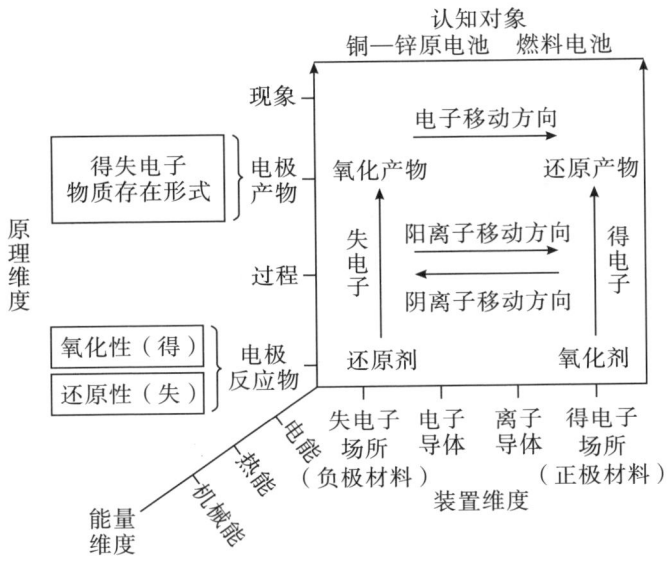

图5-23 燃料电池的"原理—装置—能量"三维认知模型

设计意图：以模型建构为核心，重视认识思路的模型化和外显化，让学生应用思维模型分析解决真实问题。在该教学环节中，教师以燃料电池模型的建构为核心内容，通过活动的设计，在问题的解决过程中使学生自主发现原电池构成的三个角度和八个要素，从而建构出燃料电池"原理—装置—能量"三维模型。同时，学生通过不断加深对模型的理解，使模型内化、外显，使学生初步形成电化学问题的分析思路，对必修阶段的电化学问题进行有依据、有角度的分析判断，同时为选修阶段电化学问题的解决打下坚实的基础。这种认识模型的建构和应用的教学策略，能引导学生通过熟悉原型进行一系列的简单变式和复杂变式，更加体现电化学学科本质，有利于电化学的知识结构化和问题解决的思路化。所以，认识模型在教学中是实现知识向素养转化的有效途径。

（4）环节四：合作交流，创新应用——应用原电池。

任务一：制作水果电池

【情境引入】播放视频"橙子电池给手机充电"，设疑激趣。

教师：为什么视频里的橙子可以给手机充电？

学生：可能构成了原电池，产生了电流。

教师：同学们想不想验证一下你们的猜想？（学生跃跃欲试）

【课堂活动】请同学以小组为单位，用教师提供的不同类型的水果和实验用品，设计水果电池，并通过实验探究证明你们的猜想。

小组合作，实验探究，制作水果电池。

展示、交流和评价。

小组一展示柠檬电池，可以使小灯泡发光；小组二展示橙子电池，可以使二极管发光；小组三展示西红柿电池，可以使电流计指针偏转（图5-24～图5-26）。

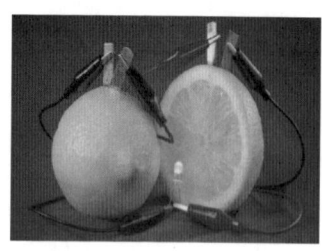
图5-24 柠檬电池使小灯泡发光

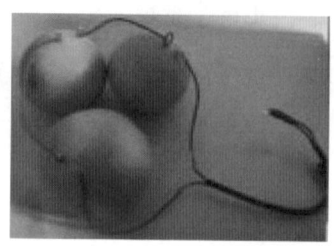
图5-25 橙子电池使二极管发光

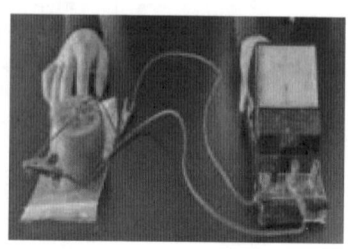
图5-26 西红柿电池使电流计指针偏转

教师：同学们通过实验探究，发现水果电池能成功使小灯泡发光、二极管发光、电流计指针偏转，说明水果电流确实产生了电流。请同学们思考：水果电池中水果起到什么作用？水果电池是如何工作的？

学生：水果电池中的水果起到电解质溶液的作用，形成离子导体，构成闭合回路。同时，水果中也肯定有能与电极发生氧化还原反应的物质，例如，酸性水果中存在H^+等，能与锌片发生氧化还原反应，产生电流。

教师：日常生活中为什么不用水果作原电池材料？手机电池为何具有超强续航能力？

【课堂活动】上网查阅资料，思考讨论。

设计意图：基于对原电池模型的理解，设计和制作简易水果电池，使学生认识原电池的构成要素，体会原电池设计的基本思路，初步形成实验探究的基本思路与方法，感受原电池原理在社会生活中的贡献，对培养学生发现问题、分析问题与解决问题的能力具有重要作用。通过"为什么视频里的橙子可以给手机充电""日常生活中为什么不用水果作原电池材料""手机电池为何具有超强续航能力"等这些真实的问题，引导学生查阅资料和讨论交流，强化对原电池构造的认识，应用原电池模型解释相关问题，深化对原电池的认识和理解，培养其化学学科思维方法和创新能力。同时，通过科学探究，亲身感受原电池的学科价值和社会价值。

任务二：探究"暖宝宝"的发热机理

【情境导入】展示某品牌的"暖宝宝"实物及其产品成分、使用说明（图5-27）。

[商品名称] 某品牌"暖宝宝"
[主要成分] 铁粉、水、活性炭、蛭石、食盐等
[保质期限] 三年
[使用方法] 撕开外袋、取出内袋,剥去保护纸后无需揉搓,直接贴在衣服上。本品一旦接触空气,立即开始发热,不用时请勿拆开包装袋。

图 5-27　某品牌"暖宝宝"的产品成分及使用说明

教师:怎么使用"暖宝宝"?

学生:使用时撕开外包装,内袋接触到空气后就会发热。

教师:"暖宝宝"能发热,这是发生了什么反应?里面是什么物质?

学生:铁粉、水、活性炭、食盐等,但是这些物质在常温下能反应并放热吗?

教师:不能。大家再思考一下,还有其他物质参与反应吗?

学生:哦,有氧气参与,"暖宝宝"的使用说明中说在使用的时候要撕开包装接触空气。

教师:同学们的猜测有合理性,那么日常生活中有铁粉、水和氧气参与反应的例子吗?是基于什么原理?

学生:"暖宝宝"发热是铁粉被空气中的氧气氧化时放热的结果,也可以是形成原电池,发生氧化还原反应放热。

教师:根据原电池原理的知识,结合"暖宝宝"的成分和使用说明,思考"暖宝宝"发热的原理是什么?请利用老师提供的试剂和器材,设计一个实验证明你的猜想是否准确。

【课堂活动】利用铁粉、水、活性炭、食盐设计一个原电池,通过实验探究"暖宝宝"发热的原理(图 5-28)。

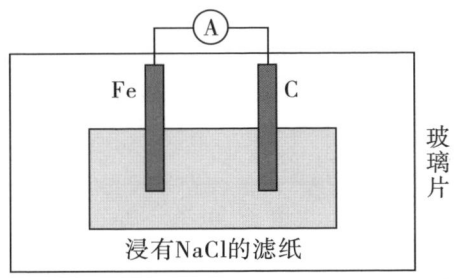

图 5-28　学生设计的"暖宝宝"的原电池模型

教师:在"暖宝宝"中,铁粉缓慢氧化,使化学能转化为热能。利用蛭石保温,其内层的无纺布袋采用微孔透气膜,控制氧气的进入,从而实现整个过程持续

恒温，且长达几个小时。

设计意图：通过分析说明书上"暖宝宝"的成分和使用说明，引出本环节要解决的主要问题："暖宝宝"的发热原理。通过对"暖宝宝"有效成分及发热原理的实验探究，应用原电池模型解释相关问题，深化对原电池的认识和理解，让学生明白生活中处处是化学，小小的"暖宝宝"也蕴含了许多化学知识，养成用化学知识指导生活的习惯，达到学以致用的目的。

任务三：调查、分析并探究"我"身边的化学电源

教师：原电池和化学电源是在意大利物理学家伏特的"伏打"电池基础上一步一步建立起来的，也是经过一代又一代科学家不断努力发展起来的。目前，新型电池的发展日新月异，应用前景非常光明，希望同学们在今后的学习中善于发现，敢于思考，勇于探索，不断创新，努力成为新时代的创新人才，为社会发展和人类进步贡献自己的力量。

设计意图：加强化学与生活的联系，感受化学对社会的贡献，拓宽学生的化学视野，引导学生关注新技术、新科技，培养学生对待科学的正确态度和严谨的科学精神。在实验探究中培养学生善于合作交流、勇于创新、敢于质疑、乐于实践的创新意识、科学精神和社会责任感，真正将化学核心素养培养落实到课堂上，完善原电池的"原理—装置—能量—素养"四维认知模型（图5-29）。

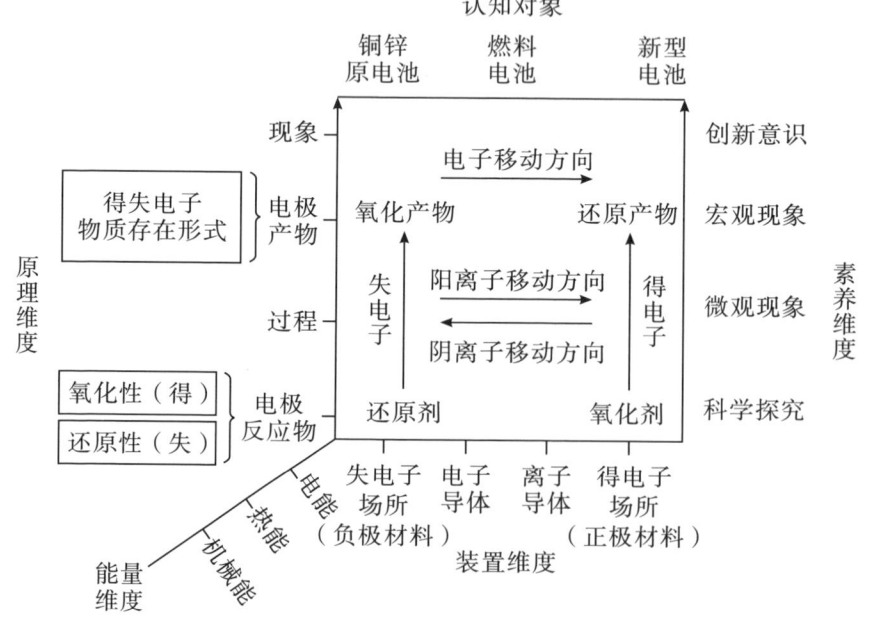

图5-29 原电池的"原理—装置—能量—素养"四维认知模型

（四）《原电池及其应用》主题的教学评价和反思

本主题教学设计基于科学探究与创新意识等核心素养。学科核心素养的本质是个性化的学科理解与学科思维，发展的基本途径是学习者的实践活动。在本主题教学过程中，教师遵循学生的认知规律，为学生提供丰富的学习素材，抓住核心关键问题展开教学，层层深入。从原电池功能和应用角度设计四个环节的情境问题和活动任务，在有意义的真实学习情境下，以手持技术和资料查阅作为教学设计的基本思路，通过开发新素材、跨学科素材和真实情境的实验探究活动，挖掘和利用学生已有知识和社会经验，培养学生从不同视角去思考和探索科学知识，让学生既关注原电池装置原理和构成要素，同时又关注装置所具有的功能和意义，从而让学生真正理解原电池的工作原理、本质和结构。同时，教师和学生通过交流互动和合作探究，讨论锌铜原电池（单液和双液）、燃料电池和常见化学电源的原理、构成、变化和应用，让学生以知识为工具来认识问题、分析问题和解决问题，实现在日常教学中真正落实和发展学生的化学学科核心素养，从而培养学生的实践能力、批判思维、创新精神和社会责任，体现化学与科学、技术、社会和环境的关系，促进学生深度学习和学科核心素养的深度融合发展，培养学生终身发展的品格和能力。

本主题在教学设计上对学习目标、课堂任务和师生活动进行了单元整体规划，注重教学设计的整体性和层次性。不同的环节承担不同的要素建构认识模型，随着任务的进行不断地加以完善。通过设计初识原电池、理解原电池、重建原电池和应用原电池四个层层递进的学习环节，首先进行单液原电池的系统分析，强化四要素模型，明确区分装置中各要素的作用，从而发展学生基于原电池模型的观察记忆和概括关联能力。引入双液原电池模型，纠正学生关于电池动力的认识偏差，建立基于"原理—装置"的二维基本认识角度，从而发展学生的推论预测和简单设计的能力。通过设计燃料电池的任务，发展学生多要素多角度地认识原电池以及简单设计和系统探究的能力，让学生进一步体会认识模型在解决真实复杂问题时的功能价值，从而进行迁移创新。通过开展师生互动设计，引导学生对真实问题情境进行分析和实验探究，理解原电池的工作原理和构成条件在解决实际问题中的应用，引导学生多角度、动态地对常见化学电源的生产工艺进行分类研究，通过跨学科知识、现代教育技术手段和资料查阅，引导学生主动探究化学电源在构成上的各类变化特征和规律，寻找物质变化与能量转化之间的联系，构建基于"原理—装置—能量"的三维认识角度。同时，从节约能源、绿色环保、便于携带和续航时间等角度出发，调查市场上常见化学电池的种类，并讨论这类电池的工作原理、生产工艺和应用价值，迁移创新原电池的构成条件和工作原理，探究化学电源发展的方向，促进学生深度学习和高阶思维能力的发展，形成学习理解→应用实践→迁移创新的学科学习能力，建立基于"原理—装置—能量—素养"的四维认知角度，从而落实化学学科核心素养的形成。

本主题的学习逻辑，通过生活情境导入感受原电池的应用价值，以最简单的锌铜稀硫酸原电池模型入手，分析原电池工作前后在宏观与微观上的变化。将正负极的电子得失与闭合电路中的电子流动作为证据进行推理，初步建立原电池概念、工作原理和"装置—原理"二维模型。再由单液原电池、双液原电池、锂电池、燃料电池、水果电池，由一般到特殊，不仅让学生认识了原电池的构造及其工作原理，还引导学生从建模的角度初步设计简单的原电池，从基本观念的角度发展学生的变化观、能量观和化学价值观等，不断完善原电池的认知模型和思维模型，不断揭示解决问题的核心要素。学生通过实验探究建构原电池认知模型，并在解释现象和解决问题的过程中逐步完善和发展模型，深入理解原电池的工作原理，体现科学探究、学科思维与思想方法在化学科学研究中的重要价值。最后从社会应用的角度向学生展示了各种各样的化学电池和新型电源。教师通过该环节的教学，激发学生的学习动机，唤醒学生的学习需求，关注学习的价值，使之养成良好的学习习惯，从而培养学生的自学能力、实践能力和创新能力，培养学生的科学精神与社会责任。

本主题以素养培养为导向，重视课程中的探究活动，引导学生把注意力全部集中到当前所要解决的问题上来，促进学生深度学习和主动探究；引导学生从传统的学科性学习走向综合性学习，从而发掘学生的学习潜力和个性特长。本主题教学过程依据学习目标设计贯穿主题教学的问题和实验，通过"如何让小车跑起来"——初识原电池、"如何让小车跑得快"——理解原电池和"如何让小车跑得远"——重建原电池、"身边的化学电源"——应用原电池四个层层递进的学习任务，注重真实问题情境的创设，引导学生从能量转化的角度思考化学反应的内涵，从氧化还原反应的角度理解原电池的工作原理，从能源发展和社会价值的角度体会化学电源的发展和创新。教师创设情境，引导学生进行实验探究，以问题链引领学生主动思考，重构教学单元主题呈现方式，丰富学生的学习体验，发展学生的变化观念、科学探究与创新意识，设计并从氧化还原反应的角度初步认识原电池的工作原理（单液原电池），体会化学能转化为电能的客观事实和宏观现象。通过对原电池工作原理和构成条件的探究，引导学生从微观视角分析原电池中微粒的运动、变化以及电流的产生，培养学生宏观辨识、微观探析、变化观念、实践应用等素养能力。通过特殊到一般、一般到特殊的逻辑思维过程，强化科学探究与创新思维，初步构建原电池的"原理—装置"二维模型，培养学生"证据推理与模型认知"素养。其次，选择性必修 1 课程进一步发展学生对原电池的认识，理解氧化剂与还原剂可以在隔离的情况下实现电子的定向转移，深入理解原电池的工作原理，形成系统的原电池模型（双液原电池），完善和优化原电池"原理—装置—能量"三维模型。最后，通过化学电源的发展历程和实际应用，引导学生探究如何对化学电源进行改进和优化，从而获得稳定电流，提高能量转化效率，培养科学探究和创新意识，建立"原理—装置—能量—素养"四维模型。

化学实验是人类识别和创造物质的重要方法，是创新的重要工具。巧妙地利用化学实验可以激发学生的探究意识，从而提高创新能力。科学探究是感性认识—理性认识—实践循环往复、螺旋上升的过程，每个阶段间都有认识的飞跃，其本质就是创新。学生科学探究与创新思维的培养要通过创设情境，关注核心知识，在教学中要巧选有关教学素材来突破学生的思维障碍，让学生在思考中学会用辩证的思维对待科学探究，在讨论中感受科学探究的乐趣，在探究中感受化学学科思想和方法，在创新中落实学科核心素养。面对新课程、新课标大力倡导的学科核心素养的构建，教师要根据学生的知识结构和认知水平，精心设计教学过程，使化学课堂充满化学味道和人文情怀；开拓课堂时空，外延科学探究，课前让学生自己去查阅资料；开展真实探究，解决真实问题，让学生通过亲身体验，感悟知识产生发展的过程，形成对学科知识观念及其思维方式和方法本原性和结构化的理解。学科实践活动不仅要关注学生敢于质疑、勇于创新的科学品格和科学精神，还要关注学生善于与人合作的意识和能力，尤其强调科学探究共同体的交流、沟通、协助与表达等社会性活动对发展核心素养的重要作用。

二、科学探究与创新意识的课堂实例2：《二氧化硫的性质》

（一）《二氧化硫的性质》主题的知识结构和功能

1. 《二氧化硫的性质》主题的知识结构

《二氧化硫的性质》是人教版化学必修二第五章第一节内容，本节课的主要内容包括二氧化硫的物理性质，二氧化硫的化学性质（酸性、氧化性、还原性和漂白性），硫酸型酸雨的形成、危害及防治原理，二氧化硫在生产生活中的应用四个方面，在知识体系上属于元素化合物的范畴。（图5-30）《普通高中化学课程标准（2017年版）》对本节的内容要求是：结合真实情境中的应用实例或通过实验探究，了解硫及其重要化合物的主要性质，了解食品中添加二氧化硫的作用（去色、杀菌、抗氧化），了解酸雨的成因与防治，以及这些物质在生产、生活中的应用和对生态环境的影响。因此，这部分内容一直以来都是中学化学教学的重要内容，也是培养学生化学学科核心素养的重要知识载体。（图5-31）

2. 《二氧化硫的性质》主题的功能

二氧化硫是硫元素的重要化合物之一。作为非金属元素知识体系的一部分，二

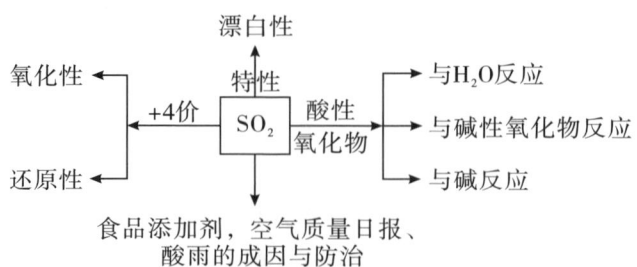

图 5-30 SO₂ 的性质知识主线

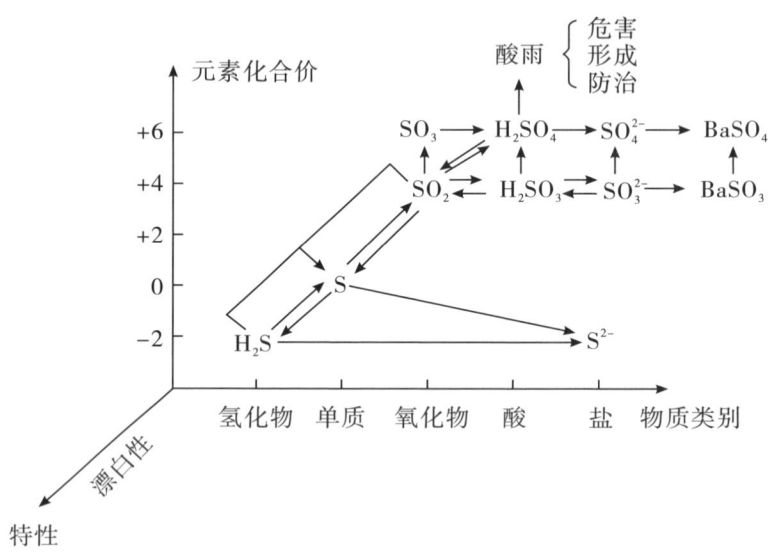

图 5-31 SO₂ 的性质知识结构

氧化硫具有一般非金属氧化物的共同性质，它既是《金属及其化合物》的进一步深化，又是学完硅、氯元素及其化合物这部分内容的延续，对后续氮及其化合物的学习也具有指导意义，起着承上启下的重要作用。

本主题在学习了物质的分类、氧化还原反应、离子反应，以及非金属硅、氯元素及其化合物的结构和性质等的基础上，类比 SO_2 与 CO_2 物质类别相同，均为酸性氧化物，具有酸性氧化物通性；类比 S 与 Cl 的元素原子结构相似，均为有多种变价的非金属元素，二氧化硫中硫的化合价为 +4 价，介于最低价 -2 价和最高价 +6 价之间，既有还原性也有氧化性。通过生产生活实际，知道 SO_2 又具备其他的特殊性质，如漂白性等，引导学生科学探究，根据结构决定性质，性质决定用途这一知识主线，从不同路径建构物质"价-类"二维图，实现认知水平的进阶；建立以元素为核心的物质家族，建立以某物质为核心的转化关系，应用转化关系分析实际问题，形成知识结构。利用"价-类"二维图促使学生内化氧化还原和物质分类等核心概念，不断巩固和提高对物质的分类、氧化还原反应、离子反应，以及非金属化合物的重要性质知识的认知和理解。

本主题注重学习内容与生产生活实际相结合，通过二氧化硫性质探究、含硫物质间转化、硫酸型酸雨成因与防治等，加强化学知识的实践性和应用性，增进了化学知识与 STSE 的联系，充分体现新课标的精神。在教学策略上，借助社会热点问题，创设情境开展形式多样的探究活动，使学生掌握研究物质化学性质的一般方法和规律，让学生在探究过程中获取知识、获取方法，有效地改变学习方式，培养学生的物质观、转化观、实验观、化学价值观等学科观念、探究意识与创新意识；引导学生关注人类面临的与化学有关的问题，认识二氧化硫的用途和对环境造成的破坏以及对人类健康的危害，让学生意识到环境问题与社会发展的关系，培养学生的科学态度、价值观和社会责任感等化学学科核心素养。

（二）《二氧化硫的性质》主题的学习目标和素养目标

1. 《二氧化硫的性质》主题的学习目标及素养水平

《二氧化硫的性质》主题的学习目标及素养水平有 4 个，如图 5-32 所示。

（1）水平 1。通过生活情境了解二氧化硫的物理性质，能从物质类别、元素价态的角度，预测和掌握二氧化硫的化学性质（酸性氧化物通性、还原性、氧化性、漂白性），初步形成基于物质类别、元素的价态和原子结构对物质性质进行预测的认知模型和研究元素化合物的一般思路。

（2）水平 2。设计实验探究、验证和交流讨论二氧化硫的主要化学性质，能分析、解释有关实验现象，发展学生实验探究物质性质的水平和认识物质的水平，培养学生实验操作能力和证据意识，进一步完善二氧化硫的"价-类"二维图模型。

（3）水平 3。发展学生应用模型学习物质性质、实现物质转化、解释化学现象和本质的能力。能用"宏观—微观—符号"三重表征形式正确表示二氧化硫的主要化学性质和应用。

（4）水平 4。培养学生科学探究意识，通过解释葡萄酒中添加适量二氧化硫的作用（杀菌、抗氧化、调节色泽、改善风味）、空气质量日报、硫酸型酸雨的成因及防护措施，引导学生从正、反两个方面认识硫的氧化物给人类带来的贡献与危害，初步形成运用知识解决实际问题的意识，提升学生对化学价值的认识水平，树立绿色化学观念，增强学生的社会责任感。

2. 《二氧化硫的性质》主题的学科素养

本主题以二氧化硫的性质探究为学习主线，以常见物品（红酒、银耳、黄姜

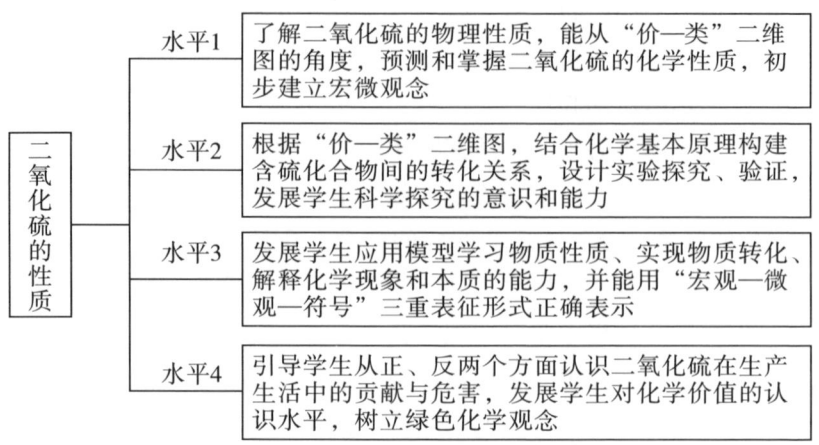

图 5-32 《二氧化硫的性质》的学习目标及素养水平

等）和生活现象（酸雨、雾霾等）为真实情境，使学生树立生活处处是化学的意识，为学生创设探究学习的情境，激发学生的探究热情，提升学生参与探究的欲望，增强学生对知识的理解，培养学生的探究能力。通过深入分析教材内容，挖掘知识点蕴含的核心素养，通过不同的实践活动来培养核心素养。在探究过程中，以二氧化硫性质为知识线，以物质类别、元素价态与物质性质的逻辑关系为思维线，以宏观感知、性质预测、方案设计、实验探究、证据收集为活动线，提高学生基于实验探究的物质性质认识和学习能力，培养学生从假设出发，依据探究目的设计探究方案，并开展实验探究，勤于实践、善于合作、敢于质疑、勇于创新的科学精神与创新意识。

通过对二氧化硫物理性质的认知及预测二氧化硫的化学性质，能够结合核心元素化合物类别及元素价态变化规律，从多角度认识化学物质及其变化，初步建立对物质性质进行推测和检验的思维模型。通过实验探究二氧化硫的性质，由宏观现象再到微观探析，初步建立基于物质类别、元素价态和原子结构预测、认识物质转化路径和检验物质性质的认识模型，能用化学符号表征物质的转化关系，构建含硫物质及相关化合物之间相互转化的认知模型，发展学生变化观念。通过实验探究，学生能够进一步掌握研究物质的方法——提出问题、理论分析、实验验证、得出结论，再辩证地分析结论的使用范围，由实验证据的推理，建立认识化学物质的思维模型，培养学生宏观辨识与微观探析、证据推理与模型认知的学科素养。

通过对二氧化硫物理性质、化学性质的实验探究、实验改进、交流和评价，培养学生科学探究的水平和能力，发展学生的科学探究与创新意识素养。通过基于猜想后的实验探究，认识二氧化硫的化学性质（酸性氧化物、氧化性、还原性、漂白性)，探究二氧化硫水溶液随时间变化 pH 显著降低的原因，提出有酸性更强的酸生成，设计工业制取硫酸的主要步骤。通过对硫酸型酸雨形成的两种路径的认识，理解二氧化硫的还原性及可逆反应，认识到二氧化硫转化成三氧化硫、硫酸有一定的限度和需要一定的条件，从而构建物质性质的研究模型，形成证据推理意识和模型认知方法，提升科学探究能力、变化观念与平衡思想素养，培养学生的科学精神与社会责任。(图 5-33)

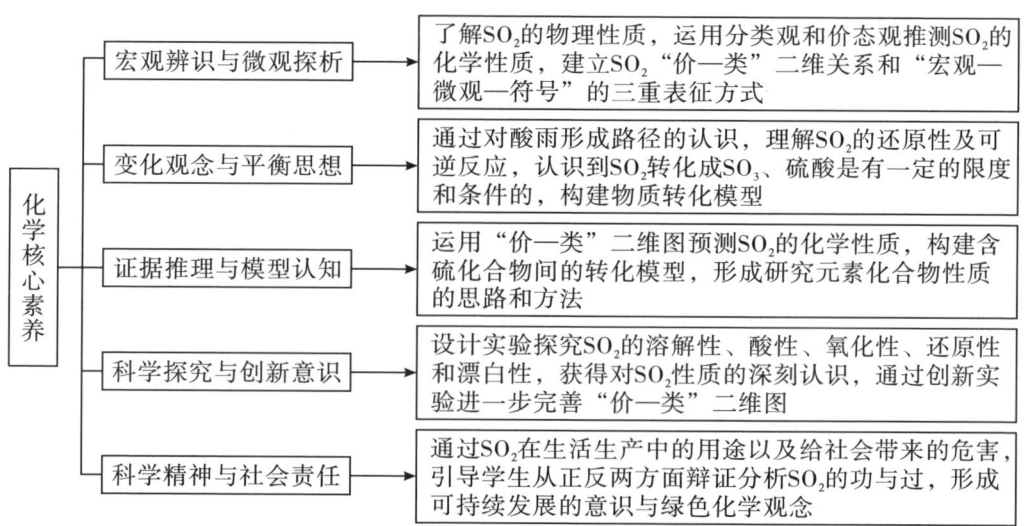

图 5-33 《二氧化硫的性质》主题的化学核心素养

(三) 《二氧化硫的性质》主题的教学策略和教学活动

1. 《二氧化硫的性质》主题的教学策略和流程

《二氧化硫的性质》主题是高中化学元素化合物教学的重点。在教学设计上，可把教学内容分解为"二氧化硫的物理性质和二氧化硫的酸性""二氧化硫的氧化性、还原性和漂白性""硫酸型酸雨的形成过程、危害及防治方法""二氧化硫在生产生活中的应用"四个小主题。把情境体验和知识学习联系起来，由浅入深、环环相扣，让学生不断体验发现问题、探索问题、解决问题的科学精神，按照理论推导、实验探究、得出结论、交流应用的科学探究过程，建构"价-类"二维认知模型，提升解决复杂化学问题的思维模型认知水平，形成元素化合物的一般学习方法，为化学学科素养的形成和发展提供重要的载体。

在教学策略上，引导学生开展以化学实验为主的探究活动，从"价-类"二维转化关系图入手对二氧化硫的性质进行预测、设计实验并验证、得出结论，引导学生构建元素观、分类观、结构观、变化观和转化观等化学观念和学科核心素养，有效帮助学生建立结构化的物质转化关系,让学生在头脑中建构物质类别转化和元素价态转化的思维图式,并利用思维图式解决实际问题。因此,在二氧化硫的性质学习中,学生需要从两方面进行发展:一是要转换视角,将认识物质的视角从物质本身转变到组成元素,从对二氧化硫性质的认识发展到对以硫元素为核心的物质组的认识;二是要重点发展从核心元素化合价研究物质性质的视角,建立和完善"价－类"二维图,并将其迁移到其他含硫元素的化合物的学习中,获得结构化的化学核心知识。培养学生从宏观与微观结合、变化与守恒的视角、运用证据推理与模型认知的思维,引领学生科学探究,从实践层面培养学生的创新精神与实践能力。通过学习二氧化硫在生产生活中的用途以及给社会带来的危害,引导学生利用化学知识解决问题,发展学生的科学精神、科学态度与社会责任(图5－34)。

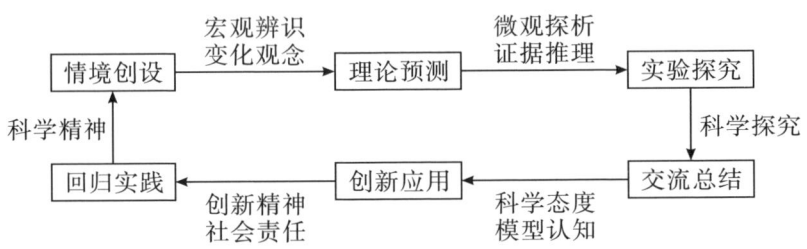

图 5－34 《二氧化硫的性质》主题教学策略

2. 《二氧化硫的性质》主题的教学活动和教学过程

《二氧化硫的性质》主题的教学活动和教学过程如图5－35所示。

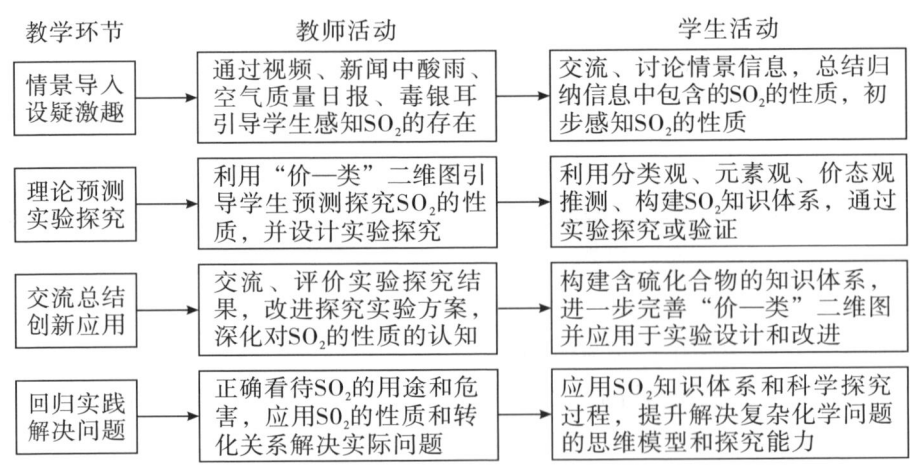

图 5－35 《二氧化硫的性质》主题教学流程

教学过程

（1）环节一：情景导入，设疑激趣——初步感知 SO_2 的性质。

任务一：探究 SO_2 的物理性质

【情境导入】播放节日燃放烟花爆竹的视频，展示空气质量日报和酸雨对大理石建筑腐蚀的图片（图5-36）。

图5-36　空气质量日报和酸雨腐蚀大理石

教师：回忆一下逢年过节燃放烟花爆竹时你的最深感受是什么？为什么很多城市都出台了禁止燃放烟花爆竹的规定？

学生：空气中充满难闻的刺激性气味，并且久久难以散去，对环境和空气产生了严重的污染。

教师：（展示一个装满 SO_2 的塑料瓶）空气质量日报中把 SO_2 列为空气的首要污染物，形成酸雨的罪魁祸首也是 SO_2，请同学们思考从以上信息中能获取 SO_2 的哪些性质？

学生：无色、有刺激性气味的气体，有毒，密度比空气大，易溶于水。

设计意图：基于真实情境，引用生活实例，激发学生的学习兴趣。在引导学生关注环保问题、整合 SO_2 的物理性质的同时，培养学生收集和分析信息的素养。

任务二：探究 SO_2 的酸性

教师：SO_2 要想形成酸雨，必须具备哪些条件？

学生：一是要能溶于水，二是水溶液要呈酸性。

教师：如何设计实验，探究 SO_2 的溶解性和水溶液的酸性？

学生：设计方案、实验探究。

实验1：用注射器向装满 SO_2 的塑料瓶中注入适量水，振荡，观察现象并记录。

实验2：用注射器从塑料瓶中取少量溶液，注入盛有少量紫色石蕊试液的试管中，观察现象。

实验3：用注射器从塑料瓶中取少量溶液，注入盛有少量含有酚酞的 NaOH 溶液中，观察现象。

实验1中塑料瓶变瘪，说明 SO_2 易溶于水。实验2中紫色石蕊试液变红，说明 SO_2 与水反应生成了酸性物质，溶液呈酸性。实验3中含有酚酞的 NaOH 溶液红色逐渐变浅最后消失，说明发生了酸碱中和反应。

教师：同学们能利用学过的知识，设计实验方案探究未知物质的性质，说明同学们的实验思维和操作能力都很强，通过实验结论，同学们证明了 SO_2 易溶于水，其水溶液呈酸性。请同学们思考一下，SO_2 溶于水后其水溶液为什么呈酸性？它和学过的哪种物质相似？

学生：SO_2 从组成和结构上与 CO_2 相似，CO_2 是酸性氧化物，与水反应生成碳酸，其水溶液呈酸性。SO_2 是不是也能与水反应生成酸？

教师：同学们的猜想很正确。从物质分类的角度看，SO_2 与 CO_2 都属于酸性氧化物，与水反应都能生成相应的酸，CO_2 与水反应生成碳酸（H_2CO_3），SO_2 与水反应生成亚硫酸（H_2SO_3），是一种中强酸，其水溶液呈酸性。请同学们写出 SO_2 与 CaO、NaOH 反应的化学方程式。

设计意图：通过设计 SO_2 水溶性探究实验、水溶液呈酸性验证，展示了 SO_2 的物理性质，验证了 SO_2 是酸性氧化物的假设，并通过对 CO_2 与水反应推理出 SO_2 与水反应的微观表征，帮助学生通过宏观现象寻找微观解释。同时，学生不仅了解到 SO_2 易溶于水是形成酸雨的条件之一，而且还体会到了酸雨形成的又一原因——SO_2 溶于水生成弱酸。通过两个连续的探究实验，发展了学生宏观与微观相结合的核心素养。

（2）环节二：理论预测，实验探究——构建 SO_2 的"价-类"二维图。

任务一：探究 SO_2 的还原性

教师：在初中化学中我们学过，酸雨一般泛指 pH < 5.6 的雨、雪或其他形式的大气降水。SO_2 的水溶液呈酸性，是形成酸雨的主要原因，那为什么不规定 pH < 7 的雨是酸雨呢？

学生：因为空气中存在 CO_2，雨水中会溶解 CO_2，生成碳酸其水溶液的 pH < 7。

【实验探究】用 pH 传感器测量 CO_2 饱和水溶液的 pH，测量结果为 5.6。

教师：确定 pH < 5.6 的雨水为酸雨，就是为了消除空气中 CO_2 溶于水引起水体酸性变化的影响。

设计意图：对为什么酸雨定义为 pH < 5.6，学生大多存有疑虑。利用 pH 传感

器来测量 CO_2 的饱和水溶液的 pH，这样既能解决学生的疑问，又能培养学生实验探究能力和信息处理能力，为后续讨论雨水 pH 变化、酸雨的危害为何如此之大打下基础。

【情景引入】图 5-37 是用 pH 传感器连续测量的一次雨水的 pH 变化，第一次测定的 pH 约为 5.5，说明它是酸雨。请同学们看图思考：随着时间的推移，雨水的 pH 为什么会逐渐变小呢？

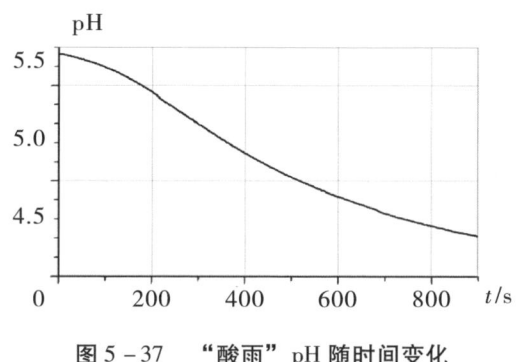

图 5-37 "酸雨" pH 随时间变化

学生：亚硫酸是弱酸，可能是由于形成了酸性更强的硫酸，造成雨水 pH 逐渐变小。

教师：同学们分析得很正确，亚硫酸是弱酸，如果在放置过程中变成了硫酸，硫酸是强酸，雨水的酸性就会增强，其 pH 也会逐渐变小。那么，请同学们思考一下硫酸是怎样形成的呢？

学生：亚硫酸中 S 元素是 +4 价，硫酸中 S 元素是 +6 价，有可能是雨水中的亚硫酸在放置过程中被空气中的氧气氧化生成了硫酸。

教师：同学们能不能设计一个实验证明你们的猜想呢？

学生：设计方案、实验探究。

实验1：用注射器从溶解有 SO_2 的塑料瓶中取少量溶液于试管 1 中，然后再向试管 1 中注入少量 5% 的 H_2O_2 溶液。用 pH 传感器测量试管 1 中溶液 pH 的变化。

实验2：取试管 1 中的少量溶液于另一支试管 2 中，向试管 2 中滴加几滴 $BaCl_2$ 溶液，有白色沉淀产生。

实验3：向试管 2 中滴加 2 mL 稀 HCl，振荡，白色沉淀不溶解。

实验结论：溶解有 SO_2 的水溶液加入少量 5% 的 H_2O_2 溶液，溶液的 pH 下降，酸性增强，说明 SO_2 或亚硫酸在 H_2O_2 的作用下生成了酸性更强的酸；加入 $BaCl_2$ 溶液能产生不溶于稀盐酸的白色溶液，说明该沉淀为 $BaSO_4$，证明上述反应过程中生成了硫酸。

教师：同学们通过实验探究，初步找到了雨水在放置过程中酸性增强的原因，说明酸雨会在空气中逐渐被氧化成硫酸。实际上由于 SO_2 的作用而形成的酸雨也叫作硫酸型酸雨。大家思考一下，在上述酸雨的形成过程中，SO_2 表现了什么性质？

学生：在上述酸雨的形成过程中，SO_2 或 H_2SO_3 转化成 H_2SO_4，S 元素的化合价由 +4 价变为 +6 价，表现了还原性。

【情境导入】请根据下列所给试剂设计实验探究 SO_2 的还原性，写出实验方案、操作过程，记录实验现象、得出实验结论，并写出反应的化学方程式或离子方程式。

实验用品：试管、胶头滴管等。

可能用到的试剂：SO_2 气体或 SO_2 的水溶液、酸性高锰酸钾溶液、双氧水、新制氯水、浓硝酸、Na_2S 溶液、H_2S 溶液、$BaCl_2$ 溶液、稀盐酸、石蕊、酚酞等。

学生：设计方案、实验探究。

实验1：用注射器从溶解有 SO_2 的塑料瓶中取少量溶液于试管1中，然后再向试管1中滴入几滴酸性高锰酸钾溶液，观察现象；片刻后再向试管1中滴入几滴 $BaCl_2$ 溶液和足量稀盐酸，观察现象。

实验2：用注射器从溶解有 SO_2 的塑料瓶中取少量溶液于试管2中，然后再向试管2中滴入几滴新制氯水，观察现象；片刻后再向试管1中滴入几滴 $BaCl_2$ 溶液和足量稀盐酸，观察现象。

实验结论：试管1中酸性高锰酸钾溶液褪色。向反应后的溶液中滴入几滴 $BaCl_2$ 溶液产生白色沉淀，再加入足量稀盐酸，白色沉淀不溶解，说明产生了 $BaSO_4$ 沉淀，证明有 SO_4^{2-} 生成。

试管2中新制氯水褪色。向反应后的溶液中滴入几滴 $BaCl_2$ 溶液产生白色沉淀，再加入足量稀盐酸，白色沉淀不溶解，说明产生了 $BaSO_4$ 沉淀，证明有 SO_4^{2-} 生成。

教师：在上述实验探究中，同学们选择了常见的强氧化剂酸性高锰酸钾溶液和新制氯水，通过酸性高锰酸钾溶液和新制氯水褪色的现象，初步证明了 SO_2 具有还原性；又通过检验产生的 SO_4^{2-}，充分证明了 SO_2 被酸性高锰酸钾溶液和新制氯水氧化为 SO_4^{2-}，S 元素的化合价从 +4 价变为 +6 价，表现出了还原性。同学们从 SO_2 中 S 元素的化合价分析，SO_2 除了具有还原性外，还应具有什么性质？

学生：在 SO_2 中 S 元素的化合价为 +4 价，属于中间价态，化合价既能升高表现还原性，又能降低表现氧化性。

教师：同学们分析得很准确，在 SO_2 中 S 元素的化合价为 +4 价，属于中间价态，它能在一定条件下被很多强氧化剂氧化为 +6 价，也能在一定条件下被一些强还原剂还原到 0 价或更低的 −2 价，所以，SO_2 既能表现还原性，又能表现氧化性。

任务二：探究 SO_2 的氧化性

【情境导入】请根据下列所给试剂设计实验探究 SO_2 的氧化性，写出实验方案、操作过程，记录实验现象、得出实验结论，并写出反应的化学方程式或离子方程式。

实验用品：试管、胶头滴管等。

可能用到的试剂：SO_2 气体或 SO_2 的水溶液、酸性高锰酸钾溶液、双氧水、新制氯水、浓硝酸、Na_2S 溶液、H_2S 溶液、$BaCl_2$ 溶液、稀盐酸、石蕊、酚酞等。

学生：设计方案、实验探究。

实验 1：用注射器从溶解有 SO_2 的塑料瓶中取少量溶液于试管 1 中，然后再向试管 1 中滴入几滴 Na_2S 溶液，观察现象。

实验 2：用注射器从溶解有 SO_2 的塑料瓶中取少量溶液于试管 2 中，然后再向试管 2 中滴入几滴 H_2S 溶液，观察现象。

实验结论：试管 1 和试管 2 中均产生淡黄色沉淀，说明产生了 S 沉淀，证明 SO_2 能与 Na_2S 或 H_2S 反应生成 S，SO_2 在反应中表现了氧化性。

教师：在上述实验探究中，同学们选择了常见的强还原剂 Na_2S 或 H_2S，通过产生了淡黄色的 S 沉淀，证明了 SO_2 具有氧化性。请同学们根据上述的实验探究结论，画出 SO_2 的"价－类"二维图（图 5－38）和不同价态含硫物质之间的转化关系图（图 5－39），把上述相关转化关系用箭头表示出来。

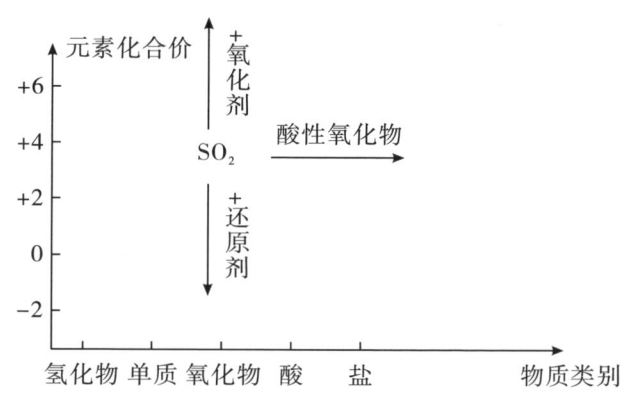

图 5－38 SO_2 的"价－类"二维图

设计意图：以解决问题为主线，引导学生从问题和假设出发，依据探究目的，设计探究方案，收集证据，得出结论，建立 SO_2 的"价－类"二维图。让学生从氧化还原反应的角度分析 SO_2 具有哪些性质，通过理论推理得出 SO_2 既具有氧化性也具有还原性。在问题解决中凸显化学学科的特色，使学生认识到不但可以通过实验

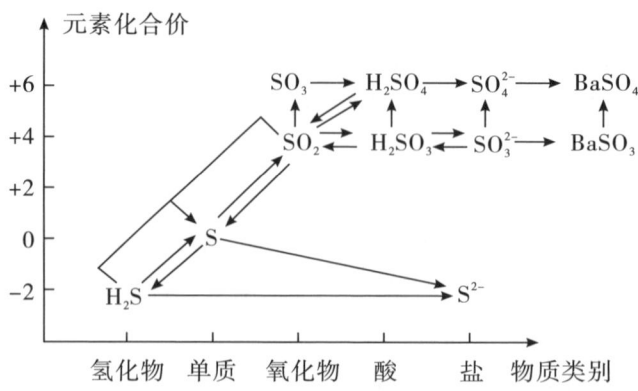

图 5-39 硫元素的物质转化关系

探究获得结论，还可以通过理论指导和合理推测获得结论，形成结构决定性质的思想，构建本主题知识脉络，发展学生宏观辨识与微观探析、科学探究与创新意识、证据推理与模型认知等学科素养。

(3) 环节三：完善 SO_2 的"价-类"二维图。

任务一：探究 SO_2 的漂白原理

【情境导入】播放视频：生活中的硫磺姜和问题银耳新闻。

教师：SO_2 作为食品添加剂由来已久，它可用于干果、蜜饯等漂白，令其外观更好看，被称为"食品化妆师"；同时，它还具有防腐、抗氧化等作用，能延长食品保质期。但是这些食品中如果二氧化硫超标就会危害人体健康。例如，在市场上就发现不法商人用硫磺熏制生姜和银耳，使其外观变得美观，从而卖得高价，谋得暴利。通过上述信息，同学们能获取关于 SO_2 的哪些信息？

学生：SO_2 具有漂白性，能对某些物质进行漂白，使其外观变得更漂亮，卖相更好，因此能充当"食品化妆师"。

设计意图：从学生身边的事物入手，从食品安全的角度引入对 SO_2 漂白性的学习，是基于真实情景下从生活走进化学理念的体现，从而激发学生的学习热情和求知欲。

教师：SO_2 能使某些有色物质褪色，具有漂白性。例如：品红溶液和一些有机染料等。

【实验演示】在盛有 SO_2 的水溶液中滴入几滴品红溶液，观察现象。

学生：SO_2 使品红溶液褪色了。

教师：同学们在前面的学习中也学过几种具有漂白作用的物质，例如活性炭、新制氯水等。它们的漂白原理相同吗？如何设计实验来验证？

学生：活性炭的漂白原理是吸附作用，新制氯水的漂白原理是氧化作用，SO_2 的漂白原理是什么呢？

设计方案、实验探究：

实验1：取两支试管，分别加入 2 mL 的新制氯水和 SO_2 的水溶液。再向两支试管中分别加入几滴品红溶液，观察现象。

实验2：取两支试管，分别加入 2 mL 的新制氯水和 SO_2 的水溶液。再向两支试管中分别加入几滴石蕊溶液，观察现象。

教师：通过上述实验现象你们能得到什么结论？

学生：实验1中在两支试管中滴入品红溶液，品红溶液均褪色，说明二者都能使品红褪色。

实验2中在盛有新制氯水的试管中加入几滴石蕊溶液，溶液先变红，后褪色；而在盛有 SO_2 的水溶液中加入几滴石蕊溶液，溶液只变红，不褪色。说明 SO_2 的水溶液不能使石蕊溶液褪色，二者的漂白能力不同。

【演示实验】分别加热实验1中褪色的两支试管，盛有 SO_2 水溶液的试管又恢复红色了，而盛有新制氯水的试管没有恢复红色。

教师：通过这个实验现象你们又能得到什么结论？总结一下 SO_2 的漂白性与新制氯水的漂白性在本质上有何区别？

学生：虽然 SO_2 和氯气都能使品红溶液褪色，但二者的漂白原理是不同的。SO_2 的漂白原理是与有色物质化合生成不稳定的无色物质，无色物质在加热时发生分解反应，使原溶液恢复颜色；氯气使品红溶液褪色的原理是氯气溶于水生成次氯酸，次氯酸有强氧化性，可使有色物质被氧化而褪色，加热不能恢复原溶液的颜色。新制氯水的漂白性是强氧化性的体现，范围广、不可逆；而 SO_2 的漂白性是有选择性的，且生成的无色物质不稳定，加热又可恢复，是可逆的。

教师：SO_2 能使品红溶液褪色体现了 SO_2 的漂白性，但并不能使紫色石蕊溶液褪色，说明 SO_2 的漂白性是有选择性的；加热 SO_2 使品红溶液褪色后的试管，溶液重新恢复红色，说明 SO_2 的漂白性是不稳定的，其原理可能是 SO_2 与品红化合成无色的物质，该物质不稳定，在加热条件下又重新分解。例如，用 SO_2 的漂白过的草帽、纸张长期放置后又会发黄就是这个原因。

设计意图：通过演示实验、小组研讨、实验设计、问题讨论、实验验证等环节，引导学生通过实验解决问题，凸显学生的主体性，构建学生的思维模型，同时培养学生证据推理的学科素养。

任务二：深度探究 SO_2 的漂白性与酸性、还原性的区别

教师：通过上述的实验探究，说明 SO_2 的漂白性是有一定的局限性的，且是不稳定的。那么，SO_2 能使溶液褪色是否均为漂白性的体现呢？

【演示实验】将 SO_2 依次通入盛有品红溶液、滴有酚酞的氢氧化钠溶液、酸性高锰酸钾溶液的三支试管中。观察实验现象。

学生：三支试管均褪色。

教师：上述褪色过程都体现了 SO_2 的漂白性吗？如何证明？

学生：不是。可将上述褪色后的三支试管分别加热，观察一下能不能再恢复原来溶液颜色。

【实验探究】分别加热上述褪色后的三支试管。盛有品红溶液的试管又恢复了红色，而盛有滴有酚酞的氢氧化钠溶液和酸性高锰酸钾溶液的两支试管均无明显变化。

教师：结合实验现象，同学们能根据学过的 SO_2 的性质，预测一下上述三支试管中溶液褪色的原理吗？

学生：将 SO_2 通入品红溶液中，品红溶液褪色，加热褪色后的溶液、溶液又恢复红色，这应该是体现了 SO_2 的漂白性。将 SO_2 通入滴有酚酞的氢氧化钠溶液中，溶液褪色，加热褪色后的溶液、溶液不恢复红色，这应该是体现了 SO_2 的酸性。将 SO_2 通入酸性高锰酸钾溶液中，酸性高锰酸钾溶液褪色，加热褪色后的溶液、溶液不恢复红色，这应该是体现了 SO_2 的还原性。

教师：如何设计实验方案证明你的预测呢？

学生：设计方案，实验探究。

实验1：在褪色后的氢氧化钠溶液中继续滴加氢氧化钠，溶液又恢复红色，证明该实验体现的不是 SO_2 的漂白性，而是 SO_2 的酸性。

实验2：在褪色后的酸性高锰酸钾溶液的试管中滴入几滴盐酸，酸化的氯化钡溶液产生白色沉淀。说明溶液中生成了 SO_4^{2-}，由此证明该实验体现的不是 SO_2 的漂白性，而是 SO_2 的还原性。

教师：通过上述实验探究，同学们了解了 SO_2 和新制氯水都有漂白性，但是二者的漂白原理在本质上是不同的。SO_2 能使某些有色溶液褪色，不一定就体现了漂白性，例如使新制氯水、溴水、酸性高锰酸钾溶液褪色，体现的是还原性；而使滴有酚酞的氢氧化钠溶液褪色，则是酸性的体现。

SO_2 与氯气都有漂白性，如果将 SO_2 与氯气按体积比 1∶1 混合通入品红溶液中，漂白效果会不会更好？请同学们观察实验现象。

【演示实验】实验探究：用两支导气管将 SO_2 与氯气按体积比 1∶1 混合通入品红溶液中。观察现象并思考。

学生：品红溶液不褪色，说明 SO_2 与氯气按体积比 1∶1 混合通入品红溶液中，并不能使品红溶液褪色。

教师：既然 SO_2 与氯气都有漂白性，那么将 SO_2 与氯气按体积比 1∶1 混合通入品红溶液中，为什么反而失去了漂白作用呢？请同学们根据所学知识进行分析。

学生：虽然 SO_2 与氯气都有漂白性，但当两种气体按等体积比混合通入溶液时，SO_2 有还原性，而 Cl_2 有强氧化性，二者在溶液中会发生如下反应：$SO_2 + Cl_2 + 2H_2O = H_2SO_4 + 2HCl$，而 H_2SO_4 与 HCl 都没有漂白性。所以，SO_2 和氯气就失去了原来的漂白作用，品红溶液就不会褪色。

教师：同学们能运用学过的化学知识，发现问题、分析问题和解决问题，这是非常好的，所以，学习的过程不仅仅是吸收知识，更是加工和应用知识的过程。通过以上的学习，同学们掌握了 SO_2 的酸性、氧化性、还原性和漂白性，请同学们在前面大家构建的 SO_2 的"价-类"二维图中，进一步完善 SO_2 的性质应用和相互转化关系的"价-类-特"三维图（图 5-40）。

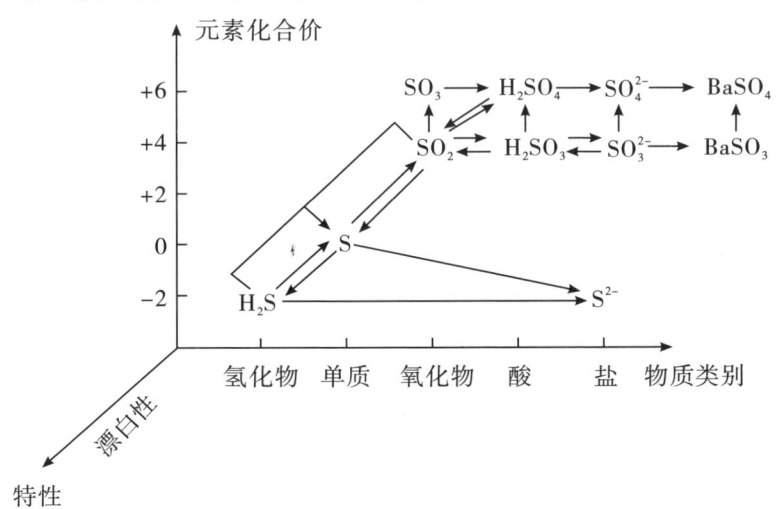

图 5-40 SO_2 的"价-类-特"三维图

设计意图：通过情境设置和实验探究的反常现象，引发学生认知冲突。引导学生应用所学的知识对 SO_2 的性质进行深度探究，促进学生对 SO_2 的认识进阶和能力进阶。帮助学生构建完善的知识体系和思维模型，培养学生的实验设计、操作和探究能力，深刻体会化学学科的学科思想和研究方法，认识化学变化必然遵循的一定规律，不断培养和发展宏观辨识与微观探析相结合、证据推理与模型认知相结合、科学探究与创新意识相结合的化学学科核心素养。

任务三：探究 SO_2 的漂白性在生活中的应用

教师：同学们在购买干果、银耳等食品时，应如何判断所买食品是否"涉 SO_2"？

学生：可以从颜色、气味、味道等角度来判断。

教师：但是从颜色、气味、味道等角度判断只是猜测，你们能不能设计一个实验探究一下买的食品是不是用 SO_2 处理过的？

学生：根据 SO_2 的水溶性，可以用水煮买来的食材，再利用 SO_2 的漂白性，用品红溶液来检测水煮液中是否含有 SO_2 等。

教师：如果买的食品确实用 SO_2 处理过，那还能不能食用？

学生：根据 SO_2 的漂白原理是生成不稳定的无色物质，加热时易分解，所以，通过蒸煮加热的方法处理后才能食用。

教师：性质决定用途，通过学习和实验探究 SO_2 的性质，我们了解到 SO_2 在人类社会、生产生活中的用途以及危害。很多事物都有两面性，物质本身没有对错，对错在于人类使用它的场所和方式。所以，要学会用辩证的眼光看问题，了解事物的两面性，树立环保观念，用科学态度与社会责任，对与化学有关的热点问题做出正确的价值判断。

设计意图：通过创设情境，从与生活息息相关的食品安全入手，激发学生的学习兴趣，让学生了解 SO_2 在生产中的用途，掌握 SO_2 的漂白作用具有可逆性，通过情境拓展延伸，引导学生从课本知识走向生活实际，提高学生的生活技能。同时，通过认识 SO_2、辩证看待 SO_2，引导学生运用化学实验的方法，进行实验探究，敢于质疑，勇于创新，增强环保意识和社会责任感，树立正确的科学观和价值观。

（4）环节四：应用 SO_2 的知识体系，解决真实问题。

任务一：探究葡萄酒中的 SO_2 的作用

【情境导入】展示葡萄酒的配料表（图 5-41）及食品添加剂 SO_2（图 5-42），请同学思考：在葡萄酒中添加 SO_2 的作用是什么？体现了 SO_2 的什么性质？

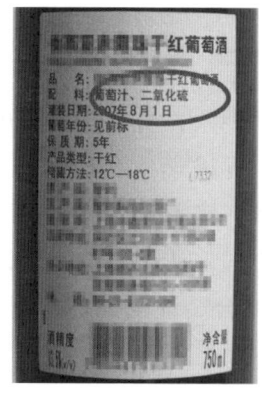
图 5-41　葡萄酒的配料表

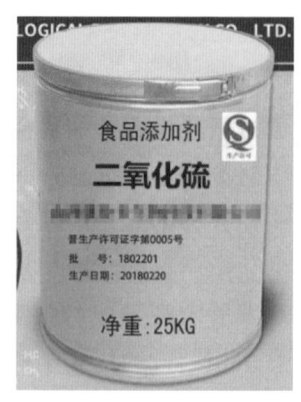
图 5-42　食品添加剂 SO_2

学生：SO₂ 有毒，但为什么 SO₂ 可以用在市售葡萄酒中做添加剂？

播放视频，了解 SO₂ 的作用：抗菌、防氧化。

学生：

①SO₂ 有毒，在葡萄酒中添加 SO₂ 可以杀菌，阻止某些细菌的繁殖，影响发酵。

②SO₂ 有还原性，在葡萄酒中添加 SO₂ 可以起到抗氧化的作用，防止一些营养成分被氧化，起到保质作用。

教师：同学们的思路很正确。SO₂ 是在葡萄酒生产中普遍使用的一种添加剂，它可以达到防腐保鲜效果，还能调节发酵基质使之达到合适的酸度，对葡萄酒的成分和质量有相当程度的积极影响。所以，尽管 SO₂ 有毒，但它是一种常用的食品添加剂，在食品的加工中起着重要作用。当然，如果使用不当或过量使用，就会造成 SO₂ 的残留量超标，从而对人体健康产生不利影响。因此，在国家公布的食品添加剂使用标准中，明确规定了 SO₂ 在食品中的使用范围和最大使用量，如在葡萄酒中不得超过 0.25 g/L。那么，我们在饮用葡萄酒时应该注意什么问题？

设计意图：创新应用上一环节学习的 SO₂ 的性质，从生活中的物品入手，让学生了解葡萄酒中添加 SO₂ 的原因及饮用红酒的一些注意事项，辩证看待 SO₂ 的性质在人类社会、生产生活中的用途以及危害。让学生形成万物的存在皆有利弊的辩证唯物主义思想，拓展学生的知识视野，培养学生的科学态度和社会责任。

任务二：探究酸雨的形成途径、预防和治理方法

【情境导入】播放 SO₂ 泄露的处理视频，并了解其危害。

教师：通过上述视频，我们了解到，如果大量的 SO₂ 泄露到空气中，不仅直接造成空气污染，而且还能形成酸雨，造成间接污染。消防员用高压水枪处理泄露的 SO₂，利用了 SO₂ 的什么性质？

学生：利用了 SO₂ 的水溶性。

教师：SO₂ 泄露到空气，是如何形成酸雨的？

学生：SO₂ 溶于水生成亚硫酸，亚硫酸有酸性，混到雨水中使雨水呈酸性，形成酸雨。

教师：在前面我们通过 pH 传感器探究到模拟酸雨的 pH 随时间显著下降这一现象，得出酸雨的主要成分是硫酸的事实。我国的酸雨主要是燃烧化石燃料释放的 SO₂ 气体导致的，由 SO₂ 的作用而形成的酸雨也叫作硫酸型酸雨。请同学们根据前面学过的知识，思考形成酸雨的主要途径有哪些？

学生：

①SO₂ 被空气中的氧气氧化生成 SO₃，与水结合形成硫酸。

②SO₂ 与水结合生成亚硫酸，亚硫酸被空气中氧气氧化生成硫酸。

③SO_2 被大气中的某些物质直接氧化成硫酸。

教师：同学们能从 SO_2 化合价变化的角度分析物质的变化，很好地总结和应用了 SO_2 的化学性质，并作出合理推测，非常棒。事实上，SO_2 在大气中转化成硫酸的途径是多样的，SO_2 可在大气中一些飘尘的催化作用下与氧气生成 SO_3，再与水结合成硫酸，也可以被大气中一些氧化性颗粒如气态的过氧化氢等直接氧化生成硫酸。请同学写出上述转化过程的化学方程式，并进一步完善 SO_2 性质和应用的"价 – 类 – 特 – 用"四维图（图 5 – 43）。

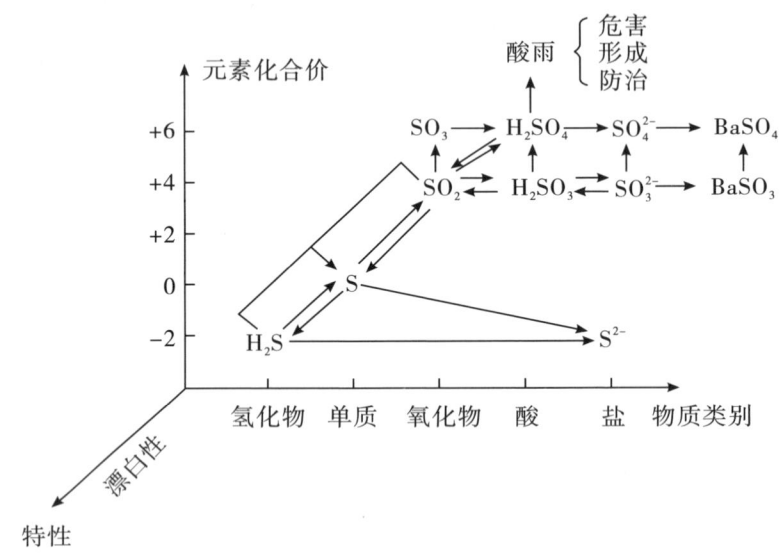

图 5 – 43　SO_2 性质和应用的"价 – 类 – 特 – 用"四维图

设计意图：通过介绍 SO_2 转变为酸雨的途径，引导学生从化合价的角度去认识物质的氧化性及还原性，强化"价态观"在元素化合物学习中的理论意义。同时，学生从独立的化学知识学习层面上升到关注社会问题，初步掌握化学知识解释并解决实际问题的方法。通过设计实验证实猜想的正确性，培养学生宏观辨识、微观探析以及实验探究的能力。

教师：SO_2 排放到空气中能形成酸雨，是形成酸雨的"罪魁祸首"，那同学们知道空气中的 SO_2 是从哪里来的吗？

学生：（查阅资料，讨论交流）空气中的 SO_2 主要有来自含硫化石燃料的燃烧和金属冶炼厂、硫酸厂的尾气等。

教师：酸雨的危害是什么？

学生：（观看视频，讨论交流）直接危害人体健康，破坏森林、草原、农作物和建筑物等，使湖泊和土壤酸化等。

教师：如果你们是环保专家，你们能不能提出一些防治酸雨的措施？

学生：核心是减少或消除 SO_2 的排放。例如：消除污染源，开发利用新能源代替传统化石燃料；对化石燃料进行燃烧的脱硫处理；改进金属冶炼厂、硫酸厂工艺，减少 SO_2 的排放，并且回收生产中排放的 SO_2，变废为宝等。

教师：同学们通过阅读资料和观看视频，能抓住关键信息，准确找到解决问题的思路。刚刚同学们的分析非常准确，防治酸雨的核心是减少或消除 SO_2 的排放，途径有开发利用新能源、化石燃料燃烧脱硫处理、回收尾气中排放的 SO_2 等。那么，请同学们思考一下，利用学过的 SO_2 的性质，如何对化石燃料（以煤为例）进行燃烧脱硫处理？如何回收利用工业生产尾气中排放的 SO_2？

学生：SO_2 的重要的化学性质有酸性氧化物的通性、氧化性、还原性和漂白性。利用 SO_2 酸性氧化物的通性，可考虑用碱液吸收；利用 SO_2 的氧化性，可考虑用还原性物质如硫化物吸收；也可利用 SO_2 的还原性，考虑用氧化性物质如 H_2O_2、酸性 $KMnO_4$ 溶液等吸收。

教师：同学们总结得非常好，都能做到学以致用。在工业上，综合考虑生产目的和生产效益，化工厂一般在燃煤时会在煤中加入石灰石或生石灰，吸收燃煤时产生的 SO_2，把 SO_2 转化为 $CaSO_4$，从而减少排放；也可以采用钙法（石灰浆）、氨法（氨水）、硫化碱法（Na_2S 溶液）等来吸收工厂尾气中的 SO_2。当然，提升环保意识，树立绿色化学的理念，从源头上消除 SO_2 的排放才是解决问题的关键。

如果在实验室制备或使用 SO_2 时，余气应如何处理？

学生：可以用碱液吸收。

【应用拓展】查阅资料，了解环境中 SO_2 的监测方法和常见的处理方法。

设计意图：利用本任务引导学生对 SO_2 的重要化学性质进行梳理，通过归纳总结引导学生运用所学知识分析解决与化学有关的社会实际问题，认可化学对人类社会可持续发展的贡献，对与化学相关的热点问题能够做出正确的价值认识和判断，树立保护环境的意识；引导学生用辩证的视野去看待问题，培养学生的科学态度和社会责任感。

任务三：探究工业制备硫酸的反应历程

教师：通过酸雨形成途径的探究，对工业上制备硫酸的反应历程有何启示？

学生：SO_2 形成的酸雨就是硫酸型酸雨，它的形成过程就是工业制备硫酸的原理。

【应用拓展】查阅资料，了解工业制备硫酸的反应原理、生产工艺和生产流程。

设计意图：强化课堂学习内容，进一步从氧化还原的角度引导学生去推理获取新知识，培养学生形成性质决定用途的思维方式。通过任务探究，引导学生依据结论推测物质的性质，应用性质分析解决问题，由理论储备到实践验证，再反过来完善理论知识体系，形成深度学习和创新意识，形成化学学科观念和学科思维，培养学生逐步养成证据推理与模型认知、科学态度与社会责任感等素养。

（四）《二氧化硫的性质》主题的教学评价和反思

本课例以"二氧化硫的性质"为主题，培养学生宏观辨识与微观探析、证据推理与模型认知、变化观念与平衡思想、科学探究与创新意识、科学态度与社会责任等核心素养。基于化学核心素养理念下的教学，要求教师要将知识传授与能力培养结合起来，充分发挥学生学习的主体作用，让学生在学习中体验实验探究的过程，形成化学学科观念和学科思维，认同化学学科价值，培养学生的创新意识、科学态度和社会责任感。本主题通过实验探究二氧化硫的溶解性、类比预测二氧化硫具有酸性氧化物的通性；通过理论分析、实验探究来认识二氧化硫的氧化性、还原性和漂白性；通过了解二氧化硫形成酸雨的原因、危害和治理方法，以及二氧化硫在社会生产生活中的功与过三个环节，引导学生积极猜想、科学探究，培养学生的学科思维能力和分析问题、解决问题的能力，使学生充分意识到化学在工农业生产以及日常生活中的重要应用，增强环境保护意识、资源节约意识和社会责任感。

本主题在教学设计上从"认识思路"和"核心观念"两个方面进行了结构化设计，促进学生在真实情境中发展核心素养。在教学策略上，从生活情境引入二氧化硫的常见性质，以教师创新演示实验及学生自主探究创新实验两个模块生动形象地突破本课重点。在教学过程中，引导学生开展以化学实验为主的探究活动，从"价－类"二维转化关系图入手对二氧化硫的性质进行预测、设计实验进行验证、得出结论；引导学生构建元素观、分类观、结构观、变化观和转化观等化学观念和学科核心素养，有效帮助学生建立结构化的物质转化关系，让学生在头脑中建构物质类别转化和元素价态转化的思维图式，最后再回归生活实践；引导学生利用思维图式解决实际问题，将科学与创新、化学与生活融会贯通，实现思维与实践的双向提升，逐步构建起《二氧化硫的性质》这一课题的知识框架。在本主题教学设计上把教学内容分解为"二氧化硫的物理性质和二氧化硫的酸性""二氧化硫的氧化性、还原性和漂白性""硫酸型酸雨的形成过程、危害及防治方法""二氧化硫在生产生活中的应用"四个小主题，把情境体验和知识学习联系起来，由浅入深、环环相扣，让学生不断体验发现问题、探索问题、解决问题的科学精神，按照理论推导、实验探究、得出结论、交流应用的科学探究过程，建构从"价－类"二维认识模型到"价－类－特"三维认知模型再到"价－类－特－用"四维思维模型，提升解决复杂化学问题的思维模型认知水平，形成元素化合物的一般学习方法。"价－类"二维图在各类元素化合物知识体系的学习中使用较多，本课时的教学设计侧重以二氧化硫为载体，突出如何在新授课中利用硫元素的"价-类"二维图，对不同价态硫元素的转化进行教学；基于"绿色化学"理念设计探究实验方案，引导学生交流、评价和优化，为化学学科素养的形成和发展提供重要的载体，发展学生科学探究与创新意识、科学态度与社会责任素养。

  本主题以思维培养为目的，通过创设真实情境，让学生在真实的问题情境中进行学习，让学生获得学习的真实体验，激发学习兴趣，引发思维发生，促进学生的思维发展。在教学策略上，设计学习环节和任务，围绕实验观、转化观和学科价值观三个学科基本观念展开教学，将探究实验作为开展课堂教学的基本要素，引导学生通过观察、分析、推理弄清现象背后的本质，认识二氧化硫的化学性质，并将其性质应用到社会生活生产中，帮助学生建立科学的学科价值观。在教学设计中，问题和实验贯穿主题教学，内容衔接紧凑，问题链引领学生主动思考，通过螺旋式上升的任务设计，先让学生通过情境创设初步感知二氧化硫的物理性质，并预测二氧化硫的化学性质，再进行基于猜想后的实验方案设计并进行实验探究，然后根据实验事实进行逻辑推理，结合核心元素化合物类别及元素价态变化规律，从多角度认识化学物质及其变化，从宏观现象再到微观探析，初步建立基于物质类别、元素价态和原子结构预测、认识物质转化路径和检验物质性质的认识模型，并形成元素化合物性质研究的一般思路和构建元素化合物性质的思维模型，培养学生宏观辨识与微观探析、证据推理与模型认知的学科素养。

  本主题教学关注探究活动，强化科学探究与创新思维。通过观看视频、交流讨论，认识葡萄酒中 SO_2 的作用（抑菌、抗氧化、增色、改变风味），了解毒银耳、毒黄姜的制作过程和危害，了解空气质量日报的内容和功能，了解酸雨的形成、危害和防治方法，探究工业制备硫酸的生产流程和工艺，关注核心知识，感受"学科本质与思想方法"，培养学生从正、反两方面辩证地分析 SO_2 在生活生产中的贡献以及给社会带来的危害，增强合理使用化学物质的意识，引导学生利用化学知识解决问题，发展学生的科学态度与社会责任。通过对酸雨防治方法的认识，让学生从源头控制、过程脱硫、酸雨治理三个方面认识酸雨防治的方法，形成可持续发展的意识与绿色化学观念，体验化学学科的社会价值，培养科学精神与社会责任素养。

  学生化学学科核心素养的培养是化学课程教学的根本落脚点。本主题教学在素养培养上，通过创设情境，结合化学与生活，从现实问题出发，强化化学源于生活，体现化学学科价值；通过类比学习，旧知延伸到新知，体现化学学科思想是化学学科素养的灵魂；通过核心元素化合价推测、论证二氧化硫的性质，突出化学学科本质，体验科学探究的过程，有效培养学生的证据推理与模型认知的学科素养；通过回归化学学科本质，应用于生活实践，解决真实问题，关注学习的价值，激发学生深度学习的动机，并通过一系列的学习过程引导学生从独立的化学知识角度转化为社会实际角度看待、解决问题，初步形成应用化学知识解决问题的能力，体验科学精神与社会责任。面对新课程、新课标大力倡导的学科核心素养的构建，课堂的动态生成是学生深度学习的重要体现，教师要根据学生的知识结构和认知水平，精心设计教学过程，使化学课堂充满化学味道和人文情怀。学生通过科学探究不仅可以体验到探究乐趣，还能培养科学探究方法、创新精神和创新思维能力，让学生能基于化学学科观念和学科思维寻求解决问题的方法，在解决一个个化学问题中，形成终身学习的品格和能力，逐渐发展学科核心素养。

第六章
基于科学态度与社会责任的理论研究和教学实践

第一节 科学态度与社会责任的理论内涵和表征框架

一、科学态度与社会责任的理论内涵和素养导向

1. 科学态度与社会责任的理论内涵

《普通高中化学课程标准（2017年版）》提出学科核心素养是学科育人价值的集中体现，是学生通过学科学习而逐步形成的价值观念、必备品格和关键能力。在五大核心素养中，科学态度与社会责任素养提出要具有安全意识和严谨求实的科学态度，具有探索未知、崇尚真理的意识；深刻认识化学对创造更多物质财富和精神财富、满足人民日益增长的美好生活需要的重大贡献；具有节约资源、保护环境的可持续发展意识，从自身做起，形成简约适度、绿色低碳的生活方式；能对与化学有关的社会热点问题作出正确的价值判断，能参与有关化学问题的社会实践活动。除了《普通高中化学课程标准（2017年版）》中对该素养的内涵定义，在课标解读中也提出科学态度与社会责任的内涵和要求，重点在于能从化学的角度分析、辩证地看待、能主动运用所学的化学知识和方法解决、能主动考虑其对自然和社会带来的可能影响、能运用绿色化学思想分析和讨论等。五个化学学科核心素养在教学过程中各有侧重，相辅相成，而科学态度与社会责任素养则是承载了对学生立德树人的培育要求，是化学学科育人的目标指向，所展现的是化学课程学习对学生未来发展的重要价值，是对学生未来发展的价值导向，是化学学科整体育人价值和功能的集中体现，是高中化学学习最根本的出发点和最终落脚点，是化学学科一系列学习活动所聚焦的最终目标。所以，科学态度与社会责任素养不仅是对其他四大学科素养培养的引领，更是进一步揭示了化学学习更高层次的价值追求，具有统领和目标

的牵引作用。

科学的本质是探究，科学态度的核心是求真、实证和创新。科学态度素养是通过化学实验表现出的严谨求实、尊重事实和开拓进取的品质。此外，科学态度素养还表现在遵循科学研究行为规范、勇于面对挫折、崇尚真理不迷信、具有批判性思维以及敢于质疑书本权威等方面。科学态度素养要求学生要具有探究未知世界的好奇心，树立安全意识和绿色化学思想，尊重环境、敬畏生命，践行"绿水青山就是金山银山"的绿色发展理念。而社会责任素养则强调学生的社会担当意识、辩证对待化学的"双刃剑"的能力、关注与化学相关的热点问题、积极参加和化学相关的社会实践活动；能够深刻认识到化学对创造物质财富、精神财富以及满足人民日益增长的美好需要所做出的重要贡献，能够做到并倡导他人做到节约资源、保护环境，养成简约适度、绿色低碳的生活方式，建立"绿色化学"观念和化学可持续发展意识。

综上，科学态度与社会责任素养的内涵可以归结为：能够认识科学本质，理解科学、技术、社会、环境（STSE）关系，具有安全意识、严谨求实、探索未知、崇尚真理、科学探究、尊重科学伦理道德、理论与生活实际相联系的科学态度；具有对自我、对他人和社会集体以及对资源环境三方面的责任素养，树立正确的价值观念与行为意向。社会责任的关键是意识和行为。意识角度内涵为：有主动关心环境问题和社会热点问题的意识，有合理利用资源的思维，有严谨求实的科学态度，要形成绿色化学观念。行为角度内涵为：能分析简单的化学工艺流程，能解决简单的化学问题，要主动参与社会生态环保活动，要做到节约资源、绿色低碳的生活方式。

2. 科学态度与社会责任的素养导向

化学学科核心素养中的科学态度与社会责任素养，要求学生在高中化学的学习过程中，应具备以下四个方面的素养：

（1）具有安全意识和严谨求实的科学态度，具有探索未知、崇尚真理的意识。

（2）深刻认识化学对创造更多物质财富和精神财富、满足人民日益增长的美好生活需要的重大贡献。

（3）具有节约资源、保护环境的可持续发展意识，从自身做起，形成简约适度、绿色低碳的生活方式。

（4）能对与化学有关的社会热点问题做出正确的价值判断，能参与有关化学问题的社会实践活动。

二、科学态度与社会责任的表征框架和水平划分

1. 科学态度与社会责任的表征框架

科学态度与社会责任的素养形成，是在理解科学、技术、社会、环境关系的基础上，逐渐形成的对化学科学技术应有的科学精神、人文底蕴、责任担当和实践创新，是对学生要有严谨求实、安全意识、环境保护、绿色化学等心理及行为的具体要求。科学态度与社会责任素养承载了对学生"立德树人"的培育要求，它所揭示的是化学学习更高层面的具有时代性的观念构建与价值的追求。在关注化学科学与技术、社会、环境的关系的基础上，重点指向了绿色、可持续发展的理念与社会责任担当，它既属于化学科学应用范畴，更属于化学科学的价值范畴。它培养学生严谨而理性的思维方式、崇尚真理和树立绿色发展的意识、具有科学而全面的价值判断能力。科学态度与社会责任作为一个合二为一的整体素养，就心理过程分析，其本质就是对具体事物或社会的客观认知中表现出的价值观与情感认同，并具有理性与实证性的处理事件的行为方式与习惯，它可以作为一个跨学科的独立指标，体现在整个基础教育的全过程。其表征如图6-1。

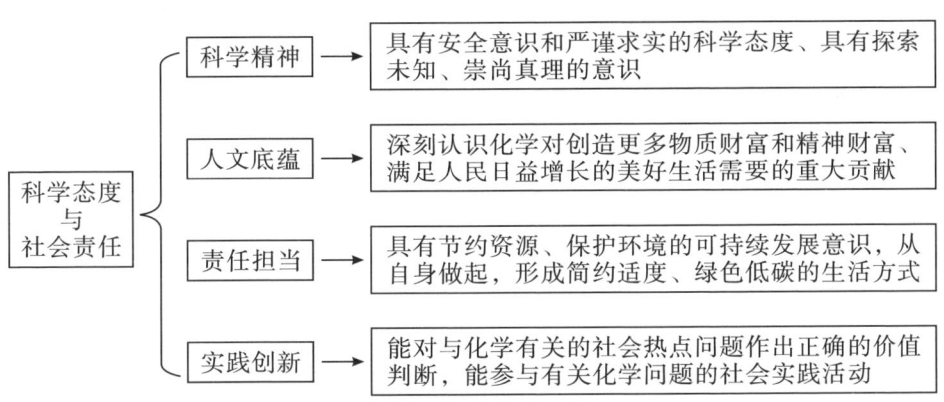

图6-1 科学态度与社会责任的素养导向

2. 科学态度与社会责任的水平划分

"科学态度"是对具体事物的认识、研究具有实证与求真的行为倾向，对具体事物现象的评价过程中表现出的理性与客观；而"社会责任"主要涉及对他人、集体、社会、国家乃至全人类的担当与贡献。因此，新课标提出了科学态度与社会责任素养水平的四级划分（表6-1）。在四级水平的内容描述中，我们能深刻感受到科学态度与社会责任素养所关注的是心理的认知、情感与行为。因此，实际教学中的教学素材应指向"兴趣、态度、精神、意识、价值观、责任感"等情意类问题，

在"内容要求"上更应该体现与 STSE 相关内容的主题与素材的选择和组织。

表 6-1 科学态度与社会责任素养水平划分

素养水平	科学态度与社会责任
水平 1	具有安全意识,逐步养成严谨求实的科学态度,不迷信,能自觉抑制伪科学;能列举事实说明化学对人类文明的伟大贡献,主动关心与环境保护、资源开发等有关的社会热点问题,形成与环境和谐共处,合理利用自然资源的观念
水平 2	崇尚科学真理,不迷信书本和权威;具有"绿色化学"观念,能运用所学知识分析和探讨某些化学过程对人类健康、社会可持续发展可能带来的双重影响,并对这些影响从多个方面进行评估
水平 3	具有理论联系实际的观念,有将化学成果应用于生产、生活的意识,能依据实际条件并运用所学的化学知识和方法解决生产、生活中简单的化学问题;在实践中逐步形成节约成本、循环利用、保护环境等观念
水平 4	尊重科学伦理道德,能依据"绿色化学"思想和科学伦理对某一个化学过程进行分析,权衡利弊,作出合理的决策;能针对某些化学工艺设计存在的各种问题,提出处理或解决问题的具体方案

第二节 科学态度与社会责任的进阶分析和培养路径

一、科学态度与社会责任的进阶分析

科学态度与社会责任素养旨在培养学生严谨求实的科学态度,探索未知、崇尚真理的科学精神,能对与化学有关的社会热点问题做出正确的价值判断,能参与有关化学问题的社会实践活动,具有善于思考、敢于质疑的创新精神和落实生态文明思想、厚植家国情怀的责任意识(表 6-2)。在素养进阶上可以为学习者设计特定的情境任务,通过参与、观察和反思等活动,从而产生体验、获得感悟,进而内化发展。例如,可以通过教材中的"思考与讨论""科学史话""化学与职业""资料卡片"等情境资料让学生体会化学精神,激发学生学习兴趣;通过分析化学原理,归纳化学规律,提高学生的化学思维和化学思想;通过"科学史话"了解科学家的事迹,如侯德榜、屠呦呦、门捷列夫等,培养学生严谨求实、不怕困难、敢于探索、崇尚真理的精神和态度;通过社会热点和化学前沿科技,如新型绿色消毒剂、可降解塑料、碳纳米材料、芯片的制造等,传播绿色化学思想,简约生活、低碳出行,培养社会责任感;通过了解我国古代科技成就和优秀中华传统文化,如四大发

明、金属冶炼、《本草纲目》、古代陶瓷制造等，增强民族自信心和文化自信；通过我国科学家在世界范围内首次合成具有生物活性的蛋白质——牛胰岛素晶体，科研工作者成功研制出性能优异的用于制造"蛟龙"号载人潜水器、高铁、C919 大飞机和港珠澳大桥的超级钢等素材展现我国近现代的科技成果，弘扬爱国主义精神和立志报国的人生态度，充分发挥化学学科育人功能，培养学生树立为我国现代科学技术发展做贡献的使命感和责任感。

表 6-2　科学态度与社会责任素养的水平进阶

等级	目标层次	知识/能力维度	进阶结构
水平 1	识记	了解与化学相关的优秀传统文化和前沿化学成果，能对化学品的使用等进行风险评估，具有判断化学安全的思维认知和环保意识	基础水平
水平 2	理解	知道化学的伟大意义，认识化学发展对提高人类生活、生产的双重作用，认识化学发展对环境保护的意义	发展水平
水平 3	应用	能应用化学知识与化学理论正确分析相关问题和社会事件，有意识地参与与化学有关的实践活动，合理使用化学品，不信谣	进阶水平
水平 4	评价	积极使用化学知识解决生活中与化学相关的实际问题。拥有节约资源、保护环境的可持续发展意识，形成绿色低碳的生活方式	升华水平

新课标把化学学业质量水平和化学学科核心素养水平划分为 4 级，1 级到 4 级能力水平逐渐递增，每个学习阶段的学生需要达到相对应的学业质量和学科核心素养水平。例如：水平 1 "具有安全意识，能将化学知识与生产、生活实际结合……认识化学科学对社会可持续发展的贡献"要求学生要主动参与分析讨论与化学有关的社会性议题；水平 2 "了解在化工生产中遵循'绿色化学'思想的重要性"要求学生能从化学视角理解开发利用自然资源、保护环境、食品安全、社会文明等方面的价值和贡献；水平 3 "能运用化学原理和方法解释或解决生产、生活中与化学相关的一些实际问题"要求学生理论联系实际，正确认识化学变化中能量转化、反应条件调控、化学技术推广应用，以及化学品的使用对社会和环境的影响；水平 4 "能依据'绿色化学'思想分析某些化学产品生产和应用存在的问题，提出处理或解决化学问题的方案"要求学生学以致用，能运用化学原理和方法对处理社会热点问题提出分析和创造性建议，能正确评价化学科学发展在社会进步、科技发展过程中的重要作用。不同探究水平对应的难度逐渐增大，学生完成任务所需能力要求也随之提高。

二、科学态度与社会责任的培养路径

学科素养的培养依赖于化学学习的行为过程。学生对学习主题的认知以及实证性的学习行为，为"科学态度"培养提供了实践依据；学科教学引导学生感受化学学科所关注的社会问题，以及这些问题研究的价值和意义，在科学且理性的分析中，产生对"社会责任"的认同。科学态度与社会责任的素养形成，是在理解科学、技术、社会、环境关系的基础上，逐渐形成的对化学科学技术应有的科学精神和责任意识。这种"逐渐形成"既体现了新课程为满足学生多元发展而提出多元目标的要求，也体现了科学态度与社会责任学科素养的培育与发展是以学习内容的发展而逐步递进的。教材是进行知识教学的载体，教师在了解学生学情的前提下，应当充分解剖教材，以挖掘出培养学生科学态度与社会责任素养的相关知识（图6-2）。

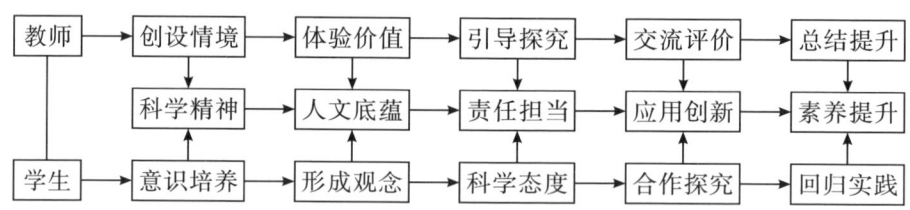

图6-2 科学态度与社会责任素养的培养逻辑

1. 从教学内容的选择和整合上实现学生意识的进阶

充分利用与实验安全操作有关的素材，培养学生强烈的安全意识。化学实验是化学学科最重要的研究方法之一，安全问题是实验教学中重要的、基本的问题，是化学学科研究顺利进行的保障。学生进行相关化学实验时必须关注实验安全问题，将安全意识植根于头脑中。如人教版化学必修一附录Ⅰ介绍的实验室突发事件的应对措施和常见废弃物的处理方法，附录Ⅱ介绍的一些化学品安全使用标识。还可以通过新闻了解一些实验室因操作不当发生爆炸、化工厂等因危险品储放不当而发生爆炸的新闻。例如天津港口区因危险品仓库发生火灾而爆炸，黎巴嫩首都贝鲁特港口区因硝酸铵存储不当而发生爆炸等素材，强调实验安全操作的重要性，培养学生强烈的安全意识。

精选教材中的情境素材，传承优秀中华传统文化，厚植爱国主义情怀，增强民族自信心和自豪感。在化学学科核心素养导向下的情境能够激发和强化学生的化学学习动力，能够激活学生的认知和情感，从而使化学学科学习活动充满活力。新课标指出，化学教材内容的选择应注重挖掘中华民族优秀传统文化蕴含的思想观念、人文精神，传承和弘扬工匠精神和技术创新思想。所以，传承优秀中华传统文化对学生核心素养的发展也至关重要。在教学策略上，应充分利用我国古代科技成就和优秀中华传统文化的素材来设置教学情境，以增强学生民族自信心，坚定文化自信。例如，在讲我国古代取得的科技成就时，可选取新教材中的素材，如我国古代陶瓷的制造、黑火药的发明、古代金属冶炼的工艺、李时珍的《本草纲目》，以及我国古代灿烂的中医中药文化。我国科学家屠呦呦正是在中医药古典文献中获取灵感，发现了青蒿素，获科学类诺贝尔奖，开创了疟疾治疗新方法。近现代我国科研工作者在相关领域更是创造了很多世界领先的科技成果，如侯德榜发明侯氏制碱法，我国科学家在世界范围内首次合成具有生物活性的蛋白质——牛胰岛素晶体，成功研制出性能优异的用于制造"蛟龙"号载人潜水器、高铁、C919 大飞机和港珠澳大桥的超级钢等科技成果，为我国现代科学技术发展和人类的进步作出了积极的贡献。

2. 从核心概念和化学观念上实现学生能力的进阶

充分挖掘教材中的化学情境，体味"绿色化学"思想，节约资源，保护环境，树立可持续发展的理念。"绿色化学"的观念就是要有保护环境的意识，从自身做起，简约生活，节约资源，开发利用新物质、新能源，构建生态文明体系，从源头上防治污染。如高一课本中介绍的高铁酸钠，是一种可以代替二氧化氯的新型绿色消毒剂，广泛应用于饮用水处理；科学家研制出来的可降解塑料，给地球的自我净化和修复减轻压力；在处理工业废水时，为了减少污染，工厂会采用回收并变废为宝等工艺；科学工作者深入研究雾霾的形成机理并有效控制雾霾的形成；汽车尾气系统中安装催化转化器可将有毒气体转化成无毒气体等。通过教学情境提供环境保护或环境污染治理的社会热点素材，向学生呈现化学学科在社会的可持续发展中所发挥的积极作用，引导学生认识并体会化学学科对人类社会发展的重要作用，培养学生保护环境的可持续发展意识和绿色化学观念，增强学生的社会责任感。

3. 从科学态度和问题解决的设计上实现学生素养的进阶

崇尚科学，崇尚真理，挖掘化学成就，自觉抵制伪科学，养成严谨求实的科学态度。门捷列夫为了研究元素周期表，不仅总结和借鉴前人经验，同时也摒弃前人的错误认识和定势思维，积极探寻规律本质，不断创新探究思维，最终揭示了元素周期律。元素周期律和元素周期表的问世给我们学习化学知识，尤其是元素的学习带来了极大的方便，为后续学习元素结构奠定了基础。航空航天材料、新型能源材料、生物医用材料等新材料能够给人类提供丰富的物质，改善我们的生活。燃料电池的开发应用，不仅仅是能源种类的更迭换代和能源利用率的提高，更重要的是减少化石燃料的使用，保护环境，促进人类社会可持续发展等。化学成就给我们生活带来了便利，享受化学成果带来便利的同时，也要通过化学方法创造的新物质、相关物质的性能和用途的素材，增长知识和见识，树立化学的"正面"形象，体会化学的应用价值。如氯气是一种重要的化工原料，可以用于制造盐酸、有机溶剂、农药、染料和药品等，用这样一个素材来呈现化学创造出来的物质对人类是有应用价值的，从而树立化学的"正面"形象。也可以补充新冠病毒诊疗方案中提及的乙醚、75%乙醇、含氯消毒剂等溶剂可用于有效杀灭病毒等素材，展示化学物质的重要性，从而树立化学的"正面"形象，体现化学学科的社会价值。

4. 结合校本课程开发课外实践活动，实现学生综合实践能力的进阶

校本课程是能够满足学生多层次需求、促进学生个性发展和综合实践能力提高的学校课程。而与化学学科相关联的校本课程有通过化学研究性学习小组、化学课外兴趣小组等开展课外化学学科各种综合实践活动，如对学校附近河溪中"水华"现象的研究、校园周边空气中 SO_2 含量的测定、雨水 pH 的测定、纳米材料的研究、制陶工艺的研究、净水工艺的研究，以及课本中思考与讨论内容的课外探究和化学实验的改进等。通过校本课程中的这些活动，让学生感受到化学就在身边，体会和认知化学科学魅力和化学对人类的贡献，培养学生的科学态度与社会责任素养。

第三节　科学态度与社会责任的课堂实例和发展模型

一、科学态度与社会责任的课堂实例1：《纯碱的性质与制备》

（一）《纯碱的性质与制备》主题的知识结构和功能

1. 《纯碱的性质与制备》主题的知识结构

纯碱（碳酸钠）俗名苏打，是一种重要的化工原料，广泛应用于印染工业、石化工业、医药工业、有机合成工业、玻璃工业、肥皂工业、塑料工业、钢铁工业等领域。碳酸钠和碳酸氢钠是金属钠的两种重要的碳酸盐，在人教版高中化学必修一第二章中重点介绍了它们的物理性质、化学性质，以及它们在生活生产中的重要用途。（图6-3）在课本的"研究与实践"栏目中介绍了纯碱的生产历史，在生产原理和工艺革新上先后主要经历了路布兰制碱法、索尔维制碱法和侯氏制碱法三个阶段；在"科学史话"栏目中重点介绍了侯氏制碱法的制备工艺和工艺革新过程，蕴含了丰富的绿色化学思维。

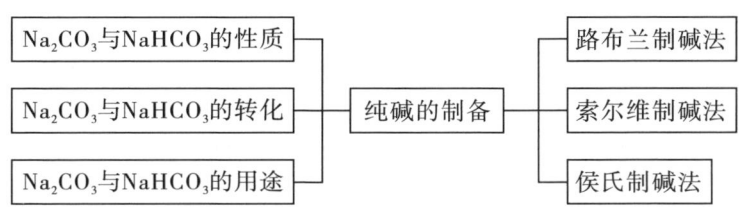

图 6-3 《纯碱的性质与制备》的知识结构

2. 《纯碱的性质与制备》主题的功能

本主题在学习 Na_2CO_3 和 $NaHCO_3$ 的性质基础上，以"纯碱制备中的绿色创新思维"为主线，引导学生探讨化工生产中的绿色创新思维，培养学生的绿色创新能力。Na_2CO_3 和 $NaHCO_3$ 是金属钠的两种重要的碳酸盐，通过对 Na_2CO_3 和 $NaHCO_3$ 这两种常见物质性质的探究，帮助学生进一步建立从物质类别角度学习和预测物质化学性质及其变化的思维方法，加深对离子反应本质的理解，形成基本的探究思路。在教学过程中，通过改进演示实验，将部分演示实验改为由学生完成的探究性实验和定量实验，增强实验的可视性和确定性，引导学生学会通过实验现象剖析物质的本质，让学生体验"发现问题—提出猜想—设计实验—实施证实（伪）"的科学探究过程；注重对学生科学探究能力和创新意识的培养，形成"提出问题—分析问题—解决问题"的能力，为接下来学习其他金属及其化合物奠定方法基础，起到承上启下的作用。同时，通过了解纯碱的生产历史和侯氏制碱法的原理和工艺，深入分析侯氏制碱法中所蕴含的绿色化学思想，让学生更好地理解侯氏制碱法的优点：食盐利用率高、制碱成本低，废液、废渣和环境污染大大降低等。不仅有利于学生形成"物质在一定条件下能互相转化"的观念，还能将化学的学习延伸到课外，引导学生发现生活中的化学之美，体验化学在生活生产中所发挥的作用，培养学生的环保意识和爱国情怀，树立"科技强国、科技报国"的社会责任感。

（二）《纯碱的性质与制备》主题的学习目标和学科素养

1. 《纯碱的性质与制备》主题的学习目标

（1）学会运用比较的方法研究 Na_2CO_3 和 $NaHCO_3$ 的物理性质和化学性质，能从微观角度分析两者性质异同的原因，并能通过科学探究设计简单实验进行探究和验证，培养学生的探究意识和发现问题的能力。

（2）根据 Na_2CO_3 和 $NaHCO_3$ 的性质差异，构建 Na_2CO_3 和 $NaHCO_3$ 的相互转化模型，并能设计实验实现 Na_2CO_3 和 $NaHCO_3$ 的相互转化，初步形成金属及其化合物的性质研究的一般思路，建构金属及其化合物的性质研究模型，培养学生"自主、合作、探究"的学习能力。

（3）通过对纯碱的生产历史和原理工艺的学习，初步形成物质在一定条件下能相互转的观念；通过对侯氏制碱法工艺创新和绿色化学思想的学习，了解侯德榜先生的科学精神和爱国情怀，培养学生敢于质疑、勇于创新的精神和社会责任意识。

2.《纯碱的性质与制备》主题的学科素养

《纯碱的性质与制备》作为元素及其化合物性质及其应用知识体系，与生产生活息息相关，是培养学生化学核心素养的重要载体。通过生活情境和生产应用实例，学生可以宏观感知 Na_2CO_3 和 $NaHCO_3$ 的存在，通过实验探究和理论分析，能从物质的组成、结构和类别的角度微观探析其性质，形成认识物质宏微结合的基本观念；通过微粒观和分类观预测推理 Na_2CO_3 和 $NaHCO_3$ 的可能性质，初步形成金属及其化合物的性质研究的一般思路，建构金属及其化合物的性质研究模型，培养学生证据推理与模型认知素养；通过变化观与守恒观设计实验探究 Na_2CO_3 和 $NaHCO_3$ 的化学性质异同、鉴别方法及其相互转化，培养学生的变化观念与科学探究意识；通过学生自主设计探究实验，探究纯碱制备的不同途径和工艺，培养学生的创新精神和创新意识；通过比较不同制碱法的原理和工艺，深入理解侯氏制碱法蕴含的工艺创新和绿色化学思想，培养学生的科学精神、爱国情怀和社会责任意识。

（三）《纯碱的性质与制备》主题的教学策略和过程

1.《纯碱的性质与制备》主题的教学策略和流程

Na_2CO_3 和 $NaHCO_3$ 的性质是本主题教学的一个重要内容，是为纯碱的制备提供知识基础和探究思路。在教学策略上采用项目式教学法，通过分类观和元素观引导学生预测 Na_2CO_3 和 $NaHCO_3$ 的物理性质和化学性质；通过学生自主设计、分组实验完成探究 Na_2CO_3 和 $NaHCO_3$ 的物理性质和化学性质；通过分类观和微粒观分析二者在化学性质上的差异，从而掌握鉴别 Na_2CO_3 和 $NaHCO_3$ 的方法；通过变化观和守恒观，运用离子反应原理，设计原理和实验操作实现 Na_2CO_3 和 $NaHCO_3$ 的相互转化，探究纯碱制备的不同途径，让学生体验科学探究的过程，学会科学探究的一般方法，培养学生的科学精神和探究意识；通过化学史教学，让学生了解纯碱制备的生产历史和工艺革新，重点介绍纯碱不同制备方法的原理、工艺流程，引导学生应用绿色化学基本理论分析每种方法的优缺点、思考体会三种方法变革过程中蕴含的绿色创新思维、学习绿色创新方法在实践生产中的应用。让学生体验科学探究的艰辛和喜悦，鼓励学生积极提出问题，培养学生敢于质疑、勇于创新的精神。用典型案例作指导，在让学生掌握一定绿色化学知识的同时，重点培养学生的绿色创新思维、绿色创新能力、绿色产业化能力。并从著名科学家身上学习他们的科研精神、创新精神、爱国精神、造福人类的奉献精神。

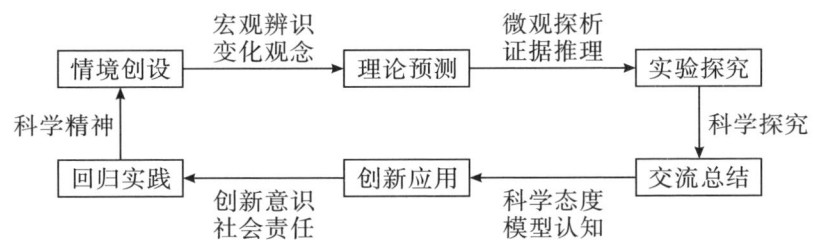

图 6-4 《纯碱的性质与制备》主题的教学策略和流程设计

2.《纯碱的性质与制备》主题的教学活动和过程

本主题教学分 2 课时完成。第 1 课时为探究 Na_2CO_3 和 $NaHCO_3$ 的性质，构建二者相互转化关系模型；第 2 课时为了解纯碱制备的不同原理和工艺流程，探究工艺革新中的绿色创新思维（图 6-5）。

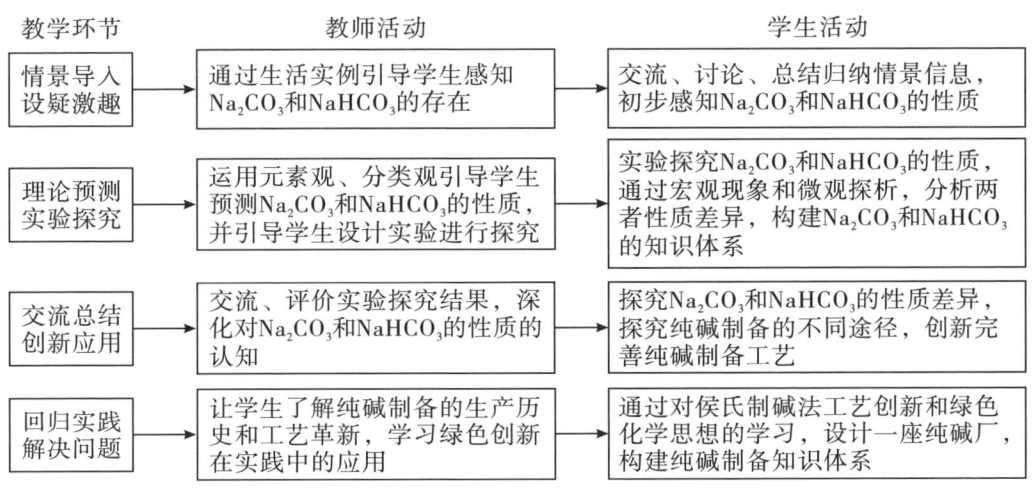

图 6-5 《纯碱的性质与制备》主题教学流程

（1）课时 1：探究 Na_2CO_3 和 $NaHCO_3$ 的性质，构建二者相互转化关系模型。

环节一：情景导入，设疑激趣——初步感知 Na_2CO_3 和 $NaHCO_3$ 的性质

【情境导入】展示厨房中经常用到的食用碱（Na_2CO_3）和食用小苏打（$NaHCO_3$）样品，同时展示二者包装袋上的使用说明书（图 6-6）。

食用碱	食用小苏打
化学名称：碳酸钠	化学名称：碳酸氢钠
净　　重：500g	净　　重：500g
形　　状：白色粉末，溶于水后呈碱性	形　　状：白色粉末，溶于水后呈微碱性
用　　途：主要用于食品制作过程中的酸度调节剂，家庭用碱性清洗助剂等	用　　途：主要用于食品、饮料中的气体发生剂
注意事项：防潮	注意事项：防止阳光曝晒，防潮

图 6-6　食用碱（Na_2CO_3）和食用小苏打（$NaHCO_3$）产品说明书

教师：通过上述产品说明书，你们能得到 Na_2CO_3 和 $NaHCO_3$ 的哪些性质信息？

学生：二者均为白色固体，能溶于水，并且溶于水后均呈碱性，小苏打可能受热还易分解。

教师：同学们的解读很全面。Na_2CO_3 的俗名是苏打、纯碱，Na_2HCO_3 的俗名叫小苏打，所以，Na_2CO_3 和 $NaHCO_3$ 又被称为厨房的"苏苏两姐妹"。二者都是白色粉末状固体，都属于钠盐，易溶于水。在制造面食时，食用碱和食用小苏打均可以用来调节面团的酸性。食用小苏打还可以作为面包、馒头的膨松剂，纯碱也可用于制作"苏打水"饮料和面点疏松剂，说明这两种物质均显碱性。

请同学们设计一个实验，证明 Na_2CO_3 和 $NaHCO_3$ 的溶解性大小和碱性强弱。

学生：

实验探究：

实验1：在两支试管中分别加入 1 g Na_2CO_3 和 $NaHCO_3$，然后向上述两支试管中分别滴入 5 mL 水，用力振荡，观察现象。

实验2：向上述两支试管中分别滴入 1～2 滴酚酞溶液，观察现象。

实验结论：

实验1：Na_2CO_3 和 $NaHCO_3$ 均能溶于水，溶解度：Na_2CO_3 > $NaHCO_3$。

实验2：二者水溶液都显碱性，碱性：Na_2CO_3 > $NaHCO_3$。

设计意图：以生活化情境导入，激发学生的学习兴趣。通过信息解读，引导学生思考所要研究的化学物质可能具备的性质；通过自主设计探究实验，调动学生的思维，培养学生的探究意识和探究能力。

环节二：理论预测，实验探究——实验探究 Na_2CO_3 和 $NaHCO_3$ 的性质

教师：如果厨房中的纯碱和小苏打在使用过程中丢失了标签，我们应该如何区别？

学生：可以通过比较二者溶解性大小的方法，也可以用酚酞或者 pH 试纸检验二者水溶液的碱性大小。

教师：同学们都能积极思考，学以致用。除了这些方法外，能从物质分类的角度来分析它们可能具有的化学性质吗？

学生：二者都属于盐类，在初中化学中学过盐的通性，可以从盐与酸反应、与碱反应、与盐反应，以及盐的热稳定性几个方面进行探究。

教师：同学们的分析思路非常清晰。Na_2CO_3 和 $NaHCO_3$ 都属于盐，它们都具有盐的通性，在一定条件下都能与酸、碱、盐反应，有的受热还易分解。下面就请同学们根据自己的预测，设计实验方案探究 Na_2CO_3 和 $NaHCO_3$ 可能具有的化学性质，并比较二者性质的异同。

设计意图：以解决实际问题为情景引入探究项目内容，提高学生参与热情，了解学生思考问题的角度。在整合学生设计的实验方案时，培养学生多角度探究问题的意识，引导学生进行归类学习。

【实验探究】

实验1：与酸反应。

取等量的 Na_2CO_3 和 $NaHCO_3$ 固体分别装入两支试管中，再向试管中加入等浓度且过量的盐酸，观察两支试管中的现象（图6-7左图）。

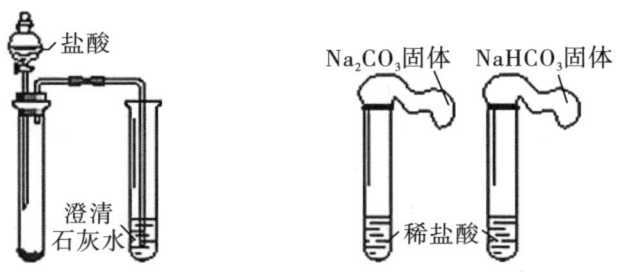

图6-7 改进前（左）和改进后（右）的实验探究装置

实验现象：两支试管中都有气泡产生，$NaHCO_3$ 产生气泡的速率快。

实验结论：Na_2CO_3 和 $NaHCO_3$ 都能与盐酸反应产生气体，并且 $NaHCO_3$ 与盐酸反应产生气体多且快，所以可以用酸鉴别失去标签的 Na_2CO_3 和 $NaHCO_3$。

教师：同学们的实验设计现象明显、结论清晰，能说明 Na_2CO_3 和 $NaHCO_3$ 都能与能与盐酸反应产生气体，并且 $NaHCO_3$ 与盐酸反应产生气体的速率更快。请同学们思考，能不能把上述实验设计为一个定量实验，可以更直观地看到二者反应的快慢和产生气体的多少呢？

学生：实验探究：

改进实验1：取等量的 Na_2CO_3 和 $NaHCO_3$ 固体装入等体积大小的气球中，在试管中加入等浓度且过量的盐酸,同时将固体倒入试管,观察两支试管中的现象(图6-7右图)。

实验现象:两支试管中都有气泡产生,试管口的气球都变大,$NaHCO_3$试管口的气球较大且变化更快。

实验结论:Na_2CO_3和$NaHCO_3$都能与盐酸反应产生气体,并且$NaHCO_3$与盐酸反应产生气体多且快,所以可以用酸鉴别失去标签的Na_2CO_3和$NaHCO_3$。

教师:取等量的Na_2CO_3和$NaHCO_3$固体分别与等浓度等体积的盐酸反应,为什么反应速率不同?请写出上述反应的离子方程式,并进行分析。

设计意图:把定量思想引入到实验设计中,通过改进实验,让学生通过气球体积的变化情况,切身感受气体产生的过程,增强了实验的可视性。同时,引导学生微观探析反应的本质,进一步深化对离子反应的理解,培养宏微结合、定性与定量相结合的探究意识,提高科学探究能力,形成创新意识,促进学生的深度学习。

【实验探究】

实验2:与碱反应。

取等体积等浓度的Na_2CO_3和$NaHCO_3$溶液于试管中,分别加入等溶液等体积的NaOH溶液、KOH溶液、$Ca(OH)_2$溶液和$Ba(OH)_2$溶液,观察现象。

实验现象:二者的溶液中滴加NaOH溶液、KOH溶液均无明显现象,滴入$Ca(OH)_2$溶液和$Ba(OH)_2$溶液,都有白色沉淀产生。

实验结论:NaOH溶液、KOH溶液与Na_2CO_3和$NaHCO_3$溶液混合没有明显现象;Na_2CO_3和$NaHCO_3$都能与$Ca(OH)_2$或$Ba(OH)_2$等某些碱发生反应,所以不能用$Ca(OH)_2$或$Ba(OH)_2$鉴别Na_2CO_3和$NaHCO_3$。

教师:写出上述实验过程中可能发生的离子反应方程式,并思考,其反应的本质是什么?

学生:Na_2CO_3属于正盐,与$Ca(OH)_2$或$Ba(OH)_2$反应的本质是CO_3^{2-}直接与Ca^{2+}或Ba^{2+}生成难溶的$CaCO_3$或$BaCO_3$沉淀,公式为$CO_3^{2-}+Ca^{2+}=CaCO_3\downarrow$,$CO_3^{2-}+Ba^{2+}=BaCO_3\downarrow$,发生复分解反应。而$NaHCO_3$属于酸式盐,与$Ca(OH)_2$或$Ba(OH)_2$反应的本质是$HCO_3^-$先与$OH^-$发生酸碱中和反应生成$CO_3^{2-}$,公式为$HCO_3^-+OH^-=CO_3^{2-}+H_2O$,$CO_3^{2-}$再与$Ca^{2+}$或$Ba^{2+}$生成难溶的$CaCO_3$或$BaCO_3$沉淀,发生复分解反应。

教师:NaOH溶液、KOH溶液与Na_2CO_3和$NaHCO_3$溶液混合没有明显现象,能不能说明它们没有发生化学反应啊?

学生:不能说明。$NaHCO_3$作为酸式盐能与NaOH溶液或KOH溶液发生中和反应而生成正盐,$HCO_3^-+OH^-=CO_3^{2-}+H_2O$,故二者发生了化学反应。

【实验探究】

实验3：与盐反应。

取等体积等浓度的 Na_2CO_3 和 $NaHCO_3$ 溶液于试管中，分别加入等体积等浓度的 NaCl 溶液、KCl 溶液、$CaCl_2$ 溶液和 $BaCl_2$ 溶液，观察现象。

实验现象：二者的溶液中滴加 NaCl 溶液或 KCl 溶液的均无明显现象，在 Na_2CO_3 溶液中滴入 $CaCl_2$ 溶液或 $BaCl_2$ 溶液的均有白色沉淀产生，但 $NaHCO_3$ 溶液中无明显现象。

实验结论：Na_2CO_3 溶液能与 $CaCl_2$ 或 $BaCl_2$ 等某些盐溶液反应，而 $NaHCO_3$ 溶液与 $CaCl_2$ 溶液或 $BaCl_2$ 溶液都不反应，所以能用 $CaCl_2$ 或 $BaCl_2$ 等某些盐溶液来鉴别 Na_2CO_3 和 $NaHCO_3$。

教师：Na_2CO_3 溶液能与 $CaCl_2$ 或 $BaCl_2$ 等某些盐溶液反应，为什么 $NaHCO_3$ 溶液却不与 $CaCl_2$ 或 $BaCl_2$ 等某些盐溶液反应？上述反应的本质是什么？

学生：Na_2CO_3 溶液与 $CaCl_2$ 或 $BaCl_2$ 等某些盐溶液反应的本质是 CO_3^{2-} 直接与 Ca^{2+} 或 Ba^{2+} 生成难溶的 $CaCO_3$ 或 $BaCO_3$ 沉淀：$CO_3^{2-} + Ca^{2+} = CaCO_3\downarrow$，$CO_3^{2-} + Ba^{2+} = BaCO_3\downarrow$，发生复分解反应，而 $Ca(HCO_3)_2$ 或 $Ba(HCO_3)_2$ 是易溶于水的盐。故 HCO_3^- 与 Ca^{2+} 或 Ba^{2+} 不能发生复分解反应。

设计意图：把分类思想和离子反应理论引入到实验设计中，引导学生从微观的角度分析反应本质，培养学生宏观辨识与微观探析相结合的意识，促进学生的化学思维和学科核心素养的提升。

【实验探究】

实验4：热稳定性探究。

连接两个相同的固体加热装置，检查装置气密性，分别取等质量的 Na_2CO_3 和 $NaHCO_3$ 固体加入试管中，把导管插入盛有澄清石灰水的试管中，同时点燃酒精灯，观察现象（图6-8左图）。

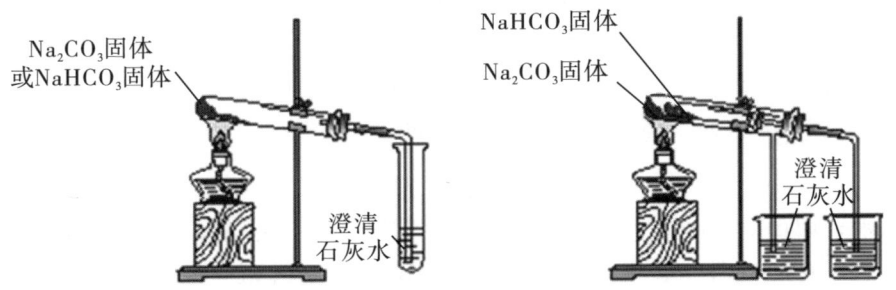

图6-8 改进前（左）和改进后（右）的实验探究装置

实验现象：连接 NaHCO₃ 固体的澄清石灰水中有气泡产生，澄清石灰水变浑浊；连接 Na₂CO₃ 固体的澄清石灰水刚开始有气泡产生，后无明显现象。

实验结论：NaHCO₃ 稳定性差，受热易分解，产生 CO₂ 气体。Na₂CO₃ 较稳定，受热不易分解。

教师：通过上述两个对比实验，可以得出 NaHCO₃ 固体不稳定，受热易分解，分解时产生 CO₂ 气体；而 Na₂CO₃ 较稳定，受热不易分解。但是，上述对比实验需要进行两次实验操作，费时费力费资源，能否对上述实验进行改进，把两个实验设计在同一个装置中同时进行呢？

【实验探究】

改进实验 4：取等量的 Na₂CO₃ 和 NaHCO₃ 固体分别装入一个带支管的大试管中和一个小试管中，然后把小试管用导管和橡胶塞固定在大试管中，把导管分别插入盛有澄清石灰水的烧杯中，点燃酒精灯，观察现象（图 6-8 右图）。

实验现象：连接装有 NaHCO₃ 固体小试管的导管口澄清石灰水中有气泡产生，澄清石灰水变浑浊；连接 Na₂CO₃ 固体大试管的导管口澄清石灰水刚开始有气泡产生，后无明显现象。

实验结论：说明 NaHCO₃ 稳定性差，受热易分解，产生 CO₂ 气体。Na₂CO₃ 较稳定，受热不易分解。

设计意图：用套管实验比用两支试管分别加热要直观、省时，对比效果和实验可靠性更好。通过上述对比实验的改进，引导学生对书本实验设计进行质疑，不仅让学生通过探究性实验来学习知识，还让学生通过创新实验设计，培养创新能力和科学思维能力，在探究性实验设计过程中，渗透创新素养的培养。

环节三：总结交流，创新应用——科学构建 Na₂CO₃ 和 NaHCO₃ 的知识体系

教师：同学们通过上述一系列的实验探究，找到了多种可以通过实验方法鉴别纯碱和小苏打的方法。请同学们思考一下，如何实现二者的相互转化？

学生：Na₂CO₃ 是正盐，NaHCO₃ 是酸式盐，根据上述实验探究结论和物质类别的转化关系，正盐 + 酸→酸式盐，酸式盐 + 碱→正盐。故 Na₂CO₃ 溶液中通入 CO₂ 或滴入少量盐酸可以生成 NaHCO₃；在 NaHCO₃ 溶液中加入适量的 NaOH 溶液也可以生成 Na₂CO₃。当然，根据二者的热稳定性，NaHCO₃ 固体受热分解也可以生成 Na₂CO₃。

教师：通过本节课的学习和探究，同学们掌握了 Na₂CO₃ 和 NaHCO₃ 的主要化学性质、二者的鉴别方法和相互转化关系。请同学们尝试画出 Na₂CO₃ 和 NaHCO₃ 的知识结构和相互转化关系图（图 6-9），并写出相应的化学方程式和离子方程式。

$$Na_2CO_3 \underset{\text{(1)固体：加热 \quad (2)溶液：NaOH}}{\overset{\text{(1)}CO_2+H_2O \quad \text{(2)适量盐酸}}{\rightleftarrows}} NaHCO_3$$

图 6-9 Na_2CO_3 和 $NaHCO_3$ 的相互转化关系

设计意图：根据 Na_2CO_3 和 $NaHCO_3$ 的性质差异，构建 Na_2CO_3 和 $NaHCO_3$ 的相互转化模型，实现 Na_2CO_3 和 $NaHCO_3$ 的相互转化，初步形成金属及其化合物的性质研究的一般思路和研究模型。

（2）课时2：了解纯碱制备的不同原理和工艺流程，探究工艺革新中的绿色创新思维。

环节一：情景导入，设疑激趣——初步感知纯碱在人类生活和社会生产中的重要性

【情境导入】据史料记载，我国早在十八世纪就开始使用天然碱。我国青海湖有大量天然存在的纯碱，它们一般以 $Na_2CO_3 \cdot 10H_2O$ 的形式存在。同学们知道纯碱在日常生活和工农业生产中有什么用途吗？

【课堂活动】查阅资料，讨论交流。

教师：在《本草纲目》中曾记录把草晒干后烧成灰，然后把灰泡在水里，分离上层的液体，里面就含有纯碱。在古代纯碱被用来"去垢，发面"；欧洲在十八世纪前也曾从海草灰中提取纯碱，用于纺织、造纸、制皂、玻璃、印染等工业。但是随着纯碱在工农业生产中的大量使用，依靠天然碱和从草木灰分中提取的量日益不足，人们开始探索用化工手段合成纯碱。

目前我们使用的纯碱主要通过化学方法生产，如中国近代化学工业的奠基人之一侯德榜先生发明的"侯氏制碱法"就是目前工业生产纯碱较为流行的方法之一。请同学们阅读课本"研究与实践"栏目，通过查阅资料了解纯碱的生产历史。

设计意图：通过天然纯碱的来源和生活、生产中纯碱的应用介绍，让学生了解纯碱的来源方式和重要应用。通过社会生活中的相关情境素材及化学史料，了解纯碱在人类生活和社会生产中的重要性，以及纯碱的生产历史，培养学生的科学态度和社会责任感。

环节二：回归实践，解决问题——了解纯碱生产原理和工艺的变革

【情境导入】人教版高中化学必修一第二章第一节的"研究与实践"栏目中要求探究路布兰制碱法、索尔维制碱法和侯氏制碱法。请同学们查阅资料，了解这三种制碱法的原理和工艺。

【课堂活动】查阅资料，讨论交流。

路布兰制碱法

1788 年，法国医生路布兰提出了以 NaCl、浓 H_2SO_4、C、$CaCO_3$ 为原料的制碱法。经过 4 年的努力，得到了一套完整的生产流程，其原理是：

$$2NaCl + H_2SO_4（浓）\xrightarrow{\triangle} Na_2SO_4 + 2HCl$$

$$Na_2SO_4 + 4C \xrightarrow{\triangle} Na_2S + 4CO\uparrow$$

$$Na_2S + CaCO_3 \xrightarrow{\triangle} Na_2CO_3 + CaS$$

教师：同学们根据学过的物质性质和绿色化学知识，分析路布兰制碱法在原理、工艺，以及生产效益方面存在哪些缺陷？可以从生产原料、生产条件、产品和副产品等角度分析。

学生：

此方法的缺陷有：①用浓硫酸作为生产原料，对设备腐蚀比较严重，容易发生危险；②产生大量有害副产物，如 HCl、CO、CaS 等；③原料利用率低，而且污染环境，不符合绿色化学思想；④需要在高温条件下进行，能耗大，生产成本高，很难形成连续生产等。

教师：路布兰制碱法在十八世纪的欧洲大陆曾广泛传播。随着生产工艺的成熟，到 1886 年，整个欧洲大陆已经用路布兰法生产出了千百万吨纯碱。纯碱工业的兴盛让肥皂不再是富人专享的奢侈品，也直接促进了诸如纺织、造纸、玻璃制造等工业的发展。但是，同学们经过分析讨论，也发现了路布兰制碱法在原理、工艺，以及生产效益方面存在的问题，请应用绿色化学思想分析其生产原理和工艺还存在变革创新的必要性。

索尔维制碱法（氨碱法）

比利时人索尔维是一位精制食盐厂商的儿子，自小在工厂长大，熟悉盐的溶解、浓缩、结晶等过程，劳动之余自学了化学。成年之后在家族的煤气厂工作，对煤气净化、煤焦油分离等工艺进行了改良，获得了广泛的称赞。索尔维发现洗涤煤气的废水中溶解了大量氨和二氧化碳，在那个年代合成氨工艺远未成熟，氨气的价格非常高昂。于是索尔维通过加热将氨气从废水中分离，再用净水吸收保存。一天索尔维突发奇想，认为用食盐水吸收氨气效果可能会更好。出人意料的是，溶液底部生成了大量白色沉淀，经分析是碳酸氢钠，也就是小苏打，经加热分解可以得到碳酸钠。

1862年索尔维以NaCl、$CaCO_3$、NH_3和H_2O为主要原料，制出了纯净的碳酸钠，称为索尔维制碱法，也叫氨碱法。其原理为：

①氨化饱和食盐水中通入二氧化碳，制得小苏打。

$$NaCl + CO_2 + NH_3 + H_2O =\!=\!= NH_4Cl + NaHCO_3 \downarrow$$

②把小苏打在250^0C下焙烧以制得碳酸钠，二氧化碳循环使用。

$$2NaHCO_3 \xrightarrow{\Delta} Na_2CO_3 + CO_2 \uparrow + H_2O$$

③析出小苏打的母液里加入消石灰，使氨循环使用。

$$2NH_4Cl + Ca(OH)_2 =\!=\!= CaCl_2 + 2NH_3 \uparrow + 2H_2O$$

其工艺流程图如下（图6-10）：

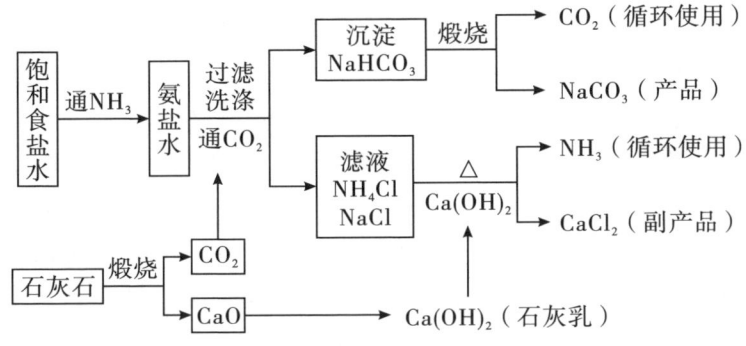

图6-10 索尔维制碱法（氨碱法）工艺流程

教师：根据同学们学过的物质性质和绿色化学知识，分析索尔维制碱法在原理、工艺，以及生产效益方面有哪些优缺点？可以从生产原料、生产条件、产品和副产品等角度分析。

学生：

优点：①原料（食盐和石灰石）来源广泛，价格便宜；②产品纯碱的纯度高；③副产品氨和二氧化碳都可以回收循环使用；④制造步骤简单，适合于大规模连续生产。

缺点：①原料NaCl利用率低；②产生的副产物$CaCl_2$，用途不大。

教师：索尔维制碱法在原理上解决了原料的来源和价格的问题，在工艺上，实现了副产品的回收循环使用问题，同时制造步骤简单，适合大规模连续生产。19 世纪 80 年代，索尔维制碱法迅速成为制碱工业的主要途径，大大推动了制碱工业的发展。但是，从原子经济性的角度分析，反应中原料的利用率较低，食盐的利用率只有 70% 左右，其余的食盐都随着氯化钙溶液作为废液被抛弃了，这是一个很大的损失。同时，如何处理生产过程中产生的氯化钙也成为一个很大的问题，这是索尔维制碱法的最大缺点。

设计意图：通过两种制碱原理和工艺的比较，使学生进一步理解绿色化学原子经济性反应和设计原子经济反应的精髓以及绿色化学循环利用，节约成本的理念在技术创新中的应用。

教师：请同学们阅读课本的"科学史话"栏目中侯德榜和侯氏制碱法，查阅资料，了解侯氏制碱法的原理和工艺，并与索尔维制碱法进行对比。

拓展资料 3

侯氏制碱法（联碱法）

1921 年 10 月，中国人侯德榜在美国获得博士学位。为了打破"洋碱"对中国的封锁，创建中国的制碱工业，他毅然回国，决心开发制碱新工艺。经过 500 多次研究实验，历时 5 年，他终于于 1926 年生产出纯度为 99% 的"红三角"牌纯碱，并于当年获得美国费城万国博览会金奖。该产品不但畅销国内，而且远销日本和东南亚，为中国民族化学工业产品赢得了市场和声誉，结束了当时由美、德、英、法等国垄断世界纯碱市场的时代。他还于 1940 年发明了以 $NaCl$、NH_3 和 H_2O 为主要原料的氨碱法与合成氨联合生产的改进工艺，被命名为"联合制碱法"，创立了"侯氏制碱法"。这种新工艺可同时生产纯碱与氯化铵，不但成本低，而且产量也大大增加，成为世界上最先进的制碱法，开创了世界制碱工业的新纪元。

其原理为：

①向饱和食盐水中分别通入过量的 NH_3 和 CO_2。

$$NaCl + CO_2 + NH_3 + H_2O == NH_4Cl + NaHCO_3 \downarrow$$

②再将所得 $NaHCO_3$ 焙烧制得纯碱。

$$2NaHCO_3 \xrightarrow{\triangle} Na_2CO_3 + CO_2 \uparrow + H_2O$$

③在滤液中通入 NH_3 并加入研细的食盐晶体，析出 NH_4Cl，并得到饱和食盐水，饱和食盐水和 CO_2 循环利用。

其工艺流程图如下（图 6-11）：

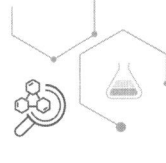

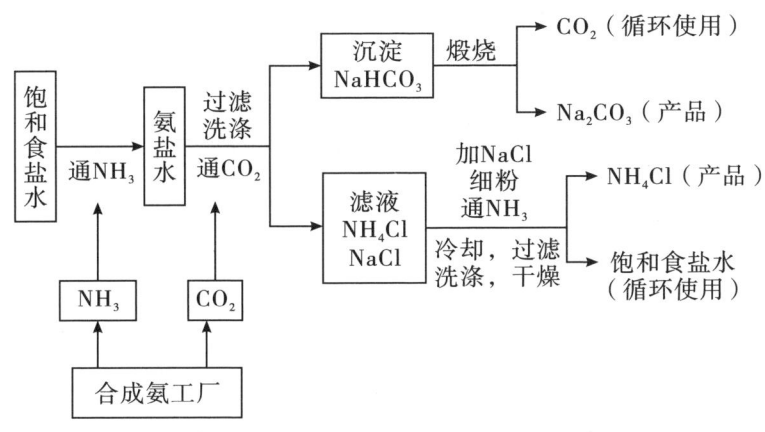

图 6-11 侯氏制碱法（联碱法）工艺流程

教师：同学们根据学过的物质性质和绿色化学知识，分析侯氏制碱法在原理、工艺，以及生产效益方面有哪些优缺点？可以从生产原料、生产条件、产品和副产品等角度分析。

学生：

优点：①与合成氨工业联合生产，利用合成氨工业产品和副产品，原料来源丰富，价格便宜，降低了生产成本；②产品纯碱的纯度高，并且同时得到产品 NH_4Cl；③原料（食盐）和 CO_2 都可以回收循环使用，原料利用率高；④适合于大规模连续生产。

缺点：要与合成氨工业联合生产。

教师：联合制碱法与氨碱法比较，其最大的优点是使食盐的利用率从 70% 左右提高到 96% 以上，应用同量的食盐比氨碱法可生产更多的纯碱。另外，它综合利用了合成氨工厂产生的废气 CO_2，转变为制碱厂的主要原料来制取纯碱，这样就节省了制碱厂用于制取二氧化碳的庞大的石灰窑；将制碱厂生产过程产生的无用的成分氯离子来代替价格较高的硫酸固定合成氨工厂里的氨，制取氮肥氯化铵，从而不再生成没有多大用处又难于处理的氯化钙，减少了对环境的污染，并且大大降低了纯碱和氮肥的生产成本，充分体现绿色化学原子经济、废物利用、循环经济的理念。

设计意图：由侯德榜的故事，让学生了解我国化学家侯德榜在制碱方面的杰出贡献，增强学生的民族自豪感和民族自信心。由侯氏制碱法（联碱法）的生产工艺流程，让学生了解真实的工业生产，让学生感受前人的智慧，激发学生的爱国热情和学习化学的积极性。同时利用侯氏制碱法（联碱法）的生产工艺流程中涉及的饱和食盐水、碳酸氢钠沉淀、纯碱产品及二氧化碳的来源展开教学，使学生深入了解索尔维制碱法（氨碱法）和侯氏制碱法（联碱法）两种方法各自的工艺特点，分析纯碱工业制备方法不断改进过程中蕴含的创新思维和创新方法，引导学生树立绿色环保理念和提升灵活应用绿色化学知识进行创造性工作的能力，培养学生的科学精神、科学态度和社会责任意识。

环节三：深度学习，提升能力——侯氏制碱法的生产工艺革新

教师：索尔维制碱法和侯氏制碱法的制碱原理和生产工艺有何异同？

（学生思考、讨论）

教师：

相同点：制碱原理相同。一是先向饱和食盐水中通入 NH_3 至饱和，然后再向氨化饱和食盐水中通入二氧化碳，利用物质溶解度的差异（图 6-12），制得小苏打。

$$NaCl + CO_2 + NH_3 + H_2O = NH_4Cl + NaHCO_3 \downarrow$$

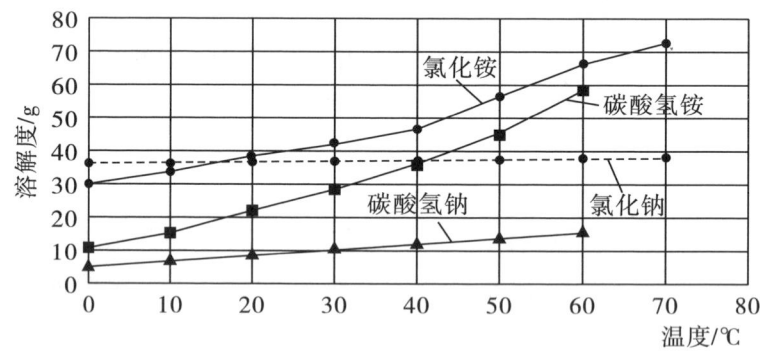

图 6-12　几种物质的溶解度

二是将所得 $NaHCO_3$ 焙烧制得纯碱：$2NaHCO_3 \xrightarrow{\triangle} Na_2CO_3 + CO_2 \uparrow + H_2O$。

不同点：①原料 NH_3、CO_2 的来源不同。索尔维制碱法中氨气来自洗涤煤气的废水，CO_2 来自石灰石煅烧，成本较高；而侯氏制碱法的 NH_3 及 CO_2 来自合成氨工厂的产品和废气，成本较低。②生产工艺不同。索尔维制碱法中原料 NaCl 有一部分转化为了副产品 $CaCl_2$，NaCl 的利用率低；而侯氏制碱法中原料 NaCl 有一部分转化为了产品 NH_4Cl，其他的 NaCl 又能循环使用，NaCl 的利用率高。③产品不同。侯氏制碱法利用不同温度下，物质溶解度变化幅度不同，达到分离纯化的目的。降温可以使氯化铵的溶解度大大降低，而食盐的溶解度变化不大，在16℃以下，氯化铵的溶解度比食盐还小。过滤得到的氯化铵用作氮肥。再往含有氯化钠的溶液中通入氨和二氧化碳气体，又生成碳酸氢钠，形成工艺闭环，得到纯碱和氯化铵两种产品，将传统氨碱法70%左右的食盐利用率提高到了96%。

教师：每种工艺都有各自的优缺点。生产工艺的革新是根据当时的国情和市场需求来进行调控的，目的是为了生产效益的最大化。当然实际的化工生产中，我们不单单要考虑经济成本,其实还要考虑环境成本和设备成本等因素,这也是我们现代工业发展的方向。

教师:在二者的生产工艺中,为什么都是先通 NH_3,再通 CO_2 呢?

(学生思考、讨论)

教师:为什么要先生成 $NaHCO_3$,而不直接生成产品 Na_2CO_3 呢?

学生:相同条件下,$NaHCO_3$ 是所有物质中溶解度最小的,最容易析出。

教师:怎样才能得到大量的 $NaHCO_3$ 固体呢?

学生:提高溶液中 Na^+ 和 HCO_3^- 的浓度。

教师:怎样得到较高浓度的 Na^+ 和 HCO_3^-?

学生:水溶液中加 NaCl 固体至饱和,就能得到高浓度的 Na^+。尽可能让 CO_2 溶解于溶液中,才能得到高浓度的 HCO_3^-。

教师:怎样的溶液环境可以溶解尽可能多的 CO_2?

学生:碱性环境。

教师:所以我们通常是让 CO_2 和 NH_3 先生成 NH_4HCO_3 的方式来增加 HCO_3^- 的浓度,那就意味着我们还需要通入 NH_3 作为原料。那么先通 NH_3 还是先通 CO_2,本质区别在于可能会影响生成的 NH_4HCO_3 的产量。CO_2 和 NH_3 在水中溶解性信息如下(表6-3)。

表6-3 标准状况下 CO_2 和 NH_3 在水中的溶解度

化合物	CO_2	NH_3
溶解性(体积比)	1∶1	1∶700

教师:在实际的纯碱生产中,生产设备和具体操作工艺是怎样的呢?

【情景引入】制碱有一个比较复杂的生产工序,涉及很多生产设备和工艺流程,请同学们课后查阅资料或实地参观,了解现代制碱工业的主要设备和生产流程。

设计意图:将原来的以教师讲授为主变为以学生探究为主。学生通过分组交流讨论,对两种方案的原料、循环物质、产品进行对比,对两种制碱工艺异同点进行对比和优劣评价,让学生明白化学实验与工业生产的区别。化学原理要转化为大规模的工业生产,还必须考虑生产条件、地域环境和投入产出性价比。从而进一步深化知识的应用,把知识内化成为思维品质和创新能力。

环节四:回归实践,创新应用——我为家乡建一座纯碱生产厂

教师:

①你认为设计制备纯碱的实验方案,应从哪些方面入手?

②化学工程师在设计纯碱生产厂时需要完成哪些工作？
③如何实现对纯碱厂排放"三废"的综合利用？综合利用的意义是什么？
④未来制碱业可能会向哪方面发展？

【课堂活动】
①设计纯碱制备实验装置图。
②写出纯碱的制备化工路线。
③确定工业实际生产制备纯碱时选择厂址、原料、技术路线和提高生产效率的思路等。

教师：同学们通过对纯碱制备原理和工艺流程的学习、查阅资料、实地参观，了解了设计一座纯碱生产厂所需要考虑的问题，总结出建设一座纯碱生产厂所需要考虑的原料选择、路线设计、资源环境的综合利用，以及经济效益等问题，并提出了可行性的方案。纯碱工业包含很多化学实验的基本操作，比如固体溶解、气体吸收、溶质结晶、过滤、纯化等，都是需要很多化学知识作为支撑，所以，学以致用才是我们学习化学的目的。

设计意图：通过引导学生开展项目方案设计，让学生体验化学工程师的思维方式和科学方法，在学习基本化工知识和技术的同时，建立解决问题的思路，促进学生学习方式转变，培养科学探究能力和创新实践能力。同时，培养学生树立珍惜资源、保护环境的绿色化学思想，体现化学课程在帮助学生形成未来发展的正确价值观、必备品格和关键能力所发挥的积极作用，增强学生的社会责任感和使命感。

（四）《纯碱的性质与制备》主题的教学评价和反思

本课例以《纯碱的性质与制备》为主题，以培养学生宏观辨识与微观探析、科学探究与创新意识、科学态度与社会责任等素养为主。化学学科教育中的科学态度与社会责任素质，关注的是化学学科领域中理论与现实之间的"理性与实证性"，以及学科领域所倡导的"绿色与可持续发展"的学科情感认同，并由此上升到"学科伦理道德"的价值取向。这一过程既体现了该素养落实的行为结构及方式，也包含了该素养达成的水平目标。

本主题的学习逻辑，以感受 Na_2CO_3 和 $NaHCO_3$ 的存在和应用价值为起点，基于真实的学习情境探究纯碱的制备，以侯德榜的故事作为情境引入，让学生了解我国化学家侯德榜在制碱方面的杰出贡献，增强学生的民族自豪感和民族自信心。介绍侯氏制碱法（联碱法）的生产工艺流程，让学生了解真实的工业生产，让学生感受前人的智慧，激发学生的爱国热情和学习化学的积极性，激发学生学习的内在驱动力。新课标指出，化学教材内容的选择应注重挖掘中华民族优秀传统文化蕴含的思想观念、人文精神，传承和弘扬工匠精神和技术创新思想，传承优秀中华传统文化。在教学设计上教师要精选教材中的情境素材，传承优秀中华传统文化，厚植爱国主义情怀，增强民族自信心和自豪感。要充分利用我国古代科技成就和优秀中华传统文化的素材来设置教学情境，通过这些素材展现我国近现代的科技成果，弘扬爱国主义精神，发挥化学学科育人功能，有助于学生树立为我国现代科学技术发展做贡献的使命感和责任感。

  本主题以思维培养为目的，依据目标导向式的教学。在教学设计中，问题引导和实验探究贯穿主题教学，内容衔接紧凑，问题链引导学生主动思考。在设计问题时，按照问题情境性质考虑，设计"为什么""会怎样"和"怎么做"的分析性问题情境，满足本单元学习主题所涉及的基础知识与能力要求。从问题情境水平考虑，设计"从比较中感悟到了什么""能否有更好的途径与解决办法"等评价性或创造性的问题情境，服从学习内容应体现的素养指向；从问题情境的呈现方式考虑，设计开放性、复杂性与挑战性的问题情境，使学习内容与探究活动贯穿于完整的教学过程之中；从问题情境的发展角度考虑，设计具有连续性与发展性的问题情境，引导学生进行思考、学习、交流、探究，促进学生可持续发展。

  本主题教学关注科学精神和科学态度培养，强化社会责任意识。在教学中呈现人类通过化学方法创造的新物质、相关物质的性能和用途的素材，增长学生的知识和见识，使他们体会化学的应用价值，感受化学的魅力。利用与实验安全、环境保护或环境污染治理的社会热点素材，引导学生知晓必须关注实验安全问题，培养学生保护环境的可持续发展意识和绿色化学观念。科学态度的核心是求真、实证、创新，社会责任的关键是意识和行为。科学态度与社会责任揭示了化学学习的价值追求，能够帮助学生形成正确价值观和优良的品质。

  综上，化学学科提出的科学态度与社会责任素养结构既有心理学的认知基础，也有学科特有的情感动力，最终体现的是学科能力表现。学生学科核心素养的培养，依赖于学生能动参与相应的活动并亲身经历和完成对应活动的过程。科学态度与社会责任素养培养不是单纯的抽象知识掌握，而在于情感体验和能力的形成，这需要转变过去单纯学科知识传输的教学方法，重新建构以学生价值观和社会责任素养为培养目标的教学方式。因此，体现价值取向的科学态度与社会责任素养培育的教学设计，其内容重心必须转换到对学生的能动学习活动的系统思考，使学科素养通过学生能动活动"学出来"而非通过教师之讲"教出来"，使学习者基于特定情境任务，通过思考、学习、交流、探究等活动，从而产生体验、获得感悟，进而形成内化的学科素养。

二、科学态度与社会责任的课堂实例2：《金属的腐蚀与防护》

（一）《金属的腐蚀与防护》主题的知识结构和功能

1. 《金属的腐蚀与防护》主题的知识结构

《金属的腐蚀与防护》是人教版高中化学选择性必修1第四章第三节的内容。本节内容位于原电池和电解池之后，可以看作是原电池和电解池的工作原理在金属的腐蚀与防护这一实际问题情境中的应用。学习内容有四部分，第一部分是认识金属腐蚀的严重性与危害性，激发学生的科学态度与社会责任意识；第二部分是运用教材演示实验和课外拓展实验探究金属腐蚀的本质是金属的氧化，不纯的金属通过构成原电池发生电化学腐蚀，比较活泼的金属失去电子而被氧化；第三部分是根据金属腐蚀的原理探究金属的防护措施，主要是金属的电化学防护（牺牲阳极的阴极保护法、外加电源的阴极保护法）；第四部分是回归实践，创新应用，目的是引导学生通过化学知识的学习避免金属腐蚀，同时还可以运用金属腐蚀来造福人类。（图6-13）在知识结构上，此节内容既涉及初中所学的金属氧化、氧化还原理论、原电池和电解池的原理和构成条件等，又是有关金属性质、化学反应原理和实验探究的综合应用。

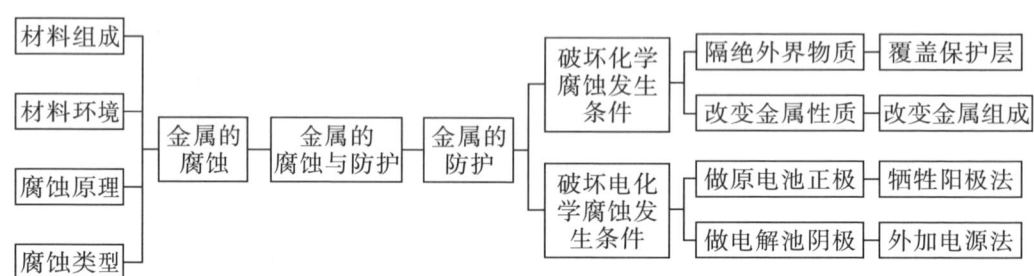

图6-13 《金属的腐蚀与防护》知识主线

2. 《金属的腐蚀与防护》主题的功能

在人们的日常生活和生产活动中，金属腐蚀是较为常见的现象。金属被腐蚀后，在外形、色泽及机械性能等方面都会发生变化，从而使机器设备、仪器、仪表的精度和灵敏度降低，直至报废。所以，金属的腐蚀与防护是一个世界性的科技难题。发达国家每年由于金属腐蚀造成的直接损失约占全年国民生产总值的2%～4%，远远超过各种自然灾害造成的损失总和。《金属的腐蚀与防护》是原电池与电解池的知识的延伸，这节课"前瞻"原电池、电解池原理，"后顾"化学反应原理在实际中的应用，对促进学生形成对电化学过程的系统分析思路具有重要意义。这节课的核心知识如化学腐蚀、电化学腐蚀、电化学防护措施等均为前期学习的氧化还原反应理论、原电池的构成和工作原理的应用,为学生提供了自主建构新知识的契机。教师在学习任务的设计中要充分利用学生已有的知识、方法基础,通过学生分析解释、推论预测、实验探究和交流评价,引导学生构建金属腐蚀与防护原理、类型的一般认知模型,并在应用这一认知模型去解决新情境中的问题时不断优化模型。

本节课在教学设计中要发挥出促进学生形成对电化学过程的系统分析思路和提高对电化学本质认识的价值功能,引导学生用化学的眼睛认识生活中常见的腐蚀问题,让学生了解金属发生腐蚀的原因及现代防腐措施,善于利用金属腐蚀趋利避害。所以,本节课的教学内容承载着丰富的化学学科价值与社会价值,要基于 STSE 背景,把学生"带入"真实问题中,唤起学生的深入思考,培养学生宏观辨识与微观探析、科学态度与社会责任的化学学科核心素养。

(二)《金属的腐蚀与防护》主题的学习目标和素养

1. 《金属的腐蚀与防护》主题的学习目标和素养水平

(1)通过图片等资料了解生产生活中的金属腐蚀,了解金属发生腐蚀的类型与本质,认识金属腐蚀的严重性和危害性。

(2)通过对氧化还原反应、原电池等概念的复习,引导学生自行构建化学腐蚀与电化学腐蚀概念;通过实验探究,了解外界条件与电化学腐蚀类型的关系,理解吸氧腐蚀和析氢腐蚀的本质。

(3)树立防护金属腐蚀的意识,依据电化学原理选择并设计金属防护的措施,通过实验探究,了解牺牲阳极的阴极保护法和外加电源的阴极保护法的工作原理和应用,学以致用。

(4)利用电化学原理解释港珠澳大桥金属腐蚀现象,通过实验探究港珠澳大桥钢铁材料的腐蚀原因和防腐措施,培养学生的实验设计能力、观察能力和分析能力,讨论制定港珠澳大桥钢铁材料的防腐措施,创新应用。

(5)感知金属的腐蚀与防护在社会可持续发展中的重要性,感受化学的作用与价值,培养学生高度的社会责任感。(图 6-14)

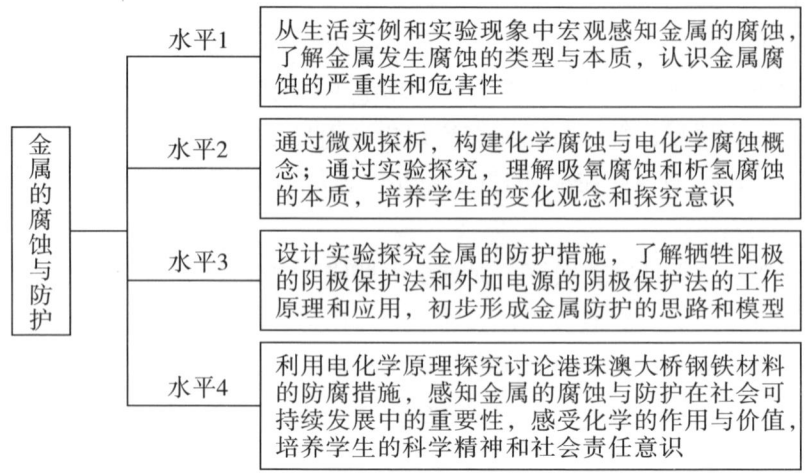

图6-14 《金属的腐蚀与防护》主题的学习目标和素养水平

2. 《金属的腐蚀与防护》主题的学科素养

通过了解金属腐蚀带来的各种危害和类型，设计实验，探究铁钉在不同环境下腐蚀的程度和本质，发展学生根据实验现象归纳物质及其反应类型的能力，以及运用微粒结构图和电极反应式描述物质及其变化过程的水平，强化"宏—微—符"三重表征思维，培养学生宏观辨识与微观探析的化学学科核心素养。通过设计实验探究钢铁吸氧腐蚀和析氢腐蚀的形成条件，发展学生提出问题和假设、依据假设设计探究实验方案的水平，培养学生科学探究与变化观念的学科核心素养。通过认识金属腐蚀的两面性，针对腐蚀原理探究防护措施，学会利用化学知识趋利避害，学会用化学原理解释生活中的金属腐蚀现象、将化学知识应用于生活解决实际问题的能力。通过讨论探究如何防止港珠澳大桥钢铁材料被腐蚀的活动，进一步让学生感受腐蚀对于生产以及生活产生的影响，培养学生开展科学研究的意识，引导学生学会与人合作、交流和探究，运用所学知识对有关的社会问题进行分析与解释，促进学生学以致用的能力和从感性认识到理性认识的提升。更好地培养学生分析实际问题、联系社会现实以及解决实际问题的能力，感受化学的学科价值和对人类发展的意义，促进学生宏观辨识与微观探析、变化观念与平衡思想、证据推理与模型认知、科学探究与创新意识，以及科学态度与社会责任等化学学科核心素养的发展。（图6-15）

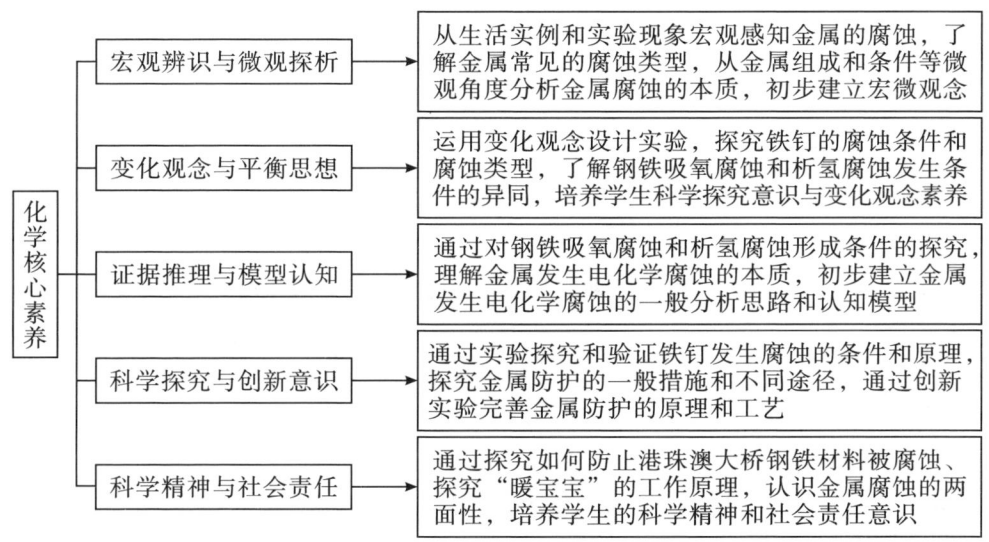

图 6-15 《金属的腐蚀与防护》主题的化学核心素养

（三）《金属的腐蚀与防护》主题的教学策略和过程

1. 《金属的腐蚀与防护》主题的教学策略和流程

在本主题学习之前，学生已学习过原电池和电解池的构造及工作原理，也已经掌握了几种常见的化学电池。本节课在前面学习的基础上，将进一步学习金属的腐蚀原理，尤其是电化学腐蚀的原理，以及运用原电池和电解池原理设计的两种常见的金属防护方法。

本主题的教学策略是通过情境引入法、问题引导法和实验探究法，建构金属腐蚀与防护的三个认知模型：探究铁钉的腐蚀条件和原理，初步建构金属腐蚀分析模型；金属腐蚀类型分析模型的应用与发展；建构金属防腐的不同途径和基本模型。带领学生层层探究金属腐蚀的条件、类型与原理，建构金属腐蚀分析模型并衍生出金属防腐模型。在教学设计上将本主题内容分为两部分进行教学：第一部分为金属的电化学腐蚀，介绍金属的化学腐蚀与电化学腐蚀的概念，强调金属化学腐蚀与电化学腐蚀的区别与联系，以此揭示电化学腐蚀的本质。通过小组讨论的形式学习钢铁电化学腐蚀原理，探讨钢铁析氢腐蚀和吸氧腐蚀的区别。第二部分为金属电化学防护的教学，通过日常生活和社会生产实例，了解电化学腐蚀防护常见的两种方法——牺牲阳极的阴极保护法和外加电源的阴极保护法，并通过讨论其工作原理比较它们的优缺点。通过上述教学最终实现学生对旧知识的再认识与升华，完成学习进阶，有针对性地培养学生立足证据推理深化模型认知的思维方式，依托认知模型深化学习和应用，培养学生的科学态度和社会责任意识。（图 6-16）

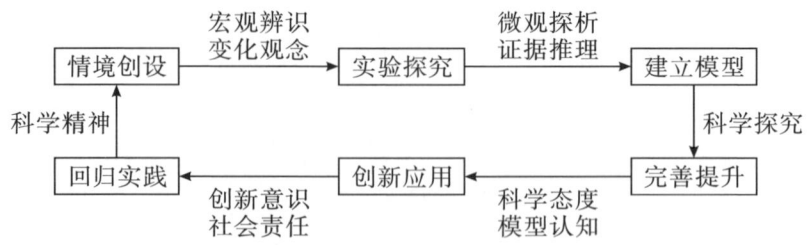

图6-16 《金属的腐蚀与防护》主题的教学策略

2.《金属的腐蚀与防护》主题的教学活动和过程

本主题教学分四个环节进行，具体见图6-17。

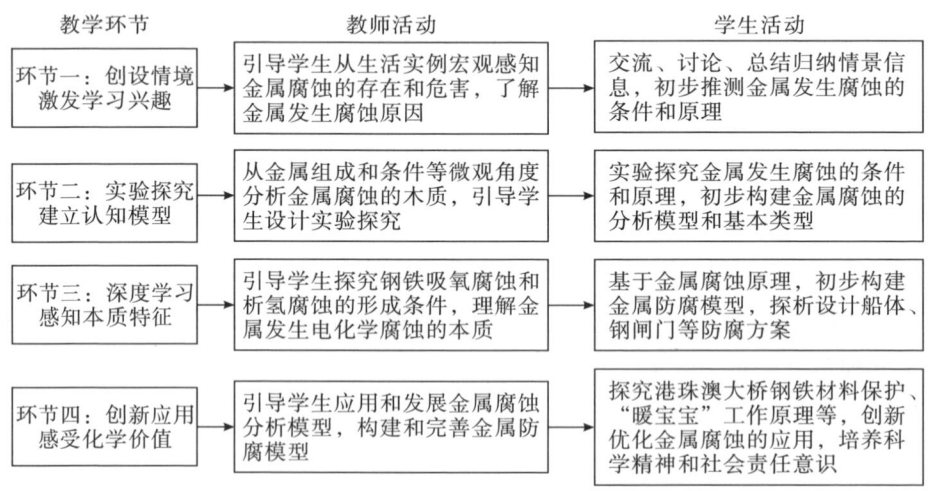

图6-17 《金属的腐蚀与防护》主题的教学流程图

 教学过程

（1）环节一：创设情境，激发学习兴趣。

【情境引入】展示生活中有关金属锈蚀现象的图片（图6-18），观看金属腐蚀的危害视频。

图6-18 生活中常见的金属锈蚀现象

当代社会使用量最大、使用范围最广的金属就是钢铁。发达国家每年由于金属腐蚀造成的直接损失约占全年国民生产总值的2%～4%，远远超过各种自然灾害造成的损失总和。钢铁的锈蚀会使机器设备、仪表仪器精密度和灵敏度降低，影响其使用甚至损坏整个设备；会引起输液管道渗漏，输气管道和锅炉爆炸；还会使车船飞机失事，发生灾难性事故。

教师：上述图片和视频展示的是生活中常见的金属腐蚀现象，相信图片中的场景大家在生活中也经常见到。现在请同学们思考一下，金属腐蚀的现象一般易出现在什么样的环境中？是什么原因使金属失去了往日的风采？

学生：环境潮湿，有水，有空气或其他腐蚀性物质。

教师：同学们的生活经验很丰富。请同学们思考一下，这些现象都是怎么产生的？金属腐蚀的本质是什么？

学生：金属与 O_2、水蒸气或其他腐蚀性物质反应，金属被氧化。

教师：同学们的思路很正确，金属腐蚀的本质就是金属被空气中的 O_2、水蒸气、腐蚀性物质氧化，失去电子变为金属阳离子。

$$金属原子 \xrightarrow{失 e^-} 金属阳离子 \qquad M - ne^- = M^{n+}$$

例如：$Fe \rightarrow Fe^{2+} \rightarrow Fe_2O_3 \cdot XH_2O$ $Cu \rightarrow Cu^{2+} \rightarrow Cu_2(OH)_2CO_3$

红棕色的 $Fe_2O_3 \cdot XH_2O$ 就是铁锈的主要成分，而蓝绿色的 $Cu_2(OH)_2CO_3$ 就是铜锈的主要成分。

设计意图：通过真实情境，让学生感受金属腐蚀的普遍性和严重性，了解金属腐蚀的本质是金属被氧化，为下面的科学探究提供理论指导。

教师：金属被氧化就会腐蚀或生锈，但为什么同样的金属放在不同环境中，有的腐蚀较快，而有的腐蚀较慢呢？以自然界中铁的生锈为例，能否设计实验探究金属腐蚀可能与哪些因素有关？

学生：与 O_2 和 H_2O 有关。可以设计实验模拟干燥、潮湿等不同环境下铁生锈的程度和快慢。

【课堂活动】设计实验方案并画出设计图，展示、交流、评价。

教师：同学们设计的方案各有特点，但是在设计实验方案时要注意以下几个问题：一是要有对照实验，能验证设计目的；二是要控制实验变量，保证实验结论科学可信；三是要简单易操作，实验现象明显。请同学们根据以上几点要求，进一步完善优化刚刚展示的实验方案设计。

教师：老师在两天前将铁钉放置于以下五种不同的环境中（表6-4），现在请同学们观察在这五种环境中铁钉的锈蚀程度。

表6-4 铁钉的锈蚀实验探究设计

环境	有氧无水	有氧有水	无氧有水	无氧无水	有氧有水有电解质（NaCl）溶液
装置图	干燥的空气（或加入干燥剂）	水	上层植物油 下层煮沸的蒸馏水	植物油	NaCl溶液

【课堂活动】观察、讨论、交流。

①有氧无水，铁钉几乎没有任何锈蚀。

②有氧有水，铁钉锈蚀较为严重。

③无氧有水，铁钉没有锈蚀。

④无氧无水，铁钉没有锈蚀。

⑤有氧有水有电解质（NaCl）溶液，铁钉锈蚀最严重。

教师：请同学们对比实验结果，归纳铁钉锈蚀的条件。

学生：在有 O_2 和 H_2O 存在的情况下，铁会腐蚀生锈，遇到有电解质溶液时，一般腐蚀程度会更大。

教师：同学们的观察和分析都很到位。金属腐蚀是指金属或合金与周围接触到的气体或液体进行化学反应而腐蚀。根据金属所处的环境不同，接触的气体、液体或其他的化学物质不同，金属腐蚀的原因可分为化学腐蚀和电化学腐蚀。化学腐蚀指的是金属与其他物质直接接触发生氧化还原反应而引起的腐蚀，如管道被石油中的含硫化合物腐蚀。而电化学腐蚀指的是不纯的金属或合金与电解溶液接触时，发生原电池反应，较活泼金属发生氧化而引起的腐蚀。因为在生活中绝大多数金属不是纯金属，所以金属发生的腐蚀大多为电化学腐蚀，因此值得我们进一步探究。

设计意图：通过生活中常见物品设计实验来探究铁生锈的条件，既有意义又能激发学生的学习兴趣。通过设置对比实验，比较不同条件下铁钉的锈蚀程度，从而归纳铁钉锈蚀所需的条件，提高学生根据实验现象分析问题、获取结论的能力。建立化学腐蚀和电化学腐蚀新概念，并区分生锈与腐蚀的模糊概念。

（2）环节二：实验探究，建立认知模型。

教师：在海港城市，我们经常会去海滨游玩，有时会看到停泊在码头的轮船。请同学们仔细观察一下图片（图6-19），轮船的不同部位生锈的情况相同吗，为什么？

学生：水面处的铁链腐蚀严重，轮船与水交界处也腐蚀严重。

教师：钢铁为铁碳合金，水面处的铁链以及轮船与水面交界处腐蚀比较严重，说明铁在氧气和电解质水溶液接触的地方腐蚀的速率更快,所以推测钢铁的腐蚀以电化学腐蚀为主(图6-20)。

图6-19 停泊在码头生锈的轮船

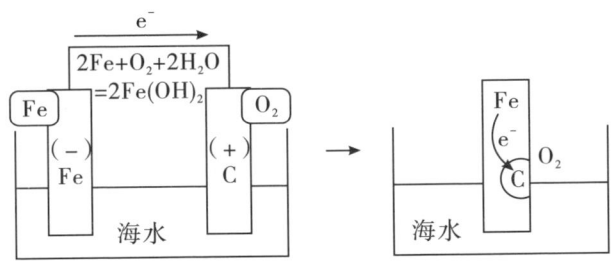

图6-20 钢铁发生电化学腐蚀的模型

如何设计实验证明上述的推测呢?

【课堂活动】实验用品:模拟海水(NaCl溶液)、铁钉、碳棒、铁氰化钾溶液、电流计、导线等。(已知:铁氰化钾与亚铁离子反应产生蓝色沉淀)

根据提供的实验用品设计探究实验,证明钢铁的腐蚀属于电化学腐蚀。

【实验探究】将铁钉和碳棒用导线相连插入盛有模拟海水(NaCl溶液)的烧杯中,并连上电流计,电流计指针发生偏转,向烧杯中滴入几滴铁氰化钾溶液,产生蓝色沉淀。说明在上述过程中产生了亚铁离子,铁被氧化了。

教师:钢铁为铁碳合金,当它接触到海水(NaCl溶液)形成了闭合回路,构成了原电池,铁作负极,失电子,发生了氧化反应而被腐蚀。

在生产生活中钢铁不一定只存在于氯化钠的中性环境中,它还可以处于酸性或碱性条件下。请同学们思考一下,如何设计实验探究钢铁在不同环境下的腐蚀程度或方式是否相同?

【课堂活动】设计不同环境下铁钉发生腐蚀的探究实验方案(表6-5)。

表6-5 铁钉在不同环境下的锈蚀实验探究

环境	蒸馏水	饱和食盐水	醋酸	氢氧化钠溶液
装置图	水	饱和食盐水	醋酸	氢氧化钠溶液

教师：同学们在设计实验方案时，考虑的环境因素还是比较全面的，请同学们按照设计方案进行实验探究，注意观察实验现象的异同。

【实验探究】分别将铁钉放入盛有上述四种溶液的试管中，静置一段时间，观察现象：

①蒸馏水中没有明显现象。

②饱和食盐水和氢氧化钠溶液中的铁钉表面有红色物质产生。

③醋酸中有气泡产生，腐蚀速度较快。

教师：上述实验过程为什么会出现不同的现象？

学生：可能是实验环境不同。

教师：上述四个装置都能构成原电池吗？如果可以请写出其电极反应式。

学生：铁钉是铁碳合金，与饱和食盐水、醋酸、氢氧化钠溶液等电解质溶液可以构成原电池。铁做负极，碳做正极，与饱和食盐水、醋酸、氢氧化钠溶液等电解质溶液构成闭合回路。负极反应式均为 $Fe - 2e^- = Fe^{2+}$；醋酸做电解质溶液，有气泡产生，该气体应为 H_2，故其正极反应式为 $2H^+ + 2e^- = H_2\uparrow$。而对于饱和食盐水、氢氧化钠溶液做电解质溶液，没有明显实验现象。在正极上是什么物质得电子呢（产生疑惑）？

教师：在饱和食盐水和氢氧化钠溶液中没有大量的 H^+，所以，在正极得电子发生还原反应。除了 H^+ 之外还会有什么物质呢？

学生：可能是空气中的 O_2。

教师：假如是空气中的 O_2 在正极得电子，正极反应式如何书写？能不能设计一个实验来验证呢？

学生：按照前面学过的燃料电池的知识，正极反应式应为 $O_2 + 4e^- + 2H_2O = 4OH^-$，可以通过检验溶液 pH 的变化来验证。

教师：同学们分析得非常好。首先我们来看看课本上的实验设计（图6-21）和操作要点，注意观察实验现象。

学生：具支试管中的铁钉表面生成一层红色物质，导管中液面上升。

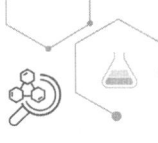

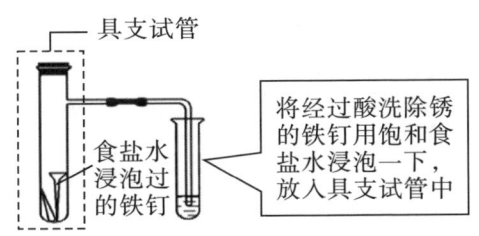

图 6-21　铁钉的吸氧腐蚀实验方案和实验装置

教师：同学们观察得非常仔细，通过实验现象我们可以得出结论，铁钉发生了腐蚀，试管内气体压强减小，说明在铁钉的腐蚀过程中消耗了 O_2。

教师：除了课本实验设计，今天老师再给大家介绍一种现代信息技术手段来验证一下同学们的猜想。

【实验探究】采用氧气含量传感器和数据采集器来监测在铁钉的腐蚀过程中试管内 O_2 含量的变化（图 6-22），利用现代化数字仪器得出来的结果更具有说服力。

实验操作：把 O_2 传感器和数据采集器连接在上述的实验装置上，通过电脑数据图像观察试管中 O_2 含量的变化（图 6-23）。

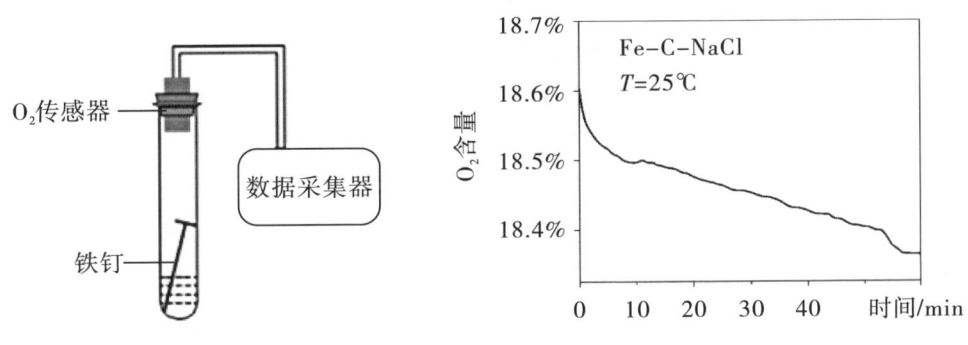

图 6-22　O_2 传感器和数据采集器　　　图 6-23　实验过程中 O_2 含量随时间变化

学生：试管中的铁钉表面生成一层红色物质，通过电脑数据图像观察到试管中 O_2 的含量逐渐减小。

教师：通过 O_2 传感器和数据采集器可以直观看到铁钉在腐蚀过程中试管内 O_2 的含量逐渐减小，说明上述铁钉的腐蚀过程消耗了 O_2，我们把这样的电化学腐蚀称为吸氧腐蚀（图 6-24）。

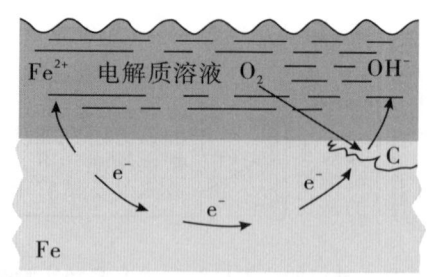

图 6-24 铁钉发生吸氧腐蚀过程示意图

请大家写出铁钉发生吸氧腐蚀的电极反应式和总反应式,并分析形成铁锈的过程。

学生:

负极反应式:$Fe - 2e^- = Fe^{2+}$。正极反应式:$O_2 + 4e^- + 2H_2O = 4OH^-$。

总反应:$2Fe + 2H_2O + O_2 = 2Fe(OH)_2$。

由于 $Fe(OH)_2$ 有较强的还原性,在空气中易被氧化,又会发生后续反应:$4Fe(OH)_2 + 2H_2O + O_2 = 4Fe(OH)_3$。$Fe(OH)_3$ 会进一步转化为铁锈的主要成分 $Fe_2O_3 \cdot XH_2O$。

教师:同学们能用学过的知识分析解决问题,做到学以致用,非常好。通过同学们的总结,形成了金属在中性或弱酸性或碱性条件下发生腐蚀的分析思路,建立了金属发生吸氧腐蚀的基本认知模型。请同学们思考一下,如果当钢铁处于酸性较强的环境中时,发生的腐蚀原理与中性或弱酸性或碱性条件下发生的腐蚀原理相同吗?写出可能的电极反应式和总反应式。

学生:应该不同,如果当钢铁处于酸性较强的环境中时,就与上述把铁钉放入醋酸中发生的腐蚀类型相同,正极发生还原反应的是 H^+ 而不是 O_2。负极反应式为 $Fe - 2e^- = Fe^{2+}$,正极反应式为 $2H^+ + 2e^- = H_2\uparrow$,总反应式为 $Fe + 2H^+ = Fe^{2+} + H_2\uparrow$。

教师:同学们分析得很有道理,那么大家的推测对不对呢?我们通过实验来验证一下(图 6-25)。

【实验探究】

学生:开始时两支试管中产生气泡的速率相等,滴入硫酸铜溶液之后,产生气泡的速率明显加快。

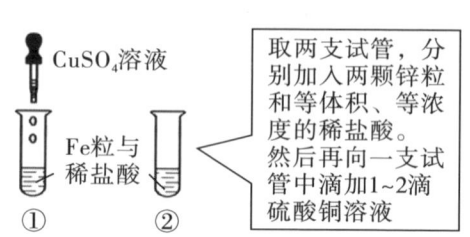

图 6-25 铁的析氢腐蚀实验方案和实验装置

教师:为什么滴入硫酸铜溶液之后,产生气泡的速率明显加快?

学生:滴入硫酸铜溶液之后,铁置换出铜,铜吸附在铁粒表面,与稀盐酸构成了 Fe-Cu 稀盐酸原电池，反应速率加快，所以，产生气泡的速率也明显加快。

教师：同学们分析得非常到位，这种在酸性条件下发生的电化学腐蚀称作"析氢腐蚀"（图 6-26）。

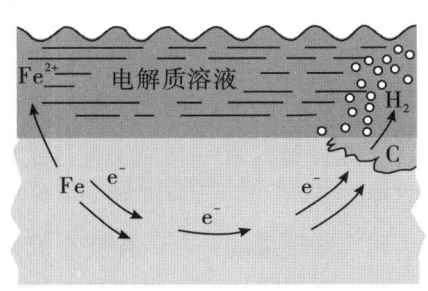

图 6-26　铁钉发生析氢腐蚀过程示意图

教师：钢铁在空气中发生的腐蚀主要是吸氧腐蚀还是析氢腐蚀？

学生：两者应该都有可能。电解质溶液处于不同环境条件下，金属的电化学腐蚀原理是不一样的。如果在酸性环境下会发生析氢腐蚀，在弱酸性或中性或碱性环境下就会发生吸氧腐蚀。

教师：钢铁在自然界中与表面水膜构成许多微小的原电池，故钢铁在自然界中发生的腐蚀主要是电化学腐蚀，而电化学腐蚀又分为吸氧腐蚀和析氢腐蚀。酸性条件下，氢离子与氢气组成正极发生析氢腐蚀，弱酸性条件或中性或碱性条件下，氧气与水组成正极发生吸氧腐蚀。正极物质不同，构成了不同的原电池，因此工作原理不同。当环境条件发生变化时，腐蚀类型也会随之变化。

【实验探究】Fe-Cu 醋酸原电池在不同的 pH 条件下装置中的压强随时间的变化情况如图（图 6-27），请分析该装置发生腐蚀的类型。

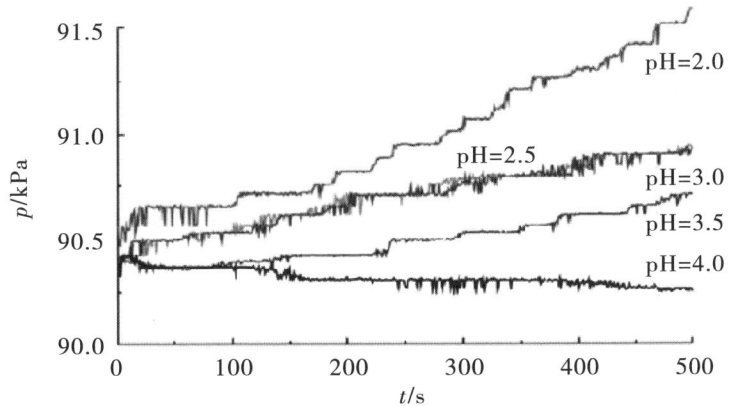

图 6-27　不同 pH 条件下装置中的压强随时间的变化情况

学生：由图6-27可知，在pH为2.0～3.5时，装置内气体压强增大，说明腐蚀过程产生了气体，故发生的为析氢腐蚀；而在pH为4.0时，装置内气体压强减小，说明腐蚀过程消耗了气体，故发生的为吸氧腐蚀。

【迁移应用】请解释下列铁生锈现象的原因：

①1910年代遗留在南极的食品罐头盒，至今其表面很少有铁锈出现。

②当化工厂排出的废气为酸性时，工厂附近的钢铁设施容易生锈。

③现有一根镀锌铁螺丝（地板钉）和一根用于连接铜板的铁螺丝，你能否预测哪种铁钉更耐腐蚀？说明原理。

设计意图：通过对一系列实验现象的分析，探究金属发生吸氧腐蚀和析氢腐蚀的微观化学反应原理，从而明晰金属发生电化学腐蚀的原理，建立金属腐蚀的分析思路和认知模型。

（3）环节三：深度学习，感知本质特征。

教师：前面我们了解了金属腐蚀的危害，学习了金属电化学腐蚀的工作原理。既然金属在自然界中容易被腐蚀，人们通常是如何防护的呢？请同学们联系生活实际，说一说你所知道的防止金属腐蚀的方法。

学生：涂机油、涂凡士林、喷油漆、镀光、制成不锈钢制品等。

教师：展示图片（图6-28）。喷油漆、涂油脂、电镀都属于在金属表面覆盖保护层，称为涂层法，原理是隔绝了氧气与水膜，切断了原电池的闭合回路，从而破坏了构成原电池的条件；而制成不锈钢制品、合金是改变金属的内部结构。这些都是金属防护的有效方法。

在汽车表面　　　镀铬　　　搪瓷　　　铝合金型材表面
喷涂油漆　　　　　　　　　　　　　　阳极氧化铝处理

图6-28　生活中常见的防止金属腐蚀的方法

教师：由上述讨论可知，金属防锈的实质就是破坏铁生锈的条件。请同学们思考一下，如何利用电化学原理，结合金属腐蚀的本质进行金属防护呢？

学生：金属腐蚀的本质是被氧化，利用原电池原理，可以将被保护的金属设置为正极，选择更活泼的金属作为负极，这样就能避免被保护的金属失去电子，从而实现防护。

教师：非常好。生产生活中有很多例子就是采用了同学们的想法，例如为了保护长期浸泡在海水中的钢闸门，通常在钢闸门上连接锌板进行保护；为了保护长期浸泡在海水中的轮船船身，通常在轮船船身上镶嵌锌块进行保护（图6-29）。这种方法叫作"牺牲阳极的阴极保护法"。

图6-29　轮船船身上镶嵌锌块进行保护

这里的阳极和阴极，你能分辨出与原电池两极之间的关系吗？尝试画出上述装置的工作原理示意图。

学生：这里的阳极是指原电池的负极，阴极是指原电池的正极。上述装置的工作原理是在需要保护的钢铁制品上连接一些更活泼的金属，通过构成原电池，使钢铁制品做原电池的正极从而受到保护（图6-30）。

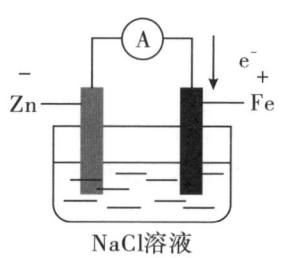

图6-30　利用原电池工作原理保护金属装置图

教师：下图（图6-31）是钢闸门的保护法工作原理示意图，请同学们分析一下，该装置是如何实现对钢闸门的保护的？

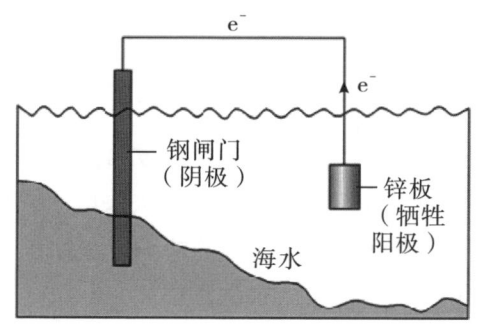

图6-31　钢闸门的牺牲阳极的阴极保护法工作原理示意图

学生：在上图中钢闸门作为原电池的正极（阴极），锌板作为原电池的负极（阳极）。锌板作为负极，失去电子被氧化，从而保护做正极的钢闸门不被氧化。

教师：请同学们思考一下，这种方法有什么优缺点？

学生：这种方法简单实用，便于操作，但需要经常更换锌板（块）。

教师：同学们的总结很好。牺牲阳极的阴极保护法简单实用，但不可避免有其自身的缺点，这些缺点可能导致其应用的局限性。那么，同学们能否利用电解池原理来设计一个防护金属不被腐蚀的装置呢？

学生：金属腐蚀的本质是失电子被氧化，如果把被保护的金属作为电解池的阴极，用一个惰性电极作为阳极，构成电解池，就可以防护金属被腐蚀（图6-32）。

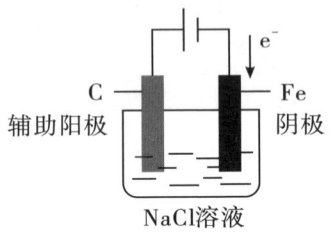

图6-32　利用电解池工作原理保护金属装置图

教师：下图（图6-33）是钢闸门的保护法工作原理示意图，请同学们分析一下，该装置是如何实现对钢闸门的保护的？

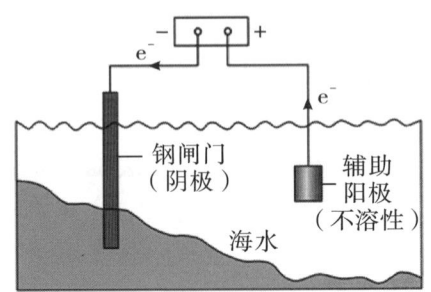

图6-33　钢闸门的外加电流的阴极保护法工作原理示意图

学生：外接一个直流电源，使电源的负极与被保护的金属（钢闸门）相连，这样，被保护的金属（钢闸门）作为阴极，就不会失去电子，从而达到防护的目的。

教师：同学们分析得非常好。这种金属的防护方法称作"外加电流的阴极保护法"。其原理是：被保护的钢铁制品（如钢闸门）做阴极，惰性电极做辅助阳极，通电后强制电子流入阴极，调整电压使钢铁表面腐蚀电流降为零或接近零，从而使钢铁制品（如钢闸门）受到保护。当然，在实际生产和生活中的金属防护更复杂，一般会根据具体问题选择多种方法来综合防护，这还需要同学们在今后的学习中进一步探究。

设计意图：展示生产生活中各种防锈方法，根据金属腐蚀的原理寻求防止金属腐蚀的各种方法，引导学生自主发现问题、提出问题、分析问题和解决问题，培养学生掌握化学源自生活、化学服务生活的关键能力，解决实际生产生活中的问题。

（4）环节四：创新应用，感受化学价值。

任务一：探究港珠澳大桥的防护机理

【情境导入】播放港珠澳大桥视频材料和动态演示解说，让学生直观了解港珠澳大桥这一世界上最大的钢结构桥梁。港珠澳大桥横跨伶仃洋，处在海洋环境，这里每年的台风非常强烈且频繁，海风吹过加剧了建筑金属的腐蚀，大桥的使用寿命受到极大的影响。

教师：我国的港珠澳大桥被誉为新的世界七大奇迹之一。不光是长度之最，还是年限之最，号称可以使用 120 年。请结合生活常识和电化学知识，思考：工程师可能采用了哪些措施进行金属防腐？

学生：可以利用前面学过的金属防腐蚀的措施。例如：涂层法、采用不锈钢材料、利用两种电化学保护方法等。

教师：这些方法在理论上都可行。金属防护要根据金属腐蚀的环境、类型和具体实际情况设计防腐措施与方法。

教师：

①港珠澳大桥金属结构受到的是哪种类型的腐蚀？

②在酸雨地区，腐蚀原理与港珠澳大桥面对的情况是否相同？

③假如你是港珠澳大桥的设计者，你会采取哪些措施来延长它的使用年限？

【课堂活动】活动设计：小组讨论港珠澳大桥防腐的方法。

学生分组展示设计方案，教师点评。教师展示港珠澳大桥防腐视频及相关图片，让学生观察分析、总结归纳港珠澳大桥的金属材料采用了哪些措施进行防腐，防腐涂装体系各工序的作用是什么，不同部位为什么采用的防腐措施不同。学生通过讨论、交流总结得出，港珠澳大桥采用的是综合的防护措施，既有物理方法，例如涂层法，又有化学方法，例如使用多功能合金、电化学保护方法等，目的就是为了更好地隔绝空气、充分利用电化学原理来实现延长大桥使用寿命的目的。

设计意图：通过设计港珠澳大桥的防腐措施，培养学生应用所学化学知识解决实际问题的能力，深刻认识化学知识在解决实际问题中的应用，让学生充分认识到化学的科学价值和社会价值，培养他们的科学态度以及社会责任感。

教师：金属腐蚀对社会生产生活造成了严重的损害，那么金属腐蚀是否对人类社会一点儿用处都没有呢？

学生：不一定吧，科学都是具有两面性的。

教师：同学们回答得非常好，科学具有两面性，金属腐蚀带来的不只有危害，我们也能利用金属腐蚀的原理为生产生活服务，如印刷电路的制作、电化学刻蚀等。此外，还可以利用腐蚀来防腐。如将铝片浸入浓硫酸或浓硝酸中时，铝片表面会生成一层致密的薄膜，从而阻止铝进一步被氧化，达到保护铝的效果。因此，可以用铝罐车运输冷的浓硫酸和浓硝酸。

任务二：探究"暖宝宝"的发热机理

【情境导入】展示某品牌的"暖宝宝"的产品成分及使用说明（图6-34）。

```
[商品名称] 某品牌"暖宝宝"
[主要成分] 铁粉、水、活性炭、蛭石、食盐等
[保质期限] 三年
[使用方法] 撕开外袋、取出内袋，剥去保护纸后无
          需揉搓，直接贴在衣服上。本品一旦接触空气，立即
          开始发热，不用时请勿拆开包装袋。
```

图6-34 某品牌"暖宝宝"的产品成分及使用说明

教师：在寒冷的冬季，同学们都使用过"暖宝宝"，"暖宝宝"贴在身上，可以持续发热。这里有几片"暖宝宝"，同学们阅读一下它的成分和使用说明，思考一下"暖宝宝"的工作原理是什么？

学生："暖宝宝"在使用时要撕开外包装，接触到空气后才发热，可能是铁粉被空气中的氧气氧化放热的结果，也可能是形成原电池，发生氧化还原反应放热。

教师："暖宝宝"中除了铁粉外还有活性炭、食盐、水等物质，它们的作用是什么？

学生：铁粉可能不是直接被空气中的氧气氧化，而是与活性炭、食盐、水等构成了原电池，发生氧化还原反应放热。

教师：同学们能否设计一个实验证明猜想是否正确？

【课堂活动】设计方案，实验探究：

撕开一片"暖宝宝"，取一药匙"暖宝宝"中的粉末置于具支试管中，迅速塞紧试管口的塞子；将与具支试管相连的导管放入盛有水的小试管中，静置，观察导管内液面的变化，用手感受具支试管底部温度的变化（图6-35）。

教师：同学们的思路非常正确。在"暖宝宝"中，铁粉的缓慢氧化，再通过构成原电池加速氧化，使化学能转化为热能。利用蛭石保温，其中

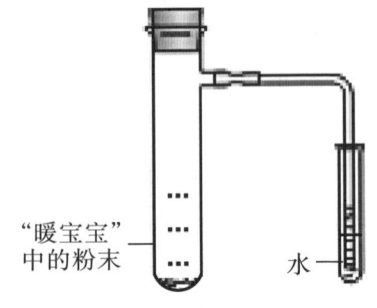

图6-35 "暖宝宝"发热原理探究实验装置图

内层的无纺布袋采用微孔透气膜，控制氧气的进入，从而实现整个过程持续发热，且长达几个小时。"暖宝宝"的发热过程实际上就是金属的吸氧腐蚀。

设计意图：通过"暖宝宝"发热原理的探究，培养学生辩证看待问题的意识。化学原理的使用具有两面性，可能引发灾难（钢铁生锈），也可以造福生活（"暖宝宝"），关键在于能否科学地运用化学知识，服务社会生产生活。

教师：刚刚我们研究了暖宝宝的发热原理，除了暖宝宝，还有目前比较流行的自发热食品，大多发热剂是采用了金属腐蚀的原理，但反应较为复杂。同学们可以在课外收集一下这些自发热的物品，探究一下它们的成分、工作原理，并制作一个自发热装置。

设计意图：由子情境衍生问题与活动，把情境脉络、活动脉络、知识脉络、素养脉络融为一体，激发学生学习兴趣，使学生自主思考和解决问题。教师指导学生设计简单的方案并评价，培养学生严谨的科学探究态度，提高学生的探究能力，培养学生分析、归纳、总结和重新建构的能力，促进学习力的生成与再发展。

（四）《金属的腐蚀与防护》主题的教学评价和反思

本课例以《金属的腐蚀与防护》为主题，在教学设计上通过有关金属腐蚀的资料，认识金属腐蚀带来的危害，引导学生关注与化学有关的社会问题，培养学生宏观辨识与微观探析、证据推理与模型认知、变化观念与平衡思想、科学探究与创新意识、科学态度与社会责任等核心素养。依据化学新教材的编排和课程标准的要求，以《金属的腐蚀和防护》为例展开教学，以问题任务作为整个教学环节的枢纽，在各个教学环节中穿插真实的教学情境以促进课堂中知识的呈现进程。如在环节一中，创设生产和生活中金属腐蚀的真实情境，让学生感受金属腐蚀在社会生产和生活中的巨大危害，从而对学生进行环保意识和金属防护意识的渗透教学。在环节二中，以停泊在码头上锈迹斑斑的轮船作为问题导入，通过观察轮船不同部位的生锈情况，将生活情景现象与化学实验相联系，引导学生进行实验探究，让学生真实直观地感受科学探究过程（从生活实际问题到科学探究解决问题），建立金属腐蚀的认知模型。在环节三中，在学习了金属电化学腐蚀工作原理的基础上，设计实验探究金属防护的方法，进一步加深对电化学原理和金属电化学腐蚀的深度学习，感知知识的本质特征，建立金属防护的思维模型。在环节四中，以探究港珠澳大桥的防护机理和探究"暖宝宝"的发热机理为任务引入，创新应用电化学原理和金属电化学腐蚀的相关知识解决实际问题，深刻体会化学知识的价值，正确认识化学并合理地利用化学。

本主题以思维培养为目标，依据目标导向式的教学。通过"观察—预测—实验—解释—评价"思维主线进行教学，通过实验、模型等手段解决实际问题，激发学生思考。例如，通过设计铁钉在五种不同环境下腐蚀程度的对比实验，探究铁钉发生腐蚀的途径和条件，构建金属腐蚀的认知模型；通过设计探究不同环境下铁钉腐蚀的正负极反应物和产物的验证实验，构建钢铁的吸氧腐蚀和析氢腐蚀思维模型。在教学过程中，教师引导学生对实验现象进行分析和讨论，依据实验证据剖析其中的微观反应原理。通过电极反应式等化学语言表达，体现化学学科的"宏观—微观—符号"三重表征的特点，构建金属腐蚀与防护的认知模型和思维模型。通过对港珠澳大桥防护机理的探究，认识金属腐蚀带来的危害，通过对"暖宝宝"的发热机理的探究，深刻体会化学知识的价值，培养学生辩证地看待金属的腐蚀，也可以利用金属腐蚀的原理为生产生活服务（印刷电路板的制作、电化学刻蚀、等离子刻蚀技术等），还可以利用腐蚀防腐（钢铁的发蓝处理、铝罐车运输冷的浓硝酸和浓硫酸）。体现对学生科学探究与创新意识、科学态度与社会责任的培育渗透。

本课例以主题探究学习的策略开展教学，在教学内容的选择上，以与日常生活、生产联系紧密的真实情境衍生出真实的问题和任务，使各个知识板块通过情境脉络融合为一个整体，每个子情境对应的内容和任务层层递进，促进主题单元知识的结构化、体系化和逻辑化。学生在情境学习中了解问题的来源，在明确目的的前提下主动参与、积极思考、构建知识体系，运用所学知识解决实际问题，感受化学对生产、生活和人类的价值，强调科学、技术、社会、环境的相互关系，重视科学技术在社会生产、生活环境和社会发展中的作用，渗透"科学来源于生活，知识服务于社会"的思想。在学习方式上，通过师生之间、生生之间的互动交流，形成一个真正的"学习共同体"。通过精心设计一系列实验活动贯穿整个探究过程，充分发挥化学实验的论证功能，培养学生基于证据的推理能力，真正落实"问题解决"在教学中的统领功能。鼓励不同水平、不同层次的学生都能参与到化学探究学习中，引导学生"用探究的方法学，学探究的方法"，把探究学习作为一种学习方式来贯彻，把探究学习作为一种意识、习惯、方法，培养学生"善思敏行"的良好学习品质。学生通过自主学习和合作学习，在思考、讨论、合作中完善认知，自主建构知识体系，丰富化学活动的经验，提高思维水平，培养学生终身学习的意识和严谨求实的科学态度，让学生体验科学研究的一般过程，体会科学研究的艰辛，尊重科学精神，真正落实科学态度与社会责任的培养。

参 考 文 献

[1] 中华人民共和国教育部. 普通高中化学课程标准（2017年版）[M]. 北京：人民教育出版社, 2018.

[2] 房喻, 徐端钧. 普通高中化学课程标准（2017年版）解读[M]. 北京：高等教育出版社, 2018.

[3] 中华人民共和国教育部. 普通高中化学课程标准（2017年版2020年修订）[M]. 北京：人民教育出版社, 2020.

[4] 中华人民共和国教育部考试中心. 中国高考评价体系[M]. 北京：人民教育出版社, 2019.

[5] 钟启泉, 崔允漷. 核心素养研究[M]. 上海：华东师范大学出版社, 2018.

[6] 钟启泉, 崔允漷. 核心素养与教学改革[M]. 上海：华东师范大学出版社, 2018.

[7] 林崇德. 21世纪学生发展核心素养研究[M]. 北京：北京师范大学出版社, 2016.

[8] 刘知新. 化学教学论[M]. 北京：高等教育出版社, 2009.

[9] 郑长龙. 核心素养导向的化学教学设计[M]. 北京：人民教育出版社, 2021.

[10] 王磊. 基于学生核心素养的化学学科能力研究[M]. 北京：北京师范大学出版社, 2017.

[11] 王磊, 李川, 胡久华. 核心素养导向的化学教学实践与探索[M]. 北京：北京师范大学出版社, 2018.

[12] 王磊, 胡久华, 李川, 等. 核心素养导向的化学教学实践与探索（2018—2020）[M]. 青岛：中国海洋大学出版社, 2020.

[13] 江合佩. 化学学科核心素养与教学设计[M]. 福州：福建教育出版社, 2020.

[14] 刘徽. 大概念教学：素养导向的单元整体设计[M]. 北京：教育科学出版社, 2022.

[15] 陈颖, 支瑶, 尹博远. 基于核心素养的高中化学教学关键问题解析[M]. 北京：高等教育出版社, 2022.

[16] 高杰, 刘银. 北京四中化学创造性探究教学设计：指向学生高阶思维培养[M]. 北京：教育科学出版社, 2020.

[17] 刘斐. 论问题导向式教学[D]. 武汉：华中师范大学, 2014.

[18] 崔允漷. 素养时代组织教学, 需要单元设计[J]. 星教师, 2021（2）.

[19] 郑长龙. 2017年版普通高中化学课程标准的重大变化及解析[J]. 化学教育（中英文）, 2018, 39（109）：41-47.

[20] 郑长龙. 基于"教、学、评"一体化理念的化学学习评价设计[J]. 中学化学教学参考, 2018（11）：3-5.

[21] 吴俊明. 关于核心素养及化学学科核心素养的思考与疑问[J]. 化学教学, 2016（11）：3-8, 23.

[22] 吴星. 对高中化学核心素养的认识 [J]. 化学教学, 2017 (5): 3-7.

[23] 黄金莲. 基于化学学科核心素养发展的课堂教学策略 [J]. 中学化学教学参考, 2022 (6): 7-8.

[24] 戴冠中, 潘泉, 张山鹰, 等. 证据推理的进展及存在问题 [J]. 控制理论与应用, 1999 (4): 465-469.

[25] 杨玉琴, 倪娟. 证据推理与模型认知: 内涵解析及实践策略 [J]. 化学教育 (中英文), 2019, 40 (23): 23-29.

[26] 胡欣阳, 毕华林. 化学大概念的研究进展及其当代意蕴 [J]. 课程·教材·教法, 2022, 42 (5): 118-124.

[27] 姜雨朦, 陆国志. 化学学科核心素养的教学价值 [J]. 化工管理, 2023 (1): 23-25.